天津の近代

清末都市における政治文化と社会統合

吉澤誠一郎 著

名古屋大学出版会

天津の近代　目次

第II部　行政機構の革新と社会管理

凡　例

・漢字については、特に必要のある場合を除き、常用漢字表によった。
・本書では、清朝の暦による年月日を基本とし、必要に応じて西暦を補った。なお、日付の表記は、清朝の暦なら「正月二十五日」など、西暦なら「一月二五日」などと記す。
・本書での注記は、章ごとに番号を振った。「前掲書」などの表現は、同じ章の注のみを範囲とする（別の章で、再び同一の書物・論文に言及する場合にも、初出と同様に記す）。前に言及した日本語・中国語文献に同一章内で再び触れる場合、著者名に前掲書・前掲論文と記すか、書名を繰り返すか、わかりやすいと思われる方の表記をとった。
・文語文の日本語史料を引用する場合、適宜、句読点・濁点・ふりがな等を補った。
・引用文中の〔　〕の部分は、引用者による注記である。漢文の原文を翻訳して引用した場合、（「　」）として原語を示すことがある。

緒論

1 本書の視角——都市と近代性

『天津政俗沿革記』（王守恂撰）は、清末までの天津の状況を総覧できるように編纂された私撰の地方志である。その序文（一九三八年）は、次のように天津の歴史を総括している。

天津の地は僻地にあり、昔は要地ではなかった。海外列国との通商以後、往来出入の門戸となったため交通の中枢となり人材が集まってきて、ついに繁栄して一大海港となった。しかるに、時局の転変も思いがけないこと続きで、過去の事態とは全く異なっていた。ゆえに、一切の政治風俗は勢いすべて一新し、時機に従い必要に応じることを余儀なくされた。そして、数十年来、国家維新の大計の企画運営は、特に多く天津で始まってから次第に各省に広められた。この小さな片隅たる天津が天下興廃の鍵を握っているのだ。

ここには、一九世紀から二〇世紀初頭にかけての歴史的変遷が、それ以前のものとは全く異質なのだという意識と、また天津という都市が、その変化のなかで繁栄してきたという誇りが示されている。

図1は、二〇世紀初頭の天津の大通りを描いた年画である。年画とは、正月に張る吉祥の図画のことをいい、天津近郊の楊柳青が著名な製作地であった。この画は、北の方から天津の旧城内に向かって眺めた視角をもち、中央

図1　20世紀初頭の天津北門外

典拠：劉玉山・許桂芹・古薩羅夫編『蘇聯蔵中国民間年画珍品集』（阿芙楽爾出版社/人民美術出版社，1991），No.194。

遠方には鼓楼が見える。何よりも、城壁を撤去したあとの大通りに、欧風の馬車、自転車、人力車が走っている様子が、眼をひく。道路には街路樹が植えられ、街灯が並んでおり、男女カップルや警官の姿も描きこまれている。旧来の住宅・店舗がひしめくなか、煙突をつけた洋館もある。

この画が、完全に実景を反映しているかどうかはともかく、目新しい事物を描き込んで吉祥としたことから、当時の雰囲気を直感的に伝えてくれることは確かである。義和団の戦乱がおさまったあと、新しい時代がやってきたという清新な意識を示していると言えよう。この都市景観は、どのような歴史的変遷によってもたらされたのだろうか。

本書では、華北の海港都市である天津の事象について具体的に分析することで、そのような歴史的変遷の意味について考えてみたい。天津は、一九世紀後半以降、政治的・文化的・社会的・経済的な諸側面について、顕著な変化を体験した。本書の視角としては、そのような新しい要素を「近代性」として理解することを試みる。

この近代性という概念には、やや抽象的にわたっても説明が必要であろう。これは、ある特定の歴史の方向性が実在すると考える目的論の立場を含意しない。そもそも、具体的な歴史的事象は無限に複雑なのだから、歴史学的探究によって、ある傾向が見出されたとしても、それは理解のための補助線とも言うべきものと言える。近代性についても、そのように考えたい。

これに関しては、例えばピエール＝エティエンヌ・ヴィルが、以下のように述べている。

> 近代およびそれ以前の中国を研究する一歴史家であるわたしにとって、知的、社会的、経済的、政治的な選択の一定の組み合わせによって定義され得る、近代性概念の一義的モデルを作ることは不可能である。この組み合わせは、歴史的に容易に識別できて、ひとまとまりとして受け入れられるべきであり、しかも、その不可避的な世界化は、不幸にしてみずからの手ではこうした状況を作り出せなかった社会に、知的、ないし精神的事柄はもちろんのこと、社会的、経済的、政治的事柄について後戻りできない変化を想定することになるからである。この目的論的な見方とは逆に、わたしの眼に映るのは、さまざまな歴史的深みをもつ制度、態度（取り組み方）、進行過程の多様性に満ちた一覧表である。そこではすべてが、その諸部分が密接にからみあったまま、いずれにしろ未来について安心させるものがほとんどない状態の、うまく定義できない寄せ集めにもどってしまう。これこそは私たちが生きている世界なのだ。ここでもう少し問題を極端に押し進めるならば、私たちの経験した近代とは、要するに、どこにでも存在していて、しかもその調合の加減がどこまでも多様な、アルカイズムと技術上の壮挙、コミュニケーションと孤立、文化の標準化と固有化の明示、といったものの混ぜ合わせ、まさしく明確な方向にむかっているとは思えないと言わざるをえない、混ぜ合わせ以外の何物でもなかったのではないだろうか。[1]

ここで、ヴィルが指摘しているのは、要するに、近代性（modernité）というものを明確な実体概念として想定することはできない、ということである。これに対して、近代性をますます増進させるべきだとする主張も、近代性が人類に負わせた悲惨を弾劾しようとする主張も、いずれもはっきりとした輪郭をもった近代性の存在を前提していると言えよう(2)。これら、近代性に対する賛否両論は、それ自体、歴史を形成する動因だったとはいえ、結局、厳密な態度を持すれば、ヴィルのように、「近代性概念の一義的モデル」を確立することの不可能性を指摘するのが妥当に思われる。

しかし、ヴィルの意図は、かならずしも、矛盾するような動向の混在、無意味性として歴史をとらえることだけではないはずである。むしろ、彼が試みようとしているのは、固定的・抽象的に近代性というものを想定して、常にそれをもって歴史を整理してゆくような惰性を批判し、自分なりの見方で、複雑な事象を整理して認識できるような視角を発見することと思われる(3)。

歴史的変化を、何か基底となる単一の根本要因によって説明することは困難である以上、結局のところ、歴史研究とは、人間社会についての洞察を得るために、複雑な事象を整理しようとして、個々の研究者がおのおの視角・切り口を提示しようとする試みだと考えるべきだろう。

そこで本書では、清末天津における「新しい」社会状況のいくつかに注目し、これを近代性とみて、清末都市の政治文化と社会統合の歴史的変化を考察することにしたい。本書でいうところの政治文化とは、そのような政治ないし統治・行政を成り立たせる価値観を指すが、それは、時代を通じて不変であることを含意しない。本書は、時代とともに変遷する事象を認識しようとするのである(もちろん、結果論的に、あまり変わらないという側面の存在を指摘することになる可能性を排除しない)。

具体的に、その注目点とは、①政治参加と公共性、②社会管理の進展、③国民意識の深化と帰属意識の再編、④啓蒙と民衆文化、である。これらは実際には相互に密接に関係しているが、上で指摘したように、はっきりした構造として統合された「近代」という実体があると考えるわけではない。

ここで、本書における近代とは、学説史にいう「西洋近代」とどのような関係にあるのかを明確にしておくべきだろう。

従来、中国「近代史」の始点は、鴉片《アヘン》戦争であると考えられてきた。その理由は、まさに「西洋近代」（特に資本主義経済や国際法体制）との接触ということに置かれた。すなわち、そのような世界規模の体系に参加させられたことをもって「中国の近代」の開始と主張されてきたのである。これに対しては、すでにいくつもの論難がなされている。まず、中国固有の社会変動の延長の上に、清末以降の歴史を理解すべきだという主張がある。また、中国の一国史的な「西洋近代」との対峙という視角を退けて、すでにアジアに存在していた広域的な紐帯の連続性に注目すべきだという指摘も有益であろう。

本書の立場から、如上の主張に対して、必要な論評を加えてみたい。まず、「近代世界システム」というような構造は、当然に理論的な想定であり、ヴィルと同様の論理で疑問を呈することは容易である。より具体的な次元でも、たとえばイギリス人が天津などの開港都市で商売する際に、条約の履行の不行き届き・商売の阻害要因といった点で頻繁にいらだちを感じていたことからしても、制度の隔りは顕著であり、単一で十分に構造化された世界システムは存在しなかった（少なくとも、天津など開港都市すら、その「システム」には統合されていなかった）とするほうが、納得のゆく想定に思われる。(4)

だからといって、「中国」の「伝統」の連続性を強調することで西洋中心主義を脱しようとする議論の方向性にも、問題がある。既に一六世紀以来の「近世」東アジアは世界的な動向と密接な関係を持ち続けていたし、一九世紀後半にあっては、明らかに欧米の影響として解釈すべき事象が増えてゆく。そもそも、本源的な「中国」というものを実体として設定することが妥当であるかどうかの疑問もある。

そこで、本書の背後にある見方は以下のようなものである。近代という時代は、世界大のものとして成立したのであり、「西洋の近代」もその一部である（さらに「スコットランドの近代」「バルセロナの近代」「ラングドック農村の近代」なども考えられる）。[5] 世界各地に「それぞれの近代」が存在した。それぞれの個性は、必ずしも、その「伝統」によって解釈できるものではなく、一九世紀以降の歴史的経験そのものによって説明されるべきである。それゆえ、「伝統」の連続性の強調も、「近代」の普遍性の指摘も、それ自体としては不適切と考える。「天津の近代」を問題としたいゆえんである。

近年、岸本美緒が独自の「近世」論を展開しているので、そこに見える時代規定との異同を考えておくことも必要であろう。岸本「近世」論は、一六～一七世紀の世界的な経済変動を共通の課題としつつも、ヨーロッパや東アジアなど各地で、やや異なる対応がとられたため、各々特徴的な「伝統」社会を生み出したという点を骨子としている。[6] すなわち、この「近世」論は、世界大で時代設定をしつつ、各地での多様性・分化を強調するという特徴をもっている。これを踏まえたうえで、近代とは、世界各地での類似性の拡大の傾向が多様化を凌駕してゆく時代と想定すべきだろう。本書で関心をもつ近代性の要素は、限られたいくつかの項目にすぎないが、その他にも、産業化、社会の軍事化、一夫一婦婚の優越など、いくつも全世界的に相当共通する点を指摘することができる。これらいくつもの項目は、相互に必然的な連関を持つとは言いきれない。例えば、高度に産業化されながら人々の政治参加は限定されているなど、様々な様態がありうる。しかし、一九世紀以降の社会変動を整理する補助線を引くならば、世界各地の趨勢は、どちらかといえば近似する方向へむかってきたと言えよう。[7] これが「近世」とは異なる近代という時代を世界史のなかで想定すべき理由であり、まさに近代性という概念が可能となる理由である。

では、なぜ類似する趨勢が見られるのかと言えば、まずは理念化された「西洋近代」が世界標準として意識された点にあろう。西欧・北米がそのような理念に牽引されて社会変化をとげるとともに、世界各地も類似の理念のもとで（もちろん西欧・北米の経済的・軍事的優位を前提として）似た方向をめざしたのである。当然ながら、軍事的な優越を主な要因とする植民地化が、近代性を世界大に広げていったことは、銘記すべきである。ただし、中国の場合には（インドや台湾のように植民地として近代を体験したところとは程度を異にし）、決して欧米・日本の植民地主義のみが近代性を暴力的に押しつけたわけでない。中国ナショナリズムも、近代性とそれにともなう権力性を当初から内在させざるを得なかったのである。(8)

ここで、「類似する趨勢」といっているのは、向かった方向が完全には一致しなかったことを示唆する意図がある。すなわち、各地の相違の理由は、「伝統」という初期条件の違いだけでなく、近代そのものの歴史過程の異同にも由来すると考えたい。もちろん、近代性には個々人の意識を越えたところで広がってゆく「客観的」な側面もあるかもしれないが、一方で或る「近代」像を心に抱く者によって自覚的に追求される側面もある。思い描かれた「近代」像が各地で異なり、必ずしも斉一でないことに留意すべきだろう。

以上から知られるように、「近代世界システム」による包摂という仮説や、各地の「伝統」に基づく独自の「近代」といった前提とは、本書の立場は異なるのである。(9)

ついで、本書で天津という都市の歴史を注視する理由を説明しておく必要があろう。それは、一つの都市は、近代性を端的に追究するのに適切な地域設定だと考えるからである。天津は清代中期以降、都市的発展がみられたが、一九世紀後半の開港ののち、欧米・日本の勢力拡張、そしてこれに対する清朝と地域住民などによる対抗という要因により曲折した歴史過程をたどった（第三節に述べる）。そこで、本書は、天津という一つの都市の歴史を追うことで、その政治的・社会的変化を認識しようとするものである。そのような視角の設定によって、これまで「近代化」として目的論的に考えられてきた歴史過程が、実は地域的要因と国際的契機の相互作用によってもたらされたことを丁寧に実証することをめざしたい。そこには、従来「中国」史というナショナル・ヒストリー（national history）として考えられてきた歴史を、あらためて一都市の歴史から検討しようとする意図が含まれている。

このように、本書で課題としたいのは、天津という一つの都市の歴史をたどりながら、いくつかの近代性を見出すことである。当然ながら、これは天津特有の社会変動ではありえず、清朝治下の各都市、ひいては世界規模での歴史的変化と類似するものと考えているが、しかし、それは個性を否定するものではない。そのような意味での「天津の近代」を主題とする。そして、上で述べた四つの点、①政治参加と公共性、②社会管理の進展、③国家意識の深化と帰属意識、④啓蒙と民衆文化、をひとまず補助線として利用することにしたい。以下に見るように、これらはもともと西欧の歴史像から抽出された枠組みから出発しながら、中国史に関する先行研究が議論してきたものである。そのような由来そのものは決して「西洋中心主義」として批判されるべきものではなく、むしろ本書での近代性の定義からして自然なものと言えよう(10)。

以上のような観点から、まずは、先行研究から得られる示唆と課題を整理してみたい。

(1) 政治参加と公共性

都市の歴史に関する研究史をひもとくと、市民社会の原基として都市に着目するという視角が古くから今日まで、分厚い蓄積をなしていることが知られる。ヨーロッパ都市についてはもちろんのこと、中国史においても、多くの研究者を魅惑してきている問題である。都市と近代性について考える際に、近代民主主義の可能性を都市の政治構造の歴史に求めようとするという論点をまず取り上げるべきだろう。すなわち、西欧近代社会の特質を生み出した原基として、ヨーロッパ中世都市の団体意識に注目するという関心のありかたである(11)。

その出発点ともなったのは、マックス・ウェーバーの都市研究と言える。ウェーバーによって中国の都市は、西欧との相違を明確に指摘されることになる。

そもそも（中国に――訳者注）完全に欠けていたのは――右にのべた東洋の都市と西洋のそれとの差異もこの

事実のせいなのであるが――戦闘力のある都市住民の政治的な誓約団体であった。中国には現在にいたるまで、諸ギルド、ハンザ、ツンフト（die Gegenwart Gilden, Hansen, Zünfte）があり、若干のばあいは、イギリスの「ギルダ・メルカトリア」（Gilda mercatoria）に外形上似かよった「都市ギルド」（Stadtgilde）さえも存在した。後述するが、皇帝の官吏たちは都市住民のいろいろの団体のことを非常に強く覚悟しておかなければならなかったし、実際上からみて、これらの諸団体はいたって大幅に、すなわち、皇帝の行政よりもはるかに強烈に、また多くの点では西洋の通常の諸団体よりもはるかにしっかりと、都市の経済的生活規制の実権を掌握していた。多くの点で中国都市の状態は、うわべは、一部はフィルマ・ブルギ（firma burgi）の時代における、一部はテューダー王朝の時代の、イギリス都市の状態を思わせた。ただ、純粋に外見上からだけでも等閑視できないつぎの差異をともなっていた。それは当時においてすらイギリスの都市には「特権」を文書で確認した「特許状」がその一部として属していたのに、中国にはそのようなものが存在しなかった、ということである。[12]

このようにウェーバーは、中国都市に欠けていたものとして、住民の武装団体や法で認められた自治権を指摘して、西欧の都市との本質的相違とした。このような欠如は、中国都市の近代化を阻んだ要因とも考えられ、近年にいたる学説史に大きな影響を与えることとなった。

日本の仁井田陞や今堀誠二が、現地調査によりつつ、華北都市の自治機構に関心をよせたのも、そのような問題設定を受け継いだものだったと言えよう。[13] 例えば、仁井田は、「中国都市におけるいわゆる市民の、またいわゆる自治の性格構造、そしてギルドとの関聯は、本質的にヨーロッパのそれとは異なっており、そのギルドもヨーロッパのそれの如く都市行政までも我がものとするほど自己完結的集団ではなく、両者の相違は社会的性格構造の全般につらなる問題なのである[14]」と指摘している。

市民の自治権の欠如をもって中国都市を位置づける議論は持続しつづけ、例えばエティエンヌ・バラーシュの概括にみられるように、ウェーバーの議論を肯定的に繰り返してきたのである。[15] 日本においても、西洋史家増田四郎は、おおむねウェーバーの概念を踏まえつつ「東洋になぜ市民という意識が発達しなかったか」と問い、中国の場合には、「諸侯や国家役人に反抗して都市全体が一つの共同体を維持したという事例はきわめて乏しいといえる」「中国でも手工業者や商人の無数の同職仲間が発生しているのであるが、それらはいずれも政治権力者と個別的に結合して何らかの特権をもらっているものであり、都市全体、市民全体を打って一丸とした自治体という意識はおそろしく弱かったのである。つまり利益のための団結力というものが、政治権力者との結託という形で各組合個別的に高められているだけであって、地縁的な意味での特殊な法域としての都市の団結は案外に弱いのである」と指摘している。[16] 仁井田の所説とほぼ同じと言える。

このような通念に対して、明確な批判を加えたのが、ウィリアム・ロウである。彼は、一九世紀の漢口について詳細な研究を行ないつつ、この時代には、経済力をつけた商人らが実質的に自治の領域を拡大していったことを検証した。[17] この問題提起は、市民社会（civil society）や公的領域（public sphere）が近代中国の歴史に見出せるかどうかをめぐる論争をひきおこすこととなった。[18] また、その問題提起に中国の学者も積極的な反応を示した。[19] この論争によって、多くの興味ぶかい問題が見出されたとはいえ、議論の半ばは、それら鍵概念の定義のよしあしや適用可能性をめぐるもので、また論者が比較の対象として念頭におく初期近代の西欧像も単一ではないということもあって、必ずしも清末の歴史像を以前より明確にできたとは言いがたい。[20] 大略をいえば、ロウが実証したような清末都市の実質的自治の進展については疑問の余地がないものの、それは官権力による介入を排除しうる堅固な自立性をもつものではなく、また二〇世紀に入ったのちの清朝主導の行政改革「新政」の時期から辛亥革命による清朝の滅亡に直接つなげて考えるには留保が必要だという点は、おおむね共通認識となったと言えよう。

公論の政治的力量ということに関しては、ジャーナリズムの発達が公論の場を提供したかどうかも焦点となるべき論点であろう。代表的なのがジョウン・ジャッジの『時報』研究で、「公的領域」論に肯定的である[21]。清末における出版業の「民間化」を指摘した桑兵の問題意識も、おそらくこれに重なる[22]。

また「公的領域」論では、一九世紀において「義挙」「善挙」などと呼ばれた社会福祉事業が地元主導に推進されたことが、ひとつの論拠とされていた。これら事業の研究を大きく進展させた夫馬進も、人々の協業・連携能力の高さに対する留意を促しつつも、「善会、善堂史をたどるとき、それが近代国家の形成というものを至上命題とするならば、それらが近代地方自治の萌芽的なものを含んでいたとしても、そのことがかえってこの至上命題に適していなかったことになるであろう」と述べている[23]。同じく善会・善堂について研究した梁其姿も、これら事業は、官との協同となされるのが普通で、体制打倒の志向をもたなかっただけでなく、むしろ王朝秩序を強化するような価値観の宣布を伴ったことを指摘している[24]。また、小浜正子は、民国時期の上海の公共事業を検討し、これが南京政府時期に政府の統制を受けるようになる歴史的流れを丁寧に追究している[25]。

もうひとつ、清末の立憲制の試みとのかかわりもあって導入された地方自治制度の問題がある。これらが、一九世紀の地元主導の公共的事業を歴史的前提とするものであり、また辛亥革命前後の政治動向を規定した点は、認められるべきで、しかるべき注目を集めてきた[26]。これに対して、足立啓二は、清末から民国初年の慈善団体や地方自治について、以下のように述べ、政治制度の発達にとって、これら地元有力者の活動をむしろ阻害要因とみなしている。

本来、慈善団体や利他的公共業務遂行団体は、私利追求のパイプに容易に転じる。主唱者を核に、非双務的に結集し資金調達された組織であるが故に、厳格な管理にはとりわけ馴染まず、義行の動機が揺らいだとき、財物の私物化されることは多くの団体に共通してみられる現象であった。初発よりして、義行を名目に掲げた集団が、同業者等を名乗り、強制的に資金の取り立てを行うことも、しばしば見られる現象であった。社会的に管理されない慈善的行為と、公的行為の私的得分化は、本来一線をもって画し難い存在であった。地方行政と癒着し、財物を私物化し、追租局等の組織を利用して佃戸を支配する「土豪劣紳」と、地方の近代化業務を率先遂行し、自治運動の担い手となる「開明的郷紳」は、出身階層のうえから連続的な存在であるだけでなく、公共性を持った業務が、ある種私的に遂行されざるを得ない中国社会における有力者が持つメダルの両面であった。[27]

以上まさに議論百出のようでもあるが、各論者の総括のところだけ見れば、ウェーバーの論をいくらも出ないとも言える。自治権をもった都市共同体の有無、王権の介入を排する市民の団結といったことを重視するウェーバー流の問いを問うならば、似たような結論にたどりつかざるを得ないということであろう。そもそも、ウェーバーの西欧都市観が、今日そのまま受け入れられるか否かにも疑問が残る。

相当数の論者に共通するのは、(意識的ではなくとも) 理想的な民主的政治制度を念頭において、清末~民国初年の事態を論評する態度である。これは必ずしも欧米中心主義ではなく、同時代の欧米にすら、そのような民主政が実態として存在したとは、およそ考えられない。

そこで本書では、地方政治の構造の中に、ジャーナリズムや商会なども参加してゆくなかで、みずから「公」であると主張する発言主体・政治主体が増え、複雑な離合集散を示しながら相互に自己主張しあう状況が生まれたことをもって、都市の公共性の展開と考える。なぜなら、多様な政見が以前の時代より明確な形をとって表明され、激しい政治的流動性と厳しい政治的対立が生まれたのが、二〇世紀に入った清末から民国初年の歴史的特徴と考えるからである。個別具体的な都市の運営、または天下国家のあるべき未来について、自己にひきつけて関心をもち、積極的に発言・行動してゆくことが、地方自治などの制度的背景や世情の流動化にともない、容易にもなり必要ともされたのである。そのような視角は、予定調和的な市民社会論や理念的な議会政治観よりも、むしろ政治的自由と民主主義について、意味のある洞察を与えてくれると予想したい。[28]

本書でも、地元志向の社会的・政治的活動や日刊新聞の登場といった事柄に、大いに関心を寄せる。ただし、それらを必ずしも地方自治の確立、民主政治の進展、そして清朝の「専制的」体制の転覆といった文脈に入れて考えることはしない。また、善堂については、むしろ、その教化装置としての側面も強調してゆきたい（次項の「社会管理の進展」を参照）。

(2) 社会管理の進展

都市は、自然の成り行きとして相対的に高い人口密度となり、それゆえ、人口を管理し、社会秩序を保つという用務が不可欠である。このことは、古代都市でも必要とされてきたのは言うまでもないが、しかし、近代国家の統治機構が住民の把握を強化しはじめるなかで、都市の社会統制がますます要請されることになる。

一八〜一九世紀の西欧においては、統計による人口の把握、警察制度の整備、救貧政策を通じた浮浪者の捕捉、衛生管理と病院制度の確立、犯罪者や精神病者の監禁・懲治、家族理念（ラヴ・ロマンス）の再編による社会統合の推進、工場制度に適合的な労働規律の確立、などが見られたことは、周知の通りである。このような社会統制の強化が近代性の一部をなすものと考えられるのは自然であろうし、そのような施策の多くがまず必要とされたのは都市であった。[29]

このような近代社会の側面を強調するのは、市民的自治から民主制へという流れに注目するのとは、大いに異なっている。中国近代史研究においても、「市民社会」論を厳しく批判するフレデリック・ウェイクマンの論点の基礎には、彼の南京政府時期の「公安」（警察）研究と社会統制の重視がある。[30] すなわちウェイクマンが、中国の「公的領域」論に否定的なのは、もちろん、実証的に言って西欧的な「市民社会」との類似性をもつ事象を中国近代史に見出しがたいという論拠もあるのだが、そもそも近代性の根幹を「市民社会」の成立に求めようとする西欧史像に対する疑いにも起因していると考えられる。それゆえ、ウェイクマンは、西欧的な「市民社会」論の安易な適用を戒めつつも、やはり西欧の近代史像の一側面を念頭においているというべきだろう。(31)

本書も、中国近代都市研究における社会統制の展開について、十分な注意を払うつもりである。それは、都市の社会秩序にとって不可欠の装置として要請されたものである。そして、いくつかの施策が、欧米・日本の制度の模倣のようにも、従前の社会理念の展開のようにも、見方によって両様に見える点も、重要な示唆を含んでいると考える。

中国近代史研究においては、まだこれからの研究領域と言えようが、既に、ウェイクマンのほか、クリスティン・ステイプルトンの四川の警察制度の研究、ルース・ロガスキの天津の「衛生」実践の研究、飯島渉の検疫・衛生制度による身体管理という問題視角がある。(32)

本書では、前項でみたような市民的な自治の基礎となるものとしての関心から注目されることの多かった自発的結社や団練を、まずは社会統合の手段、特に下層民統制の手段と解釈する。また、梁其姿と同様に善堂の「教化」の側面を重視し、これが習藝所における監禁・職業教育に容易に転化してゆくことを指摘する。

また、全国的にみても天津において特に顕著な巡警制度の確立と、その社会統制の様態を具体的に考えてみることにしたい。巡警組織と関連の深い「体育社」と辛亥革命時期の政治不安についても、分析を進める。

(3) 国民意識の深化と帰属意識の再編

従来の中国近代史の叙述は、おおむね中国ナショナリズムの観点から行なわれてきた。(33) 近年、一国史の枠組みをとりはらって国際的契機と地域に着目する視角が登場してきたのは、そのようなナショナリズム史観を相対化するためであろう。[34]

ここで改めて問題になるのは、そのようなナショナリズムがいつどのようにして形成されたのかという点である。とはいえ、これもナショナリズムの定義のしかたによって、多様な議論が可能である。

例えば、鴉片戦争の時に広東三元里において地元主導でとられた反イギリスの軍事行動についても、先行研究による位置づけには大きな差異がある。范文瀾は、人民は「愛国」の義憤にかられて侵略者を討とうとしたとし、「中国人民」の「反帝国主義」の起源と主張した。[35]一方、フレデリック・ウェイクマンは、「これはナショナリズム(nationalism)ではなかった」と指摘し、当時ナショナル・アイデンティティという強い感覚(a strong sense of national identity)はなく、侵入者から郷里を防衛することに目標があったと理解した。[36]最近では、茅海建も、三元里などの民衆の戦闘は、家郷を守るものであり、祖国を守ろうとするものではなかったと指摘している。[37]

確かに、今日、中国大陸の人々が、自ら「中国人」であるとみなすのと同様の意識が、鴉片戦争の当時にあったと考えるのは誤りであろう。しかし、他方で、夷狄から郷土を防衛しようとするという情熱は、完全に地元だけの問題だと言ったり、今日の「中国人」意識と無関係だと結論したりするのは、早計に思われる。特に、三元里の「勝利」という情報が、北京政界も含めて広く伝えられ賞賛されたことや、そのような団練による地域防衛という戦略が、鴉片戦争ののち対外的危機のたびに提起され、しばしば実行に移されたこと、そしてその団練神話は義和団運動において最高潮に達することを念頭におく必要がある。三元里の事件は、一九世紀後半を通じて全国的に記憶・参照される故事となったのであり、それは清末の対外意識を大きく規定したと言うべきである。それが「中国人」意識の粗型(ないし「中国人」意識が乗り越えようとした先蹤)をなした可能性があるとみて、本書では慎重に考えてゆきたい。[38]

「中国人」という帰属意識との関係で、もう一つ考えておくべきなのは、本籍地ないし出身地の同郷意識の問題である。清代の人々にとって重要な帰属意識は、同郷意識であったが、特に都市社会においては、商業などの必要で各地から人々が集まっていたので、同郷結合が問題となりやすい。これら各地の出身者をまとめて、すべて「天津人」とするような帰属意識があったのかという問いは、前項でとりあげた市民意識の形成に関する問題であろう。

ウィリアム・ロウの漢口研究は「漢口人」というような集合意識が生まれつつあったとしているが、[39] 帆刈浩之は同郷団体の研究から、上海においては、むしろ同郷の寧波人としての地縁原理による結集が見られることを示そうとした。[40] また、上海において下層に押し込められた「蘇北人」のありかたをエスニシティ（ethnicity）ととらえるエミリー・ホーニックも、帆刈と同じ方向で民国時期の上海を同郷性によって分裂した社会とする立場と言えよう。[41] ブライナ・グッドマンは、いくつものレベルの帰属意識が共存ないし相互強化しうるものであることを上海の事例によって示そうとした点で、問題の立て方を一新した功績がある。[42] 清代について、北京の会館が、地元の利益を代表して政府高官に働きかける機能を有していたことも指摘されており、[43] 各地の激しい競争が北京という都市内部で展開されていたとみられる。

本書では、必ずしも同郷団体について深い考察を行なうことはできないが、清末の天津では、本地人（天津の地元の人）と南からやってきて李鴻章や外国人との関係で活躍した人々の対立・協力の問題は、小さい問題ではなかったと考えている。「中国人」としての同胞意識が、なぜ二〇世紀初頭の人々の心に急速に魅力を持つようになったかを考えつつ、その原因の一端を、天津の地元の事情から考えることとしたい。[44] また、新たな身体観・育児観といったものも、「中国」のためのものという理念と関連して提起されていったことに注目する。

本書で強調したいのは、愛国の理念を、都市社会が有用なものとして自ら導入していったという視角である。

（4）啓蒙と民衆文化

近代性ということの一側面として最後に挙げておきたいのは、文化統合のありかたの変化である。西欧近代においては、都市を中心に世俗的な商業文化が繁栄し、農村や都市下層にみられる民衆文化を、残存した民俗文化とみなす発想が登場する。論理的な一貫性・普遍性を重んじる思考からは、一部の民俗文化は迷信とみなされることになる。合理性は、個々人の理性の使用によって確保されると考えられた。これが西欧的な意味における啓蒙である。

中国近代史研究においては、文化変容と社会秩序の関係の問題は、まだ探究の端緒についたばかりと言える。アメリカで開かれた、明清時代のポピュラー・カルチャー（popular culture）に関するシンポジウムに示されるように、民間信仰、王朝による倫理宣布、演劇、言語（発話と文字）といった多彩な主題の存在が指摘されながらも、[45]まだまだ今後の探究を待つ分野であると言えよう。

本書の立場からみて重要な切り口と考えられるのは、(1)民間信仰、民衆反乱、(2)反迷信運動、啓蒙運動の二つである。

(1)宗教研究とも重なる民衆の精神世界への関心は、清代史研究のなかでも、相当の蓄積がなされている。ただし、これらが、読書人の観念とどのような関係にあり、一九世紀の政治秩序にどのように位置づけられるのか、明快で納得のゆく議論はなされていない。ひとつの手掛かりは、生員など地元の生活世界と密接な関係をもつ下層読書人の行動様式であり、試験の合格祈願とかかわる彼らの社会活動は、独特の文化普及活動でもあった。[46]もうひとつは、民衆蜂起の際に表現される行動様式である。王朝を含めた秩序像がどのように観念されているかを知るに加えて、官や読書人の民衆観も危機において先鋭に示されるだろう。本書も以上の手掛かりに十分に着目したい。

(2)民衆文化に或る不合理な側面を見出して激しく非難するのが、反迷信運動である。これは、中国史では、「新文化運動」による儒教批判ということで押さえられてきた。しかし、李孝悌の研究が示すように既に清末より盛んに下層社会啓蒙事業がみられたのであり(47)、清末の社会変化における反迷信運動の意義を問うことが求められていると言えよう。

この背景として、二〇世紀初頭、清末新政時期の科挙の廃止、新式学堂の普及といった知と学習をめぐる制度・装置の変化があり、「学界」「教育界」と称される教師・学生の活動領域が成立してくることに注意すべきである(48)。この啓蒙運動は、イマヌエル・カント（Immanuel Kant）流に、個々人が公的に理性を使用して合理的な政治社会を作るという啓蒙理念に基づいていたわけではない(49)。しかし、そこに、人間の改良可能性に対する楽観論という共通性を見て取ることも可能だろう。

注意すべきことに、都市では盛んに進展している文化運動であっても、そこからやや離れた農村部では、奇異なものとして見られるということがありうる。都市部で、男性が辮髪を剪《き》り、女性が纏足をやめるという運動が起こったときも、それは一部の農民からは疑いをもってとらえられたのである(50)。本書では、天津という都市にのみ視野を限定するが、清末にあっては農民への啓蒙ということは、まだほとんど問題とならないとは言えよう。むしろ、都市における急速な文化変容が農村部との乖離・齟齬を示すのが清末の時代的特徴であると本書では考えている。

2　本書の構成と史料

以上のような視角をもって、本書の各章で清末天津の具体的な事象を理解し、歴史的な変遷として整理する導線としたい。その具体的な構成と分析対象は、以下の通りである。

第Ⅰ部では、一九世紀中葉以降、地域防衛のための実践とその背後にある価値観が社会統合に大きな意義を有したことを強調する。従来の「洋務」による近代化という通説的イメージを補正しようとする意図も含んでいる。第一章では、鴉片戦争以降、都市の防衛のため団練が編成された意味を分析する。これは、王朝護持の政治的主張と地元の社会事情との結果であり、社会統合の理念として排外主義が利用されてゆく過程でもあった。

第二章では、地元の共同的用務として設定された消防組織が、一八七〇年の反キリスト教暴動の中核をなしたことを示す。その背後には、善挙をめぐる地元有力者と宣教師の競合という問題があったことに着目したい。

第三章は、光緒初年の大旱魃の際に見られた人身売買対策として、天津に広仁堂という施設が設置される事情を分析する。特に、職業教育の必要性の提起や寡婦の貞節の擁護といった運営理念に注目する。

第四章は、天津における義和団運動に注目する。ここでは、雨乞いのような官の表演が、民衆文化と親和して従来の政治秩序にもってきた意義を確認しつつ、排外主義を社会統合に利用することの不安定性が示されることになる。また、全国的な政治動向と地域的記憶の相互作用によって、天津義和団の特徴を理解したい。

ついで第II部では、二〇世紀に入ってすぐの行政機構の革新と社会管理の問題を議論する。第五章では、西欧・日本を念頭においた巡警制度が導入されたことの意味をさぐり、義和団の戦乱の後の社会秩序再建というだけでなく、義和団運動を支えた民間信仰にも敵対する感性に裏づけられたものだったことを示す。

第六章では、巡警による民衆統制の具体相を知るため、営業許可のための徴収について注目する。具体的には、街路の物売り、人力車夫、娼妓について特に着目する。

第七章では、游民対策として游民習藝所という施設が設けられ、従来の善堂も、新しいあるべき人間像を作り出すために改革された過程を追う。そこでは、「中国」の未来という観念が重要で、そのために厳密な労働規律の確立といったことが善堂に期待された。

第III部は、愛国主義の発揚と社会統合のかかわりを扱うことにする。第八章では、反アメリカ・ボイコット運動を契機に「中国」のための団結という観念そのものが普及をみせることを指摘する。その宣伝はまた、反迷信の主張を含んでおり、義和団のような民衆暴動を抑圧することが意図されていた。このような「中国」の団結は、観点を変えれば、出身地の別による対立を乗り越える、都市社会での共生の理想も含んでいた。

第九章は、ベルギー資本の電車経営に対する反対運動において、「公憤」という観念が「中国」を旗印とした運動に利用されることを分析する。元来、複雑な様相を持つ地域的な具体的対立が、そのような愛国の理念によって整序されてゆき、人民を助ける巡警と敵である外国資本という枠組みが作られる。

第十章では、天津において「尚武の精神」を発揮すべく「体育社」が作られる理念的背景とその運営実態に関心をよせる。そして辛亥革命時期の動乱のなかで、この「体育社」や類似の組織が果たした役割を明らかにする。

補論においては、「風俗」の変遷という視角から、第十章までで議論した事象を改めて整理してみたい。

以上のように天津という一つの都市の歴史を分析対象とするが、同郷の紐帯による広域ネットワーク、王朝国家のもつ地域統合の様態、全世界的な政治・経済動向といった要因を充分に考慮に入れてゆくべきことは、いうまでもない。それら諸要因が、天津という都市の歴史の中でいかなる役割を果たしたのかということが、本書の問題関心である。

次に史料について、注意すべき点を確認しておきたい。

本書は、漢籍・新聞・檔案（行政文書）など各種各様の史料を用いる（中文だけでなく欧文・日文を含む）。当然のことながら、基本的な態度として、可能な限り多様な情報源によることで、なるべく歴史的事象を正確かつ全体的に把握しようとめざすことにする。さらに本書では、異なった立場からの記述が食い違うことの意義にも、注目したい。

新聞報道については、しばしば「その新聞の政治的姿勢をふまえて史料として使うべきである」と指摘される。

しかし、新聞の政治的姿勢を、記事を読む前に知ることはできないし、また明確に一枚岩の政治的態度ですべての記事が統一されている保証もない。むしろ、本書で多様な史料と組み合わせて議論を組み立てるなかで、おのおのの記事の政治的性格が知られることもあり、そのことを通じて、傾向として新聞の政治的性格がいくぶん伺えるというのが自然な考え方であろう。

また、新聞報道が客観的かどうかということは、史料批判の上で議論されうる点であるが、本書では、むしろ、虚構とも思われる記事を、それを承知で取り上げることがある。場合によっては、そのような記事にこそ、当時の発想を端的なかたちで見て取れると考えるからである。本書の行論で示唆するように、清末の新聞報道は必ずしも今日で言う客観的報道をこころがけていたわけでなく、新聞を作る側にとって正しい価値の宣布・啓蒙をめざしていたとすら言える。もちろん、市井の細々した事件の報道のひとつひとつに政治的意義が込められているとは限らないが、報道の客観性のみを判断基準として、この時代の新聞史料の意義を論じるのは正当ではない。

本書作成にあたっては、各種の未刊行史料を閲読した。未刊行史料の特徴は、ある場合には、他では得られぬ精細な情報を示してくれることである。しかし、今日まで残存し（政治的な観点からの許容により）閲読できたものが充分に網羅的とは限らないという点に注意する必要がある。それだけを使って歴史像を構築しようとするならば多分に危険と批判されるかも知れないが、未刊行史料によってのみ知られる事象も少なくない。その史料の示す内容は、充分に他の史料や当時の歴史的状況を念頭におきつつ解釈するよう努めたい。

檔案《とうあん》（歴史文書）の一部は、編纂した資料集として刊行されていることがあり、本書では、（参照を容易にするため）可能な限り刊行資料によって注記した。もちろん、原史料に照らして字句の訂正をして解釈した場合もある。そのような編纂資料集は、当然ながら、編纂者の意図による史料選択の成果であることに留意すべきである。しかし原史料全体が膨大で通読不可能の場合には相当有益であり、いずれにせよ、先に述べたように多様な情報源の史料群の中において、総合的に解釈してゆく点では同じと言えよう。

3 天津史の素描

天津という地名の由来については、明の永楽帝が、即位のまえ、燕王であったときに南京をめざして攻める折に（つまり靖難の役の際）通過したことによると、伝承されていた。(51) 天子の渡し場の意味である。それが事実であるかどうかはともかく、永楽帝の即位後、北京が国都の機能を強めるとともに、明の軍事制度に基づいて天津衛という拠点を（明らかに北京防衛の意味をこめて）設けたことから、やはり永楽帝の登極が天津の歴史に基点を与えたとは言えよう。(52)

こうして天津衛城が設けられ、何度かの修築を経ながら、光緒二十六年（一九〇〇年）に撤去されるまで、ほぼ同じ位置に存在していた。清代になり雍正年間に天津衛は天津州とされ、ついで直隷州に昇格したあと、ついに天津府となり、府城に県の衙門《がもん》（官署）も設けられることになった。(53)

天津の歴史を規定した要因として重要なのは、その独特の水文学的条件と言える。華北平原の降雨は夏の数か月に集中しており、春の種まきの時期の旱天に悩まされることは、しばしばであった。夏の降雨は、土砂のまざった河流をもたらす。天津は、太行山脈と燕山山脈に囲まれた平原への降雨の多くが河川を通じて集中してくる位置にあったが、勾配はゆるやかで、堆積作用により河道はつまりがちである。これは洪水の原因となる。天津近傍では、明代においては屯田政策が取られており水稲栽培すら試みられたが、はかばかしい成果は得られなかった。(54) 清代の天津の地方志には、不作による税の免除の記事が並んでいるが、これを見るといかに農業にとって不適当な土地であるかを思い知らされる。

しかし、天津城は、渤海に流れこむ白河が大運河と交差する水運の要衝に位置していた。江南などから北京に運ばれる税糧を乗せた河船は、すべて天津を通過した（李鴻章総督の時代に輪船招商局による汽船海運がはじまると、そちらに主流がうつるが、やはり白河から天津の近傍を通った）。このような漕運に従事する船員たちは、おのおの自分で商品を携えてきて販売することができた。天津に流れ込む河川の流域は、華北平原の相当広大な面積を占めるので、河川運搬を通じて各地の特産品が集まってくる。康熙の後半以降、清朝の海禁が緩和されると、海上貿易が活発となった。福建・台湾・広東などからも船がやってきた。また、山東半島と遼寧方面という渤海湾をめぐる船舶の動きも見られた(55)。ただし、今日でも白河は冬季は凍結してスケート遊びの場となるように、船舶の通行は季節的限界があった。咸豊十年（一八六〇年）に条約港として開港してからは、従来にもまして、物流の中心となり、商機をもたらすことになる。上海や渤海湾各港から船舶がやってきた。華北平原だけでなく、蒙古・新疆が後背地となる。水運だけでなく、駱駝に荷をのせて内陸から商品を運ぶ物流も無視できないものがあった(56)。

渤海湾の製塩業も天津の歴史に大きな意味をもっていた。今日でも塘沽では製塩が行なわれているが、そもそも天津そのものが製塩業の中心であったというわけではない。渤海湾の塩を管轄する官僚である長蘆《ちょうろ》塩運使も、はじめは滄州に駐在していた。しかし、天津の政治的・経済的な重要性ゆえに、康熙年間に滄州から天津に移転したのである。これより先、やはり康熙年間に、御史である長蘆塩政も北京より天津に移った。こうして、天津は塩政の中心となり、これら官衙との関係を不可欠とする塩商の集まる都市となったわけである。塩商は、天津での地元の有力者として、さまざまな事業に関与することになる(57)。

天津城は、長方形の形状をしている。それぞれの壁面に門があり、門をつなぐように十字に道路が通っている。中央に鼓楼がある。城内に衙門・廟・民家などが集まっているだけでなく、城の北側・東側の河に近い区域にも都

図2　咸豊十年（1860年）頃の天津

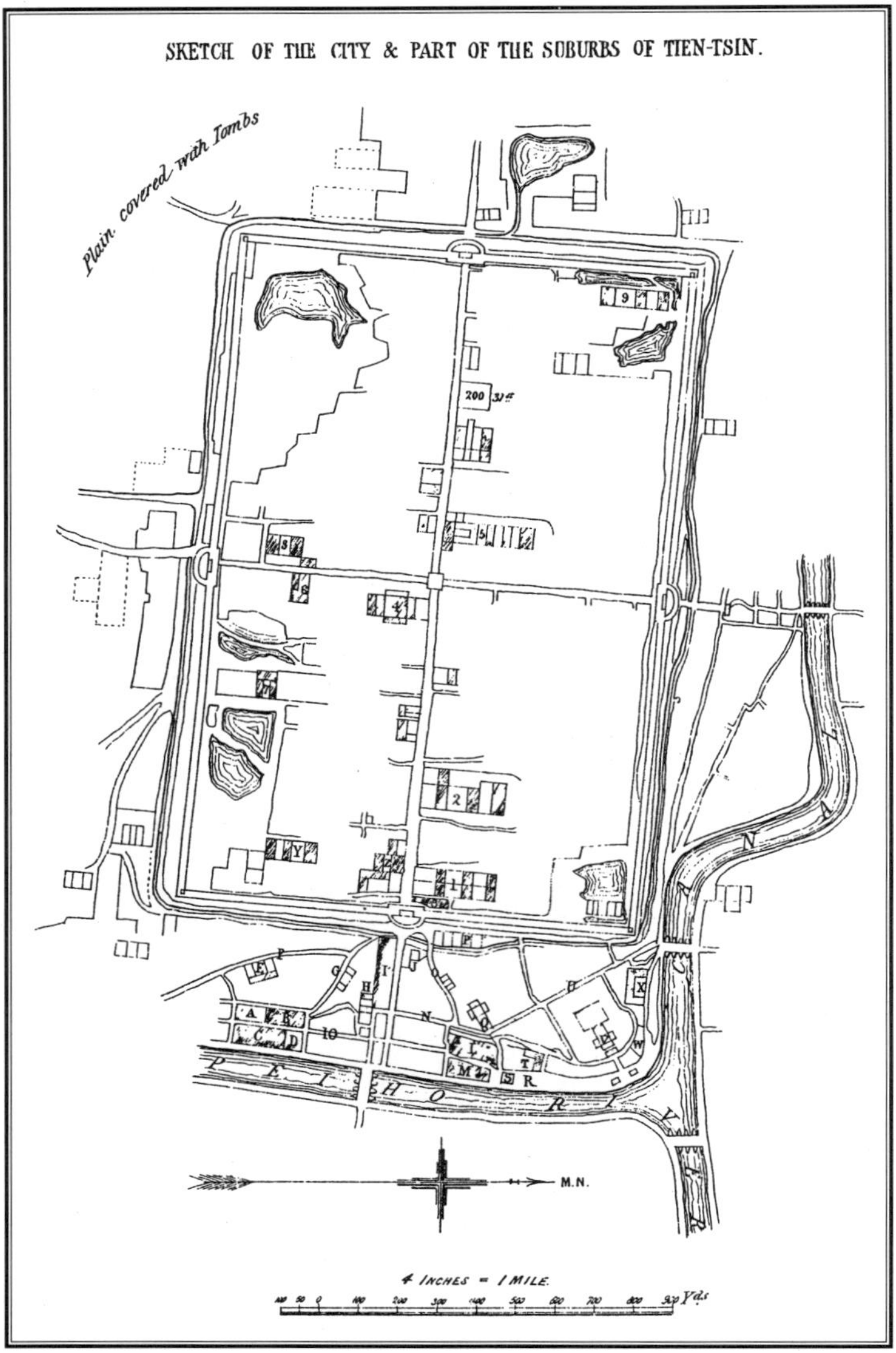

これはイギリス軍人による地図であり，城内の胡同など細部は省略されている。川沿いのイギリス駐屯地などは，比較的詳しい。

典拠：Charles Alexander Gordon, *China from a Medical Point of View* (John Churchill, 1863).

図3　19世紀末の天津を鳥瞰する

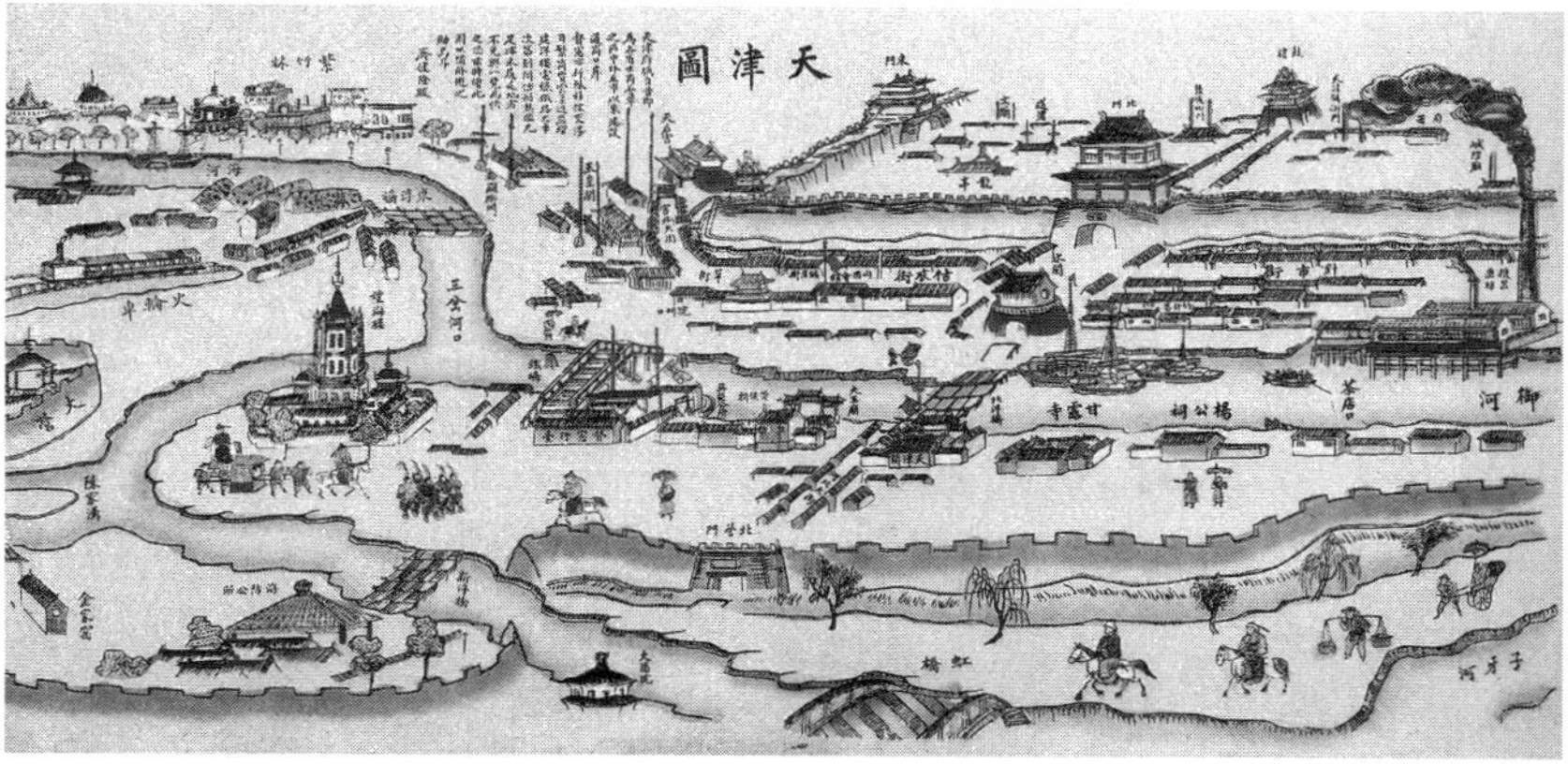

典拠：劉玉山・許桂芹・古薩羅夫編『蘇聯蔵中国民間年画珍品集』(阿芙楽爾出版社/人民美術出版社，1991)，No. 191。

市的な空間が広がっている。東門の外近くに、天津の最大の廟である天后宮が参詣者を集めていた。城北の估衣街や鍋店街は、最も繁盛した街路であり、あるイギリス人は、估衣街のすばらしさをロンドンの大街路に喩えて、オックスフォード・ストリート(Oxford Street)と呼んでいる。[58] 河には、船の通行の便を優先して(また高度差の小ささによる技術的理由で)、普通の橋を架けることはできなかった。そこで船を連ねてその上を渡る「浮橋」が時に応じて設けられた。城外の南・西のほうは低湿であり、多少高いところは墓になっていた。城内にすら水溜まりが存在していたのである。

欧米人は、天津城附近から白河を少しだけ下った紫竹林《しちくりん》という村荘の辺りを租界として確保した。アレグザンダー・ミッチー(Alexandar Michie)の回顧によれば、「二つの〔イギリスとフランスの〕租界の場所は、汚く不健康な湿地であり、そのまわりの比較的乾燥した土地には、何世代にもわたるおびただしい墓があった」。[59] これを出発点として租界が徐々に整備されてゆくことになるが、天津城との間には、人口の少ない地区があり、二つの性格の異なる都市空間が分立する様相をなすことになった。これらの間に日本租界が設けられて都市的な整備が進むとともに、城壁

のなくなった旧城区と租界とが路面電車で結合されてゆくことで、地理的な接合が進むことになる。(60)

鴉片戦争直後の天津の人口については、何人もの研究者が『津門保甲図説《しんもんほこうずせつ》』によって算出している。この史料は、もちろん限界を指摘することはできようが、全国的に見ても当時としては稀有なほど、詳細な情報が含まれていることは確かである。『津門保甲図説』は、天津県全体についての調査であるが、そのうち、百瀬弘《ももせひろむ》にならって、便宜的に城内と「北門外」「東門外」の区域を都市的な部分とみなせば、二万三五三〇戸、十六万人程度、近郊もいれて多めに考えても二十万人弱と言えよう。ただし、これらのうち約四分の一は「農戸」に分類されていることから、農業耕作に携わっていた可能性が高い。(61)

このような天津の住民は、様々な地域からの移住によって形成されたものである。現在でも「天津話」は、華北のなかでも独特の特徴をもっている。語彙だけでなく声調も特有のものがあり、慣れないと理解しにくい。天津方言は、静海方言と江淮方言の接触によって生まれたと指摘されている。(62)静海県は天津県のすぐ西南に位置し、歴史は天津より古い。そこで静海方言の影響があるのは当然と言える。安徽や蘇北の語音の影響がある歴史的理由はあまり明らかではないが、その地域からの移住が多かった証左とみてよかろう。明代の天津衛設置から清末の淮軍の駐留に至る兵士の流入、また漕運による当該地域との人口流動が、想像される。

もちろん、それ以外の地域からも商人などが生業のためにやってきて、何代かを重ねて地元民となったものもあろう。逆に福建・広東や山西など有力な集団は、みずから会館を作って結集の場としていた。李鴻章の「洋務」の諸事業は、李鴻章の同郷である安徽人や西洋人との交渉の蓄積をもつ広東や寧波の出身者を必要とするようになった。ただし、清末以降の人口増加の大きな要因は、華北各地から生活の糧を求めての人口流入であったと考えるのが妥当であろう。(63)

さて、本書で「天津の近代」を具体的に見てゆく場合、清末の時代を迎えた他の多くの都市と(そして同時代の世界の諸都市と）共通する部分が非常に多いことは議論の前提である。厦門にしろ北京にしろ西安にしろ、天津と同様な課題に直面した点があるとすれば、それはむしろ当然であろう。

ここで考えておくべきことは、天津の歴史の特徴である。

(1)まず、都市形成において外国人の果たした役割の程度の問題がある。西安や成都は、明清時代だけとっても数百年の長い歴史のなかで形成されてきた都市であって、清末においても外国人がもたらした要素は相対的に少ないと考えてよかろう（とはいえ、二〇世紀に入っての行政改革や留学の盛行が、これらの内陸の大都市の統治秩序・政治文化を変化させていった）。逆の極にあるのは、青島や哈爾濱《ハルピン》であり、外国人の統治権力によって形成された部分が非常に大きい。天津は、それらの中間と見てよいだろう。開港場であり、外国の租界が設けられたが、これは旧来の天津城と並存して二重都市としての性格をもった。経済的・政治的・文化的な外国人の活動が顕著であったが[64]、これに影響をうけつつ対抗する地元有力者・民衆の勢力も負けてはいない。

(2)次に、天津のもつ行政的位置づけ、そして清朝にとっての重要性がある。天津は、北京を防衛するのに枢要な戦略的意義をもっている。天津は行政的階層としては府ではあったが、それにとどまらない高官の駐在の場であった。時期による変遷はあるが長蘆塩政・長蘆塩運使・三口通商大臣・天津道・天津海関道などである。直隷総督衙門は保定にあったものの、直隷総督に北洋大臣を兼ねた李鴻章は、主に天津において政務をとりしきることになった。やはり直隷総督となった袁世凱による政治改革「北洋新政」も天津を中心としたものである。これを上海と比べると、清朝の行政区画では上海県にすぎず、最高の行政官は蘇松太道（上海道台）であったのとは、大きな違いである（天津には道台も二人いた）[65]。もちろん、全国の省会（省の行政中心地）には総督・巡撫が駐在し、張之洞のような改革に熱心な官僚が赴任した場合は、意欲的な施策がとられた（張之洞は天津府南皮県の出身なので、天津に任官されることなく両広総督・湖広総督など南方の大官を歴任した）。

(3)天津が義和団の戦乱を経、また八か国連合軍の軍事占領をうけたことは、特別な歴史的経験であった。これは、義和団への批判的感情をあとに残し、民衆文化の奔放な表出を抑制するための対策が最重要級の政治課題となる。また、外国に対抗できるだけの統治構造の確立や国民形成への意識が高まることとなる。巡警創設にしろ迷信批判にしろ、その一環である。連合軍の支配が袁世凱総督に引き継がれるという特殊な経緯も、統治技法に遺産を残してゆく。これらの天津の事情は、全国各地で徐々に同様の方向に進行する変化を、義和団戦争の前後の対照という形で先鋭的に示すことになったと言えよう。

以上のような天津の特徴は、本書で検討してゆくような近代性を明確な形にするように作用していると考えられる。

註

（1）ピエール＝エティエンヌ・ヴィル（美枝子・マセ訳）「近代中国と中国学」（『思想』八六五号、一九九六年）一〇二頁。Pierre-Étienne Will, "Chine moderne et sinologie," *Annales : Histoire, Sciences sociales*, Vol. 49, No. 1 (1994), p. 17.

（2）山之内靖は、以下のようにヴィルを批判しているが、はっきりした「近代」像を想定するあまり、ヴィルの議論の重心を理解できていないと思われる。「ヴィルのように伝統中国にもヨーロッパ近代のそれに匹敵する合理化が進行したのだ、と申し立てることは、果たして中国文化の名誉を回復する言明だといえるのでしょうか。彼のようなタイプのヴェーバー批判は、実のところ、普遍的合理化なるものを価値的に善だとする素朴な近代主義的信念によって支えられているのです。ヴェーバーは近代主義者だったのではなく、近代主義の批判者だったということ、ヴィルのような立場こそ、近代主義の信念を素朴に維持し続けているということ、この点を見誤らないようにしなければなりません」。山之内靖『マックス・ヴェーバー入門』（岩波書店、一九九七年）三二頁。

（3）以下はその一例であろう。Pierre-Étienne Will, "La paperasse au secours de l'homme : communication et militantisme, 1600–1850," *Études chinoises*, Vol. 8, No. 1-2 (1994).

（4）問題なのは、「世界システム」という用語法に含まれる「十分に構造化された単一体」というイメージだとも言える。本書が採用しないのは、身動きのとれない構造論である。世界大の相互交渉の緊密化という傾向、そして、その過程に含まれた暴力性そのものは、本書の前提としたい。現地調査のなかで、現代世界の抑圧性を意識しつつも、「抵抗」「越境」というような現象を見出した人類学者の視角も念頭においている。松田素二『抵抗する都市――ナイロビ 移民の世界から』（岩波書店、一九九九年）。床呂郁哉『越境――スールー海域世界から』（岩波書店、一九九九年）。

（5）以下のような濱下武志の提言も意識している。「アジアの近代を考察するためには、同時にヨーロッパの近代をヨーロッパ地域史の中で位置づける試みがなされる必要があろう」「アジア分析の手法が、ヨーロッパにも問題を投げかけるものとしてあらねばならないということであろう」。濱下武志「アジアの〈近代〉」（『岩波講座世界歴史［二〇］ アジアの〈近代〉』岩波書店、一九九九年）。

（6）岸本美緒『東アジアの「近世」』（山川出版社、一九九八年）。同「時代区分論」（『岩波講座世界歴史［一］ 世界史へのアプローチ』岩波書店、一九九八年）。同「現代歴史学と「伝統社会」形成論」（『歴史学研究』七四二号、二〇〇〇年）。

（7）ここでいう近似とは、ある要素がすべてに共有されるということを意味しない（だから「近代」の本質を指摘することはできない）。比喩的にいえば、同一の父母から生まれた兄弟姉妹が「似ている」のは、ある特徴が全員に共有されているためではなく、様々な特徴が兄弟姉妹のうち何人かに共有されているからである。そのような類似性を世界の近代にも想定している。似ているからこそ、個性の発揮のため敢えて異をたてることもありうる。

（8）従来、「半植民地」という概念規定がなされてきたが、これは文字通りいかにも中途半端で曖昧な表現であり、本書では採用しない。開港都市をはじめとして各地は、欧米・日本の植民地主義にさらされてきたが、これに対抗して清朝と中華民国の国家機構が整備され、また愛国運動が展開してきた経緯を認識しておけばよい。

（9）これをブライナ・グッドマンのように雑種の近代性と把握するのも理解できるが、そもそも起源や系譜がどこにあるのかを重視する必要もなさそうである。Bryna Goodman, "Shanghai and the Hybrid of Chinese Modernity," *Wall and Market: Chinese Urban History News*, Vol. 3, No. 2 (1998).

（10）同様の問題に対する中国の学者の考えは、以下に示されている。楊念群「東西方思想交匯下的中国社会史研究――一個〝問題史〟的追溯」（楊念群主編『空間・記憶・社会転型――〝新社会史〟研究論文精選集』上海人民出版社、二〇〇一年）。

（11）増田四郎『西欧市民意識の形成』（春秋社、一九六九年）。

（12）マックス・ウェーバー［Max Weber］（木全徳雄訳）『儒教と道教』（創文社、一九七一年）一九～二〇頁。若干の記号を改め、原語を補った。

（13）今堀誠二『北平市民の自治構成』（文求堂、一九四七年）。仁井田陞『中国の社会とギルド』（岩波書店、一九五一年）。今堀誠二『中国の社会構造――アンシャンレジームにおける「共同体」』（有斐閣、一九五三年）。
（14）仁井田前掲書二三頁。
（15）Étienne Balazs, *La bureaucratie céleste : recherches sur l'économie et la société de la Chine traditionnelle* (Gallimard, 1968), p. 218. 論文の初出は一九五四年。
（16）増田四郎『都市』（筑摩書房、一九六八年）三三〜三四頁。如上のような都市の見方に対し、都市化という視角から、都市と農村の二項対立を脱しようとする議論がなされていたことにも注目したい。斯波義信「中国都市をめぐる研究概況――法制史を中心に」（『法制史研究』二三、一九七三年）。同「宋代の都市にみる中国の都市の特性」（『歴史学研究』六一四号、一九九〇年）。
（17）William T. Rowe, *Hankow : Commerce and Society in a Chinese City, 1796–1889* (Stanford University Press, 1984). William T. Rowe, *Hankow : Conflict and Community in a Chinese City, 1796–1895* (Stanford University Press, 1989). この後者の表紙写真について、拙稿「トムソンの撮った清末都市」（『アジア・アフリカ言語文化研究所通信』九七号、一九九九年）で考証した。ロウが注目する都市の自治的団体については、以下が研究動向をまとめている。Vincent Goossaert, "Matériaux et recherches nouvelles sur les corporations chinoises urbaines traditionnelles," *Revue bibliographique de sinologie*, nouvelle série, Vol. 17 (1999). 近年、日本では江南市鎮の自治性に関心が向けられている。森正夫「清代江南デルタの郷鎮志と地域社会」（『東洋史研究』五八巻二号、一九九九年）。川勝守『明清江南市鎮社会史研究――空間と社会形成の歴史学』汲古書院、一九九九年）。
（18）William T. Rowe, "The Public Sphere in Modern China," *Modern China*, Vol. 16, No. 3 (1990). Mary Backus Rankin, "The Origins of a Chinese Public Sphere : Local Elites and Community Affairs in Late Imperial Period," *Études chinoises*, Vol. 9, No. 2 (1990). 孔復礼［Philip A. Kuhn］「公民社会与体制的発展」（『近代中国史研究通訊』一三期、一九九二年）。Frederic Wakeman, Jr., "The Civil Society and Public Sphere Debate: Western Reflections on Chinese Political Culture," *Modern China*, Vol. 19, No. 2 (1993). Philip C. C. Huang, " "Public Sphere"/ "Civil Society" in China ? : The Third Realm between State and Society," *Modern China*, Vol. 19, No. 2 (1993). Rudolf G. Wagner, "The Role of the Foreign Community in the Chinese Public Sphere," *The China Quarterly*, No. 142 (1995). 小島毅「中国近世の公議」（『思想』八八九号、一九九八年）。
（19）馬敏『官商之間――社会劇変中的近代紳商』（天津人民出版社、一九九五年）。王笛「晩清長江上游地区公共領域的発展」（『歴史研究』一九九六年一期）。朱英「関於晩清市民社会研究的思考」（『歴史研究』一九九六年四期）。
（20）この論争の成果の確認と問題点の指摘は、以下でもなされている。陳永明「「公共空間」及「公民社会」」（『近代中国史研究通訊』二〇期、一九九五年）。Christian Henriot, "Cities and Urban Society in China in the Nineteenth and Twentieth Centuries : A Review Essay in Western Literature" （『近代中国史研究通訊』二一期、一九九六年）。Marie-Claire Bergère, "Civil Society and

"Urban Change in Republican China," *The China Quarterly*, No. 150 (1997).

(21) Joan Judge, *Print and Politics : 'Shibao' and the Culture of Reform in Late Imperial China* (Stanford University Press, 1996).

(22) 桑兵「論清末民初伝播業的民間化」(胡偉希編『辛亥革命与中国近代思想文化』中国人民大学出版社、一九九一年)。

(23) 夫馬進『中国善会善堂史研究』(同朋舎出版、一九九七年)七四六〜七四七頁。この研究書については、簡略ながら拙評で議論した(『社会経済史学』六四巻二号、一九九八年)。

(24) 梁其姿『施善与教化——明清的慈善組織』(聯経出版事業公司、一九九七年)二四七〜二五三頁。また、梁其姿「清代慈善機構与官僚層的関係」(『中央研究院民族学研究所集刊』六六期、一九八八年)も参照。慈善事業研究については、以下が論評している。**R. Bin Wong**, "Benevolent and Charitable Activities in the Ming and Qing Dynasties : Perspectives on State and Society in Late Imperial and Modern Times," *Revue bibliographique de sinologie*, nouvelle série, Vol. 18 (2000).

(25) 小浜正子『近代上海の公共性と国家』(研文出版、二〇〇〇年)。この研究書の「公共性」概念については拙評で論じた(『東洋史研究』六〇巻二号、二〇〇一年)。

(26) **Roger R. Thompson**, *China's Local Councils in the Age of Constitutional Reform, 1898-1911* (Council on East Asian Studies, Harvard University, 1995). 田中比呂志「清末民初における地方構造とその変化——江蘇省寶山県における地方エリートの活動」(『史学雑誌』一〇四編三号、一九九五年)。佐藤仁史「清末・民国初期における一在地有力者と地方政治——上海県の〈郷土史料〉に即して」(『東洋学報』八〇編二号、一九九八年)。黄東蘭「清末地方自治制度の導入と地域社会の対応——江蘇省川沙県の自治風潮を中心に」(『史学雑誌』一〇七編一一号、一九九八年)。稲田清一「清末、江南における「地方公事」と鎮董」(『甲南大学紀要』文学編一〇九、一九九九年)。魏光奇「直隷地方自治中的県財政」(『近代史研究』一九九八年一期)。同「地方自治与直隷〝四局〟」(『歴史研究』一九九八年二期)。これに関連して、そもそも清末の立憲運動をどのようにとらえるかは、大問題であるが、次の研究は、より長期的な視野の中で立憲政の展開を位置づけようとしている。**Philip A. Kuhn**, *Lse origines de l'État chinois moderne*, traduit et présenté par Pierre-Étienne Will (EHESS, 1999).

(27) 足立啓二『専制国家史論——中国史から世界史へ』(柏書房、一九九八年)二四四〜二四五頁。

(28) ヨーロッパ史研究者にも、ローカルな政治の分析について、同じ方向の視角を見てとれる。ただし、ヨーロッパの場合、宗教問題が厳しい対立の原因となっていることが注意される。近藤和彦「宗派抗争の時代——一七二〇、三〇年代のマンチェスタにおける対抗の構図」(『史学雑誌』九七巻三号、一九八八年)。谷川稔『十字架と三色旗——もうひとつの近代フランス』(山川出版社、一九九七年)。中国史では、次の論文が清末〜民国初年の制度変遷のなかで地元有力者の間の対立が先鋭化する様を指摘している。佐藤仁史「清末民初における徴税機構改革と政治対立——江蘇省嘉定県の夫束問題を事例に」(『近きに在りて』三九号、二〇〇一年)。

(29) 阪上孝『近代的統治の誕生——人口・世論・家族』(岩波書店、一九九九年)。

(30) Frederic Wakeman, Jr., *Policing Shanghai, 1927–1937* (University of California Press, 1995).

(31) Frederic Wakeman, Jr., "Models of Historical Change: The Chinese State and Society, 1839–1989," Kenneth Lieberthal et al. (eds.), *Perspectives on Modern China: Four Anniversaries* (M. E. Sharpe, 1991). Wakeman, "The Civil Society and Public Sphere Debate."

(32) Kristin Stapleton, *Civilizing Chengdu: Chinese Urban Reform, 1895–1937* (Harvard University Asia Center, 2000), pp. 77–110. Ruth Rogaski, "Hygienic Modernity in Tianjin," Joseph W. Esherick (ed.), *Remaking the Chinese City: Modernity and National Identity, 1900–1950* (University of Hawai'i Press, 2000). 飯島渉『ペストと近代中国』(研文出版、二〇〇〇年)。

(33) 一例だけ、范文瀾『中国近代史』上編第一分冊（人民出版社、一九五三年）を挙げておく。

(34) 濱下武志『近代中国の国際的契機——朝貢貿易システムと近代アジア』(東京大学出版会、一九九〇年)。同「歴史研究と地域研究——歴史にあらわれた地域空間」(濱下武志・辛島昇編『地域の世界史［一］地域史とは何か』山川出版社、一九九七年)。

(35) 范文瀾前掲書六八〜八〇頁。

(36) Frederic Wakeman, Jr., *Strangers at the Gate: Social Disorder in South China, 1839–1861* (University of California Press, 1966), pp. 52–58.

(37) 茅海建『天朝的崩潰——鴉片戦争再研究』(三聯書店、一九九五年) 二九三〜三一三頁。

(38) 鴉片戦争は、確かに広東を中心とする地域的な紛争であったかも知れないが、その後に引証・反復される事例を提供した。それゆえ、対外的危機を感得しやすい沿海部の社会にとっては、やはり大きな歴史的意義をもっていたと考えられる（イギリス船が実際に来なかった地域でも、海防態勢がとられていた）。本書が鴉片戦争から書き起こしているのは、旧来の「中国近代史」の時代区分の単なる踏襲というより、そのような本書にとっての関心と便宜にもとづいて設定した起点であることを、確認しておきたい。

(39) Rowe, *Hankow: Commerce and Society*, pp. 213–251.

(40) 帆刈浩之「清末上海四明公所の「運棺ネットワーク」の形成——近代中国社会における同郷結合について」(『社会経済史学』五九巻六号、一九九四年)。同「近代上海における遺体処理問題と四明公所——同郷ギルドと中国の都市化」(『史学雑誌』一〇三編二号、一九九四年)。寧波人の団体については以下もある。虞和平「清末以後城市同郷組織形態的現代化——以寧波旅滬同郷組織為中心」(『中国経済史研究』一九九八年三期)。

(41) Emily Honig, *Creating Chinese Ethnicity : Subei People in Shanghai, 1850-1980* (Yale University Press, 1992).

(42) Bryna Goodman, *Native Place, City and Nation : Regional Networks, and Identities in Shanghai, 1853-1937* (University of California Press, 1995).

(43) Richard D. Belsky, "The Articulation of Regional Interests in Beijing : The Role of *Huiguan* during the Late Qing," *Papers on Chinese History*, Vol. 6 (1997).

(44) この点で、広州・上海との比較した場合の天津の特徴については、拙稿「ナショナリズムの誕生――反アメリカ運動（一九〇五年）にみる「中国人」意識と同郷結合」（『地域の世界史［一一］支配の地域史』山川出版社、二〇〇〇年）で検討した。

(45) David Johnson, Andrew J. Nathan and Evelyn S. Rawski (eds.), *Popular Culture in Late Imperial China* (University of California Press, 1985). また、大木康「庶民文化」（森正夫ほか編『明清時代史の基本問題』汲古書院、一九九七年）が、いくつもの研究課題を提示している。最近では、次の大著が、多くの視点を示した。濱島敦俊『総管信仰――近世江南農村社会と民間信仰』（研文出版、二〇〇一年）。

(46) 梁其姿前掲書一三一～一八三頁。

(47) 李孝悌『清末的下層社会啓蒙運動』（中央研究院近代史研究所、一九九二年）。

(48) 桑兵『晩清学堂学生与社会変遷』（稲禾出版社、一九九一年）。何一民『転型時期的社会新群体――近代知識分子与晩清四川社会研究』（四川大学出版社、一九九二年）。高田幸男「清末地域社会と近代教育の導入――無錫における「教育界」の形成」（『神田信夫先生古稀記念論集　清朝と東アジア』山川出版社、一九九二年）。同「清末地域社会における教育行政機構の形成――蘇・浙・皖三省各庁州県の状況」（『東洋学報』七五巻一・二号、一九九三年）。

(49) ヨーロッパ内でも啓蒙概念は一様でない。中国史にも引きつけて、この点を論じたものとして、夏克勤「徳意志与啓蒙運動（*Aufklärung*）――一個初歩的反思」（『新史学』一二巻三期、二〇〇一年）がある。

(50) 拙稿「清末剪辮論の一考察」（『東洋史研究』五六巻二号、一九九七年）。

(51) 『新校天津衛志』（康熙刊、民国二十三年鉛印）巻四「藝文」に収められる程敏政「天津重修湧泉寺旧記」という明代の碑文には「我文廟入靖内難、自小直沽渡蹕而南、名其地曰天津、置三衛以守、則永楽甲申也。都北以来、兵備加厳」とある。

(52) 川越泰博『明代建文朝史の研究』（汲古書院、一九九七年）三六一～三六三頁は、永楽帝は新政権の樹立にあたって洪武・建文二朝を支えた衛所制度を解体・再編したと指摘している。これが天津衛の成立と関係あるだろう。

(53) 李森「天津開埠前城市規劃初探」（『城市史研究』一輯、一九八九年）。そのほか、以下参照。郭蘊静主編『天津古代城市発展史』（天津古籍出版社、一九八九年）。片岡一忠「中国都市の発展の諸段階――天津の形成と発展」（『イスラムの都市性・研究報告』研究報告編九九号、一九九一年)。

(54) 徐華鑫他編著『天津市地理』(天津人民出版社、一九九三年)。黨武彦「明清期畿輔水利論の位相」(『東洋文化研究所紀要』一二五冊、一九九四年)。田口宏二朗「明末畿輔地域における水利開発事業について――徐貞明と滹沱河河工」(『史学雑誌』一〇六編六号、一九九七年)。

(55) 香坂昌紀「清代前期の沿岸貿易に関する一考察――特に雍正年間・福建―天津間に行われていたものについて」(『文化』三五巻一・二号、一九七一年)。松浦章「清代における沿岸貿易について――帆船と商品流通」(小野和子編『明清時代の政治と社会』京都大学人文科学研究所、一九八三年)。胡光明「開埠前天津城市化過程及内貿型商業市場的形成」(『天津社会科学』一九八七年二期)。郭蘊静「清代天津商業城市的形成初探」(『天津社会科学』一九八七年四期)。許檀「清代前期的沿海貿易与天津城市的崛起」(『城市史研究』一三・一四輯、一九九七年)。古市大輔「清代乾隆年間の採買政策と奉天――華北への奉天米移出」(鈴木将久ほか『小冷賢一君記念論集』[東京大学文学部中国語中国文学研究室]、一九九三年)。李文治・江太新『清代漕運』(中華書局、一九九五年)。

(56) 陳克「近代天津商業腹地的変遷」(『城市史研究』二輯、一九九〇年)。姚洪卓主編『近代天津対外貿易一八六一―一九四八』(天津社会科学院出版社、一九九三年)。張思「十九世紀末直魯農村手工紡織業的曲折経歴」(南開大学明清史研究室編『清王朝的建立、階層及其他』天津人民出版社、一九九四年)。張利民「近代環渤海地区間商人対流与影響」(『社会科学戦線』一九九九年三期)。リンダ・グローブ[Linda Grove](貴志俊彦・神田さやこ訳)「華北における対外貿易と国内市場ネットワークの形成」(杉山伸也・リンダ・グローブ編『近代アジアの流通ネットワーク』創文社、一九九九年)。

(57) Kwan Man Bun, *The Salt Merchants of Tianjin: State-Making and Civil Society in Late Imperial China* (University of Hawai'i Press, 2001). 関文斌(張栄明主訳)『文明初曙――近代天津塩商与社会』(天津人民出版社、一九九九年)。

(58) Henry Noel Shore, *The Flight of Lapwing: A Naval Officers' Jottings in China, Formosa and Japan* (Longmans, Green, and Co., 1881), p. 320.

(59) O. D. Rasmussen, *Tientsin: An Illustrated Outline History* (The Tientsin Press, 1925), p. 37.

(60) 劉海岩「天津租界和老城区――近代化進程中的文化互動」(『城市史研究』一五・一六輯、一九九八年)。尚克強・劉海岩『天津租界社会研究』(天津人民出版社、一九九六年)。

(61) 百瀬弘「「津門保甲図説」に就いて――清代天津県の農工商戸に関する一統計資料」(同『明清社会経済史研究』研文出版、一九八〇年、論文初出は一九四八年)。胡光明「論李鴻章与天津城市近代化」(『城市史研究』三輯、一九九〇年)。

(62) 韓根東主編『天津方言』(北京燕山出版社、一九九三年)。

(63) 張利民「論近代天津城市人口的発展」(『城市史研究』四輯、一九九一年)。労働機会の多様性については以下が詳しい。Gail Hershatter, *The Workers of Tianjin, 1900–1949* (Stanford University Press, 1986). 特に下層民の動態については、渡辺惇「近代天津の幇会」(『駒沢史学』五二号、一九九八年)参照。

(64) 周俊旗「清末華北城市文化的転型与城市成長」(『城市史研究』一三・一四輯、一九九七年)。

(65) 梁元生(Leung Yuen-sang)「清末的天津道与津海関道」(『中央研究院近代史研究所集刊』二五期、一九九六年)。

第Ⅰ部　地域防衛を支える価値観と記憶

第一章　団練の編成

1　課題の設定

清末時期の地域的武装組織である団練は、早くは嘉慶白蓮教徒の乱に際し四川等で組織され、さらに一九世紀中葉の戦乱の時代に各地に登場した(1)。ウィリアム・ロウは、その大部な漢口研究の中で団練についても検討を行なっている。ロウは団練を「社会的に生み出された様々な組織のうちで最初に漢口の都市自治体（the municipality）を明示的に顕した代表的なもの」と把握し、太平天国時期の戦乱に対処するための団練の活動の結果「地域防衛に関する自律的な機能単位として都市自治体が在地の社会意識の中で確立した」と指摘している(2)。このように、団練の問題は彼の都市論の中で枢要な位置を占めているのである。そもそも都市は人口（そして政治的経済的機能）が周囲の農村に比べ際立って密集するため防衛の必要性が高く、そのために動員できる資源も豊富であるが故に、便宜的に一つの防衛単位となってゆくこと自体は当然とも言える。ただし、ロウがいうところの「社会的に生み出された（societally generated）」武装組織が、同郷団体・同業団体のように並存・分立するのではなく、まして相互に戦う「械闘」的状態に陥らずに、都市自治体としての一つの実体を形成するか否かは（その理由を含めて）疑問とする余地がある。おそらくロウは、都市自治体としての共同意識の存在が統一的な団練組織を可能にしたと想定しているのであろう。

本章の目標は、ロウが研究したのと同時期の天津における団練について実証的に検討しつつ、以上の疑問についてロウと別様の回答を与えようとすることにある。その際、注目すべきことは、団練編成をめぐる王朝護持の理念と地域防衛の関係である。またその組織的特徴として、むしろ分散的傾向を強調することになるであろう。団練事業の財源をめぐる問題を、その背景として重視したい。

もちろん既に天津の通史叙述の中で団練の問題にも触れられているが、以上のような関心にみあう論述はみられない。(3) 関文斌の天津商人研究は団練について一節をさいている。商人が団練編成を行なう際の動機、財源捻出の問題など、本章の関心にとって重要な論点についての分析が充分でないが、官と塩商の相互依存関係について的確に指摘している点で貴重な先行研究である。(4)

天津の団練の指導者として名声を博した人物として張錦文《ちょうきんぶん》がいる。一説では、彼は父親を早く亡くし財産もなかったが、発憤して奉天に赴き商才を顕した後、長蘆塩の運輸によって巨万の富を築き天津の有力者になっていったという。(5) 本章では、この張錦文に特に注目するが、その理由は彼の事績を記した『張公襄理軍務紀略』が残されているからである（以下、『紀略』と略記）。(6) もっとも、この史料は張錦文の業績を顕彰する目的で編纂されていることに注意しなければならない。上奏文や地方志と慎重に照合することで、その特徴をある程度、相対化するよう留意したい。以下では、天津を襲った三回の危機、すなわち鴉片戦争、太平天国、第二次鴉片戦争の順番に問題を検討してゆくことにする。(7)

2　鴉片戦争と天津団練の起源

道光二十年（一八四〇年）夏、英国艦船が北上して、〔天津から白河を下ったところの〕大沽に至った。交渉の結果、英国軍は南へ帰っていったが、戦争はなかなか終結をみなかったので、天津近辺の海防の必要性が意識されることになった。

天津城の警備態勢も、その一環として強化された。まず土着の民間人を召募して新兵一千を増やした。更に「救火会」という消防組織から一千余人を選び、官員が中心となって編成・訓練を行なったが、その食費は官・紳・商・民の寄付によった。また塩務の巡役も地方官が派遣した者とともに見回りをした(8)。資金提供で注目されるのは塩商の寄付である。合計四十万両にのぼり、寄付者の名前は褒賞のため朝廷に報告された(9)。

また、訥爾経額《ネルチンゲ》の奏文に「天津についていえば、民情は勇ましくて強く、是非とも取り込んで利用すべきです。現在のところ既に郷勇を招き、新兵を募って訓練を加えていますが、これぞ収羅の法〔あまねく味方に引き入れる戦略〕というものであり、これによって漢奸〔敵に通じる裏切り者〕があらわれるのを防ぐということはたびたび申し述べたところです(10)」とあるように、召募の目的は、潜在的に敵と結び付きかねない游民などを、しっかりと味方にして団結することにもおかれていたのである。

またこれと関連して、保甲制度も固められた。上諭においては、以下のような危機認識が示されている。天津府城にいたっては、四方から人々が集まって雑居している地（「五方雑処之区」）であり、とりわけ緊要である。逆徒〔とくに英国勢力を指すと思われる〕が、河口付近の厳重なる防衛ゆえに、以下のことをたくらみかねない。すなわち、漢奸・匪賊の一味を分遣して、商人・難民・僧侶道士・乞食・各種の演芸人などを装わせ、密かにばらばらに動いて姿をくらましつつ城内に入り内応させるかもしれない。我が軍がたとえ城のまわりを防衛し外からの侵略を防禦できたとしても、パニック状態のなかで、逆徒が中から騒ぎをおこして、放火して火事を起こしたり、城門にむかってほしいままに突き当たったりするなら、いったい如何にして防ぐことができようか。(11)

このような警戒感から、官員が派遣され「居民」「鋪戸」「店寓」(一時的滞在者)「寺観」を問わず保甲に編入した。その際、各街の「紳耆《しんき》」(名望家)一人か二人を選んで「董事《とうじ》」(実務の中心)になってもらい協力して調査を行なった。(12)

以上のような経過のなかから、ついに地元有力者による団練の動きが生まれてくる。官の指令をうけながら、「紳耆」は「関廂内外」(城内とその周辺)を二十局にわけ、それぞれにおいて団練を組織することになった。その成員は名簿に登録し、見張りを行なわせ、事あれば助けあわせた。日常的に委員とともに「段」(管轄区域)ごとに「漢奸」を取り締まるのである。(13) 天津道台はこの事情を以下のように述べている。

既に本道は天津知府・知県に命じ、救火会中の義民を召募して定期的に訓練を施すようにさせた。今、紳士である解開祥・曹鹿苹らによれば、「天津城の内外は従来から二十堡に分けられており、堡ごとに壮丁を選抜しそれぞれで団練を行ない、わが身わが家を守ることにしました。余裕のある住民・商店はその経費を見積もって寄付したり、規則を斟酌・議定したりしたので、審査と指示を官に求めたいのです」と言ってきた。

道台は、この動きを「堡ごとに強健な壮丁を選ぶのなら、みな顔見知りということになり、裏の裏まで事情がわかるであろう。これは官の召募と比べても、いっそう役に立つはずである」と評価し、具体的には以下のような「義民局」運営を命じている。

それぞれの堡を一つの区画とし、誠実な紳士を皆で選び運営の中心になってもらう。堡ごとに人戸の疎密を考慮して団練の多寡を定める。数十名の場合も百余名の場合もあろう。彼らの年齢・容貌の登記簿を作成し、毎月一日に公局へ一斉集合させ、点検を受けた後、また本業に帰らせる。胥吏・衙役の手を借りず、人を呼び集める騒動もない。いったん事あれば勇気をふるって先を争い、何も起こらなければ生業にいそしむ。必要な茶代は、堡内の裕福な家が資力に応じて寄付して局に送って用立てる。中層・下層の力のない家には負担をかけない。毎月銭をどれだけ集めどれだけ使ったかは、逐一明細を書き出して局の門に掲示し、誰でも知ることができるようにする。董事らは、清い心でまじめに運営してゆくべきで、機に乗じて無理な取り立てをしてはならない。もし壮丁が本分に安んぜず人数にまかせて問題をおこしたら、官に調査を願い出よ。みだりに隠してはならない。もし夷匪〔英国人を指す〕や漢奸を捕虜にできたら、必ず官に申し出よ。充分な恩賞を与え奨励とする。(14)

このように義民局とは、自衛を目的として住民を組織したもので、人材面でも資金面でも、地元の有力者が運営を支えていたことが知られる。もっともその資金は塩商の集団が官と相談して用立てることもあった。義民局は二年間運営された後に撤廃されたが、訥爾経額は人々の団結を示す「衆志成城」と記した扁額を贈った。(15)

鴉片戦争の際には天津城が直接の軍事的危機に直面することはなかったため、義民局は、さほど活躍の機会を得られなかった。しかし、これは天津城防衛のため団練を組織するということの端緒なのであり、地元有力者にとっては新たな活動の場が生まれたことになる。

3　太平天国軍に対する防備

咸豊三年（一八五三年）、迫りつつある太平天国軍に対処するため、防備を固めることが必要になった。長蘆塩運使楊霈が中心となって「壮勇」を召募し「蘆団」を編成した。また前浙江巡撫梁宝常・前湖南郴州知州呉士俊・前良郷県教諭汪彭らが、地方官と協議して団練を編成した。すなわち、廩生王鏞と「公約」して「義民局」二十八か所を設立し、各局五十ないし六十名の勇を募集して訓練に励んだのである。(16) またこの組織の指揮者としては他に、塩商李春城がいる。彼は自らパトロールを行ない、七昼夜を経てもやめなかったというほどの熱心さを示した。(17)

天津の防備を担当している団練の勇の数は、以下のようになる。まず「義勇」一千六百名が編成され、紳董および地方の文官が監督したが、これに紳士梁宝常が錬成した四百名の「義勇」を合わせて二千名がいた。更に塩運使劉向賛と天津知県謝子澄は「壮勇」四千名を召募した。本来、火災に対処する「火会壮勇」も配備についた。また、住民に対して各戸から一丁を出させて警戒巡回させることも行なわれた。(18)

危機が迫ると塩商張錦文は塩政文謙に対して防備に関する献策を行なった。九月九日、張錦文は義倉遂心堂での会議に出席したが、この場には塩政・道台・鎮台・知府・知県の各官がそろい、梁宝常ら紳士も集まっていた。ここでも張錦文は知県謝子澄に対して防衛策を提議した。その後も資金提供・防護工事・献策などで目立った活躍をした張錦文は、九月二十七日、文謙から指揮権の標識である「令箭一枝」を授けられて団練を指揮するに至った。息子の張汝霖も百八十名の勇を率いて城の防備にあたった（『紀略』巻二、一〜九葉、十二葉）。張錦文は自分だけの資金で「鋪勇」三千余名を編成したという。(19)

天津城が守られたのは、防備の努力に加えて偶然の条件も大きな意味を持っていた。八月一日夜、大雨のために堤防が決壊し、天津城の南は水びたしになっており、はからずも天然の障害物として利用できたからである。九月二十八日、太平天国軍は水のたまった場所を渡ろうとした時、待ち伏せにあい砲火を浴びて撃退された。この日の勝利に貢献したのは、官兵の大砲、郷勇の持つ銃、団練局が雇った雁戸《がんこ》の「排槍」であった[20]。しかし、その後も太平天国軍は天津を窺う姿勢をみせており、厳重な警戒が必要とされた[21]。

もっとも、団練の目的は単に防衛力の増強だけではなかった。この年の水害の罹災民は窮乏の淵にあり「賊に従わないにせよ、非行に走りかねない」ので、罹災民を壮勇にあて、給付を行なった(『紀略』巻二、二十一葉)。すなわち、外敵と結んだり犯罪に走ったりする者が現れないようにするために、団結そのものが重要なのである。城内朝陽観には「審辦奸細総局」が設けられ、差役・首事人(紳士が任じられたのであろう)が委員となっていた。「鋪勇」は、敵と内通する疑いのある「奸細」を取り締まり、総局に送った。「奸細」は委員の審判を経て処刑された(『紀略』巻二、三十三〜三十四葉)。その他「漢奸」を知県が裁くことも当然あった[22]。

咸豊四年四月末、ようやく残党が撃滅され、張錦文は団練事業を終了した(『紀略』巻二、三十六葉)。上諭は張錦文に遊撃銜を加え、その子張汝霖に対しては同知に任用し藍翎の着用を許した[23]。ただし団練を主導した者は張錦文だけではない。倪虎榜は、もと武官で病のため天津に帰り塩務に従事していた人物だが、二万余緡を寄付して三千人の勇を募ったという[24]。挙人で湖南の地方官を歴任した呉士俊も、病気で天津に帰っていたところ、この危機に遭遇し団練に功績があったので、知府銜を授けられた[25]。黄慎五は科挙に失敗したため塩業に携わった人物で、危機に際し団練の運営を行ない費用も出資した[26]。

天津の防衛という目標は一つであっても、前述のように団練の名義が多様であって、指揮系統の統一が必ずしもなされていないのは、何故であろうか。まず、団練を主管する地方官が複数いることが、事態を複雑にしているといえる。しかも地元の紳士は、全体の統制をとることよりも、むしろ自己の勢力下の団練を練成することに関心が向いていたように思われる。この背後には、団練の財源と褒賞をめぐる問題があると考えたい。

まず、団練のために必要な多額の軍事費はどのようにして捻出されたのか。官兵や団練の経費については、本来的には地元で捐《えん》（寄付）を募ることが目標とされた。地方官が率先して寄付を行なった上で、天津に捐局を設置して品級・虚銜を与えるのと引き替えに捐を募ったが、集まりかたは思わしくなかった[27]。そこでひとまず塩庫（長蘆塩運使の管轄、塩課を担当）・関庫（長蘆塩政の管轄、関税を担当）・道庫（天津道の管轄、海税を担当）から支出しておき、いずれ捐によって補塡することにした[28]。しかし臨戦態勢の継続とともに、これらの官庫の財政資金も尽きそうになり、文謙等は戸部や内務府からの融通を要請している[29]。最終的には、塩政文謙が知府・知県とともに塩商・糧行・当商・富裕な紳士数家に命じて、年賦で捐を行なわせ決済することとした[30]。張錦文は、これにも応じている（『紀略』巻二、四十一葉）。

つまり逼迫した戦時財政を支えるために富裕な者による寄付は不可欠とされ、負担の代償として清朝は品級・虚銜等を付与する措置をとっていたのである[31]。例えば梁宝常は官を助けて団練の仕事を担当してきたが、その弟の梁宝縄、長子の梁逢吉が四千両を寄付した。また石元敬は一万両、韓省鉞は京銭四万吊を寄付した。この点を文謙は朝廷に報告し、褒賞を行なうことを願っている[32]。咸豊四年四月十一日に問津行館で防衛のための会議が開かれたときも、官・紳の関心はまず朝廷への推薦に向けられた（『紀略』巻二、三十五葉）。

ただし、寄付金の管理についての問題は避けられなかった。梁宝常の内姪（妻の兄弟の息子）である解開祥（前節でも団練の組織者として登場）は義民局の首事を務めていたが、義民に支給すべき口糧を着服したとされる。義民等は門前で罵倒し、彼らを非難する張り紙をした。梁宝常は「家に巨万の富がありながら、糧秣を援助しようともしなかった」、解開祥は「団練局を好きなように取りしきり、義民の口糧をだまし取った」というのである[33]。

もう一つの問題は褒賞の不公平さに対する不満である。すなわち朝廷は大官による推薦の上奏に基づいて褒賞を付与するが、現実に大した功績をあげていない者でも官との関係によって推薦されることがあったのである。やはり梁宝常の関係者にこの傾向があった[34]。

さらに、富裕な者に求められる寄付は、完全に自発的なものであったと考えるのは難しい。「もし官によって無理矢理しぼりとられるとして、言い逃れを企てたり、模様ながめをしようとする富紳がまじめに取り扱わなかったりしたならば、私は事実によって処分いたします[35]」という文謙の語に示される強圧的な態度がとられたことが注目される。

張錦文が、梁宝常の義民局に一千両を寄付した（『紀略』巻二、四十一葉）だけでなく、進んで団練の活動を主導した動機も、以上から了解されよう。すなわち、いずれにせよ負担が免れがたいものならば、むしろ自分で召募を行なうことにより、地域防衛に対して発言力を確保し、応分の恩賞を得ようとしたと考えられるのである。民間で自ら寄付・団練を行なったために捐局への寄付が減少するという結果にもなった[36]。以上のように団練編成が個別的に行なわれたがゆえに、都市防衛という一つの目標のためにいくつもの別組織が並存することになったのである。

天津の団練で活躍した者の中には塩業関係者が多いことも注目される。団練の編成にあたっては、官による委託が必要であるとともに、それを資金面で支える財力が前提となるが、塩商は官とのつながりが深く資金も豊富であるため、これが可能であったといえよう。

4　第二次鴉片戦争時における地域防衛

（1）配備と好戦論

次に第二次鴉片戦争の際の団練編成について検討しよう。咸豊八年（一八五八年）二月、イギリス・アメリカ・フランス艦隊が北上してくる可能性から、朝廷は天津の防備を固めるように命じた。[37] 署理直隷総督譚廷襄は、天津付近の海防態勢について述べる中で団練の問題にも触れ、天津道に指令を出すとともに費蔭樟（以前甘粛省で道台の任にあったが、今は丁艱、つまり父母の喪中のため原籍地に帰っている）が団練の仕事に適任であるという見通しをまとめている。譚廷襄の構想では、費蔭樟を中心とし、紳商である黄慎五・賈兆霖・花上林・張錦文・王敬熙・梁逢吉・蕭楨らに具体的な運営を分担させようと考えていた。[38] ここで列挙されている紳商のうち、黄慎五と張錦文は前述のように太平天国軍の北上のときに団練のリーダーとして活躍している。譚廷襄は奏文の中で兵の配置について述べた後、「民の意気が盛んならば兵は更に力を得ることになります。天津は各地から人が集まって雑居している（「五方雑処」）ので人心が不安定です。それゆえ特に内を靖んずることで外からの脅威をなくす根本としなければなりません」[39]として、団練の編成を進めていることを報告している。

長蘆塩政である烏勒洪額の上奏文には、団練の編成に関して更に具体的な説明がみえる。張錦文に命じ咸豊三年の旧章程（太平天国のときのもの）にしたがって「段」（管轄区域）にわけて局を設立させた。烏勒洪額が点検したところ、合わせて五十四局が成立し、一局あたりの団勇は数十名から百名程であり、都合二千五百名であった。局にはそれぞれ「首事」（リーダー）がいたが、張錦文に全体を束ねさせることにした。すべての経費は商人たちが自己負担している。これが「鋪勇」である。一方「壮勇」の編成については費蔭樟が千名を募集し、海口に派遣して防備にあてた。経費については官が負担している。更に烏勒洪額自身も、「壮勇」二百名を集めたが、これは自分の寄付でまかなっていた。(40)

なぜ、当初の計画とは違い、張錦文による「舗勇」の編成、費蔭樟による「壮勇」の編成というように別の組織になってしまったのであろうか。その理由としては、二つの組織の性格の相違を想定することが可能である。つまり「舗勇」は天津城付近を地区にわけてそれぞれ局を設け、おそらくその地区の有力者が「首事」に就任しているとみられることからも、地域の自衛組織的な性格が強いのに対し、「壮勇」は城から離れて海口に派遣されていることから、兵に準ずる軍事力として期待されていただろう。

ところが、費蔭樟は郷里では信用がなく、団練を行なうのも名を売るためだとされた。集めた寄付金を自分の懐中に入れたとも非難されている。結局、費蔭樟が率いる団勇は、四月八日における外国軍との戦闘の後、壊滅してしまった。(41)彼は長く官として別の地におり郷里となじみがうすいので成功はおぼつかない、それゆえ、総督は「輿論」をうかがい、人々がいうことを聞く者に団練の仕事を任せるべきである、という主張も北京でみられたが、(42)「輿論」とは具体的には寄付金の不正な運用を指弾するものでもあったと言える。

では張錦文ひきいる「舗勇」は、どのような役割を果たしたのか。張錦文は、道台・知府・知県から、天津の安全確保のため働くよう依頼された。先述のように元来、費蔭樟とともに団練の編成にあたるはずであったが、張錦文は費蔭樟との協力を嫌い、三月六日、朝陽観に「商団舗民総局」を設立し、実務担当者として五人の職員を選んだ。張錦文は「舗勇」を城以外の地に派遣することがないように知県から確認を取った。この点、費蔭樟が外国との対決に用いたのとは異なった役割を、団練に想定していたことが知られる。張錦文の考えでは「もし警報があって別の場所に派遣されるならば、城内はからっぽで悪人が活動しやすくなる」というように、あくまでも天津城近辺の治安維持を目的としていたのである（『紀略』巻三、一〜三葉）。外国は太平天国軍とは異なり全滅させることはできないから、交戦は避けつつも軍備を整えることが上策とも述べている（『紀略』巻三、七葉）。「鋪勇」は初め五十四の局に配属されていたが、まもなく更に十局が加わった。これらの人員の名簿は総局がとりまとめ官に提出していた（『紀略』巻三、五葉、十〜十一葉）。また、その日々の口糧や武器・燃料などのすべての経費は、張錦文ひとりがまかなっていた。その金額は事が終わったあと計算すると四万数千緡にのぼった（『紀略』巻三、十三葉）。

ところで、このころ北京では団練を高く評価する好戦的な議論が出されていた。工部尚書許乃晋は、太平天国軍北上の際、天津知県謝子澄や富戸張景文（張錦文の誤りか）が団練・募勇に活躍したことを指摘し、今回も「大義」を知っている有力者に団練を編成させるべきことを提言する。彼によれば、外国船を襲い上陸した外国兵をうちのめし、その首をとったものに対しては多額の賞金を与えれば士気も高まるという。また団練には游民が加わって生計をたてることができるので、外国と協力する者も現れない。こうして「該夷は内に漢奸の導きがなく外に民団の夾撃があるため、人々の怒りを買ったら大変だ（「衆怒難犯」）と悟り、必ず罪を悔いて和を乞うてくる」はずである。許乃晋は、これが成功するためには全てを紳民にゆだねるべきで、官が中心となってはならないとしている。[43]

また翰林院侍講学士潘祖蔭は、かつて鴉片戦争の際に広東で紳士と民衆が団結して英国軍を撃滅したと伝えられた三元里の戦いを称揚し、天津防衛についても以下のように意見を述べる。

宥和論は交戦論に及ばず、兵の動員は民の動員に及びません。密かに聞くところによれば、天津の紳民は元来大義を知っており、先に粤匪〔太平天国軍〕が北に逃げて来たときに、たちどころに殲滅できたのは、民の力が大きくあずかっているとのことです。これは、天津の民が役に立つことの明証であります。[44]

このような議論で注意すべき点は、民の中から沸き起こって来る外国への敵愾心を高く評価し、そのような民の意思の現れを団練にみようとする視角である。坂野正高は第二次鴉片戦争時の主戦論について「一種の文化闘争の性格をおびており、狂信的・観念的に走る傾きがあった[45]」と指摘している。とはいえ、民は「大義」を知っているという修辞が、地元有力者の主導による団練を正当化する効果を持っていたと容易に想像される。このような言説の存在ゆえに、地元有力者の活動は王朝秩序に奉仕するものと当時の人々に解釈されたともいえよう。

もちろん、この種の主戦論は張錦文自身の認識とは大いに掛け離れていた。譚廷襄の意見でも、民の意気が壮んというのも外面の虚声にすぎず、太平天国軍撃退のときとは異なり団練が完全には頼りにできないという。そして「現在、城内外の団勇・鋪勇は商人張錦文が統率し警戒と防備にあたっていて、非常に役に立ちます」と言いつつも「もし敵を迎え撃つということになれば、やはり勝利を得ることはできないでしょう」と指摘するのである[46]。

（2）外国船の到来と地域社会の動揺

四月中旬になると外国の戦艦が白河を遡って天津城の近くまでやって来た。十一日、人心は動揺し避難する者も多かった[47]。張錦文は、このすきに乗じて土匪が略奪を始めるのを恐れ、勇二百名に武器を持たせて派遣した。また、勇を率いる者に対して指令を出し、昼夜演習を行ない声威を盛んにして、土匪を縮みあがらせることをねらった（『紀略』巻三、十七葉）。根拠のない街の噂を信じて休業する商店が多く、これに乗じて物価をつりあげる商人もいたので、十四日になると総督は張錦文に対処を命じた。張錦文は「外国が来たのは元来通商を行なうためであって、民を騒がすことはない。いつも通り開店して価格を平減せよ」と通達したので、商売が次第に行なわれるようになった（『紀略』巻三、二十葉）。

まだ逃げない住民は河岸にひしめくようにして外国船を見ており、無職の貧民は河に飛び込んで外国船から余り物を乞うていた[48]。加えて外国船が停泊し続けるということになると、外国船への食料提供という問題も生じた。知府・知県らは張錦文と相談して食糧を持っていった上で、上陸して住民を騒がせないでほしい旨を伝えさせた。道台英毓は十四日、外国に食料を提供し続ける機関として「支応局」を設立することを求めたが、張錦文は「現在、団練の事業に携わっており、外国のためにまかないを行なうのは具合が悪いでしょう」と渋った。この発言の意味は、外国と戦うはずの団練組織を率いている以上、彼らの面倒をみるのは立場が矛盾するということであろう。結局、そのように制度化しないものの、食料を商人の名義で購入して届けることが決まり、道台は費用二千両を出した（『紀略』巻三、十八葉）。

しかし、改めて専門の機関の必要性を感じた張錦文は、四月十六日になって遂に鍋店街に「支応局」を設置し、分局も設けた。「支応局」を指揮したのは、生員辛栄である。彼は、外国船に出向いてその海軍将校に向かって「こちらで食料を提供しますから、あなたがたは騒ぎを起こさないでください」と述べたと伝えられる。(49)「支応局」は、外国兵と住民との紛争が起こらないよう緩衝の役割を果たす機関であったと考えられる。

張錦文のこのような施策は、商人たちの支持を得ていたようである。四月十四日、鍋店街等の商人たちは、各戸百緡ずつを提供しようとしたが、張錦文は今のところ自分が支えられるからとして断った（『紀略』巻三、十九葉）。また二十一日、王敬煕が二千緡を「支応」の経費に役立ててほしいと自ら張錦文のところへ持参した。王敬煕は代々続いた有力な塩商であり、数々の「善挙」に携わってきて人望もあつい人物であったという。(50)しかし、張錦文は「他にも商人の方からやはり寄付をなさろうという申し出もありましたが、つとめて辞退してきたのです。咸豊三年から団練の仕事をやらせていただき今に至りましたが、一切の必要経費はいまだかつて皆様から寄付していただいたことはありません。お志はまことに有り難いのですが絶対に受けとれません」と固辞したのであった（『紀略』巻三、三十一葉）。また塩商楊長源が一千緡を送って来た時も、「四月十一日以来、局に銭を送ってくる方に対しては、いずれも精一杯辞退して受けとらなかったのです。総局がはじめて成立したとき、官庫の資金をいただきましたが、その後、官庫も資金不足となったので、独力でひきうけて来ました。家の財産が尽きようとも気にかけないつもりです。もし途中で人から資金を受けとったら、初志が貫けなくなります」として断った（『紀略』巻三、三十四葉）。

この後、外国人がしばしば上陸するようになると住民の緊張も高まった。[51] 張錦文が街を歩いていると数十人が集まって議論をしていたが、その一人が大声で「みんなで相談して一致団結し、外国人が来たらすぐぶっ殺そうじゃないか」と述べた。少し歩くとまたすぐ数十人がほぼ同じ議論をしていた。張錦文が理由を問うと異口同音に「外国人は時々ここを通って往来するので、彼らが家に押し入って来るのを恐れ、議論をしているのです」と答えたものの、更に問うと現実に押し入られた事はなかった。そこで張錦文は説得して、諸国を怒らせると必ず大勢でやって来て、とてもかなわないだろう、もし家に侵入して来たら縛って総局に突き出すようにと指示し、彼らの勇み足を戒めたのであった（『紀略』巻四、五～六葉）。

総督譚廷襄も、住民と外国兵との関係について以下のように報告している。

外国船が最初やって来たとき、まず金銭や物品で貧民を釣ろうとしました。その時住民たちは驚きうろたえ、続々と避難を始めました。ある者は戦うよう求め、ある者は通商を求めて、世論が沸き立ち、まさにばらばらになってゆくようでした。私が手段を講じて落ち着かせるようにしたので、住民は次第に安心して集まって来たのです。しかし、ぶらぶらしていて生業がない輩は外国と関係を持とうとし少しも憚ることがないでしょう。私は彼らが外国とぐるになるのを恐れ、張錦文らに一公局を設けさせ食物を代買させることにしました。外国人の上陸を許さず、他方で一般人が外国船に乗り込むことも許さず、それを双方で監視することにし、これは初めのうちはまだよく守られていました。ところがその後、外国の使節が望海楼などの空房に泊まるようになったので、それについて来て機会を利用して密かに歩きまわる者もいました。こちらでは兵民に命じてどこであろうと外国人が進むのを遮らせたので、彼らもすぐ帰ってゆき抵抗しませんでした。以前ロシア人が東浮橋で商人と喧嘩を起こしたので、縄で縛ってロシア側に送り処罰を任せました。昨日イギリス人・フランス人が無理に住民の家に入り込み帽子と衣服をとられて逃げ去り、今また金家窰で騒ぎを起こしました。更に望海楼占拠の後、回民（ムスリム）の房屋数間の事で、そこの民人たちは皆うらみを抱いています。これらのことが原因で紛争が拡大するのは実に憂慮されます。(52)

更に別の上奏文で譚廷襄は「民間では不満の思いが高まり、事を好む輩はこれによって中から騒ぎを起こし、外国と戦うと称して事があるのを願い、機に乗じて略奪をしようとしているのです(53)」と述べる。外国人との接触を限定的なものにするため「支応局」を設けたものの、それでも外国人が上陸して休憩することを願うようになると、一般住民との摩擦は避け難かった。それゆえ、官と張錦文ら地元有力者は、些細な紛争が拡大し本格的な軍事衝突に至ることを恐れていたのである。また游民も外国に利用されかねない存在であるため、その中で強い者を選んで「勇目」として人数を集めさせた上で、彼らには口糧を与えることにした。こうして張錦文の指令下に組み込むことで、管理しようというのである。ただし、土匪は徹底的な弾圧の対象とされた。(54)つまり、団練に組み込める者に対しては給与を与えると同時に統制を行なって一致団結し、ここに入らないものは断固撃滅するということになる。

さて戦争を終結させる条約の調印は五月中旬に終了し、外国船は次々に去っていった。二十八日「支応局」は撤廃された。六月一日「商団舗民総局」があった朝陽観に関係者が集まり、汚れを洗い流し香を捧げて酒宴を行なって解散した。朝陽観に対しては、殿宇の塗り直し代を寄付して神の加護に応えたのである（『紀略』巻四、十七葉）。残った問題は「支応」のため官庫から二十余万両もの銀を出したのを補塡することであった。官は張錦文との取り決めで「義館」を設立し、関税に対する付加金の形で「義館」において捐を徴収した。その他、店舗の営業や家賃収入に対しても納入すべき捐が定められた。このように「支応局」の支出は商業的利益に賦課される釐金の起源となったのである。(55)

張錦文は、以上の功績に基づいて「帯勇首事」の虚銜と「頂帯」の許可を願い出ている。結局、花紅（報奨金）と匾額を与えることが上諭によって指示された[56]。総督から花紅と「尚義可風」（彼が大義を尊ぶことは、模範となり周りにもよい影響を与える）と記した匾額が授けられた（『紀略』巻四、二十六葉）。また張錦文の息子である候補道張汝霖には塩運使銜が、同知銜知県辛栄には塩運使運同銜が加えられた[57]。これに対して、費蔭樟は、団練を編成するにあたって、寄付を募ったところ世論が沸き立ち評判が悪かったのに加え、敗戦の責任を問われて、革職の上、軍台（もっぱら軍報の送達を行なう駅逓）に配属となり罪を償うことが命じられた[58]。この張錦文と費蔭樟二人の運命の明暗を分けた原因は、まず団練の役割に対する考えの相違に求められる。加えて、寄付金についての公正な運用について住民の間で信頼を受けていることも団練の成功にとって不可欠の条件であったと言えよう。

5　第二次鴉片戦争の終結と張錦文の活動

しかしこれで天津に平穏が訪れたわけではない。再度の軍事的緊張に伴い、咸豊九年（一八五九年）一月八日には、官側の要請をうけた張錦文は再び朝陽観に局を設けて団練事業に携わることになった。官に提出するため勇の名簿を作ったところ、六十七局に二千七百名が配属されていた（『紀略』巻四、二十七〜三十葉）。署理直隷総督文煜は上奏文において、団練の編成にあたっては地方官が適切にそれを勧めることが重要であり、そうすれば「紳民はおのずから喜んでこれに参加し、一致団結すればそれが何よりの防備になる（「衆志成城」）という効果があげられます」と述べ、現在天津では張錦文らが「鋪勇」三千余人、黄慎五などが「民勇」三千余人を編成したと報告している[59]。この「鋪勇」と「民勇」は単に名義の相違があるだけで同様の性格をもっていると考えられる。

咸豊十年（一八六〇年）夏、イギリス軍・フランス軍は再び攻め寄せて来た。危機感の高まりの中で、六月二十八日、「壮勇」八千五百名、「舗勇」二千名が召募された。その食糧のためには三千余緡を要し、張錦文が用立てた（『紀略』巻五、四葉）。長蘆塩政寛恵と塩運使崇厚の上奏によれば、唐児沽が占領されてから天津の人心は動揺したが、兵による監視・防備態勢を固め、また郷団を募り、戸勇・舗勇と連携して防備を行なうに至って、やや落ち着きをみせた。舗勇三千余名は商民が協力して運営しており、昼夜巡視を行なっていた。(60)

外国船が天津近傍に到達すると、七月九日総督から張錦文へ再び「支応局」を設けるよう指示があった。しかし張錦文は「舗勇を団結操練するのはもともと地域を守るためであり、その経緯からして外国に対しまかないを行なうことはできません。咸豊八年にまかないを担当したのは、すべて彼らが初めて天津に来たので賓客としての礼をもって遇し手なずけて河口を出て帰らせるべきであったからです。今回彼らはまだ服従しておらず、食料供給は断じて再び行なうわけには参りません」と辞退した。張錦文があくまでも固辞したので、辛栄が中心となってこの任務にあたることになった。しかし結局は張錦文も、辛栄などの紳士や知府石賛清の要請をいれて、「支応」の仕事にあたることになったのである（『紀略』巻五、七～八葉）。二十五日イギリス・フランスのために兵車を雇うように求められると、これは戦争のためであるとして断った。ところが辛栄がこの任にあたったので、張錦文は支応の仕事の辞退を申し出て慰留されている（『紀略』巻五、十一～十二葉）。

在京の官僚の中には又しても、団練の戦闘力を高く評価する交戦論を唱えるものがいた。工科給事中何璟は上奏文で「天津の民団はもともと勇猛なことで知られますが、今回あまり活発に共同行動がとれないのは、朝廷で戦うか否かの議論に結論が出ていないため、彼らの団結力を鼓舞することができないからに他なりません」として、外国兵の首をとったものへ五十両などと恩賞の授与の基準を明確化することを提案した。(61)

ところで実際には『紀略』巻五に見えるこの前後の「舗勇局」の活動には犯罪関係の取り締まりが目につく。例えば、七月十七日、北門内の地保の報告に「土棍〔地域の無頼風のボス〕張広来が店ごとに金をゆすり刀を持って脅迫しており、押さえることができない」とあったので勇を派遣して逮捕し、県衙門に送って処罰してもらった（十葉）。二十四日、情報により、院門口の橋の管理人が、通行する商用の船から金をゆすりとっていることがわかった。そこで勇を派遣し、彼を捕らえ武器も押収して県衙門に送った（十一葉）。八月二日、ある二人の婦人が、借金のかたに風呂敷づつみ・銀の燭台・衣服などを奪われたと訴えて来たので、人を派遣して県衙門に送らせた（十六葉）。四日、劉六という者が局に来て、張万成が家に押し入って金銭を奪ったと訴えた。張万成を連行して取り調べたところ、強盗とは思われなかったので、王盛林等の保証により釈放した（十七葉）。七日、武生常国瑞が「穆四が金をゆすってきたが、こちらが応じないので口汚なく罵り殴りかかってきた」というので穆四を捕らえて県衙門に送った（十七葉）。以上のように「鋪勇局」は地域社会に生起する事件、特に暴力がからんだ紛争の処理を担当していた。そして、単に「鋪勇局」が積極的に秩序維持に努めたということのみならず、住民も局に対して訴えを行なっていることが注目される。もちろん本格的な取り調べ・処罰は県衙門に委ねるものの、八月四日の張万成事件のように独自の判断で事件をとり下げることもあった。このように張錦文ひきいる「鋪勇局」は、県衙門の下請けとして治安維持活動に従事したのである。

九月三日、張錦文は恭親王らによって北京に呼び出され、和議の成立のため舞台裏で活躍することになる[62]。和平の成立とともに十月七日「支応局」は撤廃された（『紀略』巻六、十五葉）。また十二月十日には張錦文は総督に対して指揮権の標識「令箭」を返還し、団練の仕事は終りを告げたのであった（『紀略』巻六、二十四〜二十五葉）。

以上のように張錦文は「鋪勇」の組織者として大きな役割を果たし地域秩序の安定に努め、更に外国との交渉の接点ともなった。『紀略』は張錦文の功績を顕賞するために編纂された書物と考えられるから、彼の活躍のみが強調されていることは当然であるにせよ、上奏文によっても張錦文は目立った活躍をしていたことが確認される。そして、それを可能にしたのは官との良好な関係と費用を拠出できる財力であったといえよう。

ただし張錦文の他にも団練の主導者がいたことを見落としてはならない。先に黄慎五が「民勇」の組織者として、張錦文と互角の人数を率いていたことを述べた。李春城も地方志の記述に「張汝霖（張錦文の息子）はもっぱら「鋪団」を率い、春城はもっぱら「民団」を率いた」[63]とあるような活躍をみせ、その功を認められて花翎を授けられ、刑部員外郎となった。黄慎五・李春城ともに、塩業に携わっており、太平天国軍接近の際にも団練の指導者となっている。「鋪団」「民団」の両者に性格の相違があると考えにくく、名義が異なる同性質の別組織と見られる。張錦文は天津における団練の唯一最高の指揮者ではなく、他の二人も地元の有力者として張錦文に拮抗する団練の活動を行なっていたのである。しかし、これら武装集団は王朝護持の「大義」に奉仕するものとの意味づけの下にあり、しかも外敵の存在という緊張感を感じ続けていたが故に、相互に闘争することなく並存しえたと考えられるのである。

ところで以上のような経過に対して、張錦文の外国との協調姿勢を非難する議論があらわれたらしい[64]。外国に対する食料供給について張錦文が気の進まない態度を示している（または『紀略』がそれを強調している）のは、これに関係している。後世の議論であるが、羅振玉も『紀略』の跋（民国四年）において「彼が各国に対し供応を行なって郷里が一時に焦土と化すのを防いだのも、郷里には益をもたらしたかも知れないが、大義に照らしてみれば非とすべきである」と述べている。張錦文の地域保全のための施策と、「大義」を掲げる北京の好戦論との潜在的分岐を明示的に表現したものとも言えよう。

張錦文は光緒元年（一八七五年）七月二十七日、八十一歳で逝去した。翌年、謝子澄（天津知県として太平天国軍と戦い、戦死した人物）の祠に附祀され、その後、独立の祠が建てられた[65]。

6　小　結

天津の団練は、相次ぐ軍事的な危機の際に必要に迫られて登場した。官が反乱軍や外国軍と対峙しなければならないことは言うまでもないが、地元有力者はなぜ団練運営に参加したのだろうか。もちろん、ことが地域防衛にかかわる以上、この動きは当然と考えるべきかもしれない。加えて注目すべきは、団練への協力は栄誉を得る機会を提供したことである。清朝から品級・虚銜を付与されるのみならず、地元社会での声望も高まった。加えて、軍事費の欠乏の中で官から強硬に寄付を要請され、しかもその使途に不明瞭さが残るような状況においては、むしろ自分から進んで自費で召募を行なう事により、地域防衛に対して応分の発言力を確保しようとしたと考えるべきであろう。このような理由で複数の地元有力者が各々で団練を行なうがゆえに、団練が単一の指揮系統の下におかれず、多様な名義をもった分散的な組織にならざるをえなかったのである。

地元有力者の団練事業を、地域主義の温床と考えるのは適切でない。まず彼らは褒賞として品級・虚銜など王朝秩序の中での位階の上昇をしきりに欲していた。確かに地域の治安維持を第一とみる張錦文の意図と、北京の官僚が団練に対して王朝を護持するものとして称揚する議論との隔たりは極めて大きい。しかし、このような観念論も、官ではなく紳による団練運営を是とすることで、地元有力者の団練主導を正当化する形になっており、その意味では当時の政治の実態を大いに規定する現実的な役割を果たしていたのである。しかも分散的な組織たる団練を一つの目標につなぎとめるためにも、このような言説は役に立ったと考えられよう。確かに天津城附近の人口密集地帯を中心に団練の防備が行なわれたものの、それはロウのいうような都市自治体の意識を背景にしたものとは言えない。

団練の組織的特徴を考察する際、警戒する対象として想定されているのが「漢奸」であることが注目される。「漢奸」とは、おおむね外国軍ないし反乱軍に協力する者を指している。天津は「五方雑処」（各地から人が集まっている）と表現されるように、状況次第では外部勢力と結びついて社会秩序を倒壊させかねない不安定分子も少なくはないと考えられていた。召募に応じた者は「多く無産の貧民であり、食が乏しければ集まって悪をなし、食を与えれば外敵と対抗する力にできる。かくして召募は強盗をなくすことにも役立つのである」（『紀略』巻三、十三葉）というように、団練とは、可能な限り不安定分子を団結の輪の中に抱き込み、そこに収まらない者がいれば容赦なく弾圧するという戦略であった。

本章でみた例から、団練の組織には二つの類型があるとみられる。一つは近隣関係を基礎にした自警組織である。『津門保甲図説』にみえるように保甲と表裏一体化しているのが明瞭な例といえよう。他方で第二次鴉片戦争の時に費蔭樟が率いたもののように、近隣関係と関係なく募集・派遣される組織があった。その中間と考えられるのは、団練の末端の管轄機構として「局」が設けられ「段」（管轄区域）を担当しているという態勢である。本章で扱った鴉片戦争から第二次鴉片戦争までの二十年間だけとってみても、天津城近辺の「局」の数は、二十（道光二十二年）、二十八（咸豊三年）、五十四のち六十四（咸豊八年）、六十七（咸豊十年）と増え続けている。局の名称は地名ではなく「志誠力果」「剛毅壮勇」「保衛郷閭」（『紀略』巻五、三〜五葉）のような抽象的理念に由来していた。これらの事実から推測されるのは、「局」は固定的な地区に対応した存在ではなく、状況に応じて不断に再編されている結集体であったということである。あるいは「首事」として「局」を唱導するという行為が、その結集を可能にしていたというべきかもしれない。

ここで想起されるのは、団練を人民の心情的団結の表現とみる修辞が、史料に常套句としてみられることである。もちろんこれは「五方雑処」の社会状況を一つの方向にまとめあげようとする意志を示すものだが、それがことさら団練と結びつけられるのは何故であろうか。「局」の定立という行為そのものが、心情的団結と相即的なものであり、その果てに「衆志成城」をもたらす一階梯と理解されるからであろう。[66] ただし、そのような団結は多額の経費と不断の緊張がなければ保たれないことも明らかであり、それ故に天津では、団練が恒常的な組織になることは不可能かつ不必要であった。団練は都市自治体の成立というより、「五方雑処」状況から一時的な「衆志成城」状態を創出することに関わっていたのである。

第二次鴉片戦争の後、天津の防衛にあたったのは練軍や淮軍（李鴻章の北洋大臣就任後）であり、[67] 日常的な巡邏・調解組織も「郷約局」や「守望局」という形で再編される。[68] しかし団練や類似の組織は、新たな危機に際して組織されてゆくことになる。

註

（1）山田賢『移住民の秩序』（名古屋大学出版会、一九九五年）一二八〜一六〇頁。山本進「清代四川の地方行政」（『名古屋大学東洋史研究報告』二〇号、一九九六年）。並木頼寿「捻軍の反乱と圩寨」（『東洋学報』六二巻三・四号、一九八一年）。Frederic Wakeman, Jr., *Strangers at the Gate : Social Disorder in South China, 1839-1861* (University of California Press, 1966). Philip A. Kuhn, *Rebellion and Its Enemies in Late Imperial China : Militarization and Social Structure, 1796-186* (Harvard University Press, 1970). 湘軍・淮軍などの勇営と団練との相違については、王爾敏「清代勇営制度」（同『清季軍事史論集』聯経出版事業公司、一九八〇年）参照。

（2）William T. Rowe, *Hankow : Conflict and Community in a Chinese City, 1796-1895* (Stanford University Press, 1989), pp. 289-290.

（3）天津社会科学院歴史研究所編著『天津簡史』（天津人民出版社、一九八七年）。来新夏主編『天津近代史』（南開大学出版社、一九八七年）。羅澍偉主編『近代天津城市史』（中国社会科学出版社、一九九三年）。また太平天国軍が天津近くまで迫り、団練などに討たれた点について、以下の論文に触れるところがある。張守常「太平軍北伐之進攻天津問題」（『天津社会科学』一九八二年四期）。林開明「論太平軍在天津的幾個問題」（河北・北京・天津歴史学会編『太平天国北伐史論文集』河北人民出版社、一九八六年)。

(4) Kwan Man Bun, *The Salt Merchants of Tianjin: State Making and Civil Society in Late Imperial China* (University of Hawai'i Press, 2001), pp. 95-99. 関文斌(張栄明等訳)『文明初曙——近代天津塩商与社会』(天津人民出版社、一九九九年)一四一〜一四五頁。

(5) 民国『天津県新志』巻二十一之三「人物」。ただし、彼の伝記には異説が多い。薛福成『庸盦筆記』「謝忠愍公保衛天津」によれば、張錦文は河道総督麟慶の家丁としてまかないを管理しており、その後、塩業で富を積んだという。また、金大揚・劉旭東「天津〝海張五〟発家始末」(『天津文史資料選輯』二〇輯、一九八二年)参照。

(6) 本書には、二つのテキストがある。①丁運枢・陳世勲・葛毓琦編『張公襄理軍務紀略』六巻(同治元年成立、宣統元年石印本)。②佚名『襄理軍務紀略』四巻(羅振玉『雪堂叢刻』所収、民国四年跋排印本)。これらを比較すると、①の巻一と巻二に対応する部分(粤匪関係の記述)が、②では欠けている。残りの四巻はほぼ同内容だが、記述は①の方が張錦文を賛美する文言などが長く冗長である。そのためか坂野正高は『アジア歴史事典』六巻(平凡社、一九六〇年)二八六頁の「張公襄理軍務紀略」の項において、②が依拠したのは「おそらく編者によって補筆潤色される以前の稿本ではないかと推測される」と指摘する。しかし、羅振玉は跋において、天津の古本屋で見出した稿本に対して冗漫なところを削ったと記しているから、むしろ①の方が本来のテキストをよく伝えるものと考え、これによって注記する。

(7) なお本章において上奏文・上諭はなるべく以下の書物(中国第一歴史檔案館の史料を収録)によって註記する。中国第一歴史檔案館編『鴉片戦争檔案史料』(天津古籍出版社、一九九二年)。中国第一歴史檔案館編『清政府鎮圧太平天国檔案史料』八〜一一冊(社会科学文献出版社、一九九三〜一九九四年)。以下、『鎮圧太平天国』と略記。中国史学会編『第二次鴉片戦争』(上海人民出版社、一九七八〜一九七九年)。

(8) 『鴉片戦争檔案史料』四冊、四三六〜四三七頁、訥爾経額奏(道光二十一年十一月八日)。

(9) 『鴉片戦争檔案史料』四冊、四五六頁、上諭(道光二十一年十一月十五日)。『宮中檔道光朝奏摺』(国立故宮博物院所蔵)第九輯、六一〇頁、徳順奏(道光二十一年十二月十八日)。

(10) 『鴉片戦争檔案史料』四冊、四五二〜四五四頁、訥爾経額奏(道光二十一年十一月十五日)。

(11) 『鴉片戦争檔案史料』五冊、一二三〜一二四頁、上諭(道光二十二年二月十八日)。

(12) 『鴉片戦争檔案史料』五冊、一四三〜一四六頁、訥爾経額奏(道光二十二年二月二十二日)。

(13) 『鴉片戦争檔案史料』五冊、四七四〜四七七頁、訥爾経額奏(道光二十二年五月十七日)。

(14) 『津門保甲図説』(道光二十六年刻、東洋文庫所蔵)巻首「設立義民局告示条規」。

(15)同前「長蘆綱総原稟」。同前「設立義民局告示条規」の後に付された説明。
(16)呉恵元「天津剿寇紀略」(同治『続天津県志』巻十七「藝文」)。王鏞の伝は、民国『天津県新志』巻二十一之四「人物」にみえる。
(17)民国『天津県新志』巻二十一之四「人物」。また、李家の歴史については、金大揚「天津〝李善人〟」(『天津文史資料選輯』七輯、一九八〇年)参照。
(18)『鎮圧太平天国』九冊、五八四～五八五頁、慶祺奏(咸豊三年九月五日)。同前一〇冊、一二九～一三〇頁、文謙等奏(咸豊三年九月十三日)。同前一〇冊、二三七～二三八頁、文謙奏(咸豊三年九月二十一日)。ただし、華鼎元「謝明府伝」(華光鼐輯『天津文鈔』巻四、民国九年刊)によれば、謝子澄が募った「義民」は三十八局千九百余人、また長蘆塩運使が召募し塩商が出資した「蘆団」は二百名いたという。
(19)呉恵元「天津剿寇紀略」附編(張燾『津門雑記』巻上)。
(20)「天津剿寇紀略」(前掲)。『鎮圧太平天国』一〇冊、三三六頁、文謙等奏(咸豊三年九月二十九日)。同前一〇、五九四頁、文謙等奏(咸豊三年十月十九日)。雁戸とは、天津城から北へ八里の宜興堡の野鴨撃ちであり、水場で大砲(「佛朗機」)を使うのに巧みであった。それは「排槍」という方法で「佛朗機」を小舟に載せ筵で覆って水上を進んだ(「天津剿寇紀略」。同附編)。
(21)『鎮圧太平天国』一〇冊、四七七頁、文謙等奏(咸豊三年十月十一日)。
(22)郝福森「津郡兵火紀略」(『津門聞見録』巻五、天津図書館所蔵、稿本の抄本による)。この記録の別の記事によれば、九月二十六日から二十八日まで人々が「漢奸」十余名を捕らえ、城隍廟で処刑したという。
(23)『清代起居注冊』咸豊朝第一八冊(聯合報文化基金会国学文献館、一九八三年)一〇三三四頁、咸豊四年二月九日。この上諭の前提となる文謙の上奏(咸豊四年二月七日)は『紀略』巻二、三十～三十一葉に見える。
(24)「天津剿寇紀略」。光緒『重修天津府志』巻四十三「人物」。
(25)民国『天津県新志』巻二十一之三「人物」。
(26)民国『天津県新志』巻二十一之四「人物」。
(27)『鎮圧太平天国』八冊、一七～二〇頁、文謙等奏(咸豊三年六月十五日)。同前九冊、四三六～四三七頁、文謙等奏(咸豊三年八月二十五日)。
(28)『鎮圧太平天国』一〇冊、一三二頁、文謙等奏(咸豊三年九月十三日)。関制については、光緒『重修天津府志』巻三十二「権税」参照。
(29)『鎮圧太平天国』一一冊、一二二～一二四頁、文謙等奏(咸豊三年十一月八日)。同前一一冊、四六〇～四六一頁、文謙等奏

（咸豊三年十二月八日）。同前一一冊、六二一〜六二二頁、文謙等奏（咸豊三年十二月二十日）。また、長蘆塩運使司檔案（中国第一歴史檔案館所蔵）三〇包、和碩鄭親王・署倉場部堂戸部左堂全劄長蘆塩運司（咸豊四年五月十七日）では、塩運司にも寄付が要請されている。

（30）『宮中檔咸豊朝奏摺』（国立故宮博物院所蔵）一二輯、五八一〜五八三頁、文謙奏（咸豊五年五月十四日）。

（31）この時期の財政に関し以下を参考とした。許大齢『清代捐納制度』（哈佛燕京学社、一九五〇年）。彭沢益「清代咸同年間軍需奏銷統計」（『中国社会科学院経済研究所集刊』三集、一九八一年）。飯島渉「清朝末期軍事財政的変遷──以義和団戦争前後為中心」（中国義和団研究会編『義和団運動与近代中国社会国際学術討論会論文集』斉魯書社、一九九二年）。陳鋒『清代軍費研究』（武漢大学出版社、一九九二年）。

（32）『宮中檔咸豊朝奏摺』一〇輯、一〇八頁、文謙奏（咸豊三年八月二十五日）。

（33）「津郡兵火紀略」。「沽上告白」（『津門聞見録』巻五）。ただし『津門聞見録』の編集にあたった郝縉栄（釆三）は、同書巻五「津門紀事詩」の注に「義民首事郝釆三」とあるように、自ら団練事業に関与しており、梁宝常の活動に不満を持っていたかと推測される。

（34）「津軍兵火紀略」。

（35）『鎮圧太平天国』九冊、四三七〜四三八頁、文謙奏（咸豊三年八月二十五日）。

（36）『宮中檔咸豊朝奏摺』一一輯、一七〇〜一七一頁、文謙等奏（咸豊三年十一月三日）。

（37）『第二次鴉片戦争』三冊、一八七頁、上諭（咸豊八年二月七日）。

（38）『第二次鴉片戦争』三冊、一八八〜一八九頁、譚廷襄奏（咸豊八年二月九日）。中央研究院近代史研究所編『四国新檔』（中央研究院近代史研究所、一九六六年）英国檔、三四六頁、譚廷襄奏（咸豊八年二月二十九日）。ただし「王家熙」とある箇所を『紀略』巻三、二葉により「王敬熙」に改めた。この人物は後出。

（39）『第二次鴉片戦争』三冊、二二三〜二二四頁、譚廷襄奏（咸豊八年三月二日）。

（40）英国檔、四一五頁、烏勒洪額奏（咸豊八年三月二十八日）。

（41）『第二次鴉片戦争』一冊に収められた、佚名『天津夷務実記』四七四〜四七五頁。また同書に収められた郝縉栄「津門実紀確対」（『津門聞見録』巻六）五七六頁。

（42）英国檔、四六〇頁、廉兆綸奏（咸豊八年四月十五日）。

（43）英国檔、四五八〜四五九頁、許乃晋奏（咸豊八年四月十五日）。

（44）英国檔、四六三〜四六四頁、潘祖蔭奏（咸豊八年四月十六日）。

(45) 坂野正高『近代中国政治外交史――ヴァスコ・ダ・ガマから五四運動まで』(東京大学出版会、一九七三年)二四四頁。また、対外強硬論に関する近年の研究として以下参照。James M. Polachek, *The Inner Opium War* (The Council on East Asian Studies, Harvard University, 1992).
(46) 英国檔、四七七頁、譚廷襄奏(咸豊八年四月十八日)。
(47)『天津夷務実記』四八〇頁。天津の塩商厳克寛の一家は、難を順天府三河県の段家嶺に避け、そこで息子の厳修(のち進士、学部侍郎)が生まれたという。待避は咸豊八年から同治元年まで足かけ四年にわたる。陳中嶽『蟫香館別記』(民国二十二年跋、南開大学所蔵)。
(48)『天津夷務実記』四八二頁。
(49) 民国『天津県新志』巻二十一之三「人物」。『天津夷務実記』四八四頁。
(50) 民国『天津県新志』巻二十一之四「人物」。
(51) Laurence Oliphant, *Narrative of the Earl Elgin's Mission to China and Japan in the Years 1857, '58, '59* (William Blackwood and Sons, 1859), Vol. 1, pp. 377-383.
(52)『第二次鴉片戦争』三冊、四〇五～四〇六頁、譚廷襄奏(咸豊八年五月三日)。
(53)『第二次鴉片戦争』三冊、四一四～四一五頁、譚廷襄奏(咸豊八年五月七日)。
(54)『第二次鴉片戦争』三冊、三六四～三六五頁、譚廷襄・宗綸奏(咸豊八年四月二十四日)。
(55)「津門実紀確対」五八二頁。英国檔、七六三～七六六頁、津郡勧辦釐捐章程。羅玉東『中国釐金史』(商務印書館、一九三六年)三九二～三九七頁。
(56) 英国檔、六一五頁、桂良・花沙納奏(咸豊八年五月十九日)。同前六七〇頁、上諭(咸豊八年六月十四日)。
(57) 英国檔、一〇八三頁、上諭(咸豊九年十一月一日)。
(58) 英国檔、七四〇頁、上諭(咸豊八年九月六日)。
(59) 英国檔、九一四頁、文煜奏(咸豊九年三月二十一日)。
(60)『第二次鴉片戦争』四冊、四七五～四七六頁、寛恵・崇厚奏(咸豊十年六月三十日)。『籌辦夷務始末』咸豊巻五十六、寛恵・崇厚奏(咸豊十年七月五日)。
(61)『籌辦夷務始末』咸豊巻六十一、何璟奏(咸豊十年七月二十九日)。
(62)『四国新檔』辦理撫局、三六六頁、恭親王箚張錦文(咸豊十年九月三日)。この点については以下参照。Masataka Banno, *China and the West, 1858-1861: The Origins of the Tsungli Yamen* (Harvard University Press, 1964), p. 181, p. 314. 辛栄も

同様に北京に呼び出されている。辦理撫局、三五七頁、恭親王奝天津知府石賛清（咸豊十年九月二日）。

(63)　光緒『重修天津府志』巻四十三「人物」。

(64)「天津剿寇紀略」。高凌雲『志餘随筆』巻四、二十八葉（中国社会科学院近代史研究所近代史資料編輯室編『太平軍北伐資料選編』斉魯書社、一九八四年、四九四頁も所引）。「津門実紀確対」五八二頁。

(65)『張公建祠誌』（光緒三十一年石印、天津図書館所蔵）。

(66)　この点で団練は、寺田浩明「明清法秩序における「約」の性格」（『アジアから考える［四］社会と国家』東京大学出版会、一九九四年）の提起する「約」の原理と類似の性格をもつと考えられる。

(67)　王爾敏「「練軍」的起源及其意義」（王爾敏前掲書）。王爾敏『淮軍志』（中央研究院近代史研究所、一九六七年）三五四〜三六五頁。

(68)　光緒『重修天津府志』巻二十四「公廨」。羊城旧客『津門紀略』（光緒二十四年）巻二の記載でも道光年間と同じく保甲分局は二十局である。天津古籍出版社の評点本（一九八六年）では一四頁。また以下を参照。陳克「十九世紀末天津民間組織与城市控制管理系統」（『中国社会科学』一九八九年六期）。他の地域において団練組織が恒常的な地方行政機関となったのと異なる点に注意したい。西川喜久子「順徳団練総局の成立」（『東洋文化研究所紀要』一〇五冊、一九八八年）、および山本進前掲論文、参照。

第二章　火会と天津教案

1　課題の設定

第二次鴉片戦争の結果、清朝はキリスト教の内地への布教を認めることになった。しかし、欧米人宣教師たちの活動は地域社会に様々な波紋をなげかけ、「教案」と総称されるキリスト教関係の紛争（特に反キリスト教暴動を含む）を全国各地で発生させた。(1) なかでも特別の深刻さをもって清側・欧米側の双方に受けとめられたのが、同治九年五月二十三日（一八七〇年六月二一日）に天津で起こった教案であった。すなわち群衆が天津駐在のフランス領事を殺害したほか、多くの人命・建築物を犠牲にしたという事件である。このように天津教案は、数ある教案の中でも最も目立った事件であるため、先行研究は少なくない。暴動発生の後の外交交渉に関心を注ぐ論考をはじめ、清代の統治構造や政治文化を視野に収めた議論も多い。研究の深化とともに史料も発掘されてきた。(2)

これらの研究の基本的な態度は、頻発する教案の一事例（ないし典型）として天津教案を分析していることである。それはごく当然な視角と言えるが、天津史の文脈に即した考証が不充分であることも否めない。その結果、暴動の原因として無業の游民の存在や一般的排外心情をあげるにとどまることになる。特に問題とすべきは、「火会」ないし「水会」「水火会」と呼ばれる消防組織の存在を、天津教案発生の要因として考察することが甚だ少なかったことと思われる。その例外は劉海岩・羅澍偉の論考である。(3) これら天津史の視角から行なった研究の成果を踏まえ、この事件に対して細密な検討をまず行なうことが、教案をめぐる大きな問題を語る前提になることを強調したい。

本章で着目しようとする火会は、都市の社会組織研究においてつとに注目されてきた。しかし、時代による相違、また都市ごとの個性という点から一概に言えない偏差をもっていることが知られる。(4) 例えば、一九世紀の漢口では消防が専業者によって担当されていたが、(5) 天津の火会は以下にみるように基本的に素人集団といってよい。このような点に鑑みて、天津の火会の組織的性格そのものを、可能な限り明らかにすることが必要であろう。

そこで本章の目的は、天津教案の全体像を再構成するというよりは、この教案への火会の関与とその意味という問題に対して、重点的に議論することにおきたい。まず天津教案の概略を述べた上で、火会に関する史料の検討とその意義の考察に進みたい。(6)

2　事件の概要

第二次鴉片戦争後に開港することになった牛荘（実際は営口）・天津・登州（芝罘に変更）を管理するため、崇厚が三口通商大臣に任命された（天津に駐在）。(7) 天津には各国が領事を派遣し、イギリス・フランス・アメリカ合衆国は、天津城から若干離れた白河沿いの紫竹林《しちくりん》地区に租界を設けた。(8)

このうちフランスが、カトリックの後ろ盾になっていた。フランス領事フォンタニエ（Henri Victor Fontanier）は、租界とは別に、白河と大運河の合流点に近い望海楼（乾隆帝が行幸したこともある名跡）(9) とその隣の崇禧観の地、

図4　同治九年（1870年）頃の天津

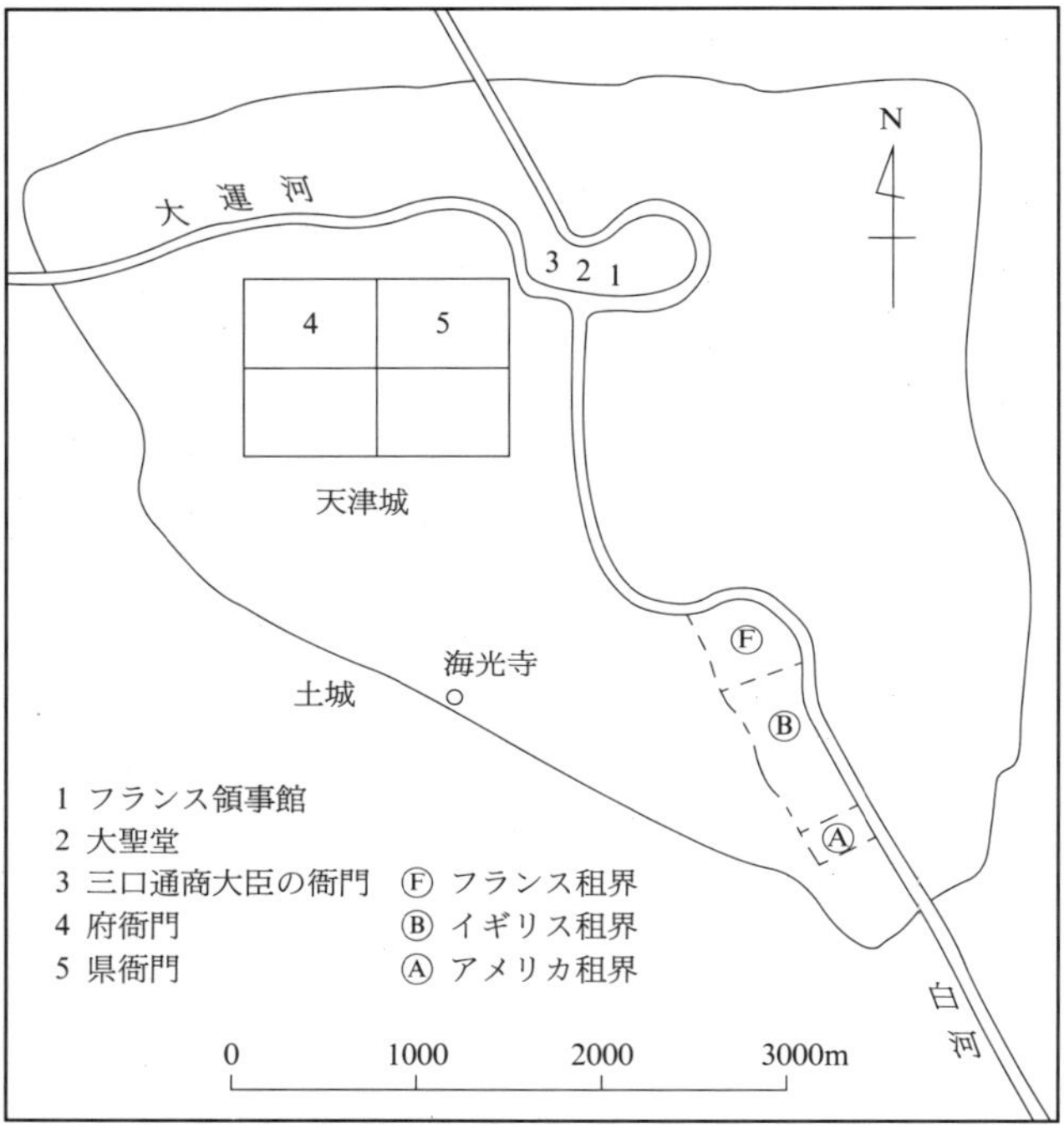

典拠：Henri Cordier, *Histoire des relations de la Chine avec les puissances occidentales, 1860–1900*, Tome I（Félix Alcan, 1901）p. 370 に加筆修正。

あわせて五畝余りを永租することに成功した。望海楼はフランス領事館にあてられ、崇禧観の跡地に建った教会堂は、同治八年（一八六九年）末には礼拝を行なえるに至ったのである。教会堂の名はノートル＝ダム・デ・ヴィクトワール（Notre-Dame des Victoires）とつけられた。またフランス側は、仁愛会（Sœurs de la Charité）のために、望海楼の西方にある望海寺をシスターの宿舎に確保しようとしたが、総理衙門はこれを退けた。シスターはしばらくの仮住まいの後、白河の右岸で城の東門から程近いところに移った。これが後に問題となる「仁《じん》慈《じ》堂《どう》」という社会福祉施設であり、孤児の収容や診察・施薬などを行なっていた(10)。

プロテスタントの宣教師も、布教をこころざすからには、租界ではなく城内ないしその近くに拠点を構える必要があった。メソディスト（Methodist）のジョン・イノセント（John Innocent）が、妻にあてた書簡のなかで、租界が城から二マイルも離れていることに触れつつ、「宣教師は、人々のただなかに住むのが好ましいのは確かだ(11)」と述べているのは、福音を伝えようとする者すべてにあてはまることだったろう。イノセントは、咸豊十一年（一八六一年）、まず北倉に教会を作ったが、手狭とみて、翌同治元年（一八六二年）には、城の中心である鼓楼近くに新しい教会を作った。(12) このように、宣教の情熱がことさら住民との接触を求めさせるのは、当然のなりゆきと思われる。

まず、崇厚の上奏文によって、天津教案の概略を知ることができる。同治九年は天候が不順であった。天津府では日照りのため、種まきが五月十七日の雨まで不可能になっているほどだった。(13) この日照りゆえ人心が不安定になったためか、天津には奇妙な流言が広まった。つまり、薬を使って幼児を迷わせ連れ去った者がいるとか、義塚《ぎちょう》（慈善としての公共墓地）に子供の死体が捨てられているとか、その死体は教会が捨てたものであるとかいうものである。果ては、カトリック教徒が目をくりぬき胸をさいたのだと言う者まであったが、証拠はなかった。また、幼児誘拐犯二名が官に捕らえられ、処刑されるということは実際にあったので、流言はますます盛んになった。遂に、犯人と疑われた教会関係者を、民間で捕らえて官につきだすということまで起こった。そのようにしてつきだされたひとり武蘭珍は、教会の王三という者と関係があると供述したため、民間の世論は沸騰した。そこで、道台周家勲も捨て置けなくなり、フランス領事フォンタニエに相談した上で、知府張光藻・知県劉傑とともに武蘭珍を教会に連行して調査したものの、はっきりしたことは不明のまま引き上げたのであった。その後、様子を見にやってきたやじ馬と教会の者とが喧嘩を始めると、武官が派遣されて事を収めた。ところが、フォンタニエはただならぬ形相で崇厚の衙門に現れ、崇厚の眼前で銃を撃ったのである。その後フォンタニエは、崇厚が「人々は興奮しており街には火消しの者が、かなり集まっている」と言って止めるのもきかずに、「中国の連中がこわいものか」と言って建物から出て行った。フォンタニエは途中、教会から帰りがけの知県に出会い、またしても銃を撃ったので、周りの群衆は激昂して、フォンタニエを殴り殺してしまった。誰かが鳴らした銅鑼の音を聞いて集まった人々は、大

聖堂・仁慈堂などを襲撃し、中国人・外国人を含めて多数のカトリック教徒が殺害されるという惨事に至ったのである。(14)

フランス領事も犠牲となったこの事件は重大な外交問題とされ、一時は軍事的緊張が高まった。しかし、周知のように、この一八七〇年はフランスにとってプロイセンとの戦争、ナポレオン三世の失脚という大事件がおこったため、清と戦争を行なう余裕などなくなった。関係者の処罰・賠償支払いのほか、崇厚が謝罪のためフランスに赴くことで落着した。(15)

3　天津教案に対する火会の関与

(1) 火会の起源

崇厚の報告によれば、彼はフォンタニエに警告して「人々は興奮しており、街には火消しの者が、かなり集まっている」(「民情洶湧、街市聚集水火会、已有数人」)と述べていた。ここでいう火消しとはいかなる組織であろうか。嘉慶『長蘆塩法志』巻十九と同治『続天津県志』巻八の「救火会」の説明によれば、以下のようになる。

火災が多いため、一七世紀の康熙年間初めに貢生武廷予が「同善救火会」を創立したのが起源である。一八世紀に入り雍正年間初めに塩政莽鵠立の寄付により救火器具を備えた。その後、続いて会を立てる者が多く四十余局にも増えた。火災がおこったら、銅鑼を鳴らし集合をかける。会の者の半ばは品物を携えて売り歩くような零細な商人(「負戴貿易之人」)であるが、彼らは銅鑼の音を聞くと勇んで駆けつけ、荷物は街の人が代わりに見ていてくれる。(16)毎年、春または秋に各局のかしら(「首善」)は一席もうけて、資金を寄付してくれる紳士・鋪戸と救火を行なう要員（「伍善」）とを招くのである。各会は、番号つきの服・器具・灯火などの備品に多くの資金を要するが、これは寄付金によるほか、長蘆塩運司庫から毎年約一千両余が援助される(17)。

しかし、救火会は、単に火消しの役割のみを果たしていたのではない。前章でみたように、鴉片戦争のとき、道光二十年（一八四〇年）には、英国艦船が北上して天津ちかく白河の河口の大沽にまで至った。英国軍はひとまず南へ帰っていったが、天津近辺の海防が急務とされることになった。天津城の警備態勢も、その一環として以下のように強化された。

当地の土着の民は年も壮んで力は強く、いずれも天津鎮台〔総兵〕が検査のうえ編成し糧餉を与えることになっており、この冬のうちに速成訓練を施し技術を完全にしたいと思います。また天津城内には、さきに紳商が救火水局を設立しており、一致団結しきちんと統制がとれているとの評判があります。管轄の地方官によれば、この中から一千余人を選び、官員を派遣し中心となって編成・訓練を行なわせており、官・紳・商・民が寄付をしてその食費を給しているとのことです。これらの者は、みな勇敢な良民で救火に慣れており、壁によじのぼりくっつくのにも手足が敏捷で、城を守るのに役立ちます(18)。

官が「救火会の中から義民を募って、定期的に操練させる」のに対応して、地元有力者が団練を編成する動きを示したが、その旗も水会の様式にならっていた(19)。

また、咸豊三年（一八五三年）、迫りつつある太平天国軍に対して防備を固める必要が生じたが、このときも団練に加えて「火会壮勇」が配備につき、「もし緊急情報があれば、銅鑼の音を聞いてすぐに心を一つにして迎撃に向かい、抵抗防御する」という手筈になっていた(20)。

以上のように火会は、団練と協力しつつ、地域防衛の任にあたる場合もあったことが知られる。改めて強調したいことは、同治『続天津県志』からわかるように、火会による防火事業は、地元有力者が資金を出し、道端の物売りのような下層民が、銅鑼の音を合図に集合し[21]、実働部隊となって消火にあたるという協力関係に基づいて運営されていた点である。それぞれ自分の持てるものを提供して、地域社会のために貢献するという理念の存在を想定することができよう。外国軍や反乱軍の接近により地域社会そのものに危機が迫ったとき、この組織が転用されたのである。団練と性格が近似し、人的にも重複することが注目される[22]。

ここで付け加えて議論しておきたいのは、天津に名高い無頼集団「混混」の存在形態である（発音がer化して「混混児」となり、また「混星子」ともいう）。後に述べるように天津教案の犯人は混混であるとする議論が現れたので、その性格と火会との関係を確認することが必要であろう。

天津城は海濱にあり、民の気風は荒々しいものです。以前から混混という無業の徒があり、集団を作って喧嘩をもっぱらにしております。一つ屋根の下に住んで炊事・食事を共にするので、鍋夥とも称します。その仲間は大勢で商売を独占しきったり商人をゆすったりし、少しでも意に満たないことがあれば、すぐ人を集めて武器を持ち、凶暴な様子で殴打に向かうのですが、場合によっては家屋の破壊に及ぶこともあります。以上は常態となっています。更に咸豊三年に粤匪〔太平天国軍〕が出没して天津を脅かしたので防衛・討伐を行なったとき、混混はこれにかこつけて武器・火器を製造し、防備解除の後も〔官は〕完全には収納できていません。今やこれらを用いて命知らずの暴力をほしいままにし、あたかも広東・福建の械闘のようになっています[23]。

この報告は曖昧にしているが、武器に関する記述から推して、太平天国軍接近の危機に際して混混が団練に組織されていた可能性もある。また、後の時代の回想には、火会が「袍帯混混児」を招き代表として運営にあたらせたというが、この「袍帯混混児」は地方公益に熱心な人物であって無頼の徒とは区別され、一般の混混は火会の活動に参加しなかったと指摘される[24]。その意味で、上掲の上奏文を引きつつ、唐瑞裕が、天津における無業の徒の多さを天津教案発生の一要因とするのは不充分に思われる[25]。確かに関文斌（Kwan Man Bun）の研究によっても、混混のうち団練や火会の構成員となるものが多数いたと考えるのが妥当だが、[26] 以下では混混の集団と火会を一応区別して論を進めることにしたい。

（2）欧文史料から見た火会の関与

火会は天津教案でいかなる役割を果たしたのか。まず、イギリス外交官の調査によって集められた情報に基づいて検討してゆきたい。

臨時天津領事レイ（William. H. Lay）は公使ウェード（Thomas Francis Wade）にあてた報告の中で、群衆を集めるために銅鑼（gongs）が打ち鳴らされるのを聞いた宣教師リーズ（Jonathan Lees, London Mission Society）の話に言及し、以下の説明を加えている。

これらの銅鑼は火会（huo-hui）すなわち火消し隊（fire brigade）に管理されているもので、火事やその他の危機に際して打ち鳴らされる。銅鑼が打ち鳴らされるとすぐに、全天津住民が出動して、ある指定された地点に集まるのである。今回、彼らはどこへ行くべきか前もって告げられていたように思われる。また、たとえそうでないにせよ、フランス領事館と大聖堂近くにいる大群衆の存在と叫びによって、召集された者は行き先をすぐ知ったであろう。[27]

またプロテスタント宣教師リーズとホール（William N. Hall, Methodist Mission Society）が、七人の中国人（おそらく信者）から行なった聞き取りの記録がある。必要な部分を紹介する。

［第一の証言者］火消し組（fire-guilds）が銅鑼によって呼び集められるのを聞いた。以前から人々の意図を聞いていたので、この目的〔襲撃〕のためだと分かった。領事館へは行かなかったが、病院〔仁慈堂〕破壊の際には居合わせており、裏口の近くに立っていた。しかし、その時には建物は炎に包まれ、シスターたちは殺さ

れていた。それをやったのは火消し組であるが、その所行が終わるといつもの合図によって引き上げた。

［第四の証言者］火消しの銅鑼（fire gongs）によって人々を集めるのは天津の昔からの習いであり、記憶の限りではこれで四回目になる。二十三日、城の東南角近くの自宅で仕事をしていたとき、銅鑼を聞き、人々が蜂起したとの話だったが、何の目的か知らなかった。

［第五の証言者］フォンタニエ領事たちが崇厚の衙門にいる間に、群衆は大聖堂に進み、一人のフランス人がそこで殺されていた。領事たちが衙門から出てきたときには群衆は激昂しており、彼らは領事館に帰る途中で殺され、領事館は略奪をうけた。そのころ、銅鑼が全市に召集をかけていた。浮橋に着いた火消し組（fire-guilds）は知県に出会ったが、知県は崇厚の命令に基づき、河の南岸から渡すまいとした。ちょうどそのとき鎮台陳大瑞がやってきて渡ろうとしたので、火消し組も一緒に渡った。しかし、そのときには河の北の組が殺害をすでに終えていたので、彼らは建物に火をかけた(28)。

スタンレー（C. A. Stanley, American Board of Commissioners for Foreign Missions）も中国人信徒から聞き取りを行なっている。

［クリスチャンCの証言］十時頃、銅鑼の音を聞き、通りにいくぶん興奮した様子を見て自分の礼拝堂に帰り始めた。通りは興奮した人々で一杯で、みな東に向かって押し寄せていた。火消したち（firemen）がバケツをもたずに武器をもっているのに気づいた。鎮台衙門の向かいに来たとき、中からラッパの音を聞いた。武装した群衆はこれをよい兆候と理解し、外国人を声高く脅しはじめた。これらはほとんど混星（hun hsing）というごろつきであった。火消しと果物売り（fruiterers）が礼拝堂等を襲うのを目撃した。

［クリスチャンDの証言］攻撃の日、西郊に住む火消し組（fire company）のリーダーで富裕な男が火消し組に対して大量の私蔵武器を提供した。それは百本の長い槍とたくさんの刀であった。

［クリスチャンEの証言］火消したちはみな、バケツを持たずに武器をもっていた。そして店の者などから「火事はどこだ」と尋ねられると「火事ではなくて、天主教（Tien-chu-chiao）と戦うのだ」と答えた。鎮台衙門の兵士、火消し、近所の者がいずれも倉門口の自分たちの礼拝堂を破壊するのに加わった。特に向かいの果物売りが参加した。(29)

更に襲われかけたロシア人の証言がある。これによれば、何十人もの一隊と遭遇したが、そのかしらは火事場に人を呼び集めるかのように打ち鳴らすものを手にもっていた（avec une crécelle en mains, comme si'l appelait le peuple au feu）。この集団は、杖・刀・棒で武装していた。見つかってしまったロシア人は、自分たちがフランス人ではないことを主張して助けられた上、消防隊の旗の保護の下（sous la protection des pavillons du corps des pompiers）、自宅まで送られた。(30)

以上の証言から、大聖堂・領事館・仁慈堂・礼拝堂等を襲ったのは、火会を中核とする群衆であったと結論するのが妥当であろう。その際、銅鑼が合図とされていることも火会の場合と同じである。混混が加わっていることも、事実であろう。また、二つの証言にみえる果物売りとは何であろうか。火会は道端で商売するような零細な商人を実働部隊としてもっていたことから、この果物売りも火会の構成員であったかも知れない（後述する西瓜売りと符合する）。

銅鑼の合図は、この暴動に節目をあたえる重要な要素である。天津にいる広東人が芝罘にいる同郷人に送った書簡には「〔崇厚の衙門の〕門外の人々は、欽差大臣が攻撃されたという印象をうけ、雄叫びをあげ銅鑼を鳴らした。するとたちまち群衆があらゆる地区から集まってきた(31)」とある。また、おそらくイギリス臨時領事レイがまとめたと推測される覚え書きによれば、「午後五時頃、いつもの銅鑼（tam-tam）の退却合図が天津の火消し隊（fire-guard）によって鳴らされた。すべてのイギリス・アメリカの四つの礼拝堂を破壊しおえるのを例外として、蜂起した者たちは速やかに帰宅した」[32]という。

また、ロシア人の証言にみられるように、かしらに率いられ一定の規律をもった組があったことも注目される。ロシア人に出会っても、フランス人でないとわかると、かえって護衛したように、攻撃は盲目的・無差別的ではなかった。合図の銅鑼の音を聞いてバケツでなく武器を持って集まったことからしても、火会の構成員が個々人の思いつきで蜂起したのではなく、あらかじめ何らかの組織的なとりきめがあったとしか考えられない。もちろん、混乱に乗じて略奪を行なうなど無軌道な動きをする者が現れたこと、特に混混がこれに加わったことは認めるにせよ、火会の組織的・計画的な蜂起の色彩が濃い。宣教師ホールによる信徒Aからの聞き取りによれば、蜂起の前々日、彼の地区の火会のメンバーが大勢で街路に現れ、外国人排斥の気炎をあげ計画を述べたらしい[33]。

ただし、以上の議論は、西洋人やキリスト教徒の立場からの材料に限定されている。次に漢文史料についても検討する必要がある。

（3）漢文史料から見た火会の関与

先に火会に言及する崇厚の上奏を紹介したが、管見のかぎり、官僚が公式の文書の中で火会の暴動への関与を指摘した例は他にはない[34]。これが、先行研究において火会の問題が軽視された理由とも推測される。

そこで、事件当時の天津知府張光藻が記した文章二種を検討してみたい。①張光藻が曾国藩の幕友呉汝綸にあてた書簡。事件直後に書かれているので史料的価値が高い。王定安『求闕斎弟子記』巻十七に割注で引用されている（以下、張光藻書簡と略記）。②張光藻が光緒二十三年（一八九七年）に刊行した『北戍草』所収の「同治庚午年津案始末」。自己弁明の色彩が強いと考えるべきであろうが、それでも当事者の証言として重要である（以下、張光藻「始末」と略記）[35]。

張光藻が暴動の前日に道台周家勲に語ったところによれば、事件調査にあたる知府・知県に随って（調査の進行を伺う）者は数百人にのぼっており、その様子はただならぬものがあった。その翌日午前中に張光藻が知県とともに教堂に調査に赴いたときから既に不穏な人々が教堂の周囲に集まっていたが、調査を終え結果を崇厚に報告してから知府衙門に帰って昼食をとったのち、街に銅鑼の音を聞いた（張光藻「始末」）。あるいは、未の刻に街路でがやがやしている様子であったが、聞くところによれば人々が崇厚の衙門の前でフランス人と暴力沙汰をおこし、各火会が銅鑼を鳴らして人を集め助太刀にいこうとしているとのことだった。彼はみずから街路に赴き銅鑼を鳴らすのを止めようとしたが、（崇厚の衙門に向かおうと）北門を出ると、（人が多く）押し合いへし合いで、街路いっぱい武器を携えたものばかりであった（「満街皆是刀槍劍戟」）。張光藻が行ってみると領事フォンタニエは既に殺されていた。後からわかったことによれば、フォンタニエが教会と野次馬との喧嘩に腹をたて崇厚の衙門にのりこんで崇厚に発砲したりしている間、人々の怒りが頂点に達し、既に刀や槍をもって衙門の門外に集合しているのに加え、あちこちで銅鑼を鳴らし火会に集合をかけ、各路の人民は潮のように集まって来ていた。フォンタニエは崇厚の制止もきかず衙門を飛び出した。しかし、崇厚が護衛を二人つけたので、人々は刀を手にして怒気を含んで睨みつけたものの手出しはしなかった。その帰途、フォンタニエは途中で遭遇した知県に向けて発砲したため、人々の怒りを買い、遂に殺害されたのである（張光藻書簡）。

このように、やはり火会の参加が重要な意味をもっていることが確認される。張光藻自身、「天津の水火会は、およそ七十か所余りで、それぞれほぼ百人を擁するが、その中には性質が良い者と悪い者とが混じっている」（張光藻書簡）と事件報告の冒頭に述べている。これによれば、当時の天津には、ほぼ七千人の火会の構成員がいたことになる。[36] またフォンタニエが崇厚を攻撃している間に「火会数十処」がたちまち集まってきたともいう（張光藻「始末」）。

そこで事件の収拾にあたっても、知府張光藻は各火会の董事を集め、「この事件は突如として起こったのであり、もともと指導者はいなかった。放火・殺人・略奪を行なったのは多くは混星であり、決してあなた方に問責をしない」と確認している。しかし、張光藻自身、火会の暴動への参加を先の記述において認めている以上、要は董事たちに責任がないことを公認し、彼らを安心させるためにこのように明言したと理解すべきであろう。「たとえフランスが皆さんに復讐する意図をもつとしても、団練はなお死力を尽くして戦うだろうから、心配いらない」とも言っている。董事を「火会紳士」と彼が言い換えているように、彼ら地元有力者の免責・保護を表明したわけである（張光藻書簡）。火会への言及が朝廷に対する報告にほとんど見えないのは、これら「火会紳士」の責任を回避し、あるいはそれを通じて、張光藻ら地方官の管理責任を問われないようにするという意図に基づくのではないかと考えられる。

フランス公使ロッシェシュール（Louis Jules Émilien de Rochechouart）は、清朝側にあてた文書の中で「天津から来た書簡や人によれば、天津の事件は、知府・知県と火会の悪党および恨みを募らせて悪事をなす混星子が起こしたことで甚だ錯綜していると皆が言っている」[37]「知府は衙門において、銅鑼の音により火会が集合し、各々武器を持って放火殺人をなし、領事館・大聖堂を焼き討ちしようとしているのを聞いた」[38]と指摘している。にもかかわらず曾国藩・丁日昌・成林の上奏では、容疑者について「天津の無頼の徒には混星子と称する者がおり」[39]なかなか白状しないと述べるなど、意図的に火会の関与を無視し、事件は混混ら無頼の徒が中心となって起こしたことにしている。[40]

暴動参加者の証言としては、フランス人と間違えてロシア人三人を殺してしまった者四人について、その供述を読むことができる。これによれば四人は以下のような人物であった。

田二／天津河東四甲の人／二十三歳／魚や糖・豆・西瓜を売る

項五／天津河東四甲の人／三十一歳／荷物担ぎ
段大／天津河東の人／三十二歳／西瓜を売る
張幗順／天津河東薬王廟後の人／二十一歳／やとわれ労働者

四人とも天津城の近くに住み、仕事のため日常的に城内に来ている下層民といえる。彼らがどのようにして事件に加わったかといえば、田と項はともに外国人が官に暴力をふるい騒ぎを起こしたということを聞いてかっとなり、武器を携えて救援に向かったと言う。段はフランス人が騒ぎを起こしたのを聞いて門のところで眺めていたところ外国人が通りかかったと述べ、張は銅鑼の音を聞いて見に出たとのことである。またいずれも河東に住んでいるが、供述の中では、以前から互いに面識があったとは述べられていない(41)。

ただし火会の構成員は、街路にものを並べて売るような零細な商人が多かったのであるから、この四人がただの一般商民ではなく実は火会に組織されていた可能性がある。しかも、別の供述によれば用いた武器は、田二・段大の場合は西瓜を切る刀であるが、残りの二人は団練用の刀であったという(42)。団練と火会の人的重なりを考えても、彼らが火会の関係者であったとみる方がむしろ自然であろう。その点が明確な形で史料に現れないのは、供述書の作成にあたって火会の関与を隠蔽しようとする意図が働いていたためと考えられるのである。

4　地域社会の中の教案

（1）義挙と教案

火会は、同治『続天津県志』においては巻八「義挙《ぎきょ》」の項目で説明を与えられていた。実はこの「義挙」を通観すると、天津教案と密接に関わる記述が甚だ多く見られる（以下、県志義挙と略記）。

天津教案の発端は、仁慈堂をめぐる流言にあった。とはいえ、このような慈善事業そのものは、必ずしも天津の人々にとって目新しいものではなかった。なぜなら、カトリック到来以前から、天津には地元有力者による同種の活動が存在していたからである。貧しい者が道端に子女を捨てたのを収容することを目的として、「恤孤会《じゅっこかい》」が立てられていた。周自邠は塩政徴瑞に請願して、東門外に「育嬰堂《いくえいどう》」を設けた（県志義挙）。彼の伝記によれば、官庫（塩運司庫か）からの支出を毎年の費用とし、「育嬰堂」の実務は彼が担当したという[43]。その後、塩商人を束ねる「総商」となった厳克寛は、各種の社会福祉事業の費用を塩運使から出させつつ、これら事業の運営を担っていた[44]。また医療活動については、「天津県には施薬を行なう者は甚だ多い」（県志義挙）と指摘される状況にあった。

これに対し、カトリック組織は、既に天津開港以前に、広東南海県の人である邱雲亭を派遣して、薬屋を天津に開かせ、「善施薬治」を行なわせようとした[45]。天津開港の後、北京教区主教ムリー（Joseph-Martial Mouly）は仁愛会のシスターを天津に連れてきて孤児院・病院を運営させた。彼らは「育嬰堂」の参観も許され、事業を開始したが、まもなく天津の人々の反感に当惑することになったのである[46]。天津東関に設立された仁慈堂は中国の婦女・幼児百数十人を収養していたが、婦女は病気治療ということで仁慈堂に入っていた。しかも男女とも病気治療を契機として入信する者が多かったという（張光藻「始末」）。カトリックは、全世界で同様な慈善事業を展開していたとはいえ、天津での仁慈堂の活動は、期せずして「義挙」と直接対抗する側面を持ってしまったといえよう[47]。もし義挙がそれに携わる者に威信を付与するのならば、カトリックはそれに挑戦する格好になる。従前の清末教案に関する研究はほぼすべて、カトリックと郷紳などとの価値観の相違を教案の原因と考えてきたが、それだけでなく、むしろ活動の類似性こそが摩擦の原因をなしていたと言うべきだろう。

さらに問題の流言そのものについて言うなら、その流言の内容は「義挙」の価値観をカトリックが犯しているということを印象づけていた。そもそも幼児の虐殺がそうだが、さらに、はじめに挙げた崇厚の上奏に「「義塚《ぎちょう》」には子供の屍・骨が野ざらしになっているという者がいた」とあるように、カトリックが人倫に反する埋葬をしたことも非難されていた。ここでいう「義塚」とは、県志義挙にみえる「義地」であり、有志の寄付によって設定された墓地であろう。更に「義挙」とみなされる「施棺」や「殮埋社《れんまいしゃ》」は貧しい者にも葬式を出せるようにするための事業であり、「掩骼《えんかく》」は放置された遺骸をしかるべく葬ることである（県志義挙）。さらに幼児を薬で迷わせるという話は、彼らの治療事業が「邪」であることを主張していた。[48]「愚民が相互に伝えあうだけでなく紳士もみな口をそろえて[49]」語った流言は、単に荒唐無稽というより、ちょうど「義挙」と裏返しの内容をもっていたのである。

このような流言に基づいて、群衆が宣教会の建物の周りに集まり、一再ならず子供の解放を要求した。シスターたちは暴力の危険を感じて、五人の委員による査察を認めたが、話を聞いて駆けつけた領事によって委員は建物から追い出された。[50] 暴動の際、仁慈堂の子供約二百人は蜂起した者たちによって府衙門に移送された。しかも彼らは善士たち（benevolent men）によって大いに慰問されたのであった。訪問者たちが食べ物をたずさえてきたところ、子供たちはその手を握り、礼を言ったという。[51] 仁慈堂から移された子供たちが、早速「義挙」の対象となることは、カトリックの慈善事業と「義挙」との競合関係を端的に示している。

欧米人の宣教師や外交官の中には、天津教案における地元有力者の関与を立証するために努力している者もいるが（スタンレーやロッシェシュール）、必ずしも納得のゆく証拠が提示できていない。管見のかぎり、事件当日の地元有力者の役割を明確に示す史料は見当たらない。

とはいえ、特に漢文史料については、事件の責任回避のために意図的に記述しなかったという可能性は甚だ高い。加えて、事件の全体的文脈を勘案するならば、暴動を単に、ならず者の行動である、または、住民の一時的な怒りによる暴発であるとみるのは不充分であり、在来の「義挙」とカトリックの慈善事業との競合・対抗という構図の中で発生した事件であったと考えるべきである。[52] 地元の信徒が「勢を倚《か》りて人を欺《あなど》る」（張光藻「始末」）というように教会の庇護を頼んで思うまま振る舞うことで、教会が地元有力者の勢力に対抗する結集核になってゆくという側面でもこの構図が補強されるとすれば[53]、なおさらであろう。

（2）暴動参加者への同情

直隷総督の任にある曾国藩が、事件処理のため省城の保定から天津に派遣された。彼は病床にあったが、天津に赴いて事態の収拾をはかることになったのである。[54] 曾は、天津入りした際に数百余人からの直訴を受けて（「百姓攔輿逓稟数百餘人」）宣教師に関する不審なうわさについて調査をしたが、誘拐にしろ目をくりぬき胸をさくということにしろ、何の証拠も得られなかった。[55] 逆にフランス側は、暴動参加者のみならず責任者である地方官の処分を強く求めていた。曾国藩は、息子曾紀沢への書簡の中で「知府張光藻を免職にすれば、ただちに民心が失われることを私は知っているが、一方では努めて和平を維持しなければならないのである」という苦しい立場を吐露している。また知県・知府を免職して刑部にひきわたしたことについて「二人とも大きな過ちがあったわけではないし、張光藻知府は特に民の信望が厚い。私のこの処理は、自分の内面では神明に恥じるところがある一方、外からは清《せい》議《ぎ》に非難されることになり、誰も彼も唾をはきかけて罵るだろう」と述べている。ふたりの息子、紀沢・紀鴻にあてた書簡では、「私の処理はすべて和平の維持をめざすものだが、きっと清議の批判を受けるだろう」と恐れている。[56]

清議とは、この場合、具体的に言えば、北京の監察官僚を中心とする対外強硬論を指す。[57] 天津教案についての清議の例を見てみよう。内閣の中書である李如松の上奏（大学士官文等がとりついでいる）では、「天津の人々の怒りは、まずキリスト教徒ども（「教匪」）が幼児を迷わせ誘拐したことに始まり、ついでフォンタニエが役人に対して発砲したことで、人心はわきたち、期せずして集まるものは一万人以上でした。この時、民は官を守ることを知って夷をおそれることを知らず、王朝に忠誠を尽くすことを知って自分の罪過を心配することを知らなかったのです。これはまさに外国対策（「夷務」）における一大転機です」と主張し、朝廷にとって最も大切な「民心」の支持を得るために強硬手段に訴えるべきことを説いている(58)。

また監察御史長潤は「フランスが布教しようとするのは、表向きは善行を勧めるようですが、実は悪しき意図を隠し持っています。彼らが風俗を壊し乱し人命を惨たらしく奪うことは、幼児誘拐の一端から概ね見当がつくのです」と上奏し「今回の天津の事件は、天がその魂を奪い、神がこの災いを下したのに他ならず、まさに民を通じてその憤りを現したといえます。条約から布教の許可を削ることを議論するならば、天下人民の心はしっかりしたものになるでしょう」と断じている(59)。

以上は実務に携わらない官僚の観念的な議論である。総理衙門の恭親王らは現実的な対策を考えており、事実の確認の上「もし無知の愚民がわけもなく紛争をおこしたのならば、当然懲罰して悪人の戒めとすべきです」と上奏している(60)。とはいえ、六月二十五日、東太后・西太后・同治帝が、諸王・軍機大臣・御前大臣・総理衙門諸臣を乾清宮西暖閣で召見し対策を議論させたところ、やはり強硬論が優勢であった(61)。さらに天津において曾国藩とともに事件処理にあたった丁日昌は以下のように述べ、暴動にある程度の共感を示している。

天津一港についてみても、通商以降、中国・外国の商人はずっと問題を起こさず少しも悪口がありませんでした。プロテスタントも恨まれなかったものの、ただ人々がカトリックのことを言うときには異口同音に恨み骨髄に入るありさまです。思えば、天津には悪い輩が最も多く、一度入信すれば地域に猛威をふるい、一般の人々を痛めつけます。官僚・胥吏はその場しのぎとなり、ただもめ事をなくすことだけ考えて根本的解決をせず、また人々が口惜しい思いをしていることを領事に申し入れようともしません。そこで領事もキリスト教徒がそのような悪事をなしているのを知るすべがないのです。
そして丁日昌は、当日、罪もない西洋人を殺害したり略奪を行なったりした輩は当然処罰すべきだが、「官長」（敬うべき官僚、知県劉傑を指す）が撃たれたのを目撃して暴力に及んだ者は「公憤」によるのだから、なるべく寛大な処罰にとどめてほしいと主張するのである。(62)

事件ののち天津では、排外的な雰囲気にあふれ、暴動を反省する雰囲気からは程遠かった。ロンドン宣教会のリーズが本国に送った書簡によれば、暴動から二週間を経ても、城内は非常に興奮した状態にあり、外国人が城内を訪れれば、ほぼ確実に殺されるという具合だった。宣教師は、ピストルで自衛しての夜回りを余儀なくされた。(63)また、建物を焼き討ちし、通りの人々を殺害する場面を描いた粗悪な印刷の扇が売られていたように、暴動を顕彰する動きすら見られた。(64)先述の数百名による直訴とあわせてみれば、天津の世論は暴動への支持を表明しつづけていたことが知られる。

結局、曾国藩らの報告に基づき、事件当時の知府張光藻・知県劉傑を黒竜江に流すとともに、殺人・傷害を行なった者について二十人死刑、二十五人軍徒（配流）の刑が決められた。(65)

九月二十五日（一〇月一九日）、このうち十六人の処刑が行なわれた。これについてはフランス臨時領事レイ（イギリス臨時領事の兼任）の報告がある。死刑の手筈については、彼と新任の知府と間での相談がもたれた。知府は民情の不安定さからフランス側の処刑立ち会いを隠密裡に行なうことを提案したが、レイは立ち会いを不要とした。知府は死刑囚の親類に対して金銭が与えられたことをレイに対して認めた。官は死刑執行をなるべく一般に知られないよう心がけていた。レイは（おそらく漢人の）使者を送って実況をみとどけさせたが、その模様は大略以下のようであった。

県衙門の牢から出された死刑囚は、知県の法廷に引き出され、並ばされた。彼らは絹の服を着、みごとな靴をはくなど、官の贈与によるとされる出で立ちをしていた。刑場へのみちみち、早朝であるにもかかわらず集まった群衆に対して「俺たちは、死を恐れて表情を変えたか」と尋ねると「そんなことはない」との答えが返った。死刑囚は、中国の官憲が自分たちの首を外国人に売り渡したのだと指弾し、自分たちを男の中の男（brave boys「好児」）と呼んでくれと頼むと、群衆は声をそろえてそう呼んだ。多くの個人的友人・親類がついてゆき、嘆き悲しんだ。西門外の刑場につくと囚人は歌いはじめた。それを聞くや知県は断頭の命令を下した。囚人は自ら首を差しだし、南方出身の五〜六人の兵士はたちまち処刑を終えた。午前五時半であった。

これを北京の公使に伝えるレイは、民衆の目には、あるいは官僚の目にも、刑死した者が殉国者（martyrs）とみなされたと指摘している。[66] また、天津道台は遺族に多額の金銭を与えた。[67] 宣教師スタンレーによれば、刑死者の家族はそれぞれ五百両を与えられ、崇厚は更に百両を加えたという。慣行に反し、さらし首も行なわれなかった。スタンレーもやはり、これでは彼らを殉国者（martyr-patriot）にしてしまうと懸念している。[68] 斬罪にあった犠牲者を記念するために墓を作るなどの天津の人々の動きについて、アメリカ領事メドウズ（John A. T. Meadows）が、李鴻章に質したところ、確かに刑死者を記念するために祠堂（tsze-tang）を立てようとする話はあったが、自分がすぐ禁止したと返答した。[69] リーズも、ロンドンの教団あての書簡において、「処刑された者に対しては、その決定は外国人を喜ばすためになされたのであり、皇帝の意思ではないと告げられた」と指摘し、処罰されたものに対して官が金品の支給を行なったことを指弾して「もし、有罪とされた者が、本当に罪があるなら、それは犯罪への報奨金であり、そして、有罪とされた者の何人かは充分そうだと考えられますが、もし罪のないものを処罰したなら、それ自体が犯罪です」と、この処断への不信感を示している。[70]

閏十月三日（西暦一一月二五日）、倉門口の附近で火事があったにもかかわらず、火会は消火に向かわなかった。義挙の自覚に訴えて火会を諭す署知府馬繩武の告示にも火会側の動機は明記されていない。[71] しかし以上の経緯からみて、火会が教案関係者の処罰に対する抗議を表明していることは、当時の天津において容易に理解されたとみてよかろう。

李鴻章も、十六名の処刑が行なわれたあとは、ロシア人を殺した四人について、ロシア領事の意向も踏まえて、「民気」が既に傷つけられたので残りは寛大な処分がよかろう、と述べていた[72]。十二月には、天津県の紳士、五品銜前代理山東鄒県知県である王鏞ら一四五名、商人（「鋪商」）陳先耀ら一一五名が、府衙門に請願してきた。すなわち、フランス人と間違えてロシア人を殺害した四人の行動は、官を守ろうとしたのであり、私的な恨みによる計画的な殺人と同様に扱うべきではないから、死刑を免じてもらいたいとのことであった。結局、この四人に対して減刑の配慮がなされた[73]。

この助命嘆願の筆頭に名を出した王鏞は、夫に先立たれた女性を援助する「恤嫠会」の経理を担当していた（県志義挙）。また太平天国軍が天津に迫ったときには、「義民局」という団練編成の中心になっている[74]。彼は、廩貢生で山東鄒県の県丞もつとめたことがある。家は豊かではなかったが、生まれながら善をなすことを喜んだという[75]。義挙関係者が、暴動に加わった者を庇護しようとするのは、前節でのべたような義挙とカトリック宣教事業との対抗という背景がまず指摘できる。しかし、暴動参加者への広範な同情を明確な形で提示する役割を果たすことも、地域社会をまとめあげる行為であり、その意味で火会の運営とも共通する善士の役割であったと言えよう。ただし、これは決して地域主義の発動とはいえない。嘆願は、単に地元の世論に基づくだけではなく、先述のような中央官僚の清議と同調する内容をもっていたからである。

この同治九年（一八七〇年）の事件の記憶は、地域に残存してゆく。五年後、天津県南方一〇〇キロメートル以上離れた寧津県の廟会において、天津教案を描いた図像を所持している者がいたことが発覚した。この図像には、外国人を攻撃している様子と外国人が目や心臓を取り出している状況が描かれており、イギリス領事モンガン

(James Mongan) は李鴻章にあてた書簡で、「このような図像は、無知の民衆が見ると、外国人を恨む気持ちを抱かせます」と指摘し、適切な対処を要請した。[76] 李鴻章は、前年、天津で同様の版画を売るものがいたので没収焼却し、版木も破棄したと述べて基本姿勢を示し、今回も厳しく取り締まる意思を表明した。[77]

これより先、同治十一年に複数の誘拐事件が起きたが（第三章参照）、おそらくそれと関係して、数人の者が望海楼のカトリック教会に押し入ろうとする事件が発生した。[78]

李鴻章など官憲は、外国領事と連絡をとりながら、排外的な動きを鎮めようとしていたが、類似の事件が発生する潜在的可能性をなくすことはできなかったように思われる。

5　小　結

本章では、天津教案について、特にそのなかで火会の果たした役割を中心にして検討した。火会は、そもそも地元の有力者が資金を出し、道端の物売りなどが実働部隊となって防火活動にあたる組織であったが、天津においては、鴉片戦争以来、地域の軍事的防衛を担う団練とも密接な関係にあった。この火会が、天津教案に組織的に関与していたのである。ただしこの点は、清朝による事件解決にあたっては、火会に資金提供するような地元有力者、ないし彼らへの監督責任を有する地方官を免責するため、意図的に無視されたと考えられる。

しかも火会をその一つに含む「義挙」は、独特の理念の下で推進されていた。暴動からまもない頃、同治『続天津県志』に対し直隷総督李鴻章がつけた序（同治九年）は、以下のように述べている。

近年、〔漕糧の〕海運が毎年おこなわれ、〔外国との〕通商の事がはじまったため、南や北、中国や外国の商人が集まってくる。そこで天津は特に治めにくい土地とされている。その人情・風俗をふりかえってみると、命知らずでけんかっぱやく、いにしえの漁陽・上谷の遺風がまだ残っている。…(中略)…その民で富裕な者の多くは義挙を提唱・実行するのを好み、貧しい者は死を恐れない。良吏を得てこれを鎮撫すれば、いずれもみな目上の者に親しんでそのために死し、勇んで困難に赴くことになるが、不屈の習いがそうさせるわけである。[79]

すなわち地元有力者による義挙は、官僚の善政とあいまって、都市社会の安定化に寄与するとされている。ここに示された構図に照らしてみれば、火会は消防のみならず、より大きな社会的機能を有していたと考えることもできよう。富裕な者の提唱と資金提供により、貧しい者は死を恐れないで公共の福祉の為にひと肌ぬぐという組織化そのものが、人口流入が激しく気風が荒い天津の社会統合に寄与するからである。

ところが、カトリックの慈善事業は義挙と競合する性格を持っており、従来の社会統合と有力者の権威を揺るがしかねない。それゆえ、これが義挙に似て非なるものであることを強調する流言が流され、火会の蜂起にまで至ったと考えられるわけである。さらに暴動参加者を庇護しようとする根強い世論、刑死者を犠牲者として祀ろうとする動きにも、地元の名士が中心となって地域社会をまとめあげ、問題に対処しようとする傾向がみられたといえる。しかし、それは地域主義の発動では決してない。嘆願が北京での王朝護持の論理と接合していたように、義挙も単なる地域社会への奉仕にとどまらず一般的な人倫への貢献とも読み替えうるであろう。

以上のような議論は、結局のところ教会と伝統王朝との権威構造との対決といった図式[80]に近づいているのかも知れない。しかし更に問うべきは元来地域的な対立関係が、国家間の緊張へとただちに拡大されてゆくような政治統合の性格であろう。地域的な慈善事業をめぐる紛争が戦争の危機までもたらすのは、言いかえると上述の図式が意味をもつのは、何故だろうか。

ここで、ひとつの手掛かりとして注目されるのは、清議に示されるような排外主義である。かりに排外主義が王朝秩序と地域社会との関係を取り持つ機能を有しているとすれば、それがいかに観念的であろうとも曾国藩らの現実的対応を阻害するだけの力をもつことは理解できる。北京における清議は、地域社会における外国人への反感と呼応し、相互に正当化しあっていたことは本章の事例から想定できる。しかも、そのような王朝秩序についての建前論は、平時には上に引用した地方志の記述にみえるように、各種「義挙」を支える言説となり、地域社会の秩序そのものにとって不可欠の要素になっていたとも考えられる。歴史的文脈においてみるなら、以上のような排外論の特徴は、鴉片戦争以来の団練に関する言説にもみられ、義和団の登場を許す前提となったという見通しをもつことは可能であろう。

註

(1) 清末教案については以下が包括的研究である。Paul A. Cohen, *China and Christianity : The Missionary Movement and the Growth of Chinese Antiforeignism, 1860–1870* (Harvard University Press, 1963). 呂実強『中国官紳反教的原因』(中央研究院近代史研究所、一九六六年)。李恩涵「同治年間反基督教的言論」(同『近代中国史事研究論集』台湾商務印書館、一九八二年、論文初出は一九六八年)。孫江『十字架与竜』(浙江人民出版社、一九九〇年)。また Mary Clabaugh Wright, *The Last Stand of Chinese Conservatism : The T'ung-Chih Restoration, 1862–1874* (Stanford University Press, 1957), pp. 295–299 は、同年のオールコック協定の挫折とともに天津教案は同治中興の終末を象徴する事件であると指摘している。

(2) 野村政光「天津教案に就いて」(『史林』二〇巻一号、一九三五年) は外交交渉に重きをおいた専論である。John K. Fairbank, "Patterns behind the Tientsin Massacre," *Harvard Journal of Asiatic Studies*, Vol. 20, No. 3-4 (1957) も教案の発生パターンを抽出しようとしていて示唆に富む。王斗瞻「一八七〇年天津教案」(『近代史資料』一九五六年四期) は有益な史料紹介である。呂実強「揚州教案与天津教案」(林治平主編『基督教入華百七十年紀念集』宇宙光出版社、一九七七年) は、総理衙門檔やイギリス外交文書を駆使して史実をよく明らかにしている。唐瑞裕『清季天津教案研究』(文史哲出版社、一九九三年) は、国立故宮博物院所蔵の軍機処檔を大量に引用している。

(3) 劉海岩「天津教案述論」(『南開史学』一九八六年二期)。同「有関天津教案的幾個問題」(四川省近代教案史研究会・四川省哲学社会学学界聯合会合編『近代中国教案研究』四川省社会科学院出版社、一九八七年)。羅澍偉主編『近代天津城市史』(中国社会科学出版社、一九九三年）二九七～三〇二頁。

（4）今堀誠二『北平市民の自治構成』（文求堂、一九四七年）。William T. Rowe, *Hankow : Conflict and Community in a Chinese City, 1796-1895* (Stanford University Press, 1989), pp. 163-168. 堀地明「明末福建諸都市の火災と防火行政」（『東洋学報』七七巻一・二号、一九九五年）。高嶋航「水竜会の誕生」（『東洋史研究』五六巻二号、一九九七年）。莫振良「清代城市的消防組織」（『城市史研究』一九・二〇輯、二〇〇〇年）。

（5）Rowe, *op. cit.*, p. 166.

（6）本章で頻繁に言及する史料は、天津の地方志のほか以下がある。①荘吉発編『先正曾国藩文献彙編』（国立故宮博物院、一九九三年）所収の軍機処檔の影印（曾文献と略記）。②中央研究院近代史研究所編『教務教案檔』（中央研究院近代史研究所、一九七四～一九八〇年）。③Great Britain, *Parliamentary Papers. China. No. 1 (1871). Papers Relating to the Massacre of Europeans at Tien-tsin on the 21st June, 1870* (Harrison and Sons, 1871) ; hereafter abbreviated as *PRMET*. ④Great Britain, Foreign Office Archives, FO 228/496 (China, Embassy and Consular Archives, Correspondence, 1870, Tientsin). ⑤United States, Department of State, *Papers Relating to the Foreign Relations of the United States, 1870* (Government Printing Office, 1870) ; hereafter abbreviated as *FRUS, 1870*. ⑥United States, Department of State, *Papers Relating to the Foreign Relations of the United States, 1871* (Government Printing Office, 1871) ; hereafter abbreviated as *FRUS, 1871*.

（7）『籌辦夷務始末』咸豊巻七十二、上諭（咸豊十年十二月十日）。

（8）張洪祥『近代中国通商口岸与租界』（天津人民出版社、一九九三年）一三〇～一四四頁。

（9）嘉慶『長蘆塩法志』巻十九「営建・廟宇」。咸豊八年（一八五八年）、第二次鴉片戦争の際、船に乗って天津にやってきたイギリス使節は、天候が熱くなってきたのに船には人が多すぎるとして、望海楼に移ったことがある。『天津夷務実記』（筆者不明）は、望海楼とは乾隆帝が塩商を招いて宴会を開いた場所で、その際の玉座もまだ残っていることを指摘したうえで、イギリス人の動きに対して「非常に天朝の体制を失するものである」と非難している。中国史学会主編『第二次鴉片戦争』一冊（上海人民出版社、一九七八年）四八三～四八四頁。第二次鴉片戦争後、フランスによる転用も同様な観点から反感をそそることがあったと推測される。

（10）総理各国事務衙門清檔「直隷天津法租望海楼及擬租望海寺案」（中央研究院近代史研究所所蔵外交檔案〇一～一八、六九函六九宗四冊）直隷総督文煜文（同治元年六月四日）・致三口通商大臣崇厚函（十一月二十一日）。Henri Cordier, *Histoire des relations de la Chine avec les puissances occidentales, 1860-1900*, Tome I (Félix Alcan, 1900), pp. 347-348. 趙永生・謝紀恩「天主教伝入天津始末」（『天津文史資料選輯』二輯、一九七九年）。趙永生「天主教伝入天津」（天津市政協文史資料研究委員会編『天津租界』

天津人民出版社、一九八六年）。同「天主教伝行天津概述」（『天津宗教資料選輯』一輯、一九八六年）。天津でのシスターたちの活動は、以下の殉教録（東洋文庫所蔵）に詳しい。[J. Capy], *Notices et documents sur les prêtres de la mission et les filles de la charité de S. Vincent de Paul, ou les premiers martyrs de l'œuvre de la Sainte-enfance* (Typographie du Pé-t'ang, 1895). 宋楽山「仁愛会修女的事業」（『天津宗教資料選輯』一輯、一九八六年）は、その抄訳である。

（11）John Innocent to Mrs. Innocent, 6 April 1861, G. T. Candlin, *John Innocent : A Story of Mission Work in North China* (The United Methodist Publishing House, 1909), pp. 72-73.

（12）Candlin, *op. cit.*, pp. 95-96.

（13）崇厚奏（同治九年五月十九日）（国立故宮博物院所蔵、軍機処檔一〇一二八六）。

（14）『籌辦夷務始末』同治巻七十二、崇厚奏（同治九年五月二十五日）。実は、犠牲者はロシア人三人を含み、カトリックとは限らない。唐瑞裕前掲書一六一頁に犠牲者の一覧がある。

（15）林楽知「使法事略」（『小方壺斎輿地叢鈔』第十一帙）。Knight Biggerstaff, "The Ch'ung-hou Mission to France, 1870-1871," *Some Early Chinese Steps toward Modernization* (Chinese Materials Center, Inc., 1975) ; originally published in *Nankai Social and Economic Quarterly*, Vol. 8, No. 3 (1935). このときの国書は、荘吉発『故宮檔案述要』（国立故宮博物院、一九八三年）一六八〜一六九頁や唐瑞裕前掲書一三五頁に引かれている。

（16）「負戴」とは『孟子』梁恵王上にもみえる慣用語。「負」とは背おうこと、「戴」とは頭にのせることであるが、清代では西南の民族にしか頭にのせる習慣はなかった。趙翼『陔餘叢考』巻四「負戴」。

（17）光緒十年初刻の張燾『津門雑記』巻上「水会」によれば、毎年春秋に劇を上演して赤帝真君を祭り、「伍善」の人々をねぎらうことを「擺会」と言った。また、閻潤芝・李維竜「天津脚行的始末」（『天津文史叢刊』四期、一九八五年）によれば、水会への参加者は小商人が多く、最初は防火を主としたが後に運輸に携わったという。更に火会について以下も参照。陳連生「天津早年的水会」（『天津文史叢刊』二期、一九八四年）。Kwan Man Bun, *The Salt Merchants of Tianjin : State Making and Civil Society in Late Imperial China* (University of Hawai'i Press, 2001), pp. 94-95. 関文斌（張栄明等訳）『文明初曙——近代天津塩商与社会』（天津人民出版社、一九九九年）一三九〜一四一頁。

（18）中国第一歴史檔案館編『鴉片戦争檔案史料』四冊（天津古籍出版社、一九九二年）四三六〜四三七頁、直隷総督訥爾経額奏（道光二十一年十一月八日）。

（19）『津門保甲図説』「設立義民局告示条規」。

（20）中国第一歴史檔案館編『清政府鎮圧太平天国檔案史料』一〇冊（社会科学文献出版社、一九九三年）一二九〜一三〇頁、長蘆塩政文謙等奏（咸豊三年九月十三日）。

(21) 火会の集合図は、元来でんでん太鼓（「鼗鼓」）であったが、第二次鴉片戦争の時に団練がこの合図を採用したため、「鳴鉦」に変更された。丁運枢・陳世勲・葛毓琦編『張公襄理軍務紀略』巻三、咸豊八年四月一日。これが別の史料に見える銅鑼に相当すると考えられる。

(22) この点については、陳克「十九世紀末天津民間組織与城市控制管理系統」（『中国社会科学』一九八九年六期）も指摘している。王定安『求闕斎弟子記』巻十七に「天津旧有水火會、諸少年豪俠矜尚意氣、不畏彊禦。咸豐初年、賊北竄津郡、士民倡團擊退之、畿輔賴以保全」とあり、王之春『国朝柔遠記』巻十六がこれを踏襲するのも類似した見方であろう。

(23)『宮中檔咸豊朝奏摺』第二三輯（国立故宮博物院所蔵）二三二〜二三六頁の桂良等奏（咸豊九年十月九日）に引用されている直隷総督恒福の上奏。また唐瑞裕前掲書二〇〜二一頁にもみえる。

(24) 朱寿鈞「天津的混混児瑣聞」（『天津文史資料選輯』三一輯、一九八五年）。また、李然犀「旧天津的混混児」（『文史資料選輯』四七輯、一九六四年）参照。

(25) ただし、北京に送られた報告を重視する限り、唐のような結論になるのはむしろ当然であるともいえる（後述）。

(26) 関文斌（劉海岩訳）「乱世——天津混混兒与近代中国的城市特性」（『城市史研究』一七・一八輯、二〇〇〇年）。この点、かつての拙稿に対する関文斌の批判によって、やや認識を改めた。

(27) Lay to Wade, 28 June 1870, *PRMET*, pp. 32–34.

(28) Chinese Evidence as to the Massacre of June 21, 1870, *PRMET*, pp. 34–37. ただし five gongs とある箇所を FO 228/496 の該当史料によって fire gongs に改めた。

(29) Report by the Rev. C. Stanley of the testimony of Christian C, D, E, *PRMET*, pp. 110–114.

(30) Deposition of M. Nĕfĕdiew, *PRMET*, pp. 139–142.

(31) Summary of the Occurrences at Tien-tsin (written by a Cantonese at Tien-tsin, for the information of his Fellow-Provincials residing at Che-foo), *PRMET*, pp. 73–74. ただし、ここで三口通商大臣を欽差大臣としているのは誤りである。

(32) Chinese version of the Tien-tsin Massacre, 27 June, *PRMET*, pp. 74–76.

(33) The Rev. W. N. Hall's Report of the Narrative of a Chinese (A) who witnessed the Massacre of three Russians at Tien-tsin, July 4, 1870, *PRMET*, pp. 104–105.

(34) 張光藻は事件の後になってはじめて火会の指導者に対し治安維持を命じた点を詰問されているが、火会が暴動に関与したか否かは問題とされていない。唐瑞裕前掲書八四〜八五頁。

(35) この史料については、劉民山「張光藻与『北戍草』」（『天津史研究』一九八六年二期）参照。

(36) はるか後の史料であるが、富成一二編『天津案内』（中東石印局、一九一三年）一〇七～一〇九頁には以下のような数が挙げられている。ポンプも用いる消防巡警が登場した時代にあって、水会については「此の消防義勇隊は原《も》とより烏合の衆にして秩序紊乱喧騒常なく其弊害も亦浅少ならざるを以て、官場よりは屢《しばしば》撤廃を唱道せしも、其保甲制度と共に頗る古き歴史を有すると義勇の美名を標榜するとは、俄に之が撤廃を断行し難き事由の存するより、已むを得ず其存在を認むる次第なり」といわれる程に非効率的な組織になっていたが、なお五千人近い構成員を持っていたことに注目したい。また四つの組の名は「衆志成城」という団結を示す句によっている。

衆	東北隅	水会一四	義勇消防手一八〇〇
志	東南隅	水会一四	一八〇〇
成	西南隅	水会　七	三五〇
城	西北隅	水会一八	九七〇

(37) 曾文献　五八〇六～五八〇八頁、曾国藩あて照会（同治九年六月九日）。

(38) 曾文献　五九五四～五九六六頁、照録訳出羅淑亜送到天津滋事記（同治九年七月二十六日）。

(39) 曾文献　六〇八七～六〇九四頁、曾国藩・丁日昌・成林奏（同治九年八月二十三日）。

(40) 張光藻書簡すら「二十三日の事件は突如として起こったのであり、計画的なものではありません。公憤によって数万人が期せずして集まったのです」と教案の自然発生的性格を強調している。

(41)『教務教案檔』二輯、三三五～三三七頁。

(42)『教務教案檔』三輯、二〇三～二〇六頁。

(43) 民国『天津県新志』巻二十一之二「人物」。

(44) 光緒『重修天津府志』巻四十三「人物」。民国『天津県新志』巻二十一之四「人物」。

(45) 天津知府石賛清の報告によれば、十字架と外国語の文献・書簡を押収したという。これは第二次鴉片戦争にあたり外国に内通する者の活動を警戒するなかで発覚したものである。宮中檔、咸豊八年三月四日署理直隷総督譚廷襄の上奏（中国第一歴史檔案館所蔵、帝国主義侵略類二二五案巻一号）。また、中央研究院近代史研究所編『四国新檔』（中央研究院近代史研究所、一九六六年）法国檔四七～四八頁にみえる直隷総督恒福奏（咸豊九年十一月十五日）によれば、邱雲亭は広東南海県の人、特に種痘を行なうことをめざして北方に来たという。これに対して天津の善士による「牛痘局」の設立は同治六年である（県志義挙）。

(46) [Capy], *op. cit.*, pp. 197-218.

(47) 曾文献 五八一六〜五八二七頁、曾国藩・崇厚奏（同治九年六月二十三日）が「仁慈堂の設立の当初の目的も育嬰堂・養済院とほぼ同じです」と述べているのは仁慈堂の弁護のためであるが、既存の施設との同質性の指摘と読むこともできる。また地域は異なるが、渡辺祐子「清末揚州教案」（『史学雑誌』一〇三巻一一号、一九九四年）も同様の問題を論じている。

(48) このような流言は在来の「邪教」に本来あてはめられてきた内容と共通する。澤田瑞穂『中国の民間信仰』（工作社、一九八二年）三四八〜三五四頁。董叢林『竜与上帝——基督教与中国伝統文化』（三聯書店、一九九二年）二一九〜二三三頁。また「邪教」とキリスト教の関係については以下参照。Daniel H. Bays, "Christianity and the Chinese Sectarian Tradition," *Ch'ing-shih Wen-t'i*, Vol. 4, No. 7 (1982).

(49) 曾国藩より崇厚あて咨文を津海関税務司に通告した文書（同治九年六月十六日）。天津市檔案館『三口通商大臣致津海関税務司札文選編』（天津人民出版社、一九九二年）二五六〜二五七頁。この文書は、曾国藩・崇厚の上奏（同治九年六月二十三日、曾文献 五八一六〜五八二七頁）の原型となっていることが比較対照により知られるが、ここに引用した部分は上奏では削除されている。

(50) Frederick F. Low to Hamilton Fish, 27 June 1870, *FRUS, 1870*, pp. 355–358.

(51) Chinese version of the Tien-tsin Massacre, 27 June, *PRMET*, pp. 74–76.

(52) もちろん暴動が発生した以上、城内は混乱状況に陥ったのであり、仁慈堂の近くにある育嬰堂の乳母たちも恐れおののいた。育嬰堂の堂董（管理責任者）である厳克寛が赴いて安心させた。厳修『厳宇香厳仁波両先生事略』（民国四年述、天津図書館所蔵）「先父仁波公事略」。とはいえ、やはり前述のように育嬰堂にとって仁慈堂は競合する存在であったことに変わりはない。

(53) 李若文「教案にみる清末司法改革の社会的背景——西洋宣教師の訴訟介入により引き起こされた事象を中心に」（『東洋学報』七四巻三・四号、一九九三年）。

(54) 曾文献 五七七九〜五七八二頁、曾国藩奏（同治九年六月七日）。

(55) 曾文献 五八一六〜五八二七頁、曾国藩・崇厚奏（同治九年六月二十三日）。

(56)『曾国藩全集』家書（岳麓書社、一九八五年）「諭紀澤」（同治九年六月十四日）一三七三頁、「諭紀澤」（同治九年六月二十四日）一三七五〜一三七六頁、「諭紀澤紀鴻」（同治九年六月十七日）一三七四頁。この時期の官僚が教案処理にあたって遭遇する困難について、顧衛民「曾国藩与天津教案」（『江海学刊』一九八八年三期）、趙春晨「晩清洋務派与教案」（『歴史研究』一九八八年四期）参照。

(57) Immanuel C. Y. Hsü, *China's Entrance into the Family of Nations : The Diplomatic Phase, 1858–1880* (Harvard University Press, 1960), pp. 199–206. Lloyd E. Eastman, "Ch'ing-i and Chinese Policy Formation during the Nineteenth Century," *Journal of*

Asian Studies, Vol. 24, No. 4 (1965). Mary Backus Rankin, "“Public Opinion” and Political Power : Qingyi in Late Nineteenth Century China," *Journal of Asian Studies,* Vol. 41, No. 3 (1982).

(58)『籌辦夷務始末』同治巻七十三、李如松奏（同治九年六月二十一日）。曾文献 五七八三～五七八四頁には、取り次ぐ旨の上奏がみえる。これは内閣の大学士である官文・倭仁・曾国藩・朱鳳標、協辦大学士である瑞常・李鴻章の連名である（またここでは李如松の官職は候補中書となっている）。このように、強硬論は、高官すら無視できないほどの力をもっていたと考えられる。

(59)『籌辦夷務始末』同治巻七十三、長潤奏（同治九年六月二十三日）。

(60)『籌辦夷務始末』同治巻七十三、恭親王等奏（（同治九年六月十五日）。

(61) 翁同龢『翁文恭公日記』同治九年六月二十五日。

(62)『籌辦夷務始末』同治巻七十六、丁日昌奏（同治九年八月二十五日）。

(63) Jonathan Lees to Joseph Mullens (Foreign Secretary of London Mission Society), 5 July 1870, London Mission Society Archives (School of Oriental and African Studies, London University), Correspondence, North China, Incoming, Box 2, Folder 3, Jacket B.

(64) Low to Fish, 24 August 1870, *FRUS, 1870*, pp. 379–380.

(65)『籌辦夷務始末』同治巻七十七に関係文書が収録されている。また刑が決まった者の名簿は以下にみえる。List of Chinese condemned to death or exile, *PRMET,* pp. 236–238. ただし、これらの者の詳細な供述書は、中国第一歴史檔案館や国立故宮博物院の宮中檔・軍機処檔、中央研究院近代史研究所の総理各国事務衙門檔のなかに見出すことができなかった（先述のロシア人殺傷の四人については例外）。そもそも、供述書が作成されたかどうか、疑う余地がある。

(66) W. H. Lay, Copy of a dispatch from the acting French consul at Tientsin to the French Chargé d'affaires, describing the execution of sixteen criminals, 19 October 1870, *FRUS, 1871*, pp. 72–73. また *PRMET,* pp. 239–240 も同文書を収録するが若干の縮約がある。「好児」の語は、イギリス外交文書中の対応史料によって補った。FO 228/496, Lay to Wade, 19 October 1870.

(67) FO 228/496, Lay to Wade, 21 October 1870. このような慰謝金授与の発案者は曾国藩であるとも指摘される。FO 228/496, Lay to Wade, 12 November 1870.

(68) C. A. Stanley, "The Tientsin Massacre," *The Chinese Recorder and Missionary Journal*, Vol. 3, No. 8 (1871).

(69) Meadows to Low, 22 December 1870, *FRUS, 1871*, p. 77.

(70) Lees to Mullens, 15 December 1870, London Mission Society Archives, Correspondence, North China, Incoming, Box 2, Folder 3, Jacket C. この長文の書簡は、清朝に対し宥和的な英国の外交政策を激しい言辞で批判する部分もあって、興味ぶかい。

(71) FO 228/496, Ma, acting prefect of Tientsin, issues a notice counselling the rendering of services to the public, enclosed in Low to Wade, 26 November 1870.

(72)『李文忠公全集』訳署函稿巻一「論天津教案」(同治九年九月二十七日)。ただし呉汝倫によれば李鴻章は張光藻の処分に対する嘆願には拒否的であった。『桐城呉先生日記』巻六、同治十年四月二十二日。

(73)『教務教案檔』二輯、三三七〜三七八頁。『教務教案檔』三輯、二二四〜二二九頁。

(74) 呉恵元「天津剿寇紀略」(同治『続天津県志』巻十七「藝文」)。

(75) 民国『天津県新志』巻二十一之四「人物」。

(76) Great Britain, Foreign Office Archives, FO 228/932, 致李中堂信函, enclosed in Mongan to Thomas F. Wade, 20 May 1875.

(77) *Ibid.*, 李中堂復覆函.

(78) FO 228/516, Mongan to Wade, 20 September 1872.

(79) この序は天津教案の直後に書かれており、その際、教案の始末が意識にのぼらなかったとは考えにくい。ただし同様の修辞そのものは他にも例がある。例えば、天津は各地から人が集まって来るため気風が荒く喧嘩が絶えないが、このような者も恩を知る心はあるからうまく使うこともできる、という表現は、鴉片戦争期の保甲編成に関する『津門保甲図説』総説にみえる(この冊は東洋文庫には欠けており北京図書館で抄写した)。

(80) 孫江・黄東蘭「論近代教会権威結構与宗法一体化結構的沖突」(『南京大学学報(哲学・人文・社会科学)』一九八九年二期)。

第三章　光緒初年の旱災と広仁堂

1　課題の設定

明清時代には、各種の社会福祉・慈善施設が広く各地に設けられていた。これは、善堂と総称されている。

近年、善堂に対する研究は、飛躍的に進んできた。夫馬進と梁其姿（Angela Ki Che Leung）が、それぞれ大著を出版したことが、ひとつの画期となったと言えよう。この両著とも、明末以降、善挙・善堂と呼ばれる社会福祉事業が官・民によって推進されるようになったことを具体的に明らかにし、その救済理念や運営実態、この事業をめぐる官と民の関係について詳しく分析している(1)。

また帆刈浩之は同郷性と慈善事業の関係について、衛生史・医学史の観点をあわせながら検討を進め、山本進は、あらたな視点として、遺体処理行政における胥吏衙役の不正規徴収に対抗する意図を、善堂設立に見出した。また山田賢は、四川の育嬰堂など「公局」を担当する「局士」に着眼し、その活動を規定した財政的事情について明らかにするとともに、迫り来る「劫」というような終末観念が善挙の動機となっていたことを指摘した(2)。

これらの研究は、簡単な要約をゆるさない豊富な論点を提示しているのだが、清末の善堂について考えるとき、その目標とする点について、一八世紀にはありえない理念が込められるようになるという歴史性に注意すべきである。本章と第七章では、清末における善堂運営理念の変遷を主な関心対象とすることで、清末において理想とされた社会像が変わってゆく点を把握することをめざしたい。善堂は、目標とする理念の変遷をともないながらも、柔軟に各時代の要請に対応し社会的役割を果たしつづけていったからである。

具体的には、光緒四年（一八七九年）から天津に設けられた津河広仁堂について事例分析を試みる。広仁堂は、当時の新しい社会状況を背景としつつ、意欲的な構想によって設立された善堂であって、必ずしも清末の典型的な善堂ということはできない。とはいえ、それ故かえって端的に清末善堂運営理念の変遷を示してくれる興味ぶかい事例なのである。

津河広仁堂について、はじめてまとまった分析を施したのは、ルース・ロガスキである。彼女の博士論文は、近代天津における「衛生」をめぐる実践の歴史を主題としているが、広仁堂についても一節をあてて分析している。また広仁堂檔案をはじめて扱った点でも評価すべきである[3]。とはいえ、広仁堂設立の経緯や運営理念を示す史料を充分収集しておらず、また後の第七章で議論する二〇世紀初頭の改革について分析を進めていない点でも、本書とは関心の相違があるというべきであろう。

本章ではまず、広仁堂が創設される過程を追いつつ、それを促した清末固有の状況を考えることにしたい。

2　游民と善堂

光緒元年（一八七五年）ごろの天津の乞食について、日本の海軍中尉曾根俊虎《そねとしとら》の以下のような観察がある。

乞人アリ。裸体ナル有リ。単衣ナル有リ。満身ノ汚垢、墨ノ如ク、橋頭或ハ広路ニ横臥シ、往来ノ客ニ注目シ、

有銭客ト認ムルトキハ、衆乞群蜂ノ如ク尾シ来リ、老爺〔だんな様〕ト叫ビ銭ヲ乞ヒ、之レヲ得テ始テ止ム。(4)

また、第二次鴉片戦争の際に天津にやってきたイギリスの衛生士官は、以下のように記している。〔一八六一年〕一月末に、私は、乞食が住んでいる、みすぼらしい小屋の一つを訪れた。気温は、その前の晩には、華氏一四度〔摂氏零下一〇度〕まで下がった。午前九時にも華氏二一・五度〔摂氏零下五・八度〕にしかならなかった。乞食が集まっている、その小屋は、屋内で高さ・縦・横を測ると一〇フィート〔三メートル〕、一〇フィート、二〇フィートであった。このみすぼらしい部屋に三十五人が全裸で、体温で温まろうとして密集しているが、ひとりあたりの空間は五七立方フィート〔一・六立方メートル〕しかない。衛生的改善のため、いったい何が言えるだろうか。(5)

このような乞食たちの来源として考えられるのは、まず、没落して浮浪するようになった農民であろう。例えば時代が少しさかのぼるが、このような詩がある。

明け方に街を歩くと、流民がいるのを見る。ぼろを身にまとってうろついているが、顔色はわるく面ざしが変わってしまっている。太った者も痩せ、長身だった者も背が低くなっている。ある婦人は幼児を抱え、枯草の茎を挿して、その子を売りたいと示している。(6)

このように歌われた流民の姿は、ある程度は類型化された表現になってはいるが、一九世紀の天津の印象を伝えるものである。

詩の作者である梅成棟は、天津を代表する文人であったが、決して単に文学の題材としてのみ流亡する民を見ていたわけではない。梅成棟は嘉慶五年（一八〇〇年）に挙人となり、道光二十四年（一八四四年）に六十九歳で没しているが、特に注目すべき点は、道光十五年（一八三五年）の旱魃の際の流民の発生と米価騰貴に対処すべく、施米事業に関与していることである。彼の発案で、粥の配給を行なう「粥廠《じゅくしょう》」が設置された。(7)

都市に流入した者たちは、例えば物売り・人力車夫といった都市雑業層を形成することになるが、それも不可能ならば乞食となるであろう。しかし、そのほかにも様々な職業が乞食の予備群を形成していたと思われる。例えば街路の物売りにしても、不運に遭えば、たちまち乞食となる場合が多かったことが容易に推測できる。乞食の同業団体も存在しているはずであるが、その詳細は不明である。[8] ともあれ、天津の都市的発展に伴う無産者の都市流入、および社会変動による市民の没落により、乞食の来源は尽きることがないとは言えよう。

さてこのような流民の存在が、都市の社会秩序にとって不安定要因であることは言うまでもない。人道的見地からも問題である。そこで対応策が要請されてくることになる。

天津についてみるならば、以下のような施策・施設があった。「育黎堂」は高齢者・病人・障害者を収容するもので、天津道という官の管轄である。「延世社」は冬の間、食物のない貧民に饅頭《まんとう》（餡が入ってない小麦粉のまんじゅう）を配給するもので官民の醵金による（東西の二か所がある）。「粥廠」は凶作の年ごとに設けられ、外来の流民に食物を与える。籌賑《ちゅうしん》局の管轄である。「寄生所」「清修院」「存育所」は、身体障害者を収容したり、窮地にある旅人を救済したりするもので、地元有力者の設立にかかる。また、夫に先立たれた女性が再婚せずに亡夫に対する貞節を守るのが好ましいとする考えから、貧窮のうちにある寡婦に生計援助する「恤嫠会《じゅつりかい》」も塩商の寄付により運営された。よるべのない幼児を救済する「育嬰堂」や冬に窮民に対し棉衣を給付する措置が、塩運司の出資によって行なわれていた。[9]

このうち後論で議論する育嬰堂について、やや詳しくみるならば、その創設は乾隆五十九年（一七九四年）である。はじめ塩商の周自邠が、個人的な財源ではじめたが、これを見た塩商たちが営業に応じた寄付によって育嬰堂を運営することにした。嘉慶九年（一八〇四年）には、新規定をつくり、管理をしっかりするため乳母の監督をする女性を選び、入り口は昼夜封鎖し、こまごました物は、門の横に設けた受け渡し筒を通すなどと定めた。また塩運使が堂の担当者一人と塩商人の代表数人を委任して交代で様子を見ることにした。[10]管理上、施設の封鎖性が重視されていると言えよう。

同治二年（一八六三年）ごろ、フランス系修道会である仁愛会（Sœurs da la Charité）の修道女たちが、この育嬰堂を見学した。マルト（Marthe）という修道女は以下のように記している。

中国ではおそらく特別な例外でしょうが、この施設は訪問する者が意外に思うほど歓待してくれます。そして、子供たちは家庭にいるよりも、ここにいたほうが断然よい環境にあるのです。乳母たちは堂内に住み食事を与えられ、多額の給与を支払われています。乳母たちはいくつもの部屋に分けられ、その各部屋はそれぞれ年配の女性に監督されています。監督の女性は、子供にとって何も欠けたものがないように注意ぶかくしているように見えるのです。塩の商人は、天津において富裕でしかも大勢であり、この施設の維持のため多額を提供しています。そして監督の責任を果たすため、輪番で堂内に泊まりに来ます。乳母は六十～七十人にのぼり、それぞれ二～三人の子供に授乳しており、総計百三十～百四十人の孤児がいました。[11]

塩商の関与が、育嬰堂の運営にとって重要であることが知られるが、同時期では厳克寛という人物の活躍が目立っている。[12]彼は、塩商人の代表として育嬰堂の管理にも注意を払い、同治九年（一八七〇年）に仁愛会の活動に対する反感に根ざした暴動（第二章参照）が起こったときも、まず育嬰堂に駆けつけた。[13]

このような塩商が主導する従来の善堂に対して、光緒初年の大旱魃をきっかけとして、やや異なった性格の善堂が設けられてゆくことになる。それが次章でみる広仁堂である。

3　華北大旱災と広仁堂の成立

（1）旱魃と人身売買

華北の広範囲の地域に惨禍をもたらした光緒初年の大旱魃については、よく知られている。最も深刻な時期は光緒三年（一八七七年）から光緒四年（一八七八年）にかけて（干支でいうと丁丑～戊寅）だったので、「丁戊奇荒」とも称された。山西省・河南省をはじめ直隷省・山東省、そしてこれらに隣接する地域が被災区域である。食糧の不足による餓死や流民化は、家族・地域社会を崩壊させ、農業生産や人口構成にも悪影響を残したと言える。(14)

これに対して官の行政当局は、大規模な米の支給を行なうなどの対策をとった。この際、輪船招商局の汽船が米の搬運に大きな役割を果たした。また、キリスト教の宣教師たちも救済活動に熱心であり、ティモシー・リチャード（Timothy Richard．李提摩太）の山東における動きが特にめざましい。(15)

メアリ・ランキンは、浙江省の地域エリートに関する研究において、この大旱災における民間の、つまり官僚の機構外の（extrabureaucratic）救済活動の歴史的意義について注目している。つまり、浙江などにおいて、太平天国の戦乱ののち郷土を復興するための社会事業に尽力してきた地元の指導者たちが、全国的な視野をもって活動の場を広げていった事例だというのである。それをよく示すのが、経元善が中心となった救済活動のための事務局、「協賑公所」が上海に設けられたことである。彼らは、盛んに宣伝を行なって寄付を募り、援助物資を被災区に送った。(16)

天津には、無料の食糧供給と仮設住宅を求めて、近隣の農村から多くの人々が集まった。そのための施設が、すなわち「粥廠」である。これは例年の施策ではあるが、この年は旱魃のため特に避難民が多く、天津の紳商には寄付が強く要請された[17]。

官の食糧供給のもと、天津にはいくつかの粥廠が設けられたが、城西の芥園に設けられたものは王丈らが委員として監督し、前に名を挙げた（善挙で著名な塩商の）厳克寛も協力して運営にあたった。ところが、城南の厲壇寺の粥廠は火事で焼けてしまい、多くの死者を出した[18]。

この惨事は、光緒三年十二月五日（一八七八年一月七日）朝に起こったものである。折から強風が吹いていた。朝の食事のときには、外部者が入り込んで食べ物にありつくのを防ぐため入り口を封鎖するのだが、これが避難をさまたげ被害を大きくした要因と指摘された。死者は千二百人を下らなかったという[19]。これを朝廷に報告する総督李鴻章の上奏は、責任者の処分について触れ、自らの処分をも求めているが[20]、それでも李鴻章は厳しい弾劾を受けることを免れなかった[21]。

この火災を別にしても、避難民の極限的な状態は特筆すべきものである。アーウィン医師（Dr. Irwin）の報告には、以下のような天津の悲惨な状況が記されている。

避難民の健康状態は、最悪である。彼らは何か月もの間、食糧不足、そしてわずかに得られたものの質の悪さに苦しみ、さらには衣類の不足、雑踏、ほこり、加えて厳冬に苦しんできたのであり、これらが重なって甚だ気力がなくなり、またそのせいでチフス菌に出会ったとき罹患しやすくなる。貧しい人々はたちまち病気にやられてしまうのであり、飢えと伝染病による死亡率は合計で膨大な数にのぼったに相違ない。中国人の信じるところによれば、一八七七～一八七八年の冬に避難所を与えられた八万人のうち、わずか一万人が三月末まで生きていたという。通りは病気と飢えに苦しむ者ばかりである。この間、私はしばしば城内に行ったが、通りには必ず二～三人以上の死体を見た。あるときには、租界から城内へゆき原っぱを通って帰ってくる間に七体を数えた[22]。

危機的な状況の中で、天津では、みずからの子女を売るものも出てきた。売られた子供の相当部分は天津から汽船に乗せられて上海など南方に送られたと考えられる。その過程では「粤妓」（広東出身の売春宿経営者・やりてばばあ）や誘拐犯が暗躍しているという。[23]官も対策をとった。以下はその報道である。

直隷省の天津府・河間府では、このところ凶作がつづき流亡する者は数知れない。ついには誘拐犯がこれに乗じ男女の児童を誘い込んで〔船に〕乗せて南の省に連れ帰り売りとばす。聞くところでは、昨年に上海に売られた者は五百人以上にのぼるという。今春、天津知県となった王〔炳燮〕は捜査によって紫竹林地区で誘拐犯傅二ら三名を捕らえた。また子供を受け取った者の家で、女の子二十名あまりを探し出した。こうして〔人買いの〕動きはやや収まった。しかし、天津・上海間には汽船がしきりに行き来しており、恐らくまだ悪人がぐるになって密輸しているかもしれない。そこで、現在、新関監督津海関道は津海新関のデトリング（Gustav von Detring）税務司に照会を行ない、以下のように決めた。およそ汽船が出港するときには、税関の役人を派遣して岸で巡回させる。もし確かに裕福な家が召し使いを買って南に帰り使いたいだけであって、転売する目的でなければ、海関に出頭・報告させ、その旨の誓約書を出させ許可証を発給して出港させる。それ以外は、すべて港に留め置く。現在、津関税務司は、以上のことがらを海関のところに掲示した。[24]

実際に津関税務司は誘拐の疑いのある汽船を捜査している。[25]当時は、汽船業が大いに発展し、天津から上海にむかう汽船の便も頻繁となっていたが、[26]そのことが人身の搬出を容易にしていたのである。可児弘明の創見に満ちた古典的研究に示されるように、この時代の人身売買は華南から南洋へという販路が目立ったにせよ、以上の例から、華北地域から天津を経由して上海に売るという経路も存在したことが確認できよう。[27]

(2) 広仁堂の成立過程

このような状況を踏まえて、江南の善士集団が動き出した。前署理陝西布政使の肩書きをもつ王承基は、以下のように李鴻章に願い出ている。

私が最近見るところによりますと、各地の被災区の婦女は、悪人に窮地をつけこまれて誘拐・売却されております。天津から船に乗せて南に連れて来られ、さらに養女にするという名目を立てられたり、婚姻契約を捏造されるのです。そして、無理矢理にか騙してか下賤に陥らせる〔娼妓とする〕のであり、無念・悲惨なること言葉に尽くせません。…(中略)…思いますに、人身売買を根絶したいと願うなら、まず収容・救助する対策をたてることが必要です。窮民は災害・飢餓に迫られ、こらえて人身を売るのですが、遠くかなたに離れ離れになってしまっては、たとえ元のように買い戻そうとしても不可能です。さらに、被災区の婦女が少なくなってしまうと、結婚が難しくなり男の独り者が増え、人口にも永く悪影響を与えます。男ざかりの者が独身だと軽々しく法を犯しがちになります。目下は急務でないようでも、いずれ問題となりましょう。…(中略)…私は、以前いっしょに義捐金集めをやったことのある郎中の鄭観応《ていかんのう》、主事の経元善《けいげんぜん》らと相談して各地に募金を頼んだところ、みな次々と喜んで寄付をしてくれました。今や英洋一万元が集まったので、お役所に呈上いたします。できましたら、江蘇の紳士で今は救済配給の仕事をさせていただいている李金鏞《りきんよう》にあずけて適宜企画させていただけますでしょうか。(28)

李鴻章もこれを許し、李金鏞に計画を立てることを命じつつ「専らこの資金でよるべない婦女を収容・救済し、民に実恵が及ぶようにしなければならない。別のことに〔その資金を〕流用してはならない」(29)と確認を与えた。こうして運営の責任を担うことになった李金鏞は、江蘇出身で、このときには、江南の善士の委託により、華北で救済活動を担当していた。(30) また文中に見える鄭観応・経元善は、江南での華北救済活動の指導者である。(31)

これと前後する時期、鄭観応は李金鏞に書簡を送っていた。

直隷・河間などでは婦女が悪人によってかどわかされ、上海に売り飛ばされています。当局は何度も摘発しているものの、もう平穏というわけにはいきません。…(中略)…そもそも現地が平穏でなければ、売却の根は絶たれないのです。いま善士らは出資して、もっぱら直隷の被災婦女を収容し、留め養って引き取り先を見つけ嫁がせてやりたいと願っています。すでに洋一万元の寄付を集めたので天津に運び、李鴻章閣下に許可を願い出て事業をはじめようと思います。ただ、これは大変な仕事であり、おおむね調査、買い取りによる収容、保護給養、引き取り手を見つけること、金を与えて嫁がせることとなるでしょう。企画運営は幼児保養事業に比べても難しいはずです。あなたの誠実・明察なくして、どうして担当できるでしょうか。(32)

これらの依頼に応じ、すぐ李金鏞は李鴻章に対して意見書を提出している。まず河間府における救済活動の経験や天津からの情報を整理して実情認識を提示する。

考えてみますと、河間府では、凶作が起こってから男女の子供を売るのはどこでも見られることです。ついに今年二〜三月には、銭を払わなくても、ただ連れていってくれ粥でもくれさえすれば、この上ない喜びだということすらありました。このとき、北京・天津で妓楼を開いている悪人は、ひっきりなしに〔被災地に出かけて〕広く子供たちを手に入れたのです。…(中略)…聞くところでは、婦女を販売することは、河間府だけでなく天津府でも至る所あるそうです。しかも凶作のときだけでなく、平時の各郷でも根絶はできないそうです。天津の侯家後、北京の前門外は特に著名な〔娼妓の〕集合地区となっています。(33)

李金鏞が示す対策は二点である。一点は、人身売買に対する厳しい取り締まりを官に求めることである。特に、水陸交通の要所である連鎮と泊頭や北京への入り口にあたる通州・武清での警戒が重要という。二点めは、解放された者を保護・給養するための施設を天津に設けることである。「天津紫竹林は、汽船の集まるところであり、南の省に売り飛ばそうとする者は、皆そこから船に乗せるのです」。そこで天津での摘発によって救助された者をすぐ収容するために天津に善堂が必要となる。「天津は水陸の交差点であり、南北の要衝です。そこで天津で場所を選んで建物を建て、南の省の章程〔規則〕にならって北方の風気を開こうと思います」(34)。

さらには、天津の既存の善挙に対する改革まで「南省章程」によって行なおうとするのである。それは、夫に先立たれた女性を収容し、先夫に対する「節」を守らせようとする施設である。李金鏞は述べている。

また聞くところでは、天津には以前から全節堂があったものの、時間の経過とともに廃れてしまったそうです。近年では、恤寡会があるものの、毎年莫大な経費がかかり、この凶作の後では、本当に貞節を守らせることができるかどうか、定かではありません。河間府では、守節の婦人のための恤寡会はなく、さらに大凶作の後では困難を極めるはずです。今もし号屋数十間を建て増し、年若く節を守ろうとする者はいずれも入堂させ、南の省の章程によって正門を閉じ、女性を招いて専門に監督させるならば、目がゆきとどくことと思われます。男の子で帰る家がない者も収容するのがよいでしょう。できのよい者には、学問を教え、中ぐらいの者には技術を授ける。下等の者には農業をさせるが、荒れ地を買って区田の耕作を試み、男の子は桑・棉の栽培、女の子は紡織をもさせる。いずれも課程〔カリキュラム〕があるべきで、そうすれば何もせずぶらぶらすることはないでしょう。残念なことに西洋人が中国に来てから、至る所に施設を作り広く義学を設けており、我々の良民を雇ってついに中華が夷狄の教化を受けることとなりました〔『孟子』滕文公篇に見える言葉〕。中国の飯を食う者は自強に尽くすべきです(35)。

そして、その善堂の建物がまだ落成しない間は、広い空き家を捜して暫定的に住まわせる、という案を示したのである(36)。これらの提案に対して李鴻章も賛成し、財源面では李をはじめ天津の個々の官僚の寄付に加え、地元でも寄付を勧めさせるので、更に南の省からも義捐金を募って、事業を進めよと指示した(37)。

こうして、はじめは（特に女性の）人身売買への対策として議論されていた善堂設立計画は、夫に先立たれた女性を収容する（つまり経済的に扶養しつつ閉じ込めて、亡夫に対する「節」を確保する）施設の機能を加えて具体化していったのである。注目すべき点は、すでに同様の趣旨をもった恤寡会があったものの、財政的基盤が不十分で収容施設も持たないとして、それに代わるものとして広仁堂が構想されたことである。しかも、「南省章程」に倣って運営の方法を考えるとする。従来の地元の塩商等による善挙のありかたを否定しかねない動きと言えよう。また、西洋人の施設への対抗という発想も顕著である。

以上の経緯からして、広仁堂の運営にあたって、南方出身者が主導するのは当然であるが、章程で「南方の者が北で事業をはじめるとき、地元の事情に疎いことになる」(38)として天津知府・天津知県が地元（「本地」）の公正な紳士二人を選んで協力させるよう規定されるように、天津の地元からも協力者を見つけるのが望ましいと考えられた。

李金鏞の求めに応じて、天津知県の王炳燮《おうへいしょう》は、本地で善挙の推進者として知られた李世珍・厳克寛を推薦した(39)。そのあとで、李士銘も加えられたようである(40)。ところが、彼らは、王炳燮のたび重なる要請にもかかわらず、なかなか引き受けようとはしなかった。官の強い命でやむなく光緒五年（一八七九年）二月十六日から広仁堂での執務を開始したのである。しかし、今度は既に着任していた南方出身の担当者が辞職を願い出たり、また李金鏞が官憲への書簡で天津地元の紳士の協力姿勢について憤激の語をもらしたなどの事態から、李世珍・厳克寛・李士銘はあらためて退任を申し出た。これに対して李鴻章は「広仁堂は天津における一大善挙である。南の紳士が創立したとはいえ、地元の事情がよくわからない点があり、必ず地元の名望家が善堂の事務に協力してこそ、衆知を集めて成果をあげ長期の運営が可能となるのである」などとして、職務の続行を求めた(41)。

三人は、さらに繰り返して辞任を願ったものの、李鴻章は、面談した李世珍のみ妥当な理由があるとして認め「このまま厳克寛・李士銘は平常通り広仁堂に赴いて仕事にあたらせる。二度と固辞してはならない」と指示した(42)。

以上の顚末で、天津地元の善士が再三辞職を願った理由は、彼らの請願文を見るかぎりでは釈然としない。とはいえ、従来から天津における善挙を担当して栄誉を得てきた地元の紳士が、江南の者の主導による広仁堂設立に対して、快く感じたとは推定しがたい。しかも、広仁堂の章程には「北方の人はもともと怠け者である」(「北人素懶」)などと傲慢な文言すら見えるのである(後述)。農業教育についての章程にも「ただ桑・棉・野菜・稲を植えるのであって、高粱・粟・麦を植えない。これによって北方人の及ばないところを助ける」として、江南風の農業を持ち込むことを明確にしている。(43)

ともあれ、このような南北の対立は、まもなく解消されたと文書は記している。(44) 実際のところ、南方出身の担当者は、事情があって天津を離れることが多かった。やはり天津地元の担当者の力に頼らざるを得なかったということであろう。ただし、それも李鴻章が、あくまでも南紳の事業に協力するようにと天津の有力者に求める強圧的な態度の結果であるとも言える。

財源としては、天津・河間の各官憲の寄付と上海で集められた寄付が主なものであった。天津の地元の有力者としては李世珍・厳克寛の寄付が見える。(45)

寡婦のための施設という性格が加えられたとはいえ、ひとまず広仁堂は、本来の趣旨である誘拐対策のため注意を払っていたことも確認できる。光緒五年五月には、広仁堂董事は津海関道である劉藻如に再度の警戒を要請した。

　昨年の冬から今春にかけて取り調べは厳しく、〔婦女などを〕売るため船に乗せて連れ去るということはありませんでした。最近聞くところでは、汽船が港に着くと又しても婦女・児童を連れ去ることがあると言います。…(中略)…わが堂の設立のはじめの目的は、まさにこの点でした。(46)

こうして告示を出して、人身輸出を禁じるように求めたのである。ついで、六月七日には、淮軍の勇が婦女二名と幼女七名を上海行きの汽船に乗せようとしたことが発覚した。天津知県による裁判の結果、婦女二名は夫があるのに貧しさから自ら身を売った者として元の夫のもとにもどされ、幼女たちは広仁堂に収容された(47)。

広仁堂の建物のために、光緒五年冬に天津の西門外の太平荘に五十畝余りの土地が選ばれた。工事を進めたのは、顧肇熙・姚文枏・汪維城・沈廷棟・厳克寛・楊雲章らである。光緒六年春に建築を始め、秋には号舎など百六十間が竣工したが、資金が足りず工事をそこまでで中止した。光緒七年夏には工事を再開し、天津海関道盛宣懐が蔣文霖・薛景清・高維敬に工事を進めさせた。そこで八年正月には続いて百二十三間が完成した(48)。

光緒八年（一八八二年）の李鴻章による上奏文によれば、二百八十余間からなる堂屋に二千余人が収容されていた。これは六つの部局からなっていた。①慈幼所。男の子供を収容する。初めは健康を維持するだけだが、いずれ各所（具体的には②③④）に分けて教育する。②蒙養所。聡明な者を選んで学校教育を受けさせる。③力田所。堂の近辺に土地を買い、頑強な者を選んで農業教育を行なう。④工藝所。耕作にも読書にも適さない者を選んで、籐編み・筵織り・木版彫り・印刷を学ばせる。年齢がある程度に達し技術も身についたら、堂を出て自分で生計をたてるのを許す。⑤敬節所。若い節婦と女の子供を収容する。成長したら縁組の世話をする。⑥戒煙所。医者と薬を備え、鴉片中毒を治療する(49)。

このように元来、誘拐対策であったはずの広仁堂の目的の重点が相当に変わってきている。⑤の敬節所については以下のようにある。

敬節所は婦女にかかわるものですから、終日封鎖し、慎重に閉じ込めて防護します。食事などはすべて桶をまわして出し入れし、年のいった有徳の節婦を一般から選んで内部の管理をさせます。そして守節の年限になるのを待って、堂を管理する紳士が証明書を出して県衙門に旌表《せいひょう》を願い出ます(50)。

つまり、夫に先立たれた婦人を隔離して、節婦としての表彰（旌表）を受ける年限まで、閉鎖された空間を作るための施設である(51)。

また、寡婦の子供の教育ということも、江南における類似の施設では考慮されることが多かったが、天津の広仁堂でも当初から計画されている。先の李鴻章の上奏文にも見えるが、改めて広仁堂の章程によれば、天津府・河間府のよるべない寡婦を収容し三百人を定数とする。その男児で優秀なものは義学（附属する無料の塾）において「詩書」を教える。中ぐらいの者には、版木彫りを教え、あるいは能力に応じて床屋・仕立て屋の仕事を教える。下等の者には、試しに桑・棉・野菜・稲を植えさせ、区田・代田（農法の一種）の類に及ぶ。江南の老農をさがして教えさせる。農作業のあいまには、近くに井戸を掘って再度の旱魃に備える。女性は紡織・家事を学ぶ。(52)

盛宣懐は、光緒十一年（一八八五年）に、この事業を自己評価して以下のように総括している。

七年間というもの、それぞれの所に分かれて運営しているが、男子を教えて読書・農耕させることには、しだいに成果が見える。節婦貞女は規則にのっとって裁縫などにつとめている。書籍で入手困難なものも再版した。その他、農桑・工藝・養病・戒煙などは、これからますます推進してゆこうとしている。(53)

この文からして、あまり「農桑・工藝・養病・戒煙」の部分は、実施されていないように思われるが、女性・男児の収容施設として広仁堂が業務を軌道に乗せたことは、その盛宣懐の序を附した会計報告そのものが示すところである。また、広仁堂は、出版活動をも行なっていたが、その書目を検討することで、運営者の理念の一端をうかがうこともできよう（本章末尾の「広仁堂が刊行した書籍について」参照）。

4　広仁堂の歴史的位置

広仁堂は、当然ながら明末以降の善会・善堂の理念の伝統をうけて成立したものと言える。しかし、この時代の歴史性を反映していることも確認すべきであろう。江南地域を基盤として活動する善士の集団が、官に対して一定の自律性をもって活動し、華北地域の救済に尽力したのは、先例のないことである。その背後には、清末の外国貿易による商利の蓄積を想定してもよかろう。しかも、上海・天津の間の汽船の往来の頻繁さは、善士たちが事業を行なう上で大いに便宜を提供した一方で、そもそも華北から上海への人身売買を容易にする元凶ともなっていたのである。その意味で、広仁堂設立に関わったものの中に鄭観応（太古洋行の買辦）など汽船業関係者が何人か見えるのは決して偶然ではなかろう。[54]

天津では、人口の流動性とあいまって、しばしば誘拐事件が発生し、人心の動揺を招いてきたことも重要な背景である。同治十一年（一八七二年）、まだ前々年の児童誘拐疑惑による反カトリック暴動（第二章参照）の記憶も新しい時期に、またしても誘拐事件の話題が耳目を刺激した。やはり、外国人による誘拐という流言が流されたので、清朝地方官・外国領事ともに警戒を強めた。[55]まず四月、幼児三人をつれた婦人が東浮橋のところで官兵に摘発された。取り調べの結果、誘拐事件でないことが確認されたが、地方官はわざわざ誘拐事件でないので落ち着くべしとの告示を出さざるを得なかった。[56]六月には、ある男児がアメリカ系の旗昌洋行の汽船に乗せられそうになったところを救出された。結局、この件では、天津の地元の男と汽船の広東人水夫が罪を問われた。これをうけた天津海関道の告示は、すべての外国の汽船・帆船（「火船夾板」）は外国領事によって天津で人身を買うことを禁じてもらうに加え、上海から来る船や地元の船・華南から来る船（「沙衛閩広各省海船」）に対して、人身売買への厳罰を宣言している。[57]こうして流言はようやく収まっていった。[58]

この事例が示すように誘拐の恐怖が天津の人々の心をとらえやすくなっており、その際に教会とならんで、汽船が警戒の対象となってゆくのである。広仁堂成立が、汽船による人口搬出を防止することを目的としていたのは、このような歴史的経緯をふまえ、天津における汽船業に対する信頼を回復するためだったと言えるかもしれない。

さて、広仁堂の特徴として注目すべき点は、善堂での職業教育という側面が重視されたことである。実は、鄭観応は、李金鏞らにあてた書簡で、以下のように一層踏み込んだ提案を行なっていた。

〔李金鏞からの〕お手紙によれば、「救済給付の残金から一万元を取り分けて、また李鴻章閣下や各官が自ら率先して多額の寄付をくださった。そこで天津に善堂を創設して、広仁堂と名づけ、上海の果育・輔元・仁済の各善堂の章程に倣って運営する、そして風気を開く」という由。我々同人はみな、北方人のために遠大な基礎を計画したことを大いに喜んでおります。私が考えますに、各省の善堂は、医薬・棺桶を支給したり、墓地・学堂を設置したりしておりますが、洪水・旱魃など凶作の場合には、資金を集めて配給するだけです。私見では、盗賊は飢えと寒さに原因する、安定した仕事・財産があってこそ安定した心持ちでいられる〔『孟子』滕文公篇〕という言葉は、まさに民を治め民を養う上での原則です。ですから、各善堂が勧工廠〔技術実習工場〕を設けることは、他の善挙に比べて特に急務だと思うのです。今、貴殿は天津に広仁善堂を創設しようとしているのですから、以下のことを願います。貧寒の子女を収容し、技術の先生を招き、おのおの教育して一技術を修得させることで、自分の食い扶持を稼がせる。学習の成果があがったら、欧米の章程に倣って、その収益の二割を報奨として与え励みにする。また代わって貯金してやり勧工廠を出る際に計算して全額を渡す。こうすれば誰もが有為の人材となり、貧民は日に日に少なくなるでしょう。今日、欧米が天下泰平であるのは、まさにこれによって国を強めたのでしょう。貴殿はそう考えませんか(59)。

この議論は、あまりに壮大で、特に一般の貧民を〔捕捉のうえ〕収容して職業教育するのは費用がかかりすぎるため、そのまま実現したわけではない。それでも先に見たように、広仁堂においては技術の伝習が、相当重視されていたことも確かである。

鄭観応がこのような提案を行なう際、上海の「撫教局《ぶきょうきょく》」の例が念頭におかれていたと想定することが可能である。撫教局は、同治五年（一八六六年）、よるべない孤児を収容して職業教育を施すために設置された。その規則によれば、丐頭（乞食の頭目）や地保に知県から命じて強制的に孤児を施設に入れ、自活できるような技術を一～二年で修得させることになっていた。その技術とは、刻字・印書・裁衣・皮匠・竹匠・扇骨・洋鉄・編蘆・編蒲・剃頭である。この撫教局を担当した者のなかには、善士として著名な余治がいる。(60)

鄭観応の最初の著作『救時掲要』は、余治による推薦の辞を巻頭に置いている。この書物のなかでも、鄭観応は職業教育を行なう貧民救済施設の提案を行なっていた。

百万の資金を費やし、また各省の富裕な紳士に不足分を寄付させ、すべての省に栖流局というのを設けるのが最良です。有能な者を選んで総辦《そうべん》となし、広い田畑と大きな建物を準備したうえで、無頼・乞食を収容して農耕をさせたり織布を教えたりするのです。…(中略)…もし、人心がすべて結びつき、ひとたび教育によって悪を矯《た》めて良となすならば、内の患いは消えさり、国の基いは固まるはずです。(61)

ここには、生計の手段を確保させつつ、全面的な人民教化によって安定した理想社会を作ろうとする鄭観応の志向が読み取れよう。

そのような鄭観応・余治らの理念が、ある程度、津河広仁堂が職業教育をめざす運営方針に影響を与えたと考えることはできるが、もうひとつ注意すべきことは、江南の紳士たちが抱いていた北方人に対する偏見である。章程は率直に述べる。

以前から、善堂というものは衣食の配慮については行き届いていると言う。しかし、一群の怠惰な者を養って、世の中に何の役に立とうか。北方の人はもともと怠け者であり、特にその弊をただすよう努めるべきである。(62)

つまり、広仁堂の職業教育計画については、怠惰な北方人を改良するという意図があからさまに表明されていたのである。

堂内での職業教育は、津河広仁堂の特徴と考えられる。確かに、寡婦の収容施設としては、江南と共通する規定が見られるのだが、版木彫りや農業といったことの教育は、同時期には類例を見出しがたい。善堂の運営の指南書ともいえる『得一録《とくいつろく》』巻三には、蘇州の「清節堂章程」が収められているが、これを見ても、寡婦の子弟に対しては、附属の教育施設で科挙のための学習をするか、堂外に出て店員になるかが想定されているだけである。それゆえ、上に指摘した鄭観応の提言は、当時としては新機軸を開こうとするものであり、津河広仁堂の運営も、これを踏まえていたと考えるのが自然であろう。

5　小　結

本章では、清末天津における社会救済事業について、特に、その運営理念に関心を抱きながら、考察してきた。改めて要約すれば以下のようになろう。光緒三年（一八七七年）から翌年にかけて、華北の広汎な地域に大旱魃がおこり、困苦に迫られて家族を売る男性が続出した。江南の有志を中心とする救済活動の中でも、児童や婦女の売買は問題とされ、ひとつの対策として天津に津河広仁堂という施設が設置されることになった。ただし、寡婦を収容し貞節を守らせるという事業を南方の方式で進めるという目的も追加されていった。広仁堂は、当時の他の善堂に比べて入所者への職業教育を重視するという特徴をもっていたが、善士として著名だった余治や鄭観応の考えが影響を与えていると見られる。

この背後には、汽船の発達による天津から上海への人身売買の盛行とともに、南方人が天津において官や外国人とのつながりを生かして事業を行ない、天津における有力者となっていった時代相がうかがわれる。職業教育の必要性という主張も北方人の怠惰さの改造の意味が込められていた。

さて、清末における民間の慈善事業の研究史においては、官とは別個の運営主体の形成ということが注視されてきた。先述のようにメアリ・ランキンは、光緒初年華北旱魃に対する救済事業に対して、民間人による社会救済事業の広域化として注目した。ところが、本章で述べたように、その過程でつくられた広仁堂は、李鴻章による天津善士の強圧的動員を結果することになった。要するに、善堂のこころざす理念についての了解の点では官でも民でも大差ないので、容易にこのような現象が起こりうるのである。

山本進は、華北賑災の問題について分析を行ない、広仁堂にも触れている(63)。そして、「華北賑災に大きく貢献した紳商は、李鴻章や丁日昌と繋がりのある者や繋がりを持とうとする者にかなり限定されていた」という注目すべき指摘を行なった。本章の考察も、おおむねこれを支持するものである。ただし、山本が「彼らは直隷や山西の「地域社会」に格別な関心や同情をもっていた訳ではない」と結論づける点には、別の解釈をしたい。南方人の紳商・善士の救済理念の真摯さを必ずしも疑う材料はない。問題は、それが北方人の自尊心を尊重したものだったか否かだと思われる。真摯に救済活動に励むあまり、地域社会への闖入者になってしまうことすらあり得るだろう。

善堂が一九世紀までに準備したものは、ランキンのいうように官から自立した民間人の活動領域というよりも、理想的な社会を作るために正しいと信じる価値観を普及しようとする宣伝の装置だったのではないか。人民をあるべき理想に向けて改良してゆくという夢こそが、善堂運営者の熱意を引き出していたのである。その意味は、二〇世紀に入って変容をとげる広仁堂について検討するなかで、改めて考えるべきだろう（第七章参照）。

以上では、広仁堂などの施設に収容された者の立場に即した議論を十分に展開する材料を見出すことができなかった。収容された人々は、救済施設を生存のための戦術の中にどのように位置づけて利用したのか。本書の課題をこえるものの、そのような視角から、救済理念の意義もさらに検討を深めることができるだろう。

【附】広仁堂が刊行した書籍について

『津河広仁堂徴信録』巻四に「津河広仁堂所刻書総目」が載せられている。これによれば、広仁堂が、その印刷の部局でどのような書物を刊行していたかが、知られる。その目録を一覧することで、広仁堂の運営者の理念の一端をうかがうことも可能になろう。なお、この一覧は、版木を彫ってできた順番に並んでいると説明されている（実際のところ、多少は順番通りでないものがある）。

聖諭広訓直解一巻。
聖諭広訓十六条附律易解一巻。
庭訓格言一巻。
弟子規一巻。
童蒙須知韻語一巻。
小児語一巻。
性理字訓一巻。
養蒙彝訓一巻。
広三字経一巻。
六藝綱目二巻。
袁氏世範三巻。
聡訓斎語一巻。
訓子語二巻。
女小児語一巻。
女誡直解一巻。
女学六巻。
教女彝訓一巻。
小学六巻。
近思録集解十四巻。
観爛講義一巻。
課士直解七巻。
北渓字義二巻。
為学大指一巻。
聖学入門書一巻。
霊峡学則一巻。
呂氏郷約一巻。
朱子行状一巻。
読書分年日程三巻。
読書挙要一巻。
四礼翼一巻。
夜行燭一巻。
郷塾正誤二巻。
教諭語五巻。
演教諭語一巻。

呂子節録四巻。
明賢蒙正録二巻。
手札節要三巻。
弟子箴言十六巻。
恒斎日記二巻。
性理小学浅説二巻。
懿言日録一巻。
読書做人譜一巻。
衛道編二巻。
闇修記□巻。
銖寸録四巻。
恒産瑣言一巻。
豊裕荘本書一巻。
蚕桑実済六巻。
山居瑣言一巻。
莅政摘要二巻。
校邠廬抗議一巻。
怡賢親王奏疏一巻。
病榻夢痕録輯要□巻。
愧訥集十二巻。
柏廬外集四巻。
桴亭文集五巻。
陳布衣集四巻。
况太守集十六巻。
陳学士文集六巻。
蔚山草堂集□巻。
毋自欺室文集十巻。
竜泉園集□巻。
張楊園先生年譜一巻。
陳確菴先生年譜□巻。
陸清献公年譜二巻。
湯文正公年譜□巻。
魏敏果公年譜□巻。
朱文端公年譜□巻。
陳文恭公年譜□巻。
汪双池先生年譜□巻。
羅忠節公年譜□巻。

さて、広仁堂から刊行された書物そのものも、一部現存している。まず、中央研究院歴史語言研究所傅斯年図書館（台北）の「津河広仁堂所刻書」十二冊がある。
第一～四冊。胡達源『弟子箴言』十六巻（光緒七年十二月）。

第五～六冊。朱熹『小学』六巻（光緒七年九月）。

第七冊。謝金鑾『教諭語』四巻補一巻（光緒七年十月）。

第八冊。程若庸『性理字訓』一巻。佚名『先喆格言』一巻。薛于瑛『霊峡学則』一巻（光緒七年八月）。

第九冊。李江『郷塾正誤』二巻（光緒七年十月）。

第十冊。李毓秀『弟子規』一巻。万斛泉『童蒙須知韻語』一巻。呂得勝『小児語』一巻（光緒七年八月）。

第十一冊。曹端『夜行燭』一巻（光緒七年十月）。

第十二冊。聖祖仁皇帝『庭訓格言』一巻（光緒七年十二月）。


この十二冊が、ひとつのまとまりとされたのが、広仁堂の意図によるのか、または書店ないし図書館の便宜によるのか定かではないが、いずれも光緒七年に刊行されている。内容的にも、おおむね宋学を代表する程子・朱子の思想を平易に伝える書物、また初学者むけに学問の心得を説く書物だという共通点が見える。

また、同じく傅斯年図書館が所蔵する、王炳燮『毋自欺室文集』も津河広仁堂から刊行（光緒十一年五月）されたものである。その影印が、沈雲竜主編『近代中国史料叢刊』二四輯（台北永和、文海出版社、一九六八年）に収められている。王炳燮は、天津知県を勤めたことがあり、その折に広仁堂の設立にも助力するところがあった。その故をもって、死後その文集が広仁堂より刊行されたものと推測してよかろう。

また東洋文庫（東京）には「津河広仁堂所刻書」としてまとめられた三十冊がある。いずれも光緒八年刊であり、傅斯年図書館の「津河広仁堂所刻書」と重複していない。


第一冊。陸慶頤『陸氏観瀾講義』一巻（光緒八年正月）。

第二冊。楊希閔『読書挙要』一巻（光緒八年二月）。

第三～四冊。陳淳『北渓字義』二巻（光緒八年四月）。

第五～六冊。彭定求『明賢蒙正録』二巻（光緒八年五月）。

第七～九冊。佚名『蚕桑実済』六巻（光緒八年六月）[64]。

第十冊。潘曾沂『潘豊豫荘本書』一巻（光緒八年七月）。

第十一〜十二冊。第十三〜二十二冊。朱用純『愧訥集』十二巻（光緒八年九月）。

第二十三〜二十六冊。朱用純『柏廬外集』四巻（光緒八年十一月）。

第二十七冊。張英『恒産瑣言』一巻（光緒八年十月）。

第二十八冊。張英『聡訓斎語』一巻（光緒八年十月）。

第二十九〜三十冊。陸隴其『莅政摘要』二巻（光緒八年十二月）。

さらに東洋文庫は『陸清献公年譜定本』（光緒八年七月刊）や『毋自欺室文集』も所蔵している。

また京都大学人文科学研究所にも「津河広仁堂所刻書」としてまとめられた書物がある。

第一冊。呂坤『四礼翼』一巻（☆）。

第二冊。陳淳『北渓字義』二巻（☆）。

第三冊。程端礼『読書分年日程』三巻（☆）。

第四冊。彭定求『明賢蒙正録』二巻（☆）。陸慶頤『陸氏観瀾講義』一巻（光緒八年正月）。楊希閔『読書挙要』一巻（光緒八年二月）。

第五冊。佚名『蚕桑実済』六巻（☆）。

第六冊。潘曾沂『潘豊豫荘本書』一巻（☆）。張英『恒産瑣言』一巻（☆）。張英『聡訓斎語』一巻（☆）。

第七冊。陸隴其『莅政摘要』二巻（☆）。

第八〜十冊。朱用純『愧訥集』十二巻（☆）。

第十一〜十二冊。朱用純『柏廬外集』四巻（☆）。

内容としては、東洋文庫所蔵のものと大いに重なっている。☆印の書物には「光緒壬午津河広仁堂校栞古虞孫鏳豫署検」とあり、やはり光緒八年刊であることは知られる。

東京大学東洋文化研究所には、陸隴其『莅政摘要』二巻（光緒八年十二月）がある。

以上を踏まえつつ、また書目の一覧にのみ見える書物を含めて、広仁堂がどのような書物を刊行していたか考えてみたい。実のところ、題目からの推測以外に内容のわからない書物もあるが、判明する範囲では、おおむね三種類に大別できる。

①傅斯年図書館所蔵の書物のように、儒学（科挙受験）の入門書、啓蒙書。

②読書人の家内経営・行政実務に役立つと考えられた書物。張英『恒産瑣言』、汪輝祖『病榻夢痕録』のような訓戒や個人的経験の記述、また馮桂芬『校邠廬抗議』、羅允祥『怡賢親王奏疏』[65]のような政策提言の書物を含む。佚名『蚕桑実済』、潘曾沂『潘豊裕荘本書』のような農業経営の指南書もある。

③明清時代の儒学の偉人の文集・年譜。張履祥・陳瑚・陸隴其・湯斌・魏象枢・朱軾・陳献章・汪紱・羅沢南など。

こうしてみると、創立まもない時期の広仁堂が精力的に出版活動を行なっていたこと、そして、そこには実用書と儒学関係書が多く含まれていたことが知られる。ここで実用書といったのは、おそらく一般の需要が大きく販路をみつけやすいという事情とともに、儒学の入門書（科挙のための学習の初歩）によって人として正しい知を身につけること、または経世済民のために役に立つことをめざした実践的な関心の存在を想定している。広仁堂は、そのような理念の発信源となろうとしていたと言えよう。上で③に分類した儒者の選択にも、文献の注釈などで考証の成果をあげた学者というより、儒学の理念を掲げて社会的な実践に向かった人物に重点があるのも偶然ではなかろう。

註

（1）夫馬進『中国善会善堂史研究』（同朋舎出版、一九九七年）。梁其姿『施善与教化——明清的慈善組織』（聯経出版事業公司、一九九七年）。これらの研究の意義について、小浜正子「最近の中国善堂史研究について」（『歴史学研究』七二一号、一九九九年）参照。

（2）帆刈浩之「近代上海における遺体処理問題と四明公所——同郷ギルドと中国の都市化」（『史学雑誌』一〇三編二号、一九九四年）。同「香港東華医院と広東人ネットワーク——二〇世紀初頭における救済活動を中心に」（『東洋史研究』五五巻一号、一九九六年）。山本進「清代後期江浙の財政改革と善堂」（『史学雑誌』一〇四編一二号、一九九五年）。山田賢『移住民の秩序——清代四川地域社会史研究』（名古屋大学出版会、一九九五年）。

（3）Ruth Rogaski, "From Protecting Life to Defending Nation: The Emergence of Public Health in Tianjin, 1859–1953," Ph. D. dissertation, Yale University (1996), pp. 87–114. Ruth Rogaski, "Beyond Benevolence: A Confucian Women's Shelter in Treaty-Port China," *Journal of Women's History*, Vol. 8, No. 4 (1997). 広仁堂の簡単な紹介として、劉正文「広仁堂」（『天津文史叢刊』

七期、一九八七年）、周静山「我所知道的天津広仁堂」（『天津文史資料選輯』五三輯、一九九一年）がある。

（4）曾根俊虎『北支那紀行』（海軍省、一八七九年）一〇頁。

（5）Charles Alexander Gordon, *China from a Medical Point of View* (John Churchill, 1863), p. 122.

（6）張燾『津門雑記』（光緒十年刻）巻中「各善挙」所引の梅成棟の詩。「清晨歩街市、見有流氓在、襤褸行彳亍、菜色面龐改、肥人料已瘠、長人似亦矮、有婦抱幼児、草標乞人買、垂泣告路旁、聴之語可駭、家住文安縣、被淹無稻蟹、逃荒赴關東、數口小車載、鬻兒冀投生、免被奸徒拐、當此飢饉年、流離沈苦海」。ここに見えるように、被災区からの難民が天津を経て遼寧方面に活路を求めようとした事例としては、同治『続天津県志』巻八「風俗附義挙」に「乾隆間、東豫歳歉、貧民奔往奉天、經過津邑、邑人張宏鎮、煮粥以待餓者」とある。

（7）梅成棟の伝記は、同治『続天津県志』巻十三、同巻十七、光緒『重修天津府志』巻四十三、民国『天津県新志』巻二十一之三にある。

（8）『点石斎画報』酉集（第二三三号、光緒十六年）に「丐頭出殯」の図が納められている。これは天津の「丐頭」（乞食の団体の頭目）の死に際し鳴りものいりで盛大な葬列を営む情景を描いて、乞食にも何らかの結合様式があったことを示す。また上海の乞食の社会については、次の論文が詳しい。Hanchao Lu, "Becoming Urban : Mendicancy and Vagrants in Modern Shanghai," *Journal of Social History*, Vol. 31, No. 1 (1999).

（9）同治『続天津県志』巻八「風俗附義挙」。『津門雑記』巻中「各善挙」。Kwan Man Bun, *The Salt Merchants of Tianjin : State Making and Civil Society in Late Imperial China* (University of Hawai'i Press, 2001), pp. 91-94. 関文斌（張栄明主訳）『文明初曙——近代天津塩商与社会』（天津人民出版社、一九九九年）二七一～二八六頁。

（10）嘉慶『長蘆塩法志』巻十九「営建」。育嬰堂の運営そのものは、江南で既存の方式を念頭においたものだろう。江南の育嬰堂についての創見ある研究として以下がある。Angela Ki Che Leung, "L'accueil des enfants abandonnés dans la Chine du bas-Yangzi aux XVIIe et XVIIIe siècles," *Études chinoises*, Vol. 4, No. 1 (1985). 夫馬前掲書二一一～三一七頁。

（11）[J. Capy], *Notices et documents sur les prêtres de la mission et les filles de la charité de S. Vincent de Paul, ou les premiers martyrs de l'œuvre de la Sainte-enfance* (Typographie du Pé-t'ang, 1893), p. 200.

（12）厳克寛は二十三歳のとき科挙による立身を放棄して塩業に携わり人望を得て「総商」（業界の代表）となった。当時、「育嬰堂」（孤児院）「施饘廠」（饅頭を配給する施設）「牛痘局」（種痘を行なう施設）といった社会福祉施設の費用は、天津にあった長蘆塩運使司から「総商」が出させていたが、厳克寛はこの役目を立派に果たしたために「是を以ておよそ官紳の興す所の挙、輒《すなわ》ち以て克寛に相属す」という名士となった。そこで、「備済社」（入港する船から寄付を募り救貧に備える）、「恤嫠会」（寡婦に生活補助を与える)、「施材社」(貧者に棺を支給する)、「惜字社」(字が書かれた紙を丁重に処理する)にも関与した。また彼は保甲に対する関心も有していた。光緒『重修天津府志』巻四十三「人物」。民国『天津県新志』巻二十一之四「人物」。

(13) 厳修『厳宇香厳仁波両先生事略』(天津図書館所蔵、民国四年述)。厳克寛は厳修の父である。

(14) 何漢威『光緒初年(一八七六～一八七九年)華北的大旱災』(中文大学出版社、一九八〇年)。高橋孝助「光緒初年の華北大旱災救済活動における上海」(『宮城教育大学紀要』二一巻、一九八六年)。李文海「晩清義賑的興起与発展」(同『世紀之交的晩清社会』中国人民大学出版社、一九九五年、論文の初出は一九九三年)。李文海・程歗・劉仰東・夏明方『中国近代十大災荒』(上海人民出版社、一九九四年)八〇～一一三頁。

(15) 張后銓主編『招商局史(近代部分)』(人民交通出版社、一九八八年)七四～七五頁。Paul Richard Bohr, *Famine in China and the Missionary: Timothy Richard as Relief Administrator and Advocate of National Reform, 1876-1884* (East Asian Research Center, Harvard University, 1972), pp. 83-128.

(16) Mary Backus Rankin, *Elite Activism and Political Transformation in China: Zhejiang Province, 1865-1911* (Stanford University Press, 1986), pp. 142-147. 高橋孝助「「公益善挙」と経元善——人的な集積とネットワーク」(日本上海史研究会編『上海——重層するネットワーク』汲古書院、二〇〇〇年)。

(17)『申報』光緒三年十二月十五日「津郡出示勧捐」。

(18) 厳修『厳宇香厳仁波両先生事略』。

(19) *North-China Daily News*, 25 January 1878; 4 February 1878, enclosed in George F. Seward to William M. Evarts, 14 March 1878, United States, *Papers Relating to the Foreign Relations of the United States, 1878* (Government Printing Office, 1878), p. 117, pp. 120-121.

(20) この李鴻章の上奏は、『李文忠公全集』には見えない(失策の報告ゆえ未収なのだろう)。『申報』光緒四年二月六日の引くところの『京報』光緒四年正月十四十五日による。これに対する上諭は『清代起居注冊』光緒朝六冊(聯合報文化基金会国学文献館、一九八七年)三三二五～三三二七頁、光緒四年十二月十六日に見える。

(21)『光緒朝東華続録』巻二十、黄体芳奏(光緒四年二月三十日)。『清代起居注冊』光緒朝第七冊三九九三頁、上諭(光緒四年二月二十八日)。

(22) China. Maritime Customs, *Medical Reports, for the Half Year Ended 31st March, 1879* (The Statistical Department of the Inspectorate General of Customs, 1879), p. 33.

(23)『申報』光緒三年正月十六日「飢民苦況」、光緒四年正月八日「鬻女惨聞」。

(24)『申報』光緒四年四月二十九日「禁販人口」。

(25)『申報』光緒四年五月二十日「稽査厳密」。

(26) Kwang-ching Liu, "British-Chinese Steamship Rivalry in China, 1873-85," C. D. Cowan (ed.), *The Economic Development of China and Japan : Studies in Economic History and Political Economy* (George Allen and Unwin, 1964). 劉素芬「近代北洋中外航運勢力的競争（一八五八－一九一九）」（張彬村・劉石吉主編『中国海洋発展史論文集』五輯、中央研究院中山人文社会科学研究所、一九九三年）。

(27) 可児弘明『近代中国の苦力と「豬花」』（岩波書店、一九七九年）。人身売買市場としての上海、そして娼妓については以下参照。Christian Henriot, *Belles de Shanghai : prostitution et sexualité en Chine aux XIXe–XXe siècles* (CNRS, 1997), pp. 31-58, pp. 187-223. やや後の時代を扱うが、岩間一弘「民国期上海の女性誘拐と救済——近代慈善事業の公共性をめぐって」（『社会経済史学』六六巻五号、二〇〇一年）も人身売買の様態について分析を進めている。

(28) 鄭観応『盛世危言後編』巻十四「附録、王竹鷗方伯上直督李傅相禀」、夏東元編『鄭観応集』下冊（上海人民出版社、一九八八年）一〇九二～一〇九三頁。

(29) 同前、李鴻章批（光緒四年七月二十四日）。細部の字句の異同はあるが『広仁堂案牘』（天津社会科学院所蔵）に収められているのと同文である。

(30) 李金鏞は、無錫の人。淮軍の仕事をしたあと、光緒初年の華北旱魃の救済で活躍した。のち、呉大澂のもとで、吉林の開発とロシア対策にあたった。黒竜江省の漠河金礦の経営でも知られている。趙中孚『清季中俄東三省界務交渉』（中央研究院近代史研究所、一九七〇年）一五一頁。李時岳・胡濱『従閉関到開放——晩清〝洋務〟熱透視』（人民出版社、一九八八年）二〇七～二一四頁。著書に『琿牘偶存』がある。李金鏞の略伝は以下に見える。『清史列伝』巻七十七。『清史稿』巻四百五十。『碑伝集補』巻十九。李金鏞は李鴻章から登用の推薦を受けている。『李文忠公全集』奏稿巻三十三「奏保李金鏞片」（光緒四年十二月十三日）、同巻六十一「漠河金廠章程摺」（光緒十三年十二月五日）。

(31) 経元善の事跡については、虞和平編『経元善集』（華中師範大学出版社、一九八八年）一～二九頁、侯傑「経元善与晩清社会」（南開大学歴史研究所編『南開大学歴史研究所建所二十周年紀念文集』南開大学出版社、一九九九年）参照。鄭観応は、つとに政論家として名高い。佐藤慎一「鄭観応について」（東北大学『法学』四七巻四号、一九八三年、四八巻四号、一九八四年、四九巻二号、一九八五年）、川尻文彦「戊戌以前の変革論——鄭観応の〝議院〟論を手がかりに」（帝塚山学院大学『中国文化論叢』七号、一九九八年）、夏東元『鄭観応』（広東人民出版社、一九九五年）のように、鄭観応の政論や買辦としての活動に目をむけるとき彼の欧米理解が注視されるのは当然と言える。しかし他方で、鄭観応は積極的に社会救済活動にたずさわる善士であり、しかも、余治という、その善挙推進の代表格で欧米文化とは明らかに縁のうすい人物とも親交があったことに、本章では注目したい。

(32)『盛世危言後編』巻十四「致査放直賑李秋亭為収贖婦女書」（日付なし）、『鄭観応集』下冊一二二七～一二二八頁。
(33)『広仁堂案牘』、李金鏞稟李鴻章（光緒四年八月八日）。
(34)同前。
(35)同前。
(36)同前。
(37)『広仁堂案牘』、李鴻章批（光緒四年八月二十日）。
(38)『広仁堂章程』（天津社会科学院所蔵、『広仁堂案牘』と同一冊にとじられ、題箋には「広仁堂章程」とある。不分巻）。
(39)広仁堂檔案（天津市檔案館所蔵）一三〇-一-一「光緒四年一宗択地開辦延聘員紳巻」、天津府天津県移李金鏞（光緒四年十一月初十日）、直隷籌賑局移広仁堂（光緒四年十一月十八日）。李世珍の伝は、光緒『重修天津府志』巻四十三「人物」、民国『天津県新志』巻二十一之四「人物」に見える。
(40)李士銘は、挙人で郎中であった。父の李春城は塩商として致富し、善をなすを好んだ。「李善人」と呼ばれた家系である。民国『天津県新志』巻二十一之四「人物」。金大揚「天津〝李善人〟」（『天津文史資料選輯』七輯、一九八〇年）。
(41)広仁堂檔案一三〇-一-一、天津府天津県照会広仁堂南紳（光緒五年閏三月十六日）に引用された往復文書による。
(42)広仁堂檔案一三〇-一-一、天津府天津県照会広仁堂南紳（光緒五年閏三月十九日）に引用された往復文書による。以上のような対立は、ロガスキが非常に重視する点である。Rogaski, "From Protecting Life to Defending Nation," pp. 101–114.
(43)『広仁堂章程』。
(44)広仁堂檔案一三〇-一-一、李鴻章札姚文柟（光緒五年五月二十三日）に引用された文書による。
(45)『津河広仁堂徴信録』（天津図書館所蔵、光緒十一年序）巻一。
(46)『申報』光緒五年七月五日「申禁拐売婦女」に引用されている。
(47)『申報』光緒五年六月十五日「営勇拐婦」、七月五日「申禁拐売婦女」。この裁きでは、証拠として「婚拠」が提出されたので誘拐ではないのだが、夫ある女性が「自売」した点が問題とされたのである。多くの類似案件についての法的判断については、岸本美緒「妻を売ってはいけないか？――明清時代の売妻・典妻慣行」（『中国史学』八巻、一九九八年）で分析されている。
(48)『津河広仁堂徴信録』巻四。
(49)中国第一歴史檔案館編『光緒朝硃批奏摺』第三一輯（中華書局、一九九五年）二七～三〇頁、李鴻章奏（光緒八年三月六日）。

また『李文忠公全集』奏稿巻四十三「創設広仁堂摺」が同文である。

(50) 同前。

(51) 寡婦のおかれた社会環境や節婦顕彰制度などの問題については多くの関心が寄せられてきた。Susan Mann, "Widows in the Kinship, Class, and Community Structures of Qing Dynasty China," *Journal of Asian Studies*, Vol. 46, No. 1 (1987). Chia-lin Pao Tao, "Chaste Widows and Institutions to Support them in Late-Ch'ing China," *Asia Major*, Vol. 4, Part 1 (1991). Angela Ki Che Leung, "To Chasten Society : The Development of Widow Homes in the Qing, 1773-1911," *Late Imperial China*, Vol. 14, No. 2 (1993). 夫馬進前掲書三七七〜四九〇頁。夫馬進「中国明清時代における寡婦の地位と強制再婚の風習」（前川和也編著『家族・世帯・家門——工業化以前の世界から』ミネルヴァ書房、一九九三年）。

(52)『広仁堂章程』。

(53)『津河広仁堂徴信録』序。

(54)『広仁堂案牘』で広く協力（寄付）を求める文書で、発起人のように名を連ねている中に、輪船招商局の中心人物であった朱其詔や唐廷枢の名が見える。盛宣懐も輪船招商局の関係者であった。

(55) Great Britain, Foreign Office Archives, FO 228/516, William H. Lay to Thomas F. Wade, 13 May 1872.

(56) FO 228/932, 天津知県告示, enclosed in Lay to Wade, 25 May 1872.

(57) FO 228/932, 津海関道告示, enclosed in Herbert Allen Giles to Wade, 9 August 1872.

(58) FO 228/516, Giles to Wade, 9 August 1872.

(59)『盛世危言後編』巻十四「覆査放直賑李秋亭金苕生書」（日付なし）、『鄭観応集』下冊一一三七頁。

(60)『得一録』巻十三之四「撫教局章程」。同治『上海県志』巻二「建置附善堂」。撫教局について以下が論じている。高橋孝助「善堂研究に関する一視点——上海の普育堂を手がかりとして」（『中国近代史研究会通信』一七号、一九八四年）。梁其姿前掲書二〇九頁。

(61) 鄭観応『救時掲要』「擬設義院収無頼丐人使自食其力論」、夏東元編『鄭観応集』上冊（上海人民出版社、一九八二年）二三頁。また鄭観応は後の著作『易言』三十六篇本「論栖流」および『盛世危言』「善挙」においても類似の主張を続けている。『鄭観応集』上冊一五九頁、五二五頁。

(62)『広仁堂章程』。

(63) 山本進「清代直隷の地域経済と李鴻章の直隷統治」（『名古屋大学東洋史研究報告』二四号、二〇〇〇年）。

(64) この本の表紙には「潘豊裕荘本書」と印刷されているが、柱には「潘豊豫荘本書」と記されているので、後者によった。題簽は無い。

(65) 怡賢親王は、雍正年間に直隷の水利に努めた人物である。黨武彦「明清期畿輔水利論の位相」(『東洋文化研究所紀要』一二五冊、一九九四年)。怡賢親王を記念して天津にはもともと祠があったが、広仁堂創設にあたって堂内に怡賢親王の「神牌」をまつった。『津河広仁堂徴信録』巻一。

第四章　義和団支配と団練神話

1　課題の設定

義和団運動とそれに関する諸問題に対しては、中国近代史研究の中でも大きな関心が向けられてきた。もちろん、義和拳の起源と清末華北農村社会の状況、義和団戦争をめぐる国際関係など、まだ議論を進めるべき点が多々残されている。

さらに言えば、必ずしも主題として十分な注意を払われなかった問題として、都市社会の中での義和団の活動がある。本章では、光緒二十六年（一九〇〇年）の天津における義和団の活動がもった歴史的意味について考察を行なうことにしたい。これに関連して、鴉片戦争以来、天津が外敵からの攻撃を防衛してきた記憶が、再現されていることにも注目することになろう。またこの作業を通じて、清末の官治と社会秩序の性格を考察する一助ともなることを意図している。

研究史をふりかえれば、義和団（拳）研究において非常に大きな論争点となってきたのは、義和団と官ないし王朝との関係、そして宗教的性格の如何である。ひとつの論としては、義和拳は、そもそも白蓮教の一流派なのであり、本来的に清朝権力と矛盾をもっているという考えがある。全く逆の方向での議論の仕方は、義和団は官の公認・奨励のもとに編成された地方自衛の武力なのだというものである。また、時期によって前者から後者に移行したという説、後者から前者に移行したとする説がある。もちろん、個々の論者は、それぞれ独自の論理をもって説明しており、右に図式化したほど単純ではないが、実のところ近年に至っても問題の核心については通説と呼べるような解決に至っていない[1]。

本章での議論も、そのような問題の重要性を意識してはいるが、山東における義和団の起源を主題としない以上、論争に加わるものではない。天津において義和団に参加した人々の大多数は山東省の農民ではないのだから、天津の拳民の行動を規定しているのは、天津に伝播してきた初期義和団の運動様式や発想だけではない。そこで、路遥・程歗が提示する指針、すなわち「義和団の清王朝との関係を十分理解しようとすれば、異なった段階、異なった地域、異なった拳民のグループに対して具体的な分析をすべきである。特に、運動が最高潮にあるときの各地の団壇〔義和団運動の基層組織〕に対しては、別々の考察を要する[2]」という原則に従って、天津に視点を限定する。そうしてはじめて、天津に既存の行動様式・歴史的記憶が天津義和団に与えた規定性を理解できるはずである。

なお、以下で用いる『国聞報』（中国社会科学院近代史研究所・北京図書館所蔵）および *Peking and Tientsin Times*（British Library, Newspaper Library at Colindale 所蔵）は、天津で発行されていた新聞である。また、中国新史学研究会主編『義和団』（神州国光社、一九五一年）に収録されている史料は、その頁数で言及箇所を指示する[3]。僑析生等『京津拳匪紀略』（光緒二十七年香港書局石印本）もしばしば利用する。

2　天津の地方官と義和団

（1）両者の関係の概観

まず、周知の点も含めて、義和団と天津の地方官の関係について整理しておきたい。

天津における義和団の登場は、光緒二十六年（一九〇〇年）の正月のようである。このころ、すでに義和拳の術を使う者が天津県に流入し、南門外や河北（天津城北の運河の北の地区）で操練を行なっていた。二月から三月にかけて雨が降らず疫病が流行したり、様々な天災がおこったのを機として拳民は「洋人を一掃すれば、おのずから雨があって災いが消える」と言い触らしつつ、病気を治してやる者もあったので、これを支持して術を習うものが増えていった。超能力をもっているという話も信じられた。彼らは、「壇」というものを、たいてい廟内に設けて、関羽など物語の英雄の「神位」を安置した（『天津拳匪変乱紀事』八頁）。この壇が、義和団の祈禱の場であり、根拠地であり、組織の基本単位となった(4)。

天津知県であった阮国楨によれば、阮が弾圧の方針に出たので、ひとまずその風潮はおさまった（『津乱実記』一七七頁）。三月十五日にも、拳を習うもの六人が捕らえられ、県衙門に送られた(5)。さらに河北獅子林の福寿宮で児童が拳法を習っていたので、阮はその責任を問うて、廟の道士と管轄の地保を罰した(6)。

しかし、総督裕禄が義和団に対する本格的な武力鎮圧を許さなかったため、天津城内外に壇が次第に増え、義和団は地方官を見下すようになってしまったという（『津乱実記』一七七〜一七八頁）。阮知県は鍛治屋が刀をつくることを禁止する告示を出したが、効果は無かった（『天津拳匪変乱紀事』九頁）。さらに、義和団が天津城内の三義廟に旗を立てて壇を設け「無業游民」を集めていたので、知県・知府が弾圧を総督裕禄に要請した。しかし、裕禄は同意せず、かえって「保甲局」から四名を派遣して壇の護衛にあたらせたので、義和団はますます意気さかんになった。そして、三義廟の壇が禁止されなかったことを聞いて、急速に他にも多くの壇が作られていった。二日の間に城内には十余か所、城外には二十〜三十か所の壇が設けられ、その各々が数十人から数百人を擁していた（『天津一月記』一四一頁）。このように裕禄が義和団に対しおおむね容認する態度をとったことが、義和団が天津の市街を跋扈できる背景として考えられる。

総督裕禄は、初めは列強が自国民保護のため兵を送り込んで来る口実を与えないためにも義和団への弾圧が必要であると上奏していたが、(7) まもなく考えを翻して「天津の義和団民は近頃では三万人以上も集まってきており、毎日、教会を焼いたり洋人を殺したりするのを事としています。この外患がにわかに到来する時局に、更に兵をさいて拳民を鎮圧するのは著しく困難であり、勢い便宜的な処置として招撫せざるを得ませんが、緊急の際の対症療法にすぎないと思っております。そこで、義和団の頭目を呼び集め、彼らを受け入れる用意があることを伝えると、彼らはいずれも朝廷の恩義に報いたいと願い、まことに真剣な様子でした」と述べ、官兵と義和団が協同して列強軍と戦ったことを報告しつつ、列強との更なる交戦への覚悟を表明している。(8) これに対する上諭は、戦果を確認しつつ「戦闘を助けた義和団人民は、国家の兵をひとりも使わず国家から少しの給与も受けておらず、まだ幼い子供さえもが、武器を執って国家を守ろうとしている。これはすべて祖宗が見守ってくださり、神聖が護持してくださるお陰であり、そのために、義和団民もみな心を合わせて、このような義勇を示したのであろう」(9) として、義和団に対して高い評価を与えている。軍事的危機の中で義和団を利用しようとする思惑から、総督および朝廷は義和団の存在を容認したのである。

これに対して、義和団の官に対する態度を見てみたい。義和団の者は、街路をゆく際、官員がかごにのって来るのに出会うと必ずかごを降りるように命じ、馬に乗る者であれば下馬を命じ、そのうえ脱帽して脇に立たせた。従わないと刀を振るって脅した（『天津拳匪変乱紀事』一〇頁）。義和団が傍若無人な態度をとるため、官兵は義和団民に出会うと避けて回りみちをした（『遇難日記』一六六頁）。義和団は県衙門前に、教会から発見された地雷なるものを持ち込み、知県を「贓官」と罵りながらその発見物の検分を求めたので知県はおそれおののいた。「地面にこんな危険なものがあるのに、なぜ力を尽くして調査しなかったのか。運よく我々が発見したものの、もしそうでなかったら、全城がおしまいだったろう」とつめよられた知県は罪を謝するばかりであった（『天津拳匪変乱紀事』一三頁）。またついには県衙門・府衙門・道衙門を占拠して、そこに壇を設けた（『天津一月記』一四三頁）。

ここから、義和団の「反権力性」「反体制的性格」を結論できるか否かは重要な問題である。確かに、知県阮国楨は、当初の義和団鎮圧の姿勢ゆえに恨みの対象となっていたと考えてよいだろう。しかし、義和団が彼を「贓官」（不正の官僚）と言って非難することのうちには、暗黙に「正しい」官僚のありかたが想定されているとも言える。

江蘇会館と浙江会館を占拠した義和団は、門に黄色い旗を掲げ、そこには「替天行道、扶清滅洋」などと書いてあったが、まもなく別の団が来て「奉旨義和団」と書いた紅旗にかわったという（『天津一月記』一五一頁）。これらのスローガンの意味は実はきわめて曖昧である。「天に替わりて道を行なう」というスローガンは現実の政治秩序を超越した観念のようにも思われるが、「清を扶《たす》けて洋を滅す」をつなげて考えると、「天」の意思を体現して清を助けて外国と戦うとも読める。「奉旨義和団」の「旨」は清の皇帝の命令と見るのが素直な解釈であるが、しかし「玉皇大帝」などの神的存在の命令であるという読み取りを許す。

これらのスローガンの意味が確定しにくいのは、そもそも義和団の人々が、現実の清朝の権力を否定するのかどうか、あまりつきつめて考えていなかったことによると考えることもできる。この問題に充分解答するのは本章の目標をはるかに超えるが、以下では義和団民の主観的な動機を理解するためのひとつの手掛かりを提示することとしたい。

（2）祈雨と憑依

天津にいたロンドン宣教会の宣教師は、ロンドンの教団本部に向けた書簡のなかで、天候と義和団擡頭の関係を以下のように説明している。

この拳民（boxer）の運動は、燎原の火の如く（like wild fire）広がりつつあります。官憲が煽動していることは全く確かです。我々の〔宣教の〕仕事にとっては甚だ有害な効果をもたらしつつあります。クリスチャンたちは脅えています。もし、ちゃんとした雨が三日も降りさえすれば、かわいそうな農民は種まきをすることができ、奇蹟が起こるでしょう〔たちまち運動は鎮まるでしょう〕。雨が降らないのは、クリスチャンのせいにされているのです。(10)

義和拳が流行した前提としては、既に旱魃の影響が指摘されてきた。(11) ポール・コーエンは、この光緒二十六年（一九〇〇年）に華北の広大な地域を襲った旱魃を義和団が擡頭する原因として特に重視している。キリスト教の布教により天が怒り旱魃となった、だからキリスト教ないし外国人の除去によって雨を得られるという説明が作られたことが、義和団民の動機に即する限り重要なのである。農民の場合、旱魃のため農作業を始めることができなかったので、拳を学ぶ暇ができたということもある。(12)

このコーエンの議論に添加すべきことは、天災と官の関係である。清代の地方官にとって、祈雨（雨乞い）は、仕事の一部であったといってもよかろう。地方官自身が、どれほど祈雨の有効性を信じていたかはともかく、そのような儀礼が統治の必要から要請されていたとは言える。(13) 逆に言えば、天災が深刻な社会不安をもたらすこともありうる。例えば、第二章で述べたように、同治九年（一八七〇年）前半は天津では旱魃が続いており、民心は不安定であった。これを一つの誘因として、カトリックが児童を誘拐したという流言が広がり暴動に至ったのである。

義和団が擡頭する光緒二十六年にも干天が続き、それゆえ天津では火事も頻発した。

直隷省では、光緒二十六年に入ってから、何か月も日照りが続き、家畜の屠殺を禁じて雨乞いをしても全く効果がなかった。天津城の内外では火災も起こり、毎晩必ず数件起こって甚だ多くの商店・住宅を焼いた（『遇難日記』一六二頁）。

日照りの継続、官による祈雨の失敗と義和団の擡頭とは、以下のように記述される。

四月には、まだ雨がなく、総督・道台・知府・知県らは、何度も壇を設けて〔降雨を願って〕祈禱したが、依然として日照りが続き、かえって暴風すら起こった。各所の義和団は、次第に壇を設けるものがおり、河北・河東・城内外、いずれも次々と設けられていった（『天津拳匪変乱紀事』八頁）。

この記述で注目されるのは、祈雨の際に設けられる「壇」と義和団の拠る「壇」の語の共通性と代替性である。これらは、何らかの意味連関があるのではないかと想像される。

そこで、祈雨の実際を確認するために、その二年ほど前、光緒二十四年（一八九八年）の例を見ておきたい。この年、天津では三月から雨が降らず、四月十日には、塩運使と署理天津道がそれぞれ各所におもむいて、香をたき雨を祈ったところ、細かい雨が降った。充分な降雨が期待された。人民は黄色い紙に「好雨」「大雨」などと大書して門のところに貼っていた。天津の文武各官は祈禱が足りないとして、戸部街の関帝廟で祈雨をすることに決めた。四月十日から四月十二日まで祭壇で祈ることとし、その間の屠殺と酒の販売を告示によって禁じた(15)。閘口の竜王廟でも壇を設けて降雨を三日祈った。四月十五日の午前八時、総督王文韶は配下をしたがえて竜王廟に至り祈った。天津の各官もみな早速伺候した。正午になって、そよそよと風が吹き、細かい雨がパラパラと降ったので、〔この場にいた〕民は非常に喜んだ(16)。そして、十五日から十七日まで再び戸部街関帝廟で祈禱を行なうので、屠殺と酒の販売を一律禁止した。[17] それでも待望の降雨はなく、四月二十四日から二十七日まで屠殺と酒の販売を禁じた。[18] そのかいあってか、二十六日晩には黒雲たれこめ涼風わきおこって大粒の雨が降ってきたのである。官民ともに喜びにわいたという。[19]

しかし、実は官の主導する祈雨と並行して、より土俗的な祈雨の儀礼も行なわれていた。友人が天津の習俗について述べるところによれば、祈雨には通例、強壮な職人一名を雇う。祈禱の日には、竜王廟にゆき神前に向かって何百回も叩頭する。神馬を額に結びつけるや、神がその体に憑いたという。立って歩き、廟を出て目をみはり直視する。両手をふりあげてたたき、格闘のような様子である。腕力は平常以上になる。前後に五〜六人の青年が思い思いに引っ張ってゆくと、道すがら見物する者は、皆ばらばらと後ろにさがる。その先頭には黄色い旗が十数枚あり、「天降大雨」「風調雨順」などと書かれている。言い伝えによれば、この任をになう者は竜王の派遣した部下だという。この後、その者は目が覚めるが、疲労がはげしく、数日養生してようやく元どおりになる。でたらめのようではあるが、霊験なるものは往々にして誠心がもたらしたということもあろう。天の感応なのだろうか。[20]

これは以下のような義和団の憑依（possession）とよく似ていると言える。

この中国人が言うには、若い義和団民が習練しているのを見たとのことだ。彼らは、一列に立ち目を閉じて何かの呪文を唱えたあと、地面にひっくり返り、しばらくトランス状態で（in a trance）そこに横になっている。それから立ち上がり、自分の武器を手にして、ひとしきり激しく振るう。目を開けるとトランスから覚めたようで、大変な疲労を感じる。その行動について尋ねられても、「憑依」というよりほか説明できないと明言するのである。[21]

してみると、義和団の憑依儀礼は、この年の旱魃にあたって祈雨を執り行なうという意義があったと考えることが可能になってくる。しかも、このような儀礼は、多少年代がさかのぼるが、天津に関する以下の記述が示すように、官による祈雨が効果をもたらさないときに官に代わって行なうものである。

天津では年が明けてから降雨がないため、官が二度にわたって雨を請うたが、まだ天がこれに応じるに至っていない。直隷省の土俗の風俗によれば、官が雨を求めても効果がない場合にはいつも、児童が雨を祈るということがある。今月一日、天津では児童数十人が雨を求めた。(22)

義和団の出てくる光緒二十六年にも、官が「雨壇」を設けて祈っても効果がないため、永善水局（天津の消防組織の一つ）が竜神の塑像をつくり担ぎまわったほか、児童に楊柳を折りとって「秧歌」(田植え歌）を舞唱させた。(23)これは、拳を習う天津機器局の労働者が児童を集めて「歌訣」(ごろのよい歌）を教えたという事象とつながってゆくだろう。(24)

以上から、祈雨のときに官が設ける壇と、義和団が拠点とした壇とには密接な連続性が存在し、義和団の擡頭は官に代わっての祈雨の意義を持っていたと考えられる。(25)さらに言えば、官の祈雨のような慣行と民間信仰が重なる接点をもつような統治のありかたが、義和団の運動の前提として存在していたということである。

3　義和団による支配と天津住民

（1）天津義和団の構成員

次に、義和団に加わらない天津住民と義和団の活動の関係について考察を進めたい。特に義和団は、なにゆえ天津で威勢をふるい天津を支配できたのか、義和団の活動に対して、天津住民はどのように自己防衛を図ろうとしたてておきたい。

のか、という点に注目する。その前提として、天津の義和団を構成したのはどのような人々であったかを、まず見ておきたい。

義和団は農民出身であると考えられがちだが、天津で活動した拳民は必ずしもそうではない。もちろん、相当数の拳民、特に拳を教える頭目の多くは、近隣の県など外からやってきた。例えば、「庚子の年の春、天津には〔拳を〕習うものが次第に出てきた。教えるものは、口音（なまり）がさまざまで、いずれも異郷人であった」（『京津拳匪紀略』巻一「拳匪縁起」一葉）と指摘される。また、「このところ、天津県では多くの拳匪が集まっている。天津地元の数百人を数えないにしても、青県・静海県・滄州・塩山県・南皮県・慶雲県およびその他の郷県から来るものは、約二万人あまりだった」（『天津拳匪変乱紀事』二〇頁）と言う。「春から夏まで日照りで降雨がなかったので、郷民はしごとがなく、また団匪の圧迫を受けたので、異郷の匪首に従って次第に天津城に入ってきた」（『京津拳匪紀略』巻一「拳匪縁起」二葉）と言うように、天津の近隣の農村から天津城にやってきた者も多かったであろう。

しかし天津の地元民も、これに参加していくことになった。車で土を運ぶなど手間賃かせぎをしていた李元善（二十歳）も義和団に加わった。「本地の義和団は多く家に帰って食事をし、外地の者は壇口で食事をした」、「義和団に参加したのは大半は労働者であり、多くは肉体労働者、例えば人力車ひき、荷車おし、小さな商売をなすものだった」という。[26]主人につかえていた馬丁（〔圉僕〕）が暇乞いをして義和拳を習いに行った例もある（『拳匪聞見録』四七二頁）。天津機器局の労働者も拳を練習していた。[27]

天津の無頼集団である「混混」も、この動きに加わった。

天津の土棍〔地元のごろつき〕は「混混」と俗称される。集団に分かれて覇を競い、法を軽んじる。十二～十三歳の少年も多いので、よく喧嘩をこととする。河東・河北では、ともすれば白昼から刀を持って歩き、人命を何とも思わず、死を恐れぬをよしとする。械闘〔武器をとって集団で戦うこと〕の際には道ゆく人はいなくなる。…(中略)…拳術が伝播すると、すぐ一緒になって仲間に入った。それ故、悪党の勢いは他の土地より甚だしかった（『拳匪聞見録』四七一頁）。

このような「土棍」は義和団の首領である張徳成・曹福田の「神術」を恐れて従い、街々はかつてのような騒ぎがおこらなくなったという（『拳匪聞見録』四七七〜四七八頁）。

「異郷の拳匪が潜入し煽動・誘惑して匪棍や無業の游民を呼び集めた」（『京津拳匪紀略』巻一「燬堂啓衅」三葉）、「拳匪が入ってきて、游民がこれに従った」（『京津拳匪紀略』巻四「津郡城陥」三葉）というように、天津で活躍した義和団の成員の相当部分は、農民ではなく、都市の下層民とも言うべき人々であった。戦況がかんばしくなくなり、義和団の頭目による治療も効果がないとわかると「土棍・游民で義和団に入ったものは、口実を設けて（組織を）出た」（『京津拳匪紀略』巻二「分壇招匪」一葉）。天津が外国軍に占領されると、「混混」などは外国人に仕え外国勢力を後ろ盾にしてほしいまま振る舞ったという（『拳匪聞見録』四七一頁）。都市の無産者や無頼にとっては、義和団への参加も、持ちまえの暴力を生かした生計維持のための方便であったと言えよう。

（2）天津住民と義和団

次の問題は、家屋や財産をある程度もった住民と義和団との関係である。義和団は、街路を触れまわって各家に様々な指示を下した。例えば、夜間は赤いランタン（「紅灯」）をさげさせ、また「得勝旗」と称して紅旗を掲げさせた（『天津拳匪変乱紀事』一一頁）。裕禄が義和団を擁護するようになると、人々は、門のかたわらに「義和神団、大得全勝」の八字を書いた紅い紙を張りつけた（『天津拳匪変乱紀事』一六頁）。

官軍と義和団が外国軍と戦って帰ると人々は得勝餅と緑豆湯を贈ってねぎらった（『天津拳匪変乱紀事』一六頁）。また義和団のリーダー張徳成が四千〜五千人を率いて天津にやってきて「私は城内に壇を設け、城内の平安を保つので、今後は砲弾を目にすることもなかろう」と述べたところ、大餅を送り届けるものが少なくなかった（『天津拳匪変乱紀事』二六頁）。義和団に対し非常に批判的な史料すら、「義和拳匪が壇を設けてからというもの、常に各家に向かって大餅を要求し、しかも塩を使うことを許さなかった。しかし、誰もが喜んでこれを贈り、必ず真心と敬意をもっていて、少しもいいかげんにすることはなかった。甚だしい場合には翌日にもちこす食べ物がないような家でも誠意をもって支度するものがあり、そうすることで福を求めたのである」（『天津拳匪変乱紀事』二四頁）と述べる。地域の防衛を義和団に期待する人々が存在したと言ってもよかろう。

しかし誰もが義和団の運動を支持して差し入れを行なったわけでもない。「紳商が食料を義和団に届けることは、ひっきりなしに続き、加えて義和団に自分の保護を頼み込むのである」（『遇難日記』一六六頁）という性格の付け届けも少なくなかったであろう。場合によっては、寄付を半ば強制的に取りたて「従えばその門には入らず、従わなければ一家の安全の保証はない」（『天津一月記』一四三頁）ということにもなる。極端になると、「義和団がやってきたとき、城隍廟の辺りを根拠として、地区の紳董・富戸に食料と金銭を要求しました。当時我が家は骨董宝石店を営んでおり富裕だったので、保護を求めるために義和団に参加したのでして、私のような者が何人もいました」(28)との事例もある。

このように、天津の住民は、食料の提供、および紅紙・紅旗による支援の姿勢の表明を行なったが、それは義和団による地域および自家の保護を期待してのことであった。この保護の内実を知るためにも、義和団による天津「支配」について確認する必要がある。各団は城内を地域わけして管轄し、昼は街路をパトロールして、キリスト教徒に出会うとすぐ殺した。夜間もパトロールを行ない、様子があやしげな者を「奸細」（敵への内通者・スパイ）として殺した。その結果、恨みによる殺害が次々におこり、住民は安心できる日がなかったという（『天津一月記』一四三頁）。義和団は、秩序維持のため街々に指示を下し、商人に対して、公正な取り引きを行ない一致団結して外国人を滅ぼすよう呼び掛けた（『天津一月記』一五一頁）。もっとも外国商品を扱う店は略奪をうけかねなかったので、看板の「洋貨」の「洋」の字のうえに紅い紙を張って「広貨」に書きかえるという注意が必要であった（『天津拳匪変乱紀事』一八頁）。

義和団は裁きをも行なった。戦乱を避けて避難しようとする人々は誰何され、義和団の壇に出頭しその首領の検査によってキリスト教徒でないことが明らかにされて初めて放免された（『天津拳匪変乱紀事』一六頁）。また例えば六月三日にとらえられた放火犯は、義和団の頭目の曹福田の壇に送られ殺された（『天津拳匪変乱紀事』二七頁）。キリスト教徒も壇に連れて来られた後に殺害された（『天津拳匪変乱紀事』二七頁）。このように壇に連行してから殺害することの例は他にも多い。その意味はあまりよくわからないが、壇が義和団による裁きの場であったとは言える。

以上のように、義和団による支配は、告示を出したり、裁きを行なったり、物資を提供させたりするように多様な側面をもっていた。これは、地方官の任務や、非常時における団練の機能を模擬したものであろう。彼らの論理から見て正当と思われる地方支配を代執行したと解釈できる。そして、この支配が可能となったのは、義和団がそもそも武力集団であるということが大前提であるが、総督や朝廷が義和団を擁護する姿勢をとったため、その他の地方官や地元の有力者は義和団と対抗する名目も実力ももつことができなかったこと、そして、義和団の支配を程度のちがいはあれ支持する住民がいたことによると考えられる。

もっとも、義和団支配への反発があったことも事実である。はじめ、義和団が勢力を大きくしつつあった頃、読書人たちは連名で「邪匪が横行していくと、最後に大きな災禍がもたらされるであろう。手段を講じて厳しく弾圧すべきです」と総督に上申したが、聞きいれられなかった（『天津拳匪変乱紀事』二六頁）。また、ある店舗が、内に「奸細」がいるとして義和団に略奪されたとき、多数の紳商は憤って連名で総督衙門に訴え出たものの、裕禄はとりあげようとはしなかった（『天津拳匪変乱紀事』三三頁）。

「土匪」による略奪や「奸細」による放火を防ぐため、「鋪民局」という都市住民の自警団が設立された。「邑紳」張少農が指導者となり、住民が順番に徹夜で見張りをするのである（『天津拳匪変乱紀事』一六頁）。当時の状況から考えて、この「鋪民局」は義和団の横行を牽制することも含めて、地域防衛を意図した組織であったとみてよいであろう。資金は、各鋪戸から集めた。「鋪勇」は義和団が某処で放火・殺人をはたらこうとしているとの情報を得ると、後をつけていったり、街角で防ぎ止めたりして、もしいいがかりをつけられたら相手になるのであった（『天津一月記』一五一頁）。このように実は天津住民の中には、義和団に対抗して自衛組織を編成した者もいたのである。

（3）天津社会の断裂

義和団との関係は、いくつかの社会的集団によって異なっているという側面もあった。それゆえ、義和団支配は、天津における社会集団間の対立関係を惹起するという結果をもたらした。それは、下層民が義和団に入って活動し、ある程度の財産をもつ者が「鋪勇」を組織して対抗するという点にも見うけられる。

宗教による態度の相違もあった。天津に多くの信者をもつ民間宗教の在理教は、「師兄弟」ということで、拳民から害を受けることはなかった（『拳匪聞見録』四七〇頁）。一方で、回民（ムスリム）の態度は非常に敵対的だった。自身も回民であった劉孟揚によれば、回民は、義和団の言うことを信じなかったし、さらにはモスクを焼かれたことから対決の姿勢を強めた（『天津拳匪変乱紀事』七頁、三五頁）。

天津の住民の中には、義和団による積極的な攻撃の対象となった人々が、外国人やキリスト教徒以外にも存在した。それは広東・浙江など南方出身の人々である。

天津で義和団の跋扈を目撃した広東人は、以下のように記している。

拳匪は、南方人を憎む。北方の官は南方人が多く、洋行は南方人が多いと思い込んでいるからである。実は、南方での官は北方人が多く、洋行の中にも北方人のほうが南方人より多いのだ。言葉が通じず、服装もやや郷里の習俗のものであるから、拳匪はともすれば一見して違和感を感じるのだろう。しかもわが広東の場合、それが最も甚だしい。我々が生業とするのは、洋行〔外国の商社〕であり学堂であり鉄道であるが、事ごとに拳匪の嫌うものである。〔私が〕幸運にも天津の地で命を長らえることができたのは、北方の語音に完全に習熟していたが故なのだ。河東での戦いが始まった頃、錦衣衛橋から河北に至り河を渡って城内に入り、知り合いをたずねて天津の習俗の衣服を借りて着た（『京津拳匪紀略』巻四「倉憲莅津」一葉）。

天津に滞在中の上元（南京）の人、管鶴も服装から南方人と認識されるのを恐れていた。

私の服はやや細めで、足には南式の緞子の靴をはいていた。道行く途中、ある人が言うには、「あなたのこれらの服装は、洋行で働いている者のようだ。これでは良くない。早く着替えなさい」と。私は礼を言ったが、どうしようもなかった。すると妻が私を呼んで上着を脱がせて、それを車の中に置いてくれた。ただ靴は替えようがなかったので、やむなく泥をぬりたくった。まったくお笑い草だった（『拳匪聞見録』四七七頁）。

義和団民は学堂の卒業生や洋行の職員を「二毛子」（にせ毛唐）と呼んで（『拳匪聞見録』四七五頁）、攻撃を加えた。これは天津における南方人の多数を含むことになるわけで、義和団の擡頭は天津からの南方人の排除という性格を持っていたのである。「北方の人たちは、西洋文化を採り入れようとする南方の人たちの行動を憎んでいたようであって、これが義和拳の乱に爆発した」(29)という市古宙三の指摘があるが、その内容を改めて考えたい。

天津において外国人と商売する者や外国人に雇用される者には、南方人が多く、天津の本地人は少なかった。また、李鴻章総督の時代に様々な富国強兵策がとられたものの、そのために必要な人材もやはり南方から登用された。南方人は、外国人・官憲とのつながりを生かしつつ、一躍、天津で活動の場を広げていったのである。例えば、善堂の運営のありかたに、これが表れていることは、第三章で指摘した通りである。

義和団支配下の天津においては、南方人は徹底的に攻撃され、「多数の広東人・寧波人が、大沽に停泊するHsinfung号に乗るため、今日はしけや曳船で出発した」[30]というような逃避行を余儀なくされた。実のところ、このような南方人排斥は、ほぼ天津でのみ起こったことである。西洋に対する排外主義のように見えるものは、実は外省人に対する本地人の反感の表出だとすら解釈することもできる。先に指摘した、天津の多数住民による義和団支配の支持は、この南と北の矛盾にも由来していた可能性もある[31]。

ともあれ、義和団戦争終了の後には、以上のような天津社会の断裂を修復して新たな一体感を醸成するための理念が必要とされることになる。回民であろうと、南方人であろうと、都市社会において共存できる論理、それは共に「中国人」であるという点に求められてゆくだろう（第八章参照）。

4　社会的記憶の再現

（1）同治九年天津教案の記憶

英字紙に寄せられた投書は、以下のように義和団の擡頭に対する警戒を呼びかけていた。

天津虐殺の時に当地にいた友人の中には、そのときと同じような準備がなされている兆候を認めるとしている人がいます。そして、もし［イソップ寓話の羊飼いの少年のように］「狼だ！」とその時に叫んでいれば、恐るべき冷酷な殺戮は回避できたかも知れないのです[32]。

ここでは、三十年前の同治九年（一八七〇年）に天津で起きた大規模な反キリスト教暴動が、意識すべき先例として持ち出されている。まさに「天津虐殺の時に当地にいた」リーズ（Jonathan Lees）牧師も、イギリス領事に対して警戒を進言する書簡の末尾で、「一八七〇年の暴動をよく記憶している者の一人として、あの事件の直前の人々の状態がちょうど再現されていると思うのです[33]」と指摘する。必ずしも天津についてだけではないが、全般的な状況についてファヴィエ（Alphonse Favier）司教は「三十年前、天津の虐殺のときに居合わせた人々は、そのときの状況と今日の状況が驚くほど似ていると言っています[34]」と述べている。

ここから、義和団の攻撃の対象となった外国人、特に宣教師は、かつての経験に基づいて、これから起こることを予想したり、かつての失敗から教訓を読み取ろうとしていたことが知られる。以前の類似した事例を参照して行動しようとすることは、人情の常であり普遍的に見られることと言ってよいかも知れない。注目すべきことは、過去の事例が、個人的体験にとどまらず社会的な記憶として、後の時代の人々の発想に影響を与える場合があるという点である。実は、天津の義和団をめぐる事象を理解しようとするにあたっても、過去の事例への参照が人々の発想・行為を規定していたという視点が不可欠と言える。

まず、同治九年天津教案の故事の影響は、西洋人にとどまらない。天津教案は、教会が薬を用い児童をかどわかし、眼をくりぬき心臓を取り出したとする流言に起因していたが、同様の流言は、その後もしばしば発生していた。特に重要なのは、光緒二十三年（一八九七年）夏の児童誘拐の流言の事例である[35]。天津の英国領事の報告によれば、事態は大略以下のようだった。

保定府で幼児が誘拐されたという謡言があり、それは鉄道や鉄橋を建設するのに人柱にされたとも噂された。これが天津に伝わると、更に危険な段階に達した。折しも同治九年の教案で破壊されたカトリックの教会堂が再建され、その式典をひかえていたからである。天津の人々は誘拐の恐怖にとらわれ、群衆が三〜四人の誘拐犯とおぼしき者を街路でつかまえ私刑にした。フランス側の要請を受けた直隷総督王文韶が警戒態勢をしいた。地方官は告示を発し、誘拐事件の存在を認めつつも外国人の関与を否定した。こうして外国人に対する攻撃はほとんど起こらず、教会の記念式典も無事に催されたのである。(36)

ここでは二十七年前の教案の記憶に天津の地元民も西洋人もとらわれていることが見てとれる。その三年後に義和団の活動がみられるとすぐ同様な想念が心に浮かぶのは、ごく自然であろう。ある記録には「庚子年〔光緒二十六年〕になり、外国人が魂を迷わせる薬を使って児童男女多数をつかまえたので、人々は激怒した。それこそが義和団が出てくるきっかけだった」(37)とある。義和団が流した流言のうち、教民（中国のキリスト教徒）が井戸に毒を入れたという話と並んで代表的なのは、教民が薬によって惑わし誘拐するという話だった。(38)租界の一室には三つの甕があり、それぞれ、人の血、人の心臓、人の眼が貯えられているという話（『天津一月記』一五一頁）にも、天津教案の記憶が反映されている。

外国人排斥は、地域社会が過去に受けた心理的外傷にも由来したと言えよう。

(2) 団練神話の中の義和団

次に地方武装の問題について議論を進めたいが、まず単純な事例として「得勝餅」について、検討したい。天津の義和団は自らの食物として、住民に得勝餅なるものを作らせている（『拳匪聞見録』四七四頁。『天津拳匪変乱紀事』一六頁。『京津拳匪紀略』巻一「煅堂啓衅」四葉）。ときに負けて帰ってきても得勝餅を求めたことに対し「その原義を考えてみれば、恥ずかしくなるはずだ」（『京津拳匪紀略』巻一「煅堂啓衅」五葉）と辛辣な批評をよせる史料もある。しかし管見のかぎり、得勝餅という命名の由来についての説明は、既往の研究には見出せない。

もちろん、「得勝」という言葉を義和団が好み、戦勝の期待をこめたことは、容易に想像できる。例えば、住民に命を下し「得勝旗」なる紅い旗を掲げさせたり、「義和神団、大得全勝」と書いて家の入り口に貼らせたりした

（『天津拳匪変乱紀事』一一頁、一六頁）。また、天津の義和団頭目のひとり張徳成は、勝利を祈って城の北門を「得勝門」と言い換えた（『京津拳匪紀略』巻四「津郡城陥」一葉）。

しかし、実は得勝餅には先例があった。第一章で論じたように、咸豊三年（一八五三年）、天津に太平天国軍が迫ったとき、天津では団練を組織して迎え撃った。このとき太平天国軍を破った地点「稍直口」は、勝利にちなんで「得勝口」と改名された。特に効果があったのは水辺での雁戸の排槍（銃器を船に載せて隠したもの）の待ち伏せである。当時、天津防衛の任にあった商人張錦文は、この勝利を見て急いで城に帰り、兵勇をねぎらうために食物を準備した。城の住民もこれに倣った。それを「得勝餅」と称したという(39)。義和団時期においても、その故事を踏まえて得勝餅という名称を採用したとも考えられるのである。

天津では、鴉片戦争以来、しばしば団練を編成して外敵の侵攻を防衛することがあった。天津の団練の成功は、反復され記憶されるものとなっていた。例えば、光緒二十年（一八九四年）、日本との戦争に際して、天津県の紳士王守善（二品頂戴候選道）が、北洋大臣李鴻章に団練の編成を要請した文は以下のように述べている。

　このたび、倭人が同盟を破って戦争をはじめたので、沿海地域は戒厳態勢におかれておりますが、天津は首都に近い要地、必ずや多く備えをなして敵にねらわれないようにすべきです。思えば、咸豊年間には、粤匪（太平天国軍）が侵入してきて乱をなしましたが、長蘆塩商が義勇を募って賊を防いだので、天津城は安堵することができたという顕著な功績がありました。光緒十年になると、ヴェトナム問題でフランスと戦争が起きたので、また団練の編成を行なって威勢を示しました。このように天津の民は果敢で役に立つのであって、よそのところとは比べものにならぬほどです(40)。

実は、義和団時期の天津においても、そのような過去の天津防衛の事例を踏まえたと解釈すべき点が「得勝餅」以外にも見出せ、むしろ、そのような連続性を考慮してはじめて説明できる事象も多いのである。

義和団を鎮圧するため侵攻してきた列強軍から天津を防衛する戦いにおいて、聶士成の率いる武衛前軍が大きな役割を果たしており(41)、もちろん義和団も勇敢に戦ったとされている。しかし、その他にも義勇兵が組織されていた。これは、上諭のなかで「天津一帯では、義勇が続々とおおぜい集まっている。裕禄に命じて、迅速に人を派遣して招集し隊伍を編成して防衛に役立たせるようにせよ(42)」と命じられているのに応じたものとも思われる。

このように義勇兵が組織されていたことを、研究史上はじめて明確に指摘したのは、小林一美である。「義和団大衆と清朝官兵を截然と全く別のものと考えるのは必ずしも正しくはない。当時、天津にあっては、義和団化した一般兵士、清朝化した義和団、あるいは義和団の戦いや信仰に共鳴した義和団シンパ的な兵士・大衆・義勇兵（蘆勇・安勇・保衛軍・民団・火消隊）等々が多数存在していた(43)」。

その根拠として小林は、日本の陸軍参謀本部が編纂した戦史の一節を提示している。

此外、義和団約一万人〔割注省略〕、直隷総督ノ召募セル安衛軍、蘆勇、保衛軍、民団及雁排槍隊等、約二千人アリ。而シテ十五日天津城占領後、壁上ノ死者中、無数ノ義和団或ハ蘆勇、安衛等ノ標記アル衣服ヲ著セシ者アリシヨリ察スレバ、此等ノ諸兵モ亦、戦闘ニ加参シタルナリ(44)。

この義勇兵のような集団について、小林の言及しない『京津拳匪紀略』の記述（巻三「招募兵勇」六葉）によって、確認しておきたい。それは、①安衛軍、②保衛軍、③蘆団、④蘆勇、⑤民団、⑥雁排鎗隊、⑦鋪民、である。このうち、安衛軍は陳国璧・何永盛（少甫）が召募したものである。保衛軍は、或る者が組織したが、何の活躍も示さなかったとある。蘆団は、長蘆塩運司が出資して編成した。また蘆勇も蘆団と同様であると説明される。民団なるものも組織された。また雁排鎗隊というのは、もともと村人が野鴨を舟から撃つものである。①〜⑥は、いずれも長蘆塩運司庫の財源によっていた。同一の財源から、このように多様な名義の集団が登場する理由は、召募する複数の中心人物が必ずしも連携せず、別個に組織したためであろうが、それにしても雁排鎗隊などというのが出てくるのは、余りにも奇妙に感じられる。実は、同じ史料で、雁排鎗隊と蘆団は「咸豊年間に髪賊〔太平天国軍〕が北方に入り込んできたときに組織し、たちどころに賊の攻撃を挫いたことがある。今でも天津の民はそれを語るのを好む」と説明される。(45) 過去の「得勝」の記憶に基づいて組織され、再び外敵からの侵攻を防ごうというのである。

⑦の鋪民については、天津の巨商張少農が出資し、城廂内外の各紳耆を結集して、公議により運営した。「鋪民は城市を鎮圧するのみで、戦事とは関係なかった」（『京津拳匪紀略』巻三「招募兵勇」六葉）というように、都市内部の治安維持にあたった。先に述べたように、実際には、これは義和団に対抗する自衛組織と言ってよい。組織者である張鴻翰（少農）については、「鴻翰とは、錦文の孫である」(46) と特筆されているが、この張錦文こそ、太平天国軍侵攻や第二次鴉片戦争の時に、鋪勇を組織して天津を外敵から防衛した者であった。ここでも、故事に基づいた組織化がなされていたことに留意すべきである。紳商が戦災をさけるため交渉を行なおうとしたとき、皆が彼を代表に推したのも「祖父の張秀岩〔錦文〕大紳のかつての声望があったからである」（『京津拳匪紀略』巻二「紳商議和」六葉）というわけである。

そのように張錦文の事跡に照らして、その孫である張少農の行動を解釈・予見しようとする傾向は、八か国連合軍による天津城陥落のあとにも見られる。

咸豊十年〔一八六〇年〕に〔第二次鴉片戦争の終結のため〕中国と外国が和平交渉を行なったが、張〔錦文〕はその事にかかわった。天津の人は常にこれを誉め称えた。はては、各国王の贈り物を得ること甚だ多く、いかなる国でも彼の家を侵犯することはできないとの国書があるとの話だった。今や彼の墓に植えた木もひとかかえほどの太さになった〔張錦文が死んで久しい〕。その孫である張少農は、ただはったりを示すだけで、祖父の業績を継承することができなかった。天津城が落ちたとき、天津の人の間ではなお嘘の伝聞があり、一説では、張少農は各国のために兵糧を準備しており、彼の家は兵站になっているとのことだった。また彼は外国人に数万両に値する贈り物をしたとか、数十万両を出して外国人に保護を求めたとか、更には陥落の際に少農は各国の贈り物を大広間に陳列し、外国人に酒を飲ませるとして誘い、外国人が入ってくるとすかさず拝礼して、すぐ兵を派遣して住宅を守ってくれるよう頼んだとも言った。実は、張少農一家は城が落ちる前に既に遠く待避していたのだ（『天津一月記』一五七頁）。

この文章は冷徹で皮肉な態度を示しているが、天津の一部の人々からは張少農の行動は、四十年前の類似した状況における祖父の事跡を反復するものとして語られたのである。

もうひとつ注目されるのは、水会または火会と称する消防組織の活躍である。

光緒二十六年（一九〇〇年）六月三日、倉場侍郎劉恩溥は、天津に赴いて水会を組織して義和団民とともに敵にあたるように命じる上諭を受け取った。上諭は、「聞くところでは天津の水会は七十二局、一万人を下らない。かの地の民は元来、忠義の念をいだき、もし義和団民と協力して一丸となるならば、これまた威勢をかきたて敵の攻撃を挫くことができよう。劉恩溥を至急天津に派遣し、迅速に水会を招集して、強壮な者を選び、隊伍を編成し、武清・東安・通州の三個所の義和団民と分担して要所に駐屯させよ」と指令している。その後の劉恩溥の報告によれば、劉が団民に水会との連携について尋ねると、連日の戦闘の際に水会が餅・水を持ってきてくれるとの答えを得、そこで、水会の頭目を呼び集めて、褒めて努力を促したと言う(47)。実際に、外国軍から天津城を防衛するとき、城壁の上で守備にあたっていたのは新募の水会の者であった（『天津拳匪変乱紀事』四〇頁）。

ところが、これに先立つ日本領事の報告に「紛擾ヲ予防センガ為メ、天津消防隊ハ決シテ義和団徒ト闘争スベカラズトノ命ヲ受ケタリ(48)」とあるように、水会は義和団と対立する可能性すらあった。なぜ水会を義和団とともに防衛に使うという命令が下されたのか。上諭の背景には、何者かの提案があったものと想像されるが、おそらく天津の水会が地域防衛に尽くしたという過去の声望を踏まえた提案だったに違いない。実は、鴉片戦争のとき、また太平天国軍の侵攻のときに、水会は団練とともに天津防衛のために動員されたことがある。さらに同治九年の教案の際には、火会が暴動において中心的役割を果たしていたことは、第二章で考証した通りである。

以上から、義和団時期における天津防衛に際して、鴉片戦争、太平天国軍の侵攻、第二次鴉片戦争といった先例が当時の人々の念頭に上っていたことは疑いない。天津の一部の住民が義和団による天津防衛を期待したのも、得勝餅を提供したのも、そのような文脈で理解すべきに思われる。

この点では、北京の朝廷でも類似の状況があった。そもそも著名な外国排撃の上諭をはじめ、朝廷での議論も、鴉片戦争以来の団練神話を踏まえていたとも考えられる[49]。王朝を守る大義のために立ち上がる団練という朝廷の観念的発想が、天津社会に累積されてきた歴史的記憶と照応して、現実を規定していたのである。

5　小　結

以上から知られるように、義和団の擡頭には、「壇」を設けて、官に代わって祈雨を行なうという意味があったと理解される。このように官の統治を模擬したような現象は、義和団による天津支配の様相にも看取される。もちろん、多くの「掲帖」(ビラ)「乩語」(神意による予言)などに見られる「劫」(世界の終末、一種のハルマゲドン)の観念のように、そのような代執行とは異質な理念も、拳民の行動の動因となっていたことも疑いない[50]。とはいえ、「贓官」を批判して行動するという一見「反体制的」と見える行動も、義和団民の主観の中では、あるべき官の行動を暫時的に代行・協助しようとしたものと解釈できる局面があろう。

天津における義和団の活動をめぐるいくつもの事象には、天津における過去の事件の記憶を念頭において人々が行動したと考えるべき点が多い。ひとつは同治九年の教案が、外国人排斥の情念を規定していた。また鴉片戦争以来の天津防衛の伝統が、団練や火会の活躍の故事として想起されていたのである。

このような記憶の反復は、義和団戦争における敗北、天津で言えば外国軍の統治を通じて断ち切られた。多くの天津住民にとって義和団時期の経験は、甚だ苦々しいものであった。

> 官になったものが邪を信じたのは、あの義和拳をことさら信じたからであり、彼らを天からおりてきた神仙とみて敬い奉った。少しも彼らの命令にさからわず本当に天があまたの神仙を派遣したと考え、大清国を助けて外国人を滅ぼそうとしたにしても、あにはからんや、かえって自分の国をもう少しで滅ぼすところだった。これぞ邪を信じることの悪いところではないか。さらに、日照りで雨が降らないと、屠殺をやめて祈雨をすべきだと言って、竜王廟や大王廟に願をかけに行く。本当にうまい具合に雨が降れば、祈雨のおかげだと言う。これぞ邪を信じた結果ではないか[51]。

こうして時代は、廟への信仰など民衆文化を力をこめて否定する方向に転換してゆき、祈雨に示されるような官の儀礼と民間信仰の接点は失われた。また光緒三十一年（一九〇五年）の反アメリカ運動に見えるように、従来の排外観念を、「中国人」の団結という主張によって意識的に代置してゆく動きも起こる（第八章参照）。以上の動向のなかで都市エリートは古めかしい儀礼に満ちた王朝政治体制を自明としないようになり、他方で広大な郷村の農民は、「文明」志向の政策に反発して民変を頻発させる[52]。このような平衡失調は、まさに体制瓦解の予兆であった。

註

（1）Joseph W. Esherick, *The Origins of the Boxer Uprising* (University of California Press, 1987). 周錫瑞［Joseph W. Esherick］

（張俊義・王棟訳）『義和団運動的起源』（江蘇人民出版社、一九九四年）「中文版前言」。佐藤公彦『義和団の起源とその運動——中国民衆ナショナリズムの誕生』（研文出版、一九九九年）。

（2）路遥・程歗『義和団運動史研究』（斉魯書社、一九八八年）二三六頁。

（3）管鶴『拳匪聞見録』（『義和団』第一冊）。劉孟揚『天津拳匪変乱紀事』（『義和団』第二冊）。佚名『天津一月記』（同前）。佚名『遇難日記』（同前）。阮国楨『津乱紀実』（同前）。

（4）陳貴宗『義和団的組織和宗旨』（吉林大学出版社、一九八七年）三七～四五頁。天津の義和団の組織については、中村達雄「清末天津県的郷鎮結構与義和団組織」（中国義和団研究会編『義和団運動与近代中国社会国際学術討論会論文集』斉魯書社、一九九二年）が興味ぶかい指摘を行なっている。

（5）*Peking and Tientsin Times*, 21 April 1900, p. 30.

（6）『国聞報』四月二十五日「隠庇受懲」。

（7）国家檔案局明清檔案館編『義和団檔案史料』（中華書局、一九五九年）一四二～一四三頁、裕禄奏（光緒二十六年五月十九日）。

（8）『義和団檔案史料』一五七～一五九頁、裕禄奏（光緒二十六年五月二十四日）。

（9）『義和団檔案史料』一六一～一六二頁、上諭（光緒二十六年五月二十五日）。

（10）George Purves Smith (Medical Mission at Tientsin) to George Cousin (Foreign Secretary of London Mission Society), 16 April 1900, London Mission Society Archives (School of Oriental and African Studies, London University), Correspondence, North China, Incoming, Box 12, Folder 1, Jacket D.

（11）戴玄之『義和団研究』（中国学術著作奨助委員会、一九六三年）五六～五七頁。林敦奎「社会災荒与義和団運動」（中国義和団研究会編前掲書）。

（12）Paul A. Cohen, *History in Three Keys: The Boxers as Event, Experience, and Myth* (Columbia University Press, 1997), pp. 69-95. 柯文［Paul A. Cohen］「義和団、基督教徒和神——従宗教戦争角度看一九〇〇年的義和団闘争」（『歴史研究』二〇〇一年一期）。

（13）Erik Zürcher, "Middle-Class Ambivalence: Religious Attitudes in the *Dianshizhai Huabao*," *Études chinoises*, Vol. 13, No. 1-2 (1994), pp. 126-128. 天災に対する（宋代の）地方官の対処について、以下が示唆に富む。小島毅「宋代天譴論の政治理念」（『東洋文化研究所紀要』一〇七冊、一九八八年）。同「牧民官の祈り——真徳秀の場合」（『史学雑誌』一〇〇編一一号、一九九一年）。

（14）『国聞報』光緒二十四年四月十一日「求雨得雨」。

(15)『国聞報』光緒二十四年四月十二日「建醮求雨」。黄六鴻『福恵全書』巻二十四「祈禱晴雨」の記事は、屠殺と酒販売を禁じることの意義を「所以懼災節味也」（天災に対して恐れ入り、飲食をつつしむためだ）と説明する。
(16)『国聞報』光緒二十四年四月十六日「祈禱有霊」。
(17)『国聞報』光緒二十四年四月十七日「官様文章」。
(18)『国聞報』光緒二十四年四月二十六日「待慰蒼生」。
(19)『国聞報』光緒二十四年四月二十八日「油然沛然」。
(20)『国聞報』光緒二十四年四月十三日「有龍則霊」。原文に句点をほどこす。「本津祈求雨澤。曾紀前報。茲據友人述及津俗。祈雨向例。用強健工匠一名。於祈禱日。至龍王廟。向神前叩頭。以數百計。以神馬繋諸額上。即謂神附其體。起立歩行。出廟瞠目直視。両手奮撃。似有格鬪之状。而膂力勝於平日。前後有五六壮丁。或牽或挽。沿途觀者。皆紛退讓。其前導則有黄布旗十數面。書寫天降大雨風調雨順等字様。相傳執是役者。為龍王差官。事後此人即覺。勞乏異常。調養數天。方能復原事。雖近誕然。往往奇驗。或者精誠所至。亦能感上蒼與《ママ》」。
(21) *Peking and Tientsin Times*, 10 March 1900, p. 7.
(22)『申報』光緒四年三月十四日「求雨創聞」。
(23)『国聞報』光緒二十六年四月二十一日「望□雲霓」。
(24)『国聞報』光緒二十六年四月二十九日「地保解事」。
(25) 城市では「壇」が義和団の組織の要となっているが、郷村では「廠」が同様の機能を果たしていた。実は元来「廠」も祈雨と関係ふかいものだった。例えば河南省の乾隆『郾城県志』巻一には「旱魃になると民間では祈雨を行なう。廠を設けて神を迎え、銅鑼を鳴らし太鼓をうつのが昼も夜も続く」とある（この史料は佐藤公彦前掲書四一三頁にも引かれている）。華北郷村における村落の社会的結合と祈雨、そして民間信仰の関係については、以下も指摘する。Charles Albert Litzinger, "Temple Community and Village Cultural Integration in North China: Evidence from "Sectarian Cases" (*chiao-an*) in Chihi, 1860-95," Ph. D. dissertation, University of California, Davis (1983), pp. 32-35. さらに注意すべきことは、廟の空間的配置と階層性、そして義和団運動の関わりである。これを示唆するものとして、中村達雄「天津県の社会空間――聚落・廟・戸口を手がかりとして」（『名古屋大学東洋史研究報告』二五号、二〇〇一号）を挙げておきたい。
(26) 南開大学歴史系編『天津義和団調査』（天津古籍出版社、一九九〇年）一四一頁。
(27)『国聞報』光緒二十六年四月二十九日「地保解事」。
(28) 南開大学歴史系中国近現代史教研組「義和団是以農民為主体的反帝愛国組織――天津地区義和団運動調査報告中的一章」（中

国科学院山東分院歴史研究所編『義和団運動六十周年紀念論文集』中華書局、一九六一年）二六三頁。

(29) 市古宙三『近代中国の政治と社会』（東京大学出版会、一九七一年）三〇四頁。

(30) [Wh. Coish], *Tientsin Besieged and After the Siege* (North-China Herald Office, 1900), p. 30. この冊子には、A Daily Record by the Correspondent of the "North China Daily News" とのみ記されていて、著者の名が明記されていないが、Bodleian Library, University of Oxford 所蔵本には、著者による献辞・署名と推測される書き込みがあり、これによって推定した。

(31) 必ずしもこれによって地域的偏差をすべて説明できるわけではないが、運動の性格を一律に本質規定せずに丁寧に個別的に考察すべきであるとは言えよう。また、直隷正定府について精細な分析のすえ、この地域の運動の性格は「反帝」と言えないことを主張する巴斯蒂 [Marianne Bastid-Bruguière]「義和団運動期間直隷省的天主教教民」（『歴史研究』二〇〇一年一期）も注目される。

(32) *Peking and Tientsin Times*, 10 March 1900, p. 7.

(33) Great Britain, Foreign Office, Archives, FO 228/1349, Jonathan Lees to W. R. Carles, 3 June 1900, enclosed in Carles to Claude MacDonald, 4 June 1900.

(34) Favier et al. to Stephan Jean Marie Pichon (French minister), 19 May 1900 (translation), enclosed in Edwin H. Conger to John M. Hey, 21 May 1900, United States, *Papers Relating to the Foreign Relations of the United States, 1900* (Government Printing Office, 1902), p. 130.

(35) Mark Elvin, "Mandarins and Millenarians : Reflections on the Boxer Uprising of 1899-1900," *Journal of the Anthropological Society of Oxford*, Vol. 10, No. 3 (1979), p. 119 ; reprinted in Mark Elvin, *Another History : Essays on China from a European Perspective* (Wild Peony, 1996), pp. 206-207.

(36) FO 228/1253, Carles to MacDonald, 11 August 1897.

(37) 王火選輯「義和団雑記」（中国社会科学院近代史研究所『義和団史料』中国社会科学出版社、一九八二年）上冊、四頁。

(38)『国聞報』光緒二十六年四月二十五日「津門乱象」。

(39) 呉恵元「天津勦寇紀略」附編（張燾『津門雑記』巻上）。

(40) 戚其章主編『中日戦争』一冊（中華書局、一九八九年）一一九～一二〇頁、李鴻章片（光緒二十年七月二十二日）に引用されている。

(41) 劉鳳翰『武衛軍』（中央研究院近代史研究所、一九七八年）六六七～六八三頁。林華国『義和団史事考』（北京大学出版社、一九九三年）一二六～一三六頁。

(42) 中国第一歴史檔案館編輯部編『義和団檔案史料続編』（中華書局、一九九〇年）六〇三頁、上諭（光緒二十六年五月二十一日）。

(43) 小林一美『義和団戦争と明治国家』（汲古書院、一九八六年）二七二～二七三頁。

(44) 参謀本部『明治三十二年清国事変戦史』（川流堂、一九〇四年）巻二、二四四頁。

(45) 同前書、巻一、一〇四～一〇五頁にも類似の説明がある。つまり、武衛前軍、武衛左軍、練軍、淮軍のほかに天津附近において召募された勇丁として以下が挙げられている。「(イ) 安衛軍　上衣ニ安衛軍ト記シ、古式ノ銃ヲ携へ、専ラ地方鎮撫ニ任ズ。(ロ) 保衛軍　郷閭保護ノ為メ設ケラレタルモノニシテ、一定ノ服装モ無ク、又其武器モ古式ニシテ区々ナリ。(ハ) 蘆勇　塩運使ノ召募セルモノニシテ、上衣ニ蘆勇ト記セリ。(ニ) 民団　保衛軍ト略ボ同性質ノモノナリ。(ホ) 雁排槍隊　餘慶浦附近ノ鴨雁ノ狩猟ヲ業トスル者ヨリ召募セラル。是レ往年長髪賊ノ乱ニ際シ奇功ヲ奏シタルニ因リ、再ビ召募セラル。此総数　約二千人」。

(46) 王守恂『天津政俗沿革記』巻十六、三十八葉。中国社会科学院近代史研究所『義和団史料』下冊、九六二頁にも引かれている。

(47)『義和団檔案史料』二一八～二一九頁、劉恩溥奏（光緒二十六年六月五日）。同二七八～二八〇頁、劉恩溥奏（光緒二十六年六月十四日）。

(48) 一九〇〇年六月一三日鄭永昌より青木周蔵あて電報、外務省『日本外交文書』三三巻別冊一「北清事変」上（日本国際連合協会、一九五六年）二一頁。

(49) 最も著名な団練神話は、鴉片戦争のとき英国軍を広東の三元里で破ったとみなされた事例と言える。James Polachek, *The Inner Opium War* (Council on East Asian Studies, Harvard University, 1992), pp. 137-175. 茅海建『天朝的崩潰——鴉片戦争再研究』（三聯書店、一九九五年）二九三～三一三頁。注目すべきは、三石善吉『中国の千年王国』（東京大学出版会、一九九一年）二一七～二二二頁の提示する「以民制夷」の系譜である。三石の駆使する概念には必ずしも同意できない部分があるが、三元里事件以降、義和団に至る対外的危機のたびに類似の戦略が提起されたとの指摘は示唆的に思われる。

(50) 陳振江・程歗『義和団文献輯注与研究』（天津人民出版社、一九八五年）二〇八～二一九頁。

(51)『大公報』光緒二十八年七月十日「説中国人信邪壊処」。

(52) Roxann Prazniak, *Of Camel Kings and Other Things : Rural Rebels Against Modernity in Late Imperial China* (Rowman and Little Field, 1999).

第II部　行政機構の革新と社会管理

第五章　巡警創設と行政の変容

1　課題の設定

光緒二十七年（一九〇一年）、直隷総督の任に着いた袁世凱は、天津を中心として様々な改革に乗り出すことになる。[1] この諸改革を「北洋新政」と呼ぶが、なかでも欧米ないし日本に範をとった警察（当時の用語法で言えば「巡警」）組織の確立は、たいへん重視された項目であった。大正時代の日本人によって書かれた袁世凱の伝記の中では「袁世凱、直隷総督の任についてより、鋭意新政の施行に全力を傾尽したりしが、先づ彼れが成功の第一着手は、実に直隷警務制度の改革なりき」[2] とまで評されている。

天津における巡警の創設は、全国的に見ても先駆となり模範となる意義をもっていた。これより早い時期にも別の都市で同様の試みはあったものの、天津ほど徹底したものではなかったのである。[3] 巡警制度の拡大について言えば、この天津都市部の経験をもとに、農村部を含めた直隷全省へと普及が試みられ、また光緒三十一年（一九〇五年）、中央官庁として巡警部が設けられてゆくという流れをみることができる。もちろん、二〇世紀に入ると、それと並行して各地で巡警制度導入がはじまるので、[4] 天津が模倣の対象となったことばかり強調するのは適切ではないが、やはりその影響は大きかったと見てよかろう。

このように巡警組織の確立は「新政」のなかで意欲的に推進された課題だったが、本章での目標は、地方行政、なかでも都市行政の歴史的変遷の中に巡警創設を位置づけようとすることである。容易に想像されるように、巡警組織は都市行政にとって枢要な意義をもっていた。では、従来の行政のありかたは巡警創設によってどのような変化をこうむったのか。また巡警はいかなる点で従来の行政の性格を継承していたのか。

従来の「新政」に関する研究においても、当然ながら巡警創設について触れられている。しかし、その場合にも、とられた政策の列挙にとどまっており、秩序維持のための方策の歴史的展開なり地方行政機構の変遷なりといった問題が十分に視野に収められているとは思われない(5)。

そこで、本章では、まず天津の巡警創設の過程について、その歴史的前提との関係、および都市社会での具体的な機能に注意しつつ叙述し、その上で、地方行政（この場合、都市行政でもある）の変容という観点から、巡警創設の歴史的位置づけについて考察を進めたい。

2　巡警の創設過程

(1)　歴史的前提

まず、巡警創設の歴史的前提として、それ以前の治安維持機構について整理しておきたい。

清代外省の警察機能については、一般行政の一環として知州知県の衙門《がもん》（官署）において事務処理がなされ、事件があった場合に衙門から捕役・衙役を派遣して捜査にあたらせていた。またそれとは別に、緑営も警察業務に責任があり、特に暴力性をもった強盗に対処するために動員されることがあった(6)。こと天津に限っても、官権力の担当する警察業務は、そのようなものだったと考えておくのが妥当に思われる。

加えて保甲制度についてもみておかなければならない。清代の保甲制度は、十戸に一牌頭を、十牌に一甲頭を、十甲に一保長を立て、そのような編成を通じて住民を把握するとともに、住民に相互監視させ治安維持に役立てようとするものだが、一九世紀ともなると、各地での反乱に対処するために、団練の設置などによる保甲制度の再編強化が目指されることになる。(7)

第一章で述べたように、天津における保甲制度の強化は、鴉片戦争時期の対外的危機が動因となっている。この際に天津城内外を二十堡に分け「義民局」という団練の編成が行なわれたのだった。(8) また光緒四年（一八七八年）、天津知県だった王炳燮《おうへいしょう》は、『聖諭広訓《せいゆこうくん》』における倫理を広めるための宣講《せんこう》を紳董に行なわせるために「郷甲局」を設け四十五か所で定期的に宣講させた。(9) この組織は、民間における紛争が起こると調停にあたって秩序維持に努めたのである。(10)

さらに、署理天津道だった盛宣懐が、「守望局」を設置した。守望局とは、従来の「郷約局」（前述の「郷甲局」の別称であろう）は大いに成果をあげているが結局のところ民間の運営にかかるものであり権限も小さいので、それを補うべく設けたもので、衙門から文武の官員・兵士を派遣し、二十の区域（「段」）に分けて巡察させた。(11) 更に、光緒十二年（一八八六年）、紳商が知県の意を受けて、「民吏保衛局」を設け、夜警と灯火保持を任務とした。(12) 以上のような事例は、後で見る巡警制度と共通する機能も多く、巡警制度が円滑に導入される前提として注目される。

また、おそらく以上の動きにも刺激を与えていたのが、租界の治安維持機構だった。咸豊十年（一八六〇年）の北京条約によって天津は開港場となり、天津城の東南の白河沿いに、イギリス・アメリカ・フランスの租界が設けられた。アメリカ租界は、あまり積極的な行政の対象とならず、光緒二十八年（一九〇二年）にイギリス租界に吸収されてしまうので、ひとまずおくとしても、イギリス租界とフランス租界には、それぞれ「工部局」と称する行政機関が設けられ、その下に租界内の治安を守るための警察組織があった。張燾《ちょうとう》は『津門雑記』巻下「租界工部局巡捕」において、その具体的な活動を以下のように叙述している。

> 工部局は巡捕房ともいう。巡捕を分遣することと及び道路を整備することが、任務だ。見回りの巡捕は、衣服に二つの円が並んで描かれており、その中にはそれぞれ漢数字と算用数字で番号が記してあって、見てすぐわかるようになっている。手には木の棍棒を持って昼夜見張りをし、担当区域をわけて見回り、いかなる風雨でも休まない。六時間ごとに班が交替する。かっぱらいや喧嘩などに出会えば、すぐ捕房にひっぱってゆき、取り調べを行なう。巡捕の長は西洋人であり、その等級は、服の袖の上に金線が三本・四本あるもののことを、それにちなんで三道・四道〔三本・四本〕と呼ぶ。道路を整備するのに、夫役を多数雇っている。毎日街道を掃除し、埃や瓦礫は大車で運び、野原でおろす。夜は街灯を点《とも》して人通りを照らす。立法はいずれも結構なものだ。匪賊の見回りをすると盗賊は姿を隠し、人は枕を高くして安眠できる。通りを綺麗にすると汚れた空気や悪臭がなくなり伝染病をよせつけない。益をなすこと甚大であり、かくもすばらしいことは他にない[13]。

ここから相当整った統制をもつ警察機構の存在がうかがわれる。また張燾は「工部局」の機能として治安維持と道路整備の二つを挙げているが、これらを当然のごとく並置して記述しており、彼が二つの機能を密接に連関させて認識していたことが示唆されている。

張燾のように租界の巡捕制度を高く評価する見解が広範に存在したためだろうか、租界の制度を参照しつつ、租界外にも道路管理のための機関が設けられた。光緒九年（一八八三年）、津海関道周馥《しゅうふく》の発議により「工程総局」を設け、道路の修築と巡視を担当させることになった[14]（財源問題については第六章参照）。

さて、光緒二十五年（一八九九年）ころ、山東省において活動を活発化した義和団は、新任の山東巡撫袁世凱の弾圧をうけつつも勢力を拡大し、翌年になると天津の外国租界を攻撃するに至った。これに対し、列強八か国の連合軍が反撃に出て、光緒二十六年六月十八日（一九〇〇年七月一四日）、天津城を陥落させた。こうして天津は、光緒二十八年七月十二日（一九〇二年八月一五日）に清に返還されるまで、二年余りの間、列強の支配下におかれることになったのである。この期間、列強が天津の共同管理のために設けていた行政機関が、天津都統衙門（Le gouvernement provisoire de Tien-tsin、当時の日本語表現は「天津仮政府」）である。

都統衙門は、その下に八つの部局をもっていた。当時の日本語とフランス語（都統衙門の文書で用いられた言語）の名称であげると、①本会議書記局（chancellerie générale du conseil）、②保安部（service de sûreté）、③衛生部（service de santé）、④会計部（trésorerie）、⑤政府財産並個人放棄財産管理局（administration des biens du gouvernement, ainsi que de ceux délaissés par des particuliers）、⑥軍事課（section militaire）、⑦法務課（section judiciaire）、⑧公衆給養局（bureau de l'alimentation publique）であった(15)。このうち警察業務を担ったのが、保安部であり、その具体的な構成は以下のようなものだった。

> 陸上・水上ノ二部ニ分レ、陸上警察ハ日・英・仏・独・伊ノ諸軍ヨリ派遣セル巡捕隊（列国兵各百名内外）ト支那人巡捕千五百名トニテ之ヲ施行シ、水上警察ハ伊国海軍兵百名ト支那人巡捕八拾名トニテ之ヲ施行ス(16)。

華人巡捕の設置は、天津の紳商の意見を容れたものである。都統衙門の告示に以下のようにある。

> 紳商が相次いで衙門に来て、各街に華人の巡捕を設けるように請願してきたのを見ると、それはそもそも地域を安寧にし紳商を保護することによって、安心して暮らし本業に戻れるようにするのを目的としていた。本都統としても至極結構なことと考え、これを受け入れることにした。そこで城廂内外の各地区を八つの段〔管轄区域〕に分け、華人巡捕を〔外国兵に〕加えて設け、一切を巡査することにする。さらに各段で公正な紳商六名を公挙し巡捕と協力して業務を行なう。彼らには巡捕を管理する権限はないが、もし不法の実情があったならば、みずから本衙門の漢語のできる職員のところに赴いて上申することもできる。また華人巡捕は、外国人

巡捕をリーダーとしてその指揮下におき、本衙門の巡捕官によって統轄されるのであって、こうして指令系統が一つになる。[17]

また以下のような記述もある。

天津都市部には既に華人の巡捕を設けてあり、各地区を都合八つの段に分け、段ごとに紳商六名を公選し、協力しあって管理することとした。その華人巡捕は、やはり西洋人の巡捕の指揮をうけており、さらに都統衙門の巡捕官の管轄下に統合されていた。その御陰で街々は非常に安寧だ。[18]

注意すべきなのは、都統衙門の告示に、華人巡捕の管理は、あくまで都統衙門の権限であって、紳商の権限でないことが強調されていることである。つまり、従来の保甲・団練などのように、紳商が管轄する治安維持組織をつくることは否定されたのである。

警察業務とあわせて治安上重要な裁判については、「其清国人ニ適用スル刑法ハ殖民地ニ於テ外国人ノ清国人ニ科スル一種ノ法律ヲ応用スルト云フ」とのことであり、都統衙門の法務課においてなされた。一九〇〇年一一月の公判事件の統計によると、賭博（六十一件）、強盗及窃盗（四十九件）、勒索《ゆすり》及誆騙《かたり》（三十九件）が上位の犯罪類型だった。[19]

警察機構を維持するためには十分な財源が必要となる。そこで「工巡捐局」を設置し、「房鋪捐」「車捐」「戯捐」等を徴収して、警察や道路整備の経費にあてることとした。さまざまな「捐」の賦課が天津の人々の重い負担となったことを強調する見解もあるが、[20]この賦課の背景には、警察組織維持をはじめとする都市行政のための財源捻出の問題があったわけである。ともあれ、以上に述べたような都統衙門の巡捕の存在が、袁世凱による巡警創設の歴史的前提となってゆく。

（2）天津返還問題と巡警の創設

光緒二十七年九月二十七日（一九〇一年一一月七日）、直隷総督兼北洋大臣だった李鴻章の死に伴い、山東巡撫として義和団鎮圧に尽力した袁世凱が、その職務を引き継ぐことになった。前述のようにこのとき天津は列強の支配下にあり、以前に直隷総督の衙門があった地点に、今度は天津都統衙門がおかれているという状況だった。そこで、省城である保定を総督の居所とせざるをえなかった。署理総督袁世凱にとっての課題は、義和団の鎮圧を続行するとともに、清国にとって軍事的・経済的に重要な天津を返還させるべく、列強と交渉することだった。

この交渉過程で問題になったのが、列強が撤退した後、天津の治安をいかにして維持するのかという点だった。なぜなら、天津返還の条件として光緒二十八年三月五日（一九〇二年四月一二日）に示された通牒の中には、天津市街から三〇キロメートル以内を清国軍隊駐屯禁止区域とするという条項が入っていたからである。そこで「治安維持のみを担当する非軍隊的組織」としての巡警が、袁世凱の意識にのぼることになったと、森悦子は指摘している。[21]

また袁世凱と巡警のかかわりについて以下のような説もある。黒竜会『東亜先覚志士記伝』によれば、「北清事変の後、袁世凱が山東巡撫から直隷総督に転任して入京謁見した頃のこと、一日川島は青木宣純《のりずみ》中佐と同道して袁をその旅寓に訪《おとな》ひ、警察制度振興の意見を述べると、袁は直に賛成して着任の上は早速その施設を講ずることにしたいと云ひ、保定に着任後間もなく馮国璋《ふうこくしょう》を使として川島を迎へに寄越し、警察創立の方法を相談した。川島は保定に十日余りも滞在して袁の任命した委員等と協議した結果愈《いよい》よ模範警察を作ることにな」[22]った、という。ここで大きな役割を果たしているのは、典型的な大陸浪人といってよい川島浪速《なにわ》である。川島は、袁世凱に面会する前、粛親王の知遇をえて北京に日本の警察制度を導入するのに尽力した人物である。[23] しかし、袁世凱が警察制度に関心を持つのに、川島浪速が果たした役割はいかほどのものだったのか、疑問は残る。なぜなら、この『東亜先覚志士記伝』は、大陸における日本人の業績を強調する意図で編纂されているので、その記事を取り上げるには慎重でなければならないからである。しかし、川島も関与して、北京に新たな警察制度が導入されはじめていたのは事実なので、いずれにせよ袁世凱がそのような警察制度について認識を深める機会をもったと考えることはできよう。

袁世凱は、光緒二十八年五月十六日（一九〇二年六月二一日）の奏議において巡警にも触れているものの、この段階では軍隊組織一般の改革を論ずるなかで、軍隊組織の一部として巡警をとりあげているにすぎず、その具体像も明確でない(24)。しかし、天津返還を目前にひかえた光緒二十八年七月五日（一九〇二年八月八日）には、保定に「警務局」と「警務学堂」を創設した旨を上奏するに至っている。この間の認識の深化により、袁世凱は西欧的警察制度にいかなる意義をみとめるようになったのだろうか。

臣が心中考えるところによれば、軍備は外侮を防ぐためのものであり、警兵は内匪を取り除くためのものです。中国では、保甲からして弊害多く、盗賊を防ぐには人員不足でありながら、民を騒がすこと余りある有様で、制度改革を行なわないわけに参りません。そこで転じて巡警に従事することとなります。各国の警察を調査すると、内政のかなめとなっていて、必ず大臣を設けて警務を担当させております。そもそも常に悪人がはびこらなくなってはじめて民はその業に安んずることができ、国本が固まってはじめて外患は消滅するのです。加えて、国家の政令を頒布することは、民意がついてくるか否かによって政治の得失の試金石となりますが、官府が耳目として役立て、世論を調査する手段としても、巡警だけが頼りにしうるものなのです。直隷は義和団以来、民気は衰え、残党はいまだ平定されていないゆえ、諭旨に従って速やかに巡警を設けなければ、暴力を禁じ悪人を取り締まり、更に民の隠された苦しみを明らかにすることができません(25)。

ここには、内政運営の要として、また官と民の接点としての巡警の位置づけがみられ、また義和団運動後の治安の乱れへの危機感が、従来の保甲制度の欠陥の認識とともに、巡警創設の重要な動機となったことを読み取ることができる。

このような理念と目的のもとに、保定には「西法」(西洋の方式) に倣って、「警務総局」一か所と「分局」五か所を設け、「巡兵」五百人を城内ないしその近傍に配置し、また「警務学堂」において「巡兵」および「警務各官」の教育を行なうという態勢がつくられたのである。「警務局」と「警務学堂」の詳細な章程も定められていた。このような作業を担ったのは、袁世凱の抜擢にかかる趙秉鈞《ちょうへいきん》と日本の警視庁から招聘された三浦喜伝だった。(26)

さて、光緒二十八年七月十二日 (一九〇二年八月一五日) の天津返還を前にして、七月八日には、巡警隊が天津に到着し、さらに翌九日には巡警隊が続々と到来して白河北の張公祠に駐留した (これは第一章で議論した張錦文を顕彰した祠堂である)。結局、巡警組織の長である曹嘉祥《そうかしょう》の率いる巡警千名が、大王廟そばの曾公祠に駐屯し、さらに二千名が張公祠に駐屯するという形勢となった。十一日からは、都統衙門支配下の華人の巡捕と巡警隊とが交代することになった。また返還日である十五日には朝八時から各区域の「捕坊」で続々と物品の移動を始め、外国兵は租界に退いていった。(27) その模様は以下のようだった。

同日午後六時、日・英・仏・独・伊ノ巡捕隊ハ前ノ仮政府門外ナル鉄橋ノ南側ニ集リ「アルハベット」ノ順序ニ整列シテ、日直委員オサリヴァン大佐命令ノ下ニ分列式ヲ施行シタル後、各隊其ノ所属軍ニ帰還セリ。此間仏・独両軍楽隊奏楽ヲナシタリ。(28)

こうして天津の治安維持の権限および責任は清の官憲に引き渡された。しかも、その権限と責任は、新設の巡警組織の担うところのものだった。

3　巡警の機能的特質

（1）巡警の組織

天津における巡警の配置については以下のようだった。まず天津都統衙門の警察機構を継承して、旧城内に天津警察総局二か所が、また別に旧城外を流れる白河北の河北地区に巡警総局一か所が設けられたが、その後、旧城内の二局は合併された(29)。そこで結局、天津旧城内外の地域を白河で二つにわけて、それぞれ南段巡警総局・北段巡警総局（「段」とは管轄区域の意）が分担することとなった。旧城内をはじめとしてその周辺の繁華な地区もほぼ南段巡警総局の管轄地区だった。そして、南段巡警総局の下に五つの分局が、北段巡警総局の下に二つの分局が設置された(30)。

更にその下に小区画としての「段」が定められた。例えば、天津返還後まもない光緒二十八年八月の時点で、河北巡警第二局の統轄下に、第一段は針市街、第二段は茶店口・火神廟、第三段は北閣というように、十三の段が設定されていた(31)。そして「段」ごとに「崗」と呼ばれるポリス・ボックスがあり、巡査がひとりで立哨していたのである。また、犯罪が起こったのにもかかわらず、いまだ犯人をとらえることができない街路に「崗」を増設したりすることもあった(32)。

「崗」は既に天津都統衙門の支配下から存在していた。天津の返還とは、街路レベルでは、都統衙門指揮下の巡捕から巡警隊に「崗」がひきわたされることを意味していたのである。しかし、巡警隊は天津の事情に通じていないことから、いったん解散されていた都統衙門時代の巡捕を再び集めて、巡警隊と協力して業務にあたらせることとした(33)。もともと八か国連合軍の軍事的占領下にあった制度を袁世凱が継承したという連続性に留意すべきである。

ではこのような態勢はどれほどの効果をおさめえただろうか。天津の日刊新聞『大公報』は、巡警改革のための方策を論説で提示したが、そのうちの一点が巡警の増員だった。

巡兵は段ごとに一人で、孤立無援の状態だ。四～五人で群をなして挙動が不審な者がいるのに出会っても、巡兵にはさっと前に出て誰何する勇気がない。ゆえに賊の輩はつけあがって平然と行動する。かくして巡兵がいるといっても全く名ばかりのものだ。そこで、このようにしたらどうか。昼間は一人で立哨し、夜間は十時から翌朝六時まで全ての段で二人に立哨させる。挙動不審の者がいるのに出会ったなら、一人が尋問し一人が離れて見張りの任につくこととする。果たして盗賊であったなら、警笛を鳴らして、巡兵を集めるのだ。(34)

このように警備の万全を要求している。明らかに新設の巡警の力量が疑問に付されていると思われる。

確かに、巡警の警備能力は、まず巡警組織の人員数に規定されるだろう。イギリスの外交官が一九〇六年頃、かつて巡警組織の長だった曹嘉祥から聞いた結果をまとめた報告によると、曹は河間府において千人を養成し、更に彼等を保定府につれていって訓練を施した。天津返還の際、曹は彼等を天津につれてきて、都統衙門から引き継いだ八百人と混成にしたという。また彼は、このインタビュー当時のポリスの数は約二千人だと述べている。(35) これを巡警組織のおおよその規模と考えることができよう。但し同じ史料の中に青木という軍人からの情報として千二百人という数字も示されている。(36)

しかし警備能力を規定する要因として更に重要なのは、組織としての規律が保たれているか否かだろう。このような巡警の規律の問題は、天津返還当初から懸念されていた。例えば袁世凱が巡警の幹部に示した訓示には「謹厳に任務にあたり、街々を騒がしてはならない、そして取り調べ・巡回にあたっては一層まじめでなくてはならないと、部下に厳しく命じよ」(37) とある。数日後、天津巡警の総辦《そうべん》だった曹嘉祥も次のような訓戒をしている。

警官達は規則を遵守して公共に奉仕し、法を守らなければならない。みだりに騒動を起こして住民に迷惑がかかるようなことがあってはならない。また、買物をするのにもすべて市価に則って公正にすべきであり、無理に負けさせるようなことは少しも許されない。もし以上の問題があるときには、取り調べを行なって明らかになり次第、厳罰に処する。決して大目にみることはない。各自、厳格に遵守し違反してはならない。[38]

袁世凱と曹嘉祥の懸念は杞憂ではなかった。警官は街路で暴力沙汰を起こしたり、勤務態度がよくなかったりして、しばしば処罰された。例えば以下のような事件が起こった。天津返還後まもない頃、華捕（もと都統衙門の下で働いていた華人巡捕）である沈・曹の二人と巡警兵である王連升が夜回りをしていたところ、ある家の門首の灯火が風のため消えていたのを発見した（門首の灯火は治安上の理由から点《とも》しつづけるよう義務づけられていた）。[39]これを機とみた沈らは門を突き開け、主人を取り調べに連れ去ろうとした。そこで主人は賄賂として洋銀を差し出して事無きを得た。ところが翌朝その主人が巡警局にその旨を報告したので、三人の警官は問いただされ、それぞれ「軍棍」による体罰をうけた上で免職となった。[40]この事件において、警官たちの連行するという脅しは、金品の要求を含意していたとして処分をうけたのである。

そもそも巡警組織の長であるはずの曹嘉祥自身が、資産家から金をまきあげて巨富をなしたとされる。[41]一年足らずで曹嘉祥は罷免され、光緒二十九年四月に、かわって趙秉鈞が総辦に任じられた。[42]

趙秉鈞は、綱紀粛正に努め、賞罰を明らかにした。巡警の規律維持のためには、違反者の処罰のみならず、功労者を模範として示すことも行なわれたのである。例えば「大功」ある巡長（巡査部長に相当）を等級づけ（最上級は「頭等巡長」）、そうすることによって組織を鼓舞激励したのだった。[43]

巡警組織の構成員がいかなる出自・経歴をもっていたのかを充分に明らかにしうる史料は見出すことができない。しかし、先にとりあげたイギリス外交文書によると、趙秉鈞は巡警への任用の条件として、①十八歳から二十五歳位であること、②五フィート四インチ（一六二センチメートル余）の身長があること、③三十畝（ほぼ二ヘクタール）

の土地を所有すること、を挙げている。このうち③で言う三十畝とはおおむね安定した農業経営を可能とする所有面積と言えるから、出自が一定以上の家産を持っていて、それなりの身元の保証があるか否かを確認することを意味している。

しかし、必ずしもこのような三つの条件が厳守されたか否かは詳らかではない。「巡警への採用規則は、総督袁世凱の新軍へのそれと同じだとされている。しかし、たとえそのような規則が存在するにしても、それはいかなる場合においても建前にすぎない(44)」という指摘もある。いずれにせよ、巡警の出身階層の構成についてこれ以上追究するのは困難である。

天津返還後、しばらくは、都統衙門期以来の巡捕と、直隷の別の地で趙秉鈞の訓練をうけ天津返還時にやってきた巡警隊が、協力して任務を遂行していたが、同光緒二十八年（一九〇二年）秋には、直隷省河間府で三百余人を募集し天津で訓練を施した(45)。また同年中に天津にポリス・アカデミーである巡警学堂が設立され、翌年、保定のそれをあわせて北洋巡警学堂とされるというように、教育機関の整備が進んだ。北洋巡警学堂には「官学生」（修業一年）「兵学生」（修業二年）の別があり、前者が幹部候補生の課程だった。袁世凱は、巡警組織のすべての成員が専門的教育をうけることをめざしていたのである。「兵学生」は巡警総局において警兵（巡査に相当）を三か月勤めたのちはじめて修了の証書を与えられた(46)。

また警官の月給はどれほどだったかというと、イギリス人の調査によると、一九〇六年頃では巡長十〜二十両、巡兵六両だった(47)。また、光緒三十三年（一九〇七年）の巡警組織の規則によると、巡長では一等十両八銭、二等八両七銭、三等七両三銭、巡警（巡兵）では一等六両六銭、二等六両三銭、三等五両九銭だった(48)。「警官の給料はかなりよいので、警察にはたくさんの志願者が集まる(49)」とのことである。

このような給与支払いをはじめとする、巡警組織にとって必要な財源は、いかにして確保されたのだろうか。天津都統衙門支配の下で、道路整備および警察運営にあてる財源を「捐《えん》」という形で徴収する機関として「工巡捐局」が設置されたことは先に述べたが、この機関は天津返還後も存続しつづけた。都統衙門が開始した道路整備と警察運営というふたつの事業を、袁世凱はひきついで更に展開させたのだから、財源捻出の方途も受けつがれるのは、当然だろう（第六章参照）。

（2）巡警の任務

巡警の任務について、これまで漠然と治安維持などと概括してきたが、その内容はどのようなものであったのだろうか。巡警がいかなる任務を負うべきだと期待されていたのか、どのような事象が巡警の取り締まりの対象とされていたのか、という点について全般的に論じてみることにする。

統治者が巡警の必要性をいかに考えていたかについては、これまで幾度かふれることがあったが、ここで改めて、袁世凱が巡警設立の事情を説明した上奏文を示しておきたい。

天津の地は海浜にあって民の俗はあらあらしく、兵乱〔義和団の戦乱〕の後には、人心も不安定で、潜伏した賊が特に多かったのです。その港の一帯は、商人が集まって来るものの、海賊がひっきりなしに出没しました。連合軍が駐留している間は、地方官の法令は実行されず、それゆえ一層また猖獗を極め、憚るところもないため、いたるところ騒然としておりました。私が着任した当初、天津返還の準備として返還後にうまくやってゆく方策が必要であり、またもっとも案じられたのが、外国人の支配から華人の支配に移行する際に、匪賊が間隙に乗じて思うままに振舞うことでした。このように状況は内地に比べてとりわけ切迫しており、巡警を開設しなければ、地域を守り窃盗の源を一掃することはできなかったのです。(50)

ここに示されているのは、盗賊集団の出没によって脅かされている天津の治安に対する危機意識である。巡警創設当初に期待されたのは、それら盗賊の取り締まりだったと言えよう。

では民間では巡警の活動に何を期待していたのか。それを知る手掛かりとして、先にも言及した『大公報』の巡警改革についての提言をとりあげたい。

天津巡警の創設とは、元来盗賊を逮捕し商民を保護することを目的として、各段に警官を非常にきめこまかく配置したのであった。にもかかわらず、盗賊が悪事をはたらく事例を時に耳にするので、段内の住民は今なお夜もおちおち寝ていられないのが実状だ。また以下のような事件があったとも聞く。今月十日と十七日の両日に某宅は二度も強盗に入られた。いずれも夜十二時前後に賊が大勢おしいって脅迫してきたので、一回目は洋銀三元を、二回目は銀の燭台二組をさしだした。被害者は通報して処置を請うたものの、警務にあたる人員や被害者の親友はいずれも一生懸命に忠告してそれをやめさせた。おそらく、巡警の長である曹嘉祥に知られること〔その地区の巡警の責任者が職務怠慢として譴責を受けるからか〕を恐れたためと、盗賊一味の恨みをかうこと限り無いのを恐れたためだろう。またその段の巡警局員が被害者宅の近く北馬路下羅家胡同〔胡同は小路・横町の意〕の小大院の場所に巡兵が見張りに立つ「崗」を増設したが、羊を逃がしてから檻の修理をするという諺のようなものであり、まことに遅きに失している。そこで、ひたすら以下のように思うのだ。巡警は任務として昼夜巡回しているのに、盗賊がかくも猖厥を極めているというのは、もしかすると巡警の章程〔機構の任務・運営の規定〕に不備があるためかもしれない。事は地域の大勢に関わることであり、沈黙しているわけにはゆかない。(51)

そしてこの後に続けて巡警の警備能力向上のための提案がなされるわけであるが、この引用文に見ることができるのは、市内に邸宅をもち、ある程度の財産をもつ者が、生命と財産の安全を保障する機構として巡警に期待する姿勢である。このような期待の背景には、各家屋ごとに課される「房捐」は巡警の重要な財源となっているので、そのみかえりとして巡警は治安維持上の責任を怠りなく果たすべきだという意識があると考えられる(52)。

では巡警組織自体において彼等の任務はどのように規定されていたのだろうか。この点について具体的に検討するため、天津返還後まもない時期の「巡警条規」をとりあげることとする。ここには十八項目にわたって巡警の取り締まりの対象とされる事象が列挙されている。当時の天津社会に見られた傾向をも示唆してくれる興味深い史料なので、煩瑣になりかねないのをおそれず、全項目を訳出しておく。

一、喧嘩・強奪・強盗・窃盗・誘拐等の現場に出会ったら即刻とらえるべきだ。一、夜十時になったら通行人は手荷物を多く携帯することはできない。違反者は巡警局に拘引して事情をきいてから釈放する。一、およそ賭博を発見したら一律にとらえて罰する。一、夜十二時をすぎたら、あらゆる車両は小包・荷物を積んで運ぶことはできない。違反者はとらえて罰する。一、およそ大小の道路の各所と辻および貯水地等では、大小便・しびんの中身をすてること・ゴミや汚物をすてることは許さない。伝染病を防ぐためだ。違反者はとらえて罰する。一、およそ夜間、家の角に汚物を積んでおく者も一律とらえて罰するべきだ。一、素裸でいるのを禁ずる。一、およそ車馬通行人は道の左側をゆかなければならない。混雑を防ぐためだ。もし意図的に違反する者がいたら、とらえて罰する。一、およそ街道の両側で品物を並べて売り、通行の邪魔となってはならない。一、およそ辻や曲り角において多人数が集まってはならない。一、浮き橋が架かったとき、往来する車馬通行人はすべて順々に通過すべきで先を争ってはならない。一、各役所及び公共の建物に貼紙をしてはならない。一、各種の車輛は道路で先を争って通行の妨げとなってはならない。一、名を伏せて貼紙を出し法律に違反する者がもしいたら、どこだろうとすぐ逮捕すべきだ。一、もし悪人が集まってデマのビラを印刷し、人心を惑わすことがあったら、即刻逮捕する。一、およそ禁制品、例えば火薬・銃弾・兵器の類を売る物がいたら、いずれも巡警局に拘引して追究・処罰すべきだ。一、およそ酒館・戯園・書場〔講釈をきかせる寄席〕で騒ぎを起こすものがあれば、すべて巡警局に拘引し処罰すべきだ。一、およそ夜がふけて定刻を過ぎても、酒館が店を閉めないで、または戯園が劇を終わりにせず、子の刻にまでなったら、これも拘引・処罰の対象とすべきだ。[53]以上の条項は、この後、増補改訂されて、さらに詳細な規定となってゆく。[54]しかし、巡警に期待された活動の基本的な点は、すでにこの条項に、はっきり現れていると言える。もちろん、袁世凱や『大公報』が巡警に特に期待をよせていた盗賊の取り締まりにつながる項目もあるが、それよりも今日の日本で言えば「軽犯罪法」違反にあたるような、細々とした事象も取り締まりの対象とされていることがわかる。特に街路の円滑な通行ないし街路そのものの保持にかかわるような点が目立つ。また街路の衛生に対する配慮もみられ、[55]都統衙門時代に新設された衛生局との協力も想定されているのだろう。[56]そもそも巡警は、街路に設けられた崗によって見張りをしたり街路を巡回したりしているのだから、道路という共同使用される空間を管轄し、その秩序を守るものとして巡警が設けられたと考えることができる。このことは、先にとりあげた『津門雑記』の租界の工部局についての叙述のなかで警察と道路整備の事業を当然のように織り交ぜながら説明している点と照応する。この二つの事業をごく近いものとする認識が相当に一般的だったがゆえに、光緒三十二年（一九〇六年）、道路整備のための官衙である天津工程総局が巡警総局のなかに吸収されてしまうというようなことも起こるのだろう。[57]

ところで「巡警条規」に見えるように、巡警局に拘引された者は処罰を受けることもあった。この、巡警の裁きについて改めて検討を加えてみる必要がある。

(3) 巡警の裁き

清代の裁判制度においては、「親民官」たる知県・知州が原則としてすべての事案の初審を行なうことになっていた。つまり、天津県ならば、最初に訴えを起こそうとする者は、天津県衙門に対して提訴を行なうのである。審理のあと、比較的軽微な処罰は県級で執行することができる。しかしそうでない場合、事件は上級の官庁に持ちこまれ、それぞれ重大さに応じて数次の覆審をうけることになる。

しかし天津における巡警の活動は、知県による初審の原則をゆるがすという結果をもたらした。なぜなら、巡警組織が自ら裁きを行ないはじめたからである。新聞記事の犯罪報道で常套的なパターンとは、事件の発生と犯人逮捕を述べたあと、犯人を「巡警局に送って処罰した」（「扭局懲罰」「帯局究辦」等）[58]と締めくくるものだが、この表現はそのような裁判と執行の機能の存在を含意しているのである。具体的な例を挙げるならば、ある男が禁を犯し多数の人々を集めて歌を演唱していたところ、巡兵に捕らえられ巡警局に連行されたが、巡警第五分局の局長は彼に板責数十を施したのち釈放した、という事件があった。[59]かつては知県のみが自由裁量で（法の定めにとらわれることなく）板責刑および「枷号」（首かせをつけて衆人環視の中におく）を利用することができたが、それを引き継いで、この事件では巡警分局において板責刑が決定・執行されているようである。また一件が南段巡警総局に送られて処理されることもあった。[60]租界からも巡警総局に犯罪者の身柄が送られてきて、裁きを行なった。[61]下される罰としては、体罰（板責）・罰金・「枷号」「苦工」があった。実は新聞記事で「扭局懲罰」と表現されていても、ほとんどの場合、具体的にどのような罰を受けたのかは不明だが、おおむねこれらの罰だったと推測しておいてよかろう。「苦工」については、一年または四か月というように期限つきで宣告されていることからみても、一定の期間を定め官憲の下で雑役に服する刑罰と言える（第七章参照）。いずれにせよ、これらは成文法に規定された罰を与えているのではないのであり、むしろ秩序維持のための行政的措置とみるべきだろう。

ここで想起されるのが、滋賀秀三が、地方官が取り締まりの必要ありと認めた行為に対して体罰など各種の懲らしめを行なっていたことに注目して「清代の知州知県は、まさしく警察署長（兼検事）たる側面をもっていた」[62]と述べていることである。巡警組織とは、実は、そのような地方官の機能の特定の部分を、従来の性格ごと引き継いで専門的に担うべく、登場したとみることができるのである。

巡警の裁きの特質についてもう少し検討しておこう。デイヴィッド・ストランドは、民国期北京の巡警について、その調停的性格を指摘しているが、(63) この調停的という規定のしかたは示唆的である。例えば、天津南段巡警総局の規則の「崗規摘要」（見張りの規則の要項）の筆頭にあるのは以下のような文言である。

およそ街路で喧嘩暴力といったことに出会ったら、巡警は常に穏やかな言葉で和解を勧め、事態を終息させる。武器を手にして殴ってはならない。もし和解勧告に従わないで、両者が重傷を負ったならば、巡警局に連れてきて別々に取り調べる。要は早く争いをやめて帰らせるのが一番だ。(64)

してみると先にのべた「扭局懲罰」という表現にしても、むしろ巡警局に連行される事態そのものが一種の制裁措置となっていて、それを契機にしつつ当事者の反省を促し、紛争の収拾をはかることを意味すると考えるべきかもしれない。いずれにせよ、巡警の行なう裁きとは、一定の実定法に基づいて形式的な論理操作によって行なわれるのでは決してなく、地域社会に生起する争い、特に暴力沙汰を、説得を通じて、場合によっては強権発動をも一つの手段としつつ、静め収めてゆくことにその眼目があったのである。そして、これは従来の知県による聴訟の性格や「差役の機能」(65) によく類似している。

ストランドは、このような巡警の機能的特質に対して、儒教的な要素として説明しようとしているが、これでは余りに漠然とした議論にとどまっている。むしろ、巡警組織は基本的に県衙門の秩序維持行政の性格を受け継いでいると把握すべきだろう。(66) かくして巡警局は県衙門の調停する権力を継承しつつも、街路で頻発する喧嘩にまで介入するほどその浸透度を増してゆくという位置づけを得ることになる。

では巡警局と県衙門の権限の関係はどのようになっていたのだろうか。まず、事件の処理が巡警局から県衙門に引き継がれる事例が見出される。(67) 特に、体罰・罰金など軽微な罰で済ますことのできない重大な犯罪の場合、県を末端とする前述の覆審の体系に持ち込まなければならなかったものと推測される。しかし、ここで留意しなければならないのは、巡警局は県衙門に対し明瞭な統属関係を持たないことである。如上の引き継ぎ関係は、県衙門の下部機関として巡警局があるような印象を与えかねないが、たとえば、巡警組織の長たる趙秉鈞は「候補知府」の資格をもっており知県よりも品級では上位であることからしても、かかる印象は誤りである。それゆえ、巡警が裁きを行ないはじめた後も、軽微な事件を裁く県衙門の従来の権限が制度的に移管されたわけではなく、両者の機能はある程度重複していたのである。してみると巡警の活動とは、県衙門の業務の一部を奪取継承し、県衙門の業務と競合していたということになるかも知れない。しかし一方で、巡警組織の活動は、街路など要所要所に配置され、ひとたび事件が起これば急行するという、住民生活への密着度と介入の積極性において、県衙門の機能よりはるかに民間社会への浸透度の高いものだったと考えることができ、それだけ官権力全体の果たす役割が大きくなっているわけである。そこで、官行政そのものの拡大という局面において、両者は相補的でもあったとひとまず考えられよう。

さて、巡警局と県衙門との裁判上の権限の問題が整理されるのは、県衙門側の裁判制度の変革が試みられることが契機となっている。その変革の方法は、西欧に倣って、県衙門という行政官庁からの司法機能の分立をめざすものだった。[68]光緒三十三年（一九〇七年）に設立された、この「審判庁」がどこまで行政と司法の分離を実際に果たしえたかは疑問が残るが、いずれにしても審判庁の設置をきっかけに事件処理の管轄範囲の明瞭な分割が要請されることになった。すなわち、それまで巡警局が民事的な事件をも取り上げるというように、県衙門と巡警局の権限が重複していたことを改めて、巡警局の簡易裁判施設「発審処」において処理できる軽罪の範囲を「違警罪目百二十五条」として明瞭に画定し、それ以外の事件は審判庁系列の機関で裁くこととしたのだった。また、そのいずれの場合でも犯人逮捕の権限は巡警が担うことも確認された。[69]すなわち、機関相互の権限について明瞭な区分を設け効率化をはかるための努力がなされたのである。

4　都市行政の構造変化

(1) 都市行政機関としての巡警局

次に、巡警局という新たな地方行政機関が設けられることに伴って、それまでの県レベルでの行政がいかなる変容をこうむったのか、更に、そのような変容が要請されるのはどのような要因からなのか、という点を問題にすることにより、巡警創設の歴史的位相について議論を進めてゆきたい。

そのために、まずは清代の地方行政のありかたを概観する必要があろう。清代の官権力の末端は、県（ないし州・庁）であった。県の統治にあたる知県は「父母官」とも呼ばれ、県内の人民の生活の隅々まで面倒をみるべく、すべての行政分野にわたって包括的な権限と責任を有していた。つまり、官行政の対象から制度的に切り離された私的領域は存在せず、行政の専門分化への志向も微弱だった。知県が地方社会に介入してゆく手段としては「告示」と呼ばれる布告が注目される。例えば、個別的な紛争の解決にあたって、今後の同種の紛争の発生を予防するために、かくすべし・かくするなかれという「告示」を発して、それを石碑に刻するというようなことが行なわれた。しかし、それが効果を収めうる場合も収めえない場合もあった。県衙門は、提示規範を徹底して強行するに足るだけの設備と陣容を持たなかったのである。このように、何か問題が生じたとき対症療法的に布告を出し、効果がない場合しばしばそれを反復するというのが、県衙門行政の実態だった(70)。そして、このような官行政を補完するものとして、地元紳士が行政的活動の一端を担うことも期待されていた。なかでも「義挙」「善挙」と総称される社会福祉活動の伝統が注目される。これは間接的に治安維持に寄与していたと考えられる。

一九世紀後半以降の都市的発展は著しく、都市部の人口は一八四〇年から一九〇六年までで二倍以上になった。この人口増は、商業活動の活発化が人をひきつけ、また食いつめた農民たちが大量に天津に流入することによってもたらされたとみてよかろう。[71]しかし半ば流民的な都市住民の増加は、社会不安をひきおこすことにつながりかねない。この状況への民間側の対処として「義挙」が一層要請されることになる。

とはいえ、それで問題の解決がなされたわけではない。『大公報』のある論説は、中国は「文明国」だという通念は誤っているとし、庶民の行動の無軌道さを強調している。例えば、口喧嘩・殴り合いが絶えないこと、買物の際に計量の仕方で争うこと、猥褻な画像が街々で目につくこと、不頼の徒が商店を恐喝すること、といったものである。この文の筆者は「告示爛たれば王法散ず」という諺をひきつつも、要は県衙門が「告示」という形で指令を発しても、混沌たる都市社会の実状は何等あらたまることがないとして憤り嘆じているのである。[72]

こうして、従来の県衙門行政よりはるかに積極的に都市社会にわけいって秩序維持に努めることが、要請されることになる。その課題は、義和団に続いて八か国連合軍に占拠されるという戦乱の時代を経て治安に不安が残る天津の状況を鑑みるとき、特に深刻なものとなろう。そこで袁世凱政権は、より介入的な方途で都市行政の再編を試みることになり、その構想の主軸となったのが巡警の創設だったのである。

袁世凱の天津入り後まもない時期に天津府が発した「告示」は、以下のように述べている。

今や総督が着任し天津の返還がなった。そして、巡警局を設立することにより、街々を守り盗賊を捕らえようとしている。その章程はすべて細かくゆきとどいており、いずれも、なんじ住民たちのために設定したものだ。しかし、実に憂慮すべきなのは、無知の徒で、ほしいままに振舞い、軽々しく法網を犯す者がいることだ。そこで早急に告示を出して曉諭〔教えさとすこと〕を行なわなければならない。そのためにもろもろの人々に対して告示して理解を徹底させるのだ。以後なんじ住民たちの務めは、章程を遵守し、夜灯をかかげ点《とも》し、強乞を禁止し、おのおの力を尽くして命令に従い、市場街道をきちんと秩序だったものとし、更にそれらにより、おのずから一新の気風をつくりだすようにしなければならないことだ。もし戒諭に従わずみだりな行為をなすなら、軽ければ軽微な罰を課してみせしめとし、重ければ律に照らして罪を問うこととする。そのようなことは知らなかったと弁解しても通用しない。各自謹んで従い違反してはならない。(73)

実はこの「告示」の文言のパターンは基本的に従来の踏襲にすぎないのだが、この「告示」内容をある程度強制しうる巡警の活動が背後に存在している点は、大きな変化である。巡警の活動とは、行政のありかたにとって画期的な意義をもっていたと言えよう。

では県衙門の行政上の位置はどのような変化を被るのだろうか。都統衙門支配のもとで設けられた行政機関を引き継ぎ、また新たな機関を設置したために、袁世凱支配期の天津には清朝の従来の官制にない官衙が多く存在した。巡警局をはじめ、先述の衛生局・工巡捐局があり、他にも、府レベル・省レベルの新官衙が存在した。このようにある行政分野を専ら担当する官衙の登場は、複雑化する社会において、そのような行政分野そのものが新たに要請されたことを契機としている。その結果、従来県衙門が担ってきた行政上の機能の一定部分を、新設官衙は自らのものとして確保することとなった。それまでの知県は唯一の「親民官」として包括的に人民の安寧をはかることを任務としていたが、その行政上の地位は、新設衙門によって相対化されたのだった。

そのことを県衙門が担ってきた裁判と徴税の二つの機能について、具体的に述べるならば以下のようになる。ごく軽微な犯罪まで取り締まるという態勢をとった巡警組織の出現は、県衙門が初審裁判を行なうという原則を不可能にした。なぜなら、膨大な軽犯罪に対処するのに、従来の県衙門の裁判だけでは事務処理が追いつかないからである。そこで「違警罪目」については巡警組織が裁判権をもつことになる。また、欧米法の影響から、行政と司法の分離がめざされるが故に、県衙門は裁判上の権限を喪失してゆく。

また徴税について言えば、もちろん県衙門は田賦（正規の土地税）の徴収にあたるものの、煙草・酒などへの課税や塩課からの収入の増加に伴い、省財政収入全体に占める田賦の比重は低くなる傾向にあった。(74) また、先に述べたように、天津の都市行政に充当される各種の「捐」も従来の官制に無い新設の工巡捐局などが徴収を担当していたのだった。

さらに財政規模の検討からも、官衙の行政上の機能の大きさを考える手掛かりをつかめよう。例えば、宣統三年（一九一一年）に立てられた翌宣統四年の預算額は、天津県衙門経費四万九五三〇両、(75) 天津東西南北中五区警務経費二五万九九七三両(76)であり、警務経費の額は県衙門経費の額の五倍以上になっているのである。もちろん、これは、社会統制の実働部隊たる巡警の人数が多く、人件費を要するためだが、多額の預算をそのような実働部隊にふりむけてゆくようになった点に、行政のありかたの変化を認めることもできる。

このように光緒末の天津の行政機構は、巡警局・衛生局・工巡捐局など多くの新設衙門がそれぞれ専門的な業務を担っており、それによって旧来の県衙門は地位が相対化されつつも基本的に従来の業務を遂行しつづけている。実は省レベルなど更に上級においても、このような新旧衙門の並存が見られる。しかも、これら新官衙は正式の官制にないため、統属関係が曖昧である。例えば、巡警局は県衙門や府衙門などの下部機関ではない。それでは、いったいこれら諸官衙は、統一的な行政システムを構成していたと言えるのだろうか。

もし、ある程度の全体としての統制がとれていたとすれば、それは総督袁世凱の処断に負うものだったと考えられる。すなわち、すべての官衙の統轄を行なうものとして総督が大きな行政上の意義を持つことになるわけである。

他方、このような官憲主導による行政の構造変化に対して、官ではない地元の有力者による地域密着型の活動は、どのような変化を遂げたのだろうか。まず注目すべきなのは、彼らが地域の問題について発言を行なう制度的基盤が整いつつあったことだろう。すなわち、光緒三十年（一九〇四年）、天津の商人が結集する場として天津商務総会が設立され[77]、また光緒三十三年（一九〇七年）に全国に先駆けて選挙によって選出された天津県議事会も県の有力者の意見を集約することとなった[78]。このような傾向は、純然たる民間の動きではなく、「新政」の一環として地方行政構造を再編するものだったと言える。とはいえ、このように官とは別個に政治的発言をなす主体が登場したことの意義も大きい。後の章でも、この点について考えてゆくこととし、ひとまず、巡警創設の問題にたちかえって、その意味を当時の観念に照らして検討したい。その際に注目するのが「風俗」という語である。

（2）社会秩序と風俗の言説

光緒末天津における行政の高密度化は、都市の社会秩序のありかたにとって大きな転換をもたらした。では、為政者や地域の有力者はこの過程をどのように認識していたのだろうか。そのための手掛かりとしてとりあげるのが、「風俗」という語である。明清時代の地方志においてしばしば「風俗」という項目がたてられるのは周知のことだが、光緒年間の天津の地方志には、以下のように述べられている。

民間の風気はたけだけしく、俠気をもってみずから誇り、械闘の風は遂に激しいものとなっている。加えて通商がはじまって以来、商人が集中し、盗賊がそれゆえ悪心をおこすに至った。すでに准勇と練軍の各隊が城外を取り巻いており、さらに保甲局・守望局の各局が城内を巡回している。しかし、窃盗・強奪事件は一掃できていない。かくして長い間このような有様なのだ[79]。

天津の都市的発展の下で、「風俗」が問題とされるに至ったものの、従来の秩序維持機構がその状況に十分に対処しえていないことが指摘されている。このような現状認識から、巡警が必要とされることとなったと考えられるのだが、そもそも「風俗」とはいかなる観念なのかについて整理しておくことが必要と思われる。

この時期の新聞に「風俗」の堕落を嘆く論説・投書がしばしばあらわれるが、その一例として『大公報』の「歎津俗」という文章をあげてみよう。

天津はもともとすばらしい土地であり、立派な人物を輩出してもきた。文については学院〔教育行政の役所〕を設けてあったし、武についても提鎮〔武官の役所〕を設けてあった。進士に合格して翰林院に入るもの、挙人となるもの、および文武の生員についていえば、数えきれない程だった。巨商も一家にとどまらなかった。更にだれもが善を楽しみ施しを好んで、義とみれば勇躍これを行なった。そこでここ天津では善挙は枚挙に暇ないほどだったのだ。このような人物がいたからこそ、風俗人心を維持しえたのだった。…〔中略〕…現在天津には、いくつかの非常に好ましからざる風俗があり、まことに憂慮にたえない。それは、①ずるがしこく裁判を好むこと、②暴力沙汰がたえないこと、③贅沢をたっとぶこと、④賭博がさかんなこと、である。[80]

これはかつてのよき「風俗」を念頭におきつつ、それとの対比の上で現状を批判するという型をとっている。この型は明清時代の地方志にしばしばみられるものである。このような「風俗」についての論評は典型的には、(a)かつては良き「風俗」がみられた、(b)しかし近年になり健訟・暴力・贅沢などの傾向のために「風俗」が乱れている、という内容をもっているといえよう。そして、その論評の背後にある論理の特徴とは、個々の人々の生活様式の倫理的な観点からのよしあしと、その地域の社会秩序のよしあしとを直結するものとみる点である。そして伝統的な「風俗」の言説においては、地方官の善政や在地有力者の善挙こそが、よき「風俗」を作り出すことになっていて、「教化」の意義もそこにあった。わずかな人々による秩序の侵犯でも、たちまち広がって社会的危機を生み出しかねないので、地方官は適切な介入によって「風俗」を制御することが求められていた。その実効性は限られていたにせよ、行政の対象から除外される私的自律の領域は理論上は存在しないことになる。我々の社会の通念においては、当為・不当為を定めた法を侵犯することは社会秩序を乱すものとして処断されるが、逆に、法を犯さない限り個々人の行動は自律に任されることになっており、個人の自律と社会の安寧とを切り離して共存させる論理が作られているといえよう。「風俗」の言説を構成する論理は、これとは異質なものと言うべきである。

さて、以下では、このような「風俗」の言説と巡警創設とのかかわりについて、検討することとしよう。まず、天津における巡警創設を中央に伝える袁世凱の上奏をとりあげる。ここでは、天津は渤海に望む地で、民の俗はあらあらしく窃盗の風はもとからただならぬものだった（「民俗強梁、盗風素熾」）というように、天津の「俗」「風」の暴力的傾向が強調され、義和団の戦乱以来、その傾向に拍車がかかったという認識が示されている。そして袁はこの状況を収拾しようとして巡警組織を導入したことを述べ、また自己の処罰権の強化の承認を要請するのである。(81)

巡警の日常的業務に目をむけるならば、「管理戯園及各游覧所」のための規定として、「管理の要旨は、すべからく其の火災・衛生・風俗等の事に碍《がい》なからしむべし(82)」とある。このように、巡警組織も「風俗」に関心をもち、そのような観点から、社会統制を行なおうとする面を有していたのである。また警察制度が一層整備された宣統二年（一九一〇年）になってからの事例だが、名女優小蓮芬を誰に嫁がせるかをめぐって、済良所《さいりょうしょ》（女性用の更生施設）と直隷巡警道と天津商務総会とが協議したことがある。このとき巡警側の基準は「済良所章程に違反せず、律例に違反せず、風俗を害さず、人情を騒がせない(83)」ということにあった。巡警とは、合法性だけではなく「風俗」「人情」にも留意しなければならない存在なのである。このような意味で、巡警局の活動は従来の県衙門の行政の目標を実践しようとしている側面をもつと考えることができる。天津社会の現状を「風俗」の悪化とみる把握の下で、巡警は「風俗」の擁護者たることを期待されたとも言えよう。

更にいえば、そのように目標として掲げられる「風俗」という語にこだわらず、巡警の活動の機能的特質に注目するならば、やはり「風俗」の言説に即応した点を見てとることができる。先に述べたような、争いを静めてゆく際に巡警が示す調停的性格にしても、知県による従来の裁きのねらいと同様に、事態が拡大し深刻化しないうちに介入して、人々の協調と社会の安定とを確保しようとするものである。また前に紹介した「巡警条規」が実にこまごました統制事項を連ねるのも、単に都市社会の必要に応じているだけでなく、生活の規律の乱れが社会そのものの存立危機にまでつながりかねないという発想に裏づけられているとも考えられる。してみると「風俗」の言説は、巡警が県衙門にかわって実効性の高い社会統制をめざしてゆくとき、その観念的基盤を提供したと言ってもよいだろう。

(3) 城隍と巡警

しかし一方で、巡警の登場は、従来とは異なった秩序意識のありかたとも関係していた。それは、都市を活動の基盤とし、西欧モデルの下に政治秩序を積極的に再構築していこうとする志向によるものである。

このことを明瞭に示す例として城隍廟《じょうこうびょう》について取り上げることとしたい。城隍とは城市の守護神だが[84]、天津の場合、府の城隍廟と県の城隍廟が相並んで存在していた。城隍廟の行事としては、四月六日と八日に「城隍泥像」が巡行するというものがあったが、事実上四月一日から八日までが「廟会」の会期とみなされていた。病気直しの願ほどきもこのとき行なわれた。すなわち三月下旬になると、会をつくった人々は城隍廟に出頭し、その名前を黄色い紙に書いて廟の外に貼る。願ほどきの仕方としては三種あった。「扮鬼」とは鎧と面をつけるもの、「扮犯」とは囚人の服装を身につけて「扮鬼」の引く鎖に繋がれるもの、「掛灯」とは廟の道士に左右の腕の肉にそれぞれ三つずつ穴をあけてもらい、そこに提灯をさげて「扮鬼」「扮犯」に従うものである[85]。光緒十八年（一八九二年）に刊行された『酔茶誌怪』には、天津の城隍廟に関する逸話が多く収録されているが、そこには城隍廟は冥界裁判につながる場所だとの意識が見られる。また、廟内の像が生きているようだという生々しい感覚が表現されている[86]。

しかし、八か国連合軍の天津進駐の際、城隍廟は外国軍の宿舎にあてられた。市街地のなかで一定の面積を確保している廟は、軍隊にとって格好の駐屯地だった。泥像は破壊され、二個の城隍像は運び去られて別の場所に隠された。義和団の鎮圧にあたった外国軍は、天津の人々の「迷信」に敵対的な意識をもっていたと考えてよかろう。

天津が総督袁世凱に返還された後、城隍像は帰ってきた。一方で、袁世凱の天津入りの後まもなく、巡警分局が城隍廟の敷地内に設けられた(87)。他の巡警分局も廟に置かれているものが多い。この理由としては、廟が適当な敷地を提供できるということの他に、廟に秩序維持機関を設置するという慣例に習ったもののようである。例えば、「郷甲局」は廟などの民衆の信仰の場に設置され、教化のための宣講を行ない「人心風俗をして一に正に帰せしむ」という目的を有していた。しかし巡警局の場合、同じく廟に設置されても、かなり異なった意味をそこに認めなければならないように思われる。また教育機関として新式の学校（「学堂」）が巡警分局と同様に設けられたこともあわせて考慮する必要がある。

この時期の城隍廟をめぐる問題としては、城隍信仰に対し拒否的な感情をあらわにした議論が現れてくることに注目しなければならない。次の『大公報』記事の論調も城隍廟の地位の動揺を示している。

毎年四月八日は城隍廟の廟会がおこなわれる日だ。このときあやしげな輩が街を騒がし、一種野蛮のありさまで、まことに笑止千万だ。天津城が占領されてから今まで行なわなかったが、聞くところでは、今年は従来どおり四月八日に会をすることとなり、やはり府県の各班が指揮をとるのだという。ああ、今日の天津は何たるありさまだろうか。人間の飢餓は放っておいて、偶像の歓心を得ようとする。どうしてどれも不死の霊などであろうか。憐れでもあり腹立たしくもある(88)。

このように城隍廟に対する民衆の信仰を「野蛮」視する発想は、一九世紀の段階ではあまりみられないが、義和団の後、「北洋新政」の時代になると珍しくなくなるようである。

同治十年（一八七一年）、李鴻章に招かれて、天津を訪れた李慈銘は、以下のように日記に記している。「この日は、浴仏節だ。天津の風俗では、この前後三日では、城隍廟の祭りが盛大に行なわれる。提灯や旗のぼりが並び、男女が続々と集まってくる。城隍廟の左は謝公祠で、故天津知県忠愍公子澄をまつっており、こちらも香火が盛んだ〔謝子澄は、天津を太平天国軍から防衛する戦いで戦死した〕」。李慈銘は、実際に見物に出かけている。(89) また、光緒十年（一八八四年）初刻の張燾『津門雑記』巻中「四月廟会」では、城隍廟の廟会の有様を叙述しつつ「香火を捧げる参詣者でごったがえし、灯火の棚の盛大なのは、長い歴史を反映しており、特に壮観だ」というふうに、むしろ肯定的な評価を与えている。

しかし、二〇世紀に入ると以下のような戯作文がつくられるようになる。これは、県の城隍神と府の城隍神とが行なう架空の問答である。

県の城隍はおもわず涙を流し、府の城隍に向かって言った、「ああ、義和団の戦乱以来、我々は運に見離されてしまったようだ。外国兵が廟内に駐屯し我々を別の場所に追い払ったので、面目まるつぶれとなった。実は我々は人間の生死を管理していたのに、なぜ彼等を殺してしまわなかったのだろうか。私の職権は小さくそれができなかったのだ。なぜ君は殺さなかったのか」。すると府の城隍が言った、「ああ。君は全然わかっていないのか。我々はしまい込まれてしまったが、しまわれ方がまだ厳重ではないかもしれないので思い切って頭を出したところ彼等の怒りを買い、彼等に邪魔されたのを。更に彼等は我々の鬼卒をすべてどこかへやってしまったのだ。だとすると我々は誰をやって彼等の魂を捕らえさせればよかったのか」。県城隍は言った、「その話も筋が通っている。しかし、我々が災難に遭ってから現在までの間にも五〜六年経っている。この五〜六年間、やはり我々は人の魂を捕らえる鬼卒をもっていないのだ。それなのに陽間〔現世〕では絶えず人が死んでいると聞くが、それは何故なのか。一体どうして死んでいるのか」。府城隍が言う、「そのことも全く不可思議だ」。県城隍が言う、「我々は閻魔十王という合同審判官を失ってしまった。それで、これら死者の魂は自分の居場所も知らなければ、誰が自分の善悪を判断するかも知らないのだ。私は常々廟内の巡警の官が絶えず事件を追及しているのを見るが、その追及もすべて陽間の事件といってよく陰間〔冥界〕のことは管轄外なのだ」。府城隍が言う、「おおむねそれら死者の魂は管轄する者がいないために、すべて逃げ去ってしまったのだろう」。府県城隍が言う。「廟内の学堂が小癪だ。彼等が講究する学問は、どれ一つとして我々の飯の種と衝突しないものはない。あなたは腹が立つか(90)」。

このあと、府城隍は、人間の生死を管理しえなくなった自分たちのところにも、香をたきに来る愚民が絶えないので、飯の種がなくなる心配は不要として、議論は終わっている。この戯作文の意図は、城隍廟に参詣する人々を揶揄することにあると考えられるが、一方では、当該時期の歴史的位相をよく示しているのではなかろうか。

そもそも、県および府の城隍廟とは、県衙門および府衙門と対になって存在していることから知られるように、それら官衙の支配を補完する機能を果たしていたとみてよい。すなわち、「陰界」の秩序と「陽界」の秩序（現世的王朝の位階）とが対応して存在しており、地方官の権威は城隍信仰と表裏一体のものとして存在していた。官権力による支配は、そのような民衆の信仰の取り込みを一つの支柱としていたと言える。

しかし光緒末ともなると、戯作文の作者が、城隍廟内への巡警分局と学堂の設置を評して、「野蛮地」を「文明界」に変えたなどとしているように、「文明」を標榜することで、「野蛮」とされた民間信仰の世界との乖離を顕在化させる。「文明」の立場にたった人々は、統治のありかたの組み替え（具体的には巡警や学堂の登場）を支持していたわけである。社会秩序意識をこれまで支えてきた「閻魔十王」による善悪の判定などという観念は否定され、巡警による秩序維持がめざされる。先に見たような県衙門の地位の相対化という現象も、このような政治文化の変容と無関係ではなかろう(91)。

この過程と並行して、前述の「風俗」の言説も、その論理的・構造的な特徴を維持しつつも、内容について変化を迫られるはずだろう。かつての諄風美俗を美化する回顧的な姿勢ではなく、新しい「文明」をめざす方向へ、また人々が相助け合う素朴な社会を理想とするのではなく、新式の学校教育を受け、巡警の保護統制の下で暮らす都市民の社会をめざす方向へ、といった転換がこの時代に起こりつつあったと考えることができよう。「文明」を体現する巡警と学堂は、言ってみれば新たなる「教化」者なのだった。

5　小　結

巡警創設は、欧米・日本の経験に範をとった「新政」の一項目として推進された。その政策意図は、直接的には義和団戦争以来の社会秩序の危機的様相を収拾することにあったが、一方では都市的発展のなかで行政の社会統制機能の拡大が要請されたことにも対応するものだったと言える。

光緒末年までに新設された、巡警局をはじめとする諸官衙は、各々専門の行政分野を担当することにより、従来の包括的な行政機関である県衙門の存在を相対化しながら、官行政の全体としての機能拡大をもたらした。他方、官ではない地元の有力者も商務総会や県議事会という形で、その発言力を制度化していった。こうして、複雑化する都市社会での必要に答えるべく官・民あいともに、その行政的機能を拡大しようとしたのである。

巡警の活動は、従来の知県による統治の性格、すなわち必要とあらば人民の生活のすみずみまで目配りして地域の安寧をはかるべきだという理念を継承して、管理者的・調停者的・教化者的な特質をもっていた。巡警創設の歴史的意味としては、統治を支える意味体系の変遷にも注意する必要がある。これまで、地方官の威信は、民衆の信仰をも取り込みつつ存在していたが、「文明」を志向する新たな潮流は、因果応報などを迷信として否定しつつ、

行政の組み替えをめざすことになる。巡警の登場は、この変化にも照応していたのである。(92)

註

(1) 胡光明「北洋新政与華北城市近代化」（『城市史研究』六輯、一九九一年）。

(2) 佐久間東山（石橋秀雄校注）『袁世凱伝』（一九八五年、現代思潮社）九四頁。本書の原載は『福岡日日新聞』一九一六年五月～七月。

(3) 常長儒「中国近代警察制度的形成」（中国社会科学院法学研究所法制史研究室『中国警察制度簡論』群衆出版社、一九八五年）が警察制度改変の先駆として挙げるのは、光緒二十四年（一八九八年）に長沙に設置された「湖南保衛局」である。これは変法派であり当時は署理湖南按察使の任にあった黄遵憲が中心となり構想したものであるが、設置後数か月で北京での康有為らの失脚を迎えてしまい、中央の指令によってこの制度は廃棄された。「保衛局」についての専論としては、藤谷浩悦「湖南変法運動の性格について――保衛局を中心に」（辛亥革命研究会編『菊池貴晴先生追悼論集・中国近現代史論集』汲古書院、一九八五年）、目黒克彦「湖南変法運動における保衛局の歴史的位置」（『東北大学東洋史論集』二輯、一九八六年）がある。また義和団の戦乱の後、北京に八か国連合軍が設けた治安維持機関の影響を受けて、清朝側は「工巡局」をつくったが、旧来の「歩軍統領衙門」との並存状態が続いていた。渡辺修「清代の歩軍統領衙門について」（『史苑』四一巻一号、一九八一年）参照。

(4) 王家倹「清末民初我国警察制度現代化的歴程」（台湾師範大学『歴史学報』一〇期、一九八二年）。王笛「晩清警政与社会改造――辛亥革命前地方秩序的一個変化」（中華書局編輯部編『辛亥革命与近代中国――紀念辛亥革命八〇周年国際学術討論会文集』中華書局、一九九四年）。韓延竜・蘇亦工等『中国近代警察史』上冊（社会科学文献出版社、二〇〇〇年）。例えば四川についての事例研究もある。Kristin Eileen Stapleton, "County Administration in Late-Qing Sichuan: Conflicting Models of Rural Policing," *Late Imperial China*, Vol.18, No.1 (1997).

(5) Stephen R. MacKinnon, *Power and Politics in Late Imperial China: Yuan Shi-kai in Beijing and Tianjin, 1901-1908* (University of California Press, 1980), pp. 151-163.

(6) 谷井俊仁「清代外省の警察機能について――割辮案を例に」（『東洋史研究』四六巻四号、一九八八年）。太田出「清代緑営の管轄区域とその機能――江南デルタの汛を中心に」（『史学雑誌』一〇七編一〇号、一九九八年）。

(7) 清代の保甲制度についての一般的説明としては、臨時台湾旧慣調査会編『清国行政法』二巻（臨時台湾旧慣調査会、一九一〇年）第一編第一～二章、和田清編『支那地方自治発達史』（中華民国法制研究会、一九三九年）第五章がある。

（8）『津門保甲図説』第一冊「設立義民局告示条規」。
（9）張燾『津門雑記』巻上「郷甲局」。
（10）『時報』光緒十二年七月五日「披沙揀金」。
（11）光緒『重修天津府志』巻二十四「公廨」。
（12）『時報』光緒十二年十月一日「会商局務」、十月三日「民更局規条」。
（13）張燾『津門雑記』巻下「租界工部局巡捕」。
（14）光緒『重修天津府志』巻二十四「公廨」。
（15）外務省『日本外交文書』三五巻（日本国際連合協会、一九五七年）事項一五「天津行政清国へ還附一件」三三五附記二「天津府政庁条例」六二九頁。Gouvernement provisoire de Tien-tsin, *Procès-verbaux des séances du conseil du gouvernement provisoire de Tien-tsin* (The China Times, n. d.), p. 2.
（16）陸軍省『明治三五年九月清国事件書類編冊』（防衛庁防衛研究所図書館所蔵、清国事件M三五-一〇）第二六号「天津仮政府始末書ノ件」における原田輝太郎（天津仮政府会議委員・陸軍歩兵中佐）による説明。
（17）奇生編「庚子荓蜂録」（中国社会科学院近代史研究所近代史資料編輯組編『義和団史料』中国社会科学出版社、一九八二年）二八九～二九〇頁。
（18）劉孟揚『天津拳匪変乱紀事』巻下。中国新史学研究会主編『義和団』二冊（神州国光社、一九五一年）では五二頁。
（19）陸軍省『明治三四年自一月至一二月清国事件書類編冊』（防衛庁防衛研究所図書館所蔵、清国事件M三四-一）第四二号「石川憲兵中佐北清地方視察報告ノ件」。
（20）董振修「天津都統衙門的軍事植民統治」（『天津文史資料選輯』三〇輯、一九八五年）。陳瑞芳「略論天津〝都統衙門〟的軍事殖民統治」（『南開史学』一九八七年二期）。
（21）森悦子「天津都統衙門について――義和団戦争後の天津行政権返還交渉を中心に」（『東洋史研究』四七巻二号、一九八八年）。
（22）黒竜会『東亜先覚志士記伝』中巻（黒竜会出版部、一九三五年）二八五頁。
（23）川島浪速については、会田勉『川島浪速翁』（文粋閣、一九三六年）、趙軍『大アジア主義と中国』（亜紀書房、一九九七年）一五七～一八八頁、中見立夫「川島浪速と北京警務学堂・高等巡警学堂」（『近きに在りて』三九号、二〇〇一年）参照。日本の警察制度は、はじめフランスをモデルとしていたが、明治十四年の政変の後にはプロイセンに倣う傾向が強まった。大日方純夫「日本近代警察の確立過程とその思想」（由井正臣・大日方純夫校注『日本近代思想体系［三］官僚制・警察』岩波書店、一九九〇年）。この制度導入の事情については以下参照。David Strand, *Rickshaw Beijing: City People and Politics in the 1920s*

(University of California Press, 1989), pp.66-72. Frederic Wakeman, Jr., "American Police Advisers and the Nationalist Chinese Secret Service, 1930-1937," *Modern China*, Vol.18, No.2 (1992). Douglas R. Reynolds, *China, 1898-1912 : The Xinzheng Revolution and Japan* (Council on East Asian Studies, Harvard University, 1993), pp.161-172.

(24) 国立故宮博物院故宮文献編輯委員会編『袁世凱奏摺専輯』（広文書局、一九七〇年）五六二～五六五頁「奏陳釐訂練兵営制餉章摺」（光緒二十八年五月十六日）。また、天津図書館・天津社会科学院歴史研究所編『袁世凱奏議』（天津古籍出版社、一九八七年）巻十五、五〇八～五一一頁にも同文が収められている。

(25)『袁世凱奏摺専輯』六四三～六四四頁「奏擬保定警務総局章程摺」（光緒二十八年七月五日）。また『袁世凱奏議』巻十八、六〇四～六〇五頁にも同文がある。

(26)『東亜先覚志士記伝』中巻、二八五頁。特に趙秉均については以下参照。『袁世凱奏摺専輯』二〇〇五～二〇〇六頁「又陳道員交軍機処存記片」（光緒三十一年八月十二日）。『袁世凱奏議』巻三十五、一一九三頁にも同文がある。

(27)『大公報』光緒二十八年七月十日「巡警来津」、十一日「警隊続聞」、十二日「逐段交接」、十三日「交地退兵」。

(28) 前註(16)の陸軍省文書。

(29) 清国駐屯軍司令部編『天津誌』（博文館、一九〇九年）二五九～二六一頁。

(30) 史習芳「解放前天津行政区劃沿革」（『天津社会科学』一九八二年二期）参照。

(31)『大公報』光緒二十八年八月四日「巡警分段」。

(32)『大公報』光緒三十年四月二十四日「添設崗兵」。

(33)『大公報』光緒二十八年七月十五日「紀巡警隊」。

(34)『大公報』光緒二十八年九月二十一日「整頓巡警条議」。

(35) Great Britain, Foreign Office, Archives, FO 371/31, "New Police in Chih-Li," enclosed in Satow to Foerign Office, 17 January 1906. マキノンも、この史料を利用している。

(36) 青木とは、日本の陸軍軍人だった青木宣純であると考えられる。青木の伝記的事実については土肥原賢二刊行会編『日中友好の捨石・秘録土肥原賢二』（芙蓉書房、一九七二年）参照。

(37)『大公報』光緒二十八年七月十五日「明査暗訪」。

(38)『大公報』光緒二十八年七月十八日「巡警員示」。

(39) 李然犀「庚子淪陥後的天津」（『天津文史資料選輯』八輯、一九八〇年）によれば、門首の灯火（たいてい蠟燭）を終夜点灯し続けるべしとの規定は、八か国連合軍の占領下で始まり、これに反した場合一元の罰金が徴収された。

(40)『大公報』光緒二十八年七月二十日「巡警得贓」。
(41)佐藤鉄治郎『袁世凱』(天津時聞報館、一九一〇年)第三節「警察政度之施設」。本書は外務省外交史料館に保存されている(『袁世凱ト題スル著作物在天津小幡総領事ヨリ送付一件』史料番号一・六・一・四一)。
(42)『大公報』光緒二十九年三月二十七日「改委総辦」。前註(35)のイギリス外交文書には、厳しい取り締まり規則を一律に適用したので市民の反感を買ったことにより罷免されたのだという曹嘉祥自身の説明も見える。
(43)『大公報』光緒二十九年四月十六日「有賞有罰」、五月九日「諭遵局規」、光緒三十年四月二十七日「抜取巡長」、四月二十九日「続抜巡長」。
(44)FO 371/33, "Report on the Tientsin Constabulary," enclosed in Satow to Foreign Office, 3 March 1906.
(45)『大公報』光緒二十八年十月八日「新兵操練」。
(46)『天津誌』二三四～二三五頁。『袁世凱奏摺専輯』一六五六～一六五八頁「奏陳籌辦天津設立巡警摺」(光緒三十年十一月二十九日)。『袁世凱奏議』巻三十一、一〇五五～一〇五七頁にも同文がある。『大公報』光緒三十三年二月九日「飭領文憑」。
(47)前註(44)のイギリス外交文書。
(48)『北洋公牘類纂』巻八「天津南段巡警総局現行章程・額数」。
(49)前註(44)のイギリス外交文書。
(50)『袁世凱奏摺専輯』一六五六～一六五八頁「奏陳籌辦天津設立巡警摺」(光緒三十年十一月二十九日)。
(51)『大公報』光緒二十八年九月二十一日「整頓巡警条議」。
(52)『東方雑誌』光緒三十年正月二十五日、内務四頁「直督袁飭巡警局天津府県収丐防窃保衛居民札」において、官権力側は、「捐」負担の反対給付としての治安維持業務という同様の論理に基づいて治安維持への顧慮を示している。
(53)『大公報』光緒二十八年七月二十日「巡警条規」。
(54)より詳細な「巡警規条」を『北洋公牘類纂』巻八「天津南段巡警総局現行章程・辦法」の中に見出すことができる。
(55)巡警局は各家が毎日道路清掃を行なうよう命じている。『大公報』光緒三十年七月十日「南段巡警分局示」。
(56)衛生局については『天津誌』二六一頁、五二四～五二八頁参照。
(57)天津市政工程局公路史編委会編『天津公路史』一冊(人民交通出版社、一九八八年)八九～九〇頁。
(58)『大公報』光緒二十八年十一月二十四日「懲罰抬価」、光緒三十二年十二月十二日「崗兵尽職」。
(59)『大公報』光緒二十八年十二月二日「招揺扭案」、十二月三日「鞭責釈放」。
(60)『大公報』光緒三十年五月十三日「枷号遊街」。

(61) 例えば、『大公報』光緒三十年五月十九日「南段巡警総局案由」。
(62) 滋賀秀三『清代中国の法と裁判』(創文社、一九八四年)二四八頁。
(63) Strand, *op.cit.*, pp. 65-97.
(64) 『北洋公牘類纂』巻八「天津南段巡警総局現行章程・辦法・巡警規条・附」。
(65) 滋賀秀三「清代州県衙門における訴訟をめぐる若干の所見——淡新檔案を史料として」(『法制史研究』三七、一九八七年)。
(66) 紛争解決が、現代にいたるまで、道理を説く者に対する心服の劇として演じられることの明快な指摘もある。高見澤磨「罪観念と制裁——中国におけるもめごとと裁きとから」(『シリーズ世界史への問い〔五〕規範と統合』岩波書店、一九九〇年)。
(67) 『大公報』光緒三十年七月十二日「南段巡警総局案由」。
(68) 『袁世凱奏議』巻四十四、一四九二～一四九四頁「奏報天津地方試辦審判情形摺」(光緒三十三年六月九日)。『北洋公牘類纂』巻四「天津府属試辦審判庁章程」。西川真子「清末裁判制度の改革」(『東洋史研究』五三巻一号、一九九四年)。
(69) 『北洋公牘類纂』巻九「南段巡警総局会同天津府県詳擬定局庁劃分権限暨試辦違警罪目文並批」。
(70) 寺田浩明「清代土地法秩序における「慣行」の構造」(『東洋史研究』四八巻二号、一九八九年)。
(71) 都市部の人口は、一八四〇年には一九八七一五人(『津門保甲図説』による)、一九〇六年には華人地区だけで三五万六八五七人、租界も含めると四二万四五五三人(『天津誌』による)である。李競能主編『天津人口史』(南開大学出版社、一九九〇年)八一～八六頁。李競能主編『中国人口(天津分冊)』(中国財政経済出版社、一九八七年)六四頁。
(72) 『大公報』光緒二十八年八月二十二日「浮文何益」。
(73) 『大公報』光緒二十八年七月二十一日「天津府示」。
(74) 貴志俊彦「「北洋新政」財政改革について」(『広島大学東洋史研究報告』九号、一九八七年)。
(75) 『直隷清理財政局彙編宣統四年全省歳出入預算比較表』第二冊「国家歳出預算比較表」歳出経常門第四類第五款第二一八項。辛亥革命に伴う政治的不安定化により、この表の予算額がそのままの形で運用されたとは考えにくいが、およその傾向を知るのに障害とはならないだろう。
(76) 同前第四冊「地方歳出預算比較表」歳出経常門第一類第二款第八項。宣統二年に巡警の南段・北段の区分を廃して五区に再編成した。史習芳前掲論文参照。
(77) 胡光明「論早期天津商会的性質与作用」(『近代史研究』一九八六年四期)。
(78) 天津県議事会に関する近年の研究としては、以下がある。浜口允子「清末直隷における諮議局と県議会」(辛亥革命研究会編『菊池貴晴先生追悼論集・中国近現代史論集』汲古書院、一九八五年)。貴志俊彦「清末の都市行政についての一考察——天津県の事例を中心として」(『MONSOON』創刊号、一九八九年)。同「「北洋新政」体制下における地方自治制の形成——天津県における各級議会の成立とその限界」(横山英・曽田三郎編『中国の近代化と政治的統合』渓水社、一九九二年)。
(79) 光緒『重修天津府志』巻二十六「風俗」。
(80) 『大公報』光緒二十八年九月二十三日「歎津俗」。
(81) 『袁世凱奏摺専輯』六七七頁「又陳解審盗匪就地正法片」(光緒二十八年八月二十二日)。また『袁世凱奏議』巻十九、六三六頁。
(82) 『北洋公牘類纂』巻八「天津南段巡警総局現行章程・辦法・管理戯園及各游覧所」。
(83) 天津市檔案館・天津社会科学院歴史研究所・天津市工商業聯合会『天津商会檔案彙編』(天津人民出版社、一九八九年)二一六八〜二一七〇頁「直隷巡警道為店員岳殿仁請領小蓮芬為妻是否妥靠事致津商会函」(宣統二年六月十七日)。
(84) 城隍廟については、濱島敦俊「明清江南城隍考」(唐代史研究会編『中国都市の歴史的研究』刀水書房、一九八八年)、小島毅「城隍廟制度の確立」(『思想』七九二号、一九九〇年)参照。
(85) 戴愚庵『沽水旧聞』(天津古籍出版社、一九八六年)「庚子先之城隍廟会」。
(86) 李慶辰『酔茶志怪』巻一「陰司」、巻二「紅衣女」、巻四「土偶」。本書は、明らかに『聊斎志異』『閲微草堂筆記』等の影響をうけて、天津にまつわる逸話を集めたものである。
(87) 『大公報』光緒二十八年七月二十四日「巡警紀文」。
(88) 『大公報』光緒二十九年四月二日「太無心肝」。
(89) 李慈銘『越縵堂日記』同治十年四月八日。この記述の存在は、以下から知った。羅澍偉「『越縵堂日記』中所見之近代天津史料」(『城市史研究』一三・一四輯、一九九七年)。
(90) 『大公報』光緒三十一年四月九日「天津府県城隍談心」。
(91) 最近では、生と死の管理において警察と医学が果たすようになる役割が注目されている。楊念群「民国初年北京的生死控制与空間転換」(楊念群主編『空間・記憶・社会転型——〝新社会史〟研究論文精選集』上海人民出版社、二〇〇一年)。
(92) なお、農村部において、「迷信」を批判して統治構造を再編しようとする試みが始まるのは同時期からとはいえ、本格化するのは一九二〇年代後半以降であろう。三谷孝「南京政権と「迷信打破運動」(一九二八—一九二九)」(『歴史学研究』四五五号、一九七八年)。

第六章　「捐」と都市管理

1　課題の設定

「捐《えん》」の本来の字義は寄付（contribution）である。しかし、時代・地域を問わず、寄付というものは、完全に自由意志によるものというより、寄付せざるを得ないがゆえに行なう場合も多いと言ってよかろう。本章で扱う清末の「捐」もその一例である。

臨時台湾旧慣調査会編『清国行政法』による要領を得た解説をまず掲げたい。

捐ハ即チ臨時ニ財政ノ窮乏ヲ補フノ目的ヲ以テ賦課スル公課其他ノ収入ナリ。蓋《けだ》シ捐ハ義捐《ぎえん》ノ義ニシテ、固《もと》ヨリ捐者ノ自由意思ニ出デザルベカラズ。国家一タビ公課トシテ強制徴収セバ、既ニ名ヅケテ捐ト云フコトヲ得ズ。義捐ト強制トハ両立スベカラザルノ観念ナリ。而《しか》モ猶ホ臨時ノ公課ヲ冠スルニ捐ノ名ヲ以テスルハ、人民ヲシテ其負担ニ依リテ国家ニ報効セシムルノ意ニシテ、究竟《くっきょう》美名ヲ衒《てら》ヒテ聚斂ノ譏《そしり》ヲ免ルルニ過ギザルナリ。(1)

また、賈士毅編『民国財政史』は「雑捐」の説明として、「光緒・宣統年間になると、学校・警察を新設するということになり、大官はしばしば各県に厳しく命じて、財源をさがしてそれら事業を開始するようにさせた。こうして雑捐という財源項目の徴収は、日に日に細々とした物にも及び、煩瑣・苛酷を極めたのである(2)」と述べている。

ここでいうところの光緒・宣統年間の学校・警察の新設とは、義和団戦争後にはじまった西欧・日本モデルの政治改革「新政」の一部をなしている。

この指摘を古い部類として、従来の研究においては、「新政」の特質として、煩瑣・苛酷な捐の設定ということが、必ずといってよいほど言及されてきた。その理解については大別ふたつの見解が存在する。①賠償金支払い、及び「新政」の推進に必要な財源を捻出するため、様々な名目をたてて民衆を搾取しようとする性格。②土地課税に対する商工業課税の比重を高めようとしており、近代的な財政への移行をめざす性格。

①は、捐にふれた研究の多くがとっている見解で最近に至るまでの通説的理解であったと言える。[3]これに対し、黒田明伸は①の見解のもつ「賠償金・新政経費→苛捐雑税→抗捐抗糧闘争→辛亥革命という論理展開」が一面的であることを批判し、当時の財政構造についての分析を深めた。[4]②の方向をもつ議論としては小島淑男の説明がある。「従来の地税附加中心から、商工業に対する課税強化への転換を意味しており、商工業奨励政策の一つの側面を示すもの」[5]という指摘である。また、貴志俊彦も直隷省財政を検討するなかで、「土地附加税から商工業課税への転換という近代的税政への方向性」を見出している。[6]

これらのいずれも捐の性格を理解する上で不可欠の論点であろう。しかし①の見解が「直隷省では娼妓や人力車にまで税が賦課された」[7]と下層民衆への圧迫を強調しているのを見るとき、捐はなぜ負担力の弱い彼らにことさらに賦課されるのか、また捐を負担する者はどのようなしかたで徴収に応じるのか、という疑問が生じる。また、娼妓・人力車からの捐徴収は、なぜ②の見解が述べたように「近代的」と言えるのだろうか。このように、この時期の捐の問題は、いまだ充分に解明されているとは考えがたいのである。

本章は、天津という都市社会の状況に即しつつ、この捐の歴史的性格を考察するのを目標とする。考察を進めるにあたっては、各種の捐についての具体相を踏まえつつも、それらに共通する性格を見出すことを目指す。そのことにより、当該時期の権力のありかたをよく特徴づけるものとして捐を位置づけることを試みたい。すなわち、財政構造の数量的把握というより、収取を支える論理の摘出を主たる目標とする。そのために都市管理のありかたと関連させて捐を理解するようにしたい。

以下、まず天津における捐の起源をたどり、次に、従来の議論では説明困難な、都市下層民への捐賦課の論理を追うことで捐の性格の検討を進めてゆくことにする。

2　天津における捐の起源

捐の語は、官僚が任地で必要な事業を進めるために行なう寄付、または社会福祉事業に対する地元有志の寄付という文脈で使われることも多い。

しかし、本章が関心を寄せるところの、納付がほとんど強制的であるような性格の寄付金の直接の起源は、天津の場合、第二次鴉片戦争時にあるように思われる。第一章に述べたように、咸豊八年（一八五八年）、遠征の外国船がやってくると、天津の官憲は、富裕な商人張錦文らに命じて食料供給を行なった。その費用はひとまず官庫の銀を流用したが、外国船が去った後、その二十余万両を補塡する必要が生じた。そこで、官は張錦文と取り決めを行ない、「義館」を設けて、そこへの「捐銀」を命じたのである。具体的には、関税を納めるべき貨物は、まず「義館」で捐を行なってから税を払うことにした。また運ばれてきた米には一石あたりの捐が決められており、店舗営業や家賃収入にも捐が求められた(8)。

同様の軍事的危機に対応するための財源として捐が要請された例としては、光緒十〜十一年（一八八四〜一八八五年）のフランスとの戦争の時期もある。天津地区防衛のため団練を行なったが、その経費にあてるため、城内およびその近傍から以前の規定に従って捐を取り立てることにした(9)。

軍事的な緊急の財源設定ではなく、都市行政経費として恒常的にわりあてられるような捐の起源として注目される徴収も見られた。光緒十二年（一八八六年）、天津府・道・県が紳董とはかって民更保衛局をつくり、夜回り（「更夫」）を雇って市中巡回させ、また街の灯火を確保したとき、その財源は、捐によっていた。つまり、不動産借料収入（「房租」）からの捐のほか、資力ある店舗からは、三等に分けて月捐をとった(10)。

また、これより先、道路修築のための財源も設定された。それは海関において附加的に徴収を行ない、これを海関道とイギリス・フランスの租界当局で分配するというものである。光緒八年（一八八二年）から徴収が始まった。この「碼頭捐」による収入を利用するため、光緒九年三月、津海関道周馥《しゅうふく》は「工程総局」を設置することを北洋大臣李鴻章に提案した。そして租界の制度に倣いつつ、租界から天津城に至る地区の道路の営繕を行ない、各所に見回り人をおいた。「碼頭捐」だけではなく、人力車に課す鑑札料もその財源であった(11)。

このような動きは、租界の基盤整備事業と軌を一にしていた。イギリス租界においては、波止場料金（碼頭捐）（mooring fees）・バンド借料（bund rent）・地税（land tax）・人力車鑑札料（jinricsha licenses）が租界当局の主な財源となっており（表1参照）、特に、道路建設・埠頭やバンド（沿岸通り）の整備・新規建築に支出されていた(12)。

さて、光緒二十六年（一九〇〇年）の義和団戦争に伴い、八か国連合軍が天津を占領し、暫定的統治機関として都統衙門を設置した。都統衙門は、現地民から各種の税捐（des droits, taxes et contributions）を徴収する権限をもっており(13)、具体的な額は第三十二

表1　天津イギリス租界の歳入構成（%）

	1891	1901	1904
波止場料金	38	17	20
バンド借料	36	11	16
地税	4	2	5
建物税	0	4	10
人力車鑑札料	1	18	17

典拠：*Decennial Reports, 1892-1901*, Vol.2, p.574.

回委員会で決議された。[14] 八月二十七日付の告示は、①房捐、②鋪捐、③船捐、④車捐、⑤戯劇等項捐銀、⑥焼鍋店捐銀（焼鍋とは高粱酒）、⑦建造房屋捐銀、の納付を命じている。[15]

光緒二十八年（一九〇二年）、都統衙門は撤廃され、直隷総督袁世凱が天津の統治を行なうことになる。その際に袁世凱は、都統衙門時期の捐を、若干の手直しを加えつつも、そのまま残してゆくこととした。彼が上奏文の中で、その理由を説明しつつ「巡警はすぐ無くしてしまうことはできず、道路の営繕もしなくてはならない」[16] と述べているように、捐は警察事業と道路営繕の財源として必要とされていたのである。都統衙門期から捐徴収の役割を果たしてきた「工巡捐局」は、土木事業を担当する「工程総局」と同じく、光緒三十二年に南段巡警総局の一部局とされた。街路管理と捐徴収は巡警機構が担うことになったわけだが、その背後には、これら諸業務の密接な関連が想定できる[17]（のち再び分離し、名称も前者は「工程捐局」のち「捐務局」、後者は「工程総局」となる）。

当時の地方財政の構造を表2・表3によってみると、地方歳入における雑捐の比重の高さは顕著であり、六一％も占める。一方で、地方歳出においては、巡警費がほとんどを占める民政費が目立った項目である。すなわち、官権力の実動部隊たる巡警の創設・維持のための支出と捐徴収の重要性とが、当時の地方財政の特徴であったと言える。[18]

各種の捐のうちでも主要なものと言える「房鋪捐」とは以下のようなものである。

「房捐」は「瓦」（れんが）・「灰」（しっくい）・「土」というように家屋の材質に応じて、三等級に分かれている。店舗・住宅などはいずれも時価に応じて賃貸料の三％を課す。「鋪捐」は、商店・客貨桟（倉庫業・委託販売業を兼ねた商人宿）・食堂・質屋・茶館・戯園（劇場）・銭湯という項目に分かれていて、その各々の中に更に等級区分がある。捐を払う期限は、茶館が四季ごとに納入するのを例外として、月ごとに納めるものはいずれも毎月二十五日を期限としている。期限が過ぎ催促が伝達されると、罰として本来の捐の二倍の額となる。水道会社だけは年毎にまとめて行平化宝銀両〔秤量貨幣としての銀〕に換算しておさめるが、その他はみな洋元〔ドル銀貨〕で払う。土の家で三部屋以内のもの及び各善堂の建物は、一律に捐を免じる。小本営生〔資本のごく小さい商売〕についても同様である。[19]

このような「房鋪捐」の徴収にあたるのは「工巡捐局」であるが、各戸別の把握が可能であることの前提としては、

表 2　直隷省預算地方歳入（宣統四年）

	預算額（両）	百分比（%）
歳入経常門	2,990,379	98.82
附加税	325,902	10.77
雑税	190,803	6.31
雑捐	1,850,644	61.16
うち房捐	79,558	
鋪捐	131,335	
車捐	56,651	
暁市捐	878	
窰妓捐	39,638	
官業収入	413,017	13.65
雑収入	210,013	6.94
歳入臨時門	35,586	1.18
捐款	23,246	0.77
公債	0	0.00
雑収入	12,340	0.40
総　　計	3,025,965	100.00

典拠：『直隷清理財政局彙編宣統四年全省歳出入預算比較表』第一冊。
表中，房捐・鋪捐・車捐・暁市捐・窰妓捐は「天津捐務局収各捐」の一部である。

表 3　直隷省預算地方歳出（宣統四年）

	預算額（両）	百分比（%）
歳出経常門	4,350,005	77.83
民政費	2,653,595	47.48
うち省城府庁州県巡警費	2,049,713	
教育費	953,655	17.06
実業費	742,755	13.29
官業支出	0	0.00
雑支出	0	0.00
歳出臨時門	1,239,055	22.17
民政費	407,976	7.30
教育費	30,594	0.55
官業支出	0	0.00
償還地方公債	800,000	14.31
雑支出	485	0.01
総　　計	5,589,060	100.00

典拠：『直隷清理財政局彙編宣統四年全省歳出入預算比較表』第二冊。

巡警が戸口調査を行なっているので住民・商店に関する情報を官憲が容易に入手できるという事情があると考えられる。例えば、以下の新聞記事がある。

天津の房舗捐は以前同様に月ごとに納入するのだが、〔都統衙門からの〕行政権返還以来、未納の者が非常に多い。すでに工巡捐局の梁太守は未納の家屋・商店の番号を記して各地区〔「段」〕の巡警局長に知らせ、早急に地区ごとに未納者を細かく調査して、五日以内に追納させるようにした。もしそれでも期日どおり納入しない場合、すぐに県衙門に送って処罰する。[20]

房舗捐の滞納者の追及は工巡捐局と巡警局が担当するものの、その処罰は県衙門が行なうというような協力態勢がしかれている。

逆に言えば、住民は捐を納付しているのだからとして、きちんとした都市管理を期待することになろう。総督袁世凱が巡警局・天津府・天津県に泥棒・乞食の取り締まりを命じた文言には「天津では巡警を創立し、毎年多額の財政支出が必要である。住民がおのおの「捐輸」を行なうのは、元来、治安維持のため共同出資しようとしてのことだ[21]」として、取り締まりの強化を指示している。

しかし、捐を徴収されたのは、治安維持を願う者だけではなかった。むしろ逆に、治安にとって害ありとみなされた人々にも捐の負担が課せられたことに注目したい。そこで、次に、捐を負担した街路の物売り、人力車夫、娼妓といった都市下層・雑業層について、具体的に検討してゆくことにする。

3　都市民衆と捐

(1) 街路の物売り

比較的わずかな元手で商品を仕入れ、道端に並べて販売することを「擺攤《はいたん》」という。また品物を担ぎ、振り売りをすることを「肩担」という。そのような生業のありかたを資金が小さいことに着目して「小本営生」と称することもある。(22) その営業内容は、後出の事例からわかるように、食品や雑貨を扱うのを典型としつつも、まことに多彩であったと言える。

義和団鎮圧のために派遣された日本陸軍の衛生部員の調査によると、「北清」の都市（北京と天津が主であろう）では以下のような状況がみられた。

試に市中を徘徊すれば各処に露店を出すもの甚だ多く、其売品を見るに千百にして一々枚挙に遑《いとま》あらず。而《し》かも其甚しきに至りては、破れ茶碗・欠け徳利《とくり》の類より古靴・古金物類・古針一本に至るまで悉く整列して客の来るのを待つもの少なからざりき。…(中略)… 事変前に於ては生活に余裕ありて商業など営むを要せざる中等以上の人民に於ても、一朝其財産を失ひたる為め、事変後直ちに姿を変じて、或は菓子製造業者となりて露店に顕はれ、或は路傍に立ちて落花生の秤り売をなすに至れるもの、甚だ多し。…(中略)… 露店は道路の両側に櫛比《しっぴ》し種々の食品・小切類《こぎれ》・日用品・茶碗・古金物等を販売し、甚だ雑沓を極む。(23)

都市民衆にとって生計の資を得るための重要な手段が、このような街路での物売りだったことがわかる。

しかし巡警の服務規定に「およそ街道の両側で品物を並べて売り、通行の邪魔となってはならない」(24) とあるように、擺攤を行なう者は、巡兵など巡警組織による取り締まりの対象となるのであった。例えば以下のような事例がみられる。

［事例①］総督衙門以東の地区には、茶攤〔露店の茶屋〕・書場〔講釈師〕・食物の攤が非常に多い。袁宮保〔袁世凱をさす、宮保は太子少保の通称〕は、それらが官道を塞いで通行人が不便なのを問題視して、昨日すでに巡兵に命じてすべて追い払ったとのことである。(25)

［事例②］東北馬路の単街子沿河濱一帯には攤を設けて商売したり掘っ建て小屋を立てたりするものが多く、街路を占拠して通行の妨げとなっている。すでに工程局の西洋人スタッフは警兵を派遣して、昨日までにすべて追い払い、従わない者は処罰するという。(26)

［事例③］估衣街から楽壺洞に至る一帯の街道の両側には、擺攤を行なうものが甚だ多い。通行人がつっかえて歩きにくいので、昨日すでに警兵などに命じてすべて追い払ったうえ、従わない者は巡警局に拘引して処罰するとのことである。(27)

このように擺攤は巡警によって追われるのが常であったが、例外的に、捐を納めることで巡警局から街路に擺攤する許可をとることができた事例もある。それは「暁市攤捐」の場合である。これは、光緒三十三年（一九〇七年）に、天津旧城の北の繁華街である估衣街の商董（顔役の商人）元吉永ら七名らの代弁により捐納を願い出たことに始まる。彼らが巡警総局の次に請願を行なった天津商務総会（商会）への文書の中に、経緯をうかがうことができる。天津商会とは、天津の商工業者が、個々の同業集団の枠をこえて結集する機関として、光緒三十年（一九〇四年）それまでの天津商務公所を改めて設立したものであり、塩商・糧商・銭商など大商人がそれを領導していた。(28)元吉永らとしては、商会の発言力を利用して巡警局に働きかけようとしたと見ることができる。

その要旨は以下のようなものであった。以前から估衣街一帯に「暁市」といって、毎日早朝から十時前まで食品その他の雑貨を肩担・擺攤する小民がいたが、光緒三十年八月に巡警局から移動の命令を受けた。生活をかけた懇願に基づき、元吉永らがとりなしたので、営業時間を早目にして塀沿いに移ることで街路の中央を空けて交通の便をはかったうえ、随時清掃して衛生を維持することで許された。しかし、ついに光緒三十二年冬には、工程局から他の広い場所で擺攤するように指示されたのである。しかしこれに従えば、物売りたちが一か所に集まって売買していたのが分散してしまって商売が成り立たなくなりかねない。そこで旧来の場所で擺攤をして、そのかわり年四回の捐を納めさせていただきたい。そのような旨を貧民にかわって上訴するのは、我々商人が貧民の暮らしの困難さを黙視しがたいからである。(29)

ここに、一つの街路をめぐって、交通の利便・衛生の必要といった官権力の行政的見地と、生活を守るための民衆の自己主張が、せめぎあっているのを見出すことができる。

結局、このやりとりの結果として「暁市攤捐」が設定された。すなわち、北馬路以東および估衣街一帯（いずれも天津旧城の北の繁華な街路）において、通りの両側の商店の店先に擺攤し、乾燥果物・青果・菓子などを売り出す場合、戸ごとに年四回、工巡捐局が捐を徴収することになった。(30)

この「暁市攤捐」は、原則的には好ましくない営みを認容してもらうための代価として払うものである。その意味で「めこぼしの代価」に他ならない。あるいは堂々と支払われる賄賂と言ってよいかもしれない。このことは、官権力が普遍的かつ合理的な原則に沿って統治を行なおうとするのを、民間側が特殊な実状を主張することで温情を引き出し、原則に例外を設けさせてゆくという構図を示している。しかし捐を納めれば擺攤を許すというのならば、交通の妨げになるという理由で擺攤を禁止するという建前を巡警局が自ら崩してしまうことにもなりかねない。その意味で、潜在的に矛盾をはらんだ制度と言えるかもしれない。

そのような矛盾をめぐっておこったのが、同光緒三十三年（一九〇七年）における北馬路の物売りと巡警局との交渉である。これは物売りたちの要求を、天津商会が取り次いで、巡警局に伝達し、これに対して巡警局が回答するというもので、そのやりとりの文書はおのおのの論理を探るのに好個の史料である。まず劉国慶等二十六戸の言い分は以下のようなものである。

心中思いますのに、私どもは擺攤で生計を立てていたのに、先月巡警分局に立ちのかされ、いまだに失業して流れ歩き、貧苦は堪えがたい有様です。私どもは以前、巡警総局・分局に出向いて連名で哀訴したものの、まだ御指示をいただいておりません。道理からいって謹んで御指示を待つべきではありますが、そうもゆかない事情としては、失業が長く続くと、すべての物売り稼業の者が、〔仕入れ先の〕各商店の品物を寝かしておくことにもなり、被害が広がるというわけです。かつまた近頃北馬路一帯の朝晩の両市には、捐を既に納めたものがいて、彼らには擺攤することが許されて追い払われないのです。私どもは、こうしたわけで、集まって協議し、商会は商人を代表する機関なのだから、もし心を尽くしてお願いすれば、必ずや恩を施し、お力をもってとりなしてくださるだろうと考えた次第です。[31]

このように、物売りたちは商会に請願するわけであるが、商会は巡警局にこの請願を取り次ぐ文書のなかで、物売りの苦境に同情を示しつつも、「その商人らは、擺攤する者は捐を納めるという既定の事柄にならい、特に恩恵を施して貧窮を救ってもらう事を哀願しておりますが、思うにこの事は貴局の路政に関わることであり、弊会が権限をこえて論議するのも不都合なことです[32]」と述べて、結局のところ判断を巡警局に一任している。

では物売りたちの再度の訴えに対し、それまで沈黙していた巡警局は商会に対して、いかなる回答をしたのであろうか。

問題の物売りたちが擺攤すると通行の妨げになるので、移動を命じたのであり、弊局が厳しく禁ずる意図をもっていたわけではありません。貴会の書簡をうけて再度委員が実態を現地調査したところ、問題の物売りたちが擺攤している場所は北馬路などではなく、実は北門外の楽壺洞の両側の街路であり、その西側の石道は一丈五～六尺の地があるものの、車輛がゆききし人通りも激しい上、その東側の通路は九尺にすぎず、場所は更に狭隘です。加えて、電車もしばしば走り過ぎます。格別に混雑した状況なので、ここにおいて擺攤することは通行人に対して大いに邪魔となるというわけであり、二十戸余りの物売りの要請で千人万人の往来の障害を増すのは、許可しがたいことです。しかし、このために失業したというのを聞けばやはり哀れなので、弊局が現在準備しているのは、彼らを旧城を囲む各通り一帯で商売させるべく、空いた土地を選択することです。貴商会から工程局の方へ要請して人員を派遣して現地調査してもらった上で、彼らが擺攤して生計をたてるのを許可しましょう(33)。

これに対し、再度、物売りの請願が行なわれた。

私どもは問題の場所で擺攤すること既に数年に及び、貸し借りの勘定もそこをやりとりの場としております。まして得意客もこの場所になじんでおり、事実上、即刻移動することは困難です。焦慮の末、重ねて御恩恵を懇願し実情を申し上げていただきお許しを得るほかないということになりました。私ども皆、壁や階段沿いで占めている場所は二尺を越えることはなく、広く場所をとって通行人の邪魔となることなどありません。有難くも御許可をいただけるのなら、私どもは愚誠を表し、是非とも暁市章程に従ってそれぞれ捐を納めたく思います。いささかなりとも寸志を尽くして、御恩恵にお応えしたいのです(34)。

これをうけて商会では「いま問題の物売りが申すように、壁沿いに擺攤し二尺しか場所をとらないならば、東の方の道路が九尺ゆえ残りは七尺で、通行人の妨害にならないと思われます。更に随時、その区域担当の巡兵が調べて、もし二尺の範囲を越えて占拠しているなら即時放逐することとすれば、路政を維持できましょう」とのとりなしをしたので、工程総局も遂に壁面から二尺の範囲での擺攤を暫定的に許可したのであった。ただし、物売りたちが捐を納めることを願ったことについては認められなかった(35)。

この事例を要約すれば、通行の便利のためという一般的な議論によって、擺攤の駆逐を正当化しようとする巡警側に対し、物売りたちが生活を守るため必死になってこれまでのいきさつを梃にしつつ情に訴え、占拠する幅を具体的に問題とすることによって、さらに商会の口添えを得ることによって、辛うじて従来の営業が認められたということになろう。物売りたちが、捐を納めることを希望したのは、「めこぼしの代価」によって営業の容認を更に確実なものとするためだったと考えられる。

ここで巡警側がめざしていることを分析するならば、法規を形式的に適用しようとする一面を持ちつつも、結局のところ、それを貫徹するよりも常識的な温情を示すことを期待され、実際そのように行動するのであった。天津という都市社会のなかで頻々と生起してくる原則と実情の矛盾を調整することに秩序維持の一つの眼目があり、都市社会への官権力の積極的介入は、その均衡をとる限りで必要とされ正当性をもったとも言えよう。

しかし、以上は一時しのぎの方策であることも確かで、巡警が交通の便宜のため物売りを追い払うことの是非は議論の対象となり続けた(36)。ジャーナリスト丁子良（号は竹園）は、年末の折に巡警の駆逐により商売できなくなった者たちの立場を代弁した白話文で、「何でもかんでも新政で、しもじものことなどお構いなし(37)」（「惟独有一様兒新政、太不体下情」）と批判し、貧しい者たちの生活を考慮した政策を要請している。

ここで、丁子良は、やくざ風情のやから（「匪徒土棍」）が、官方になりすまして、物売りから各種名目（「地銭及規費節銭等等」）で徴収を行なうなら、巡警局が処罰すべきだ、と述べている(38)。無頼の者が、自らのなわばりから徴収を行なうのは、大いに予想されるところである。しかし、それは巡警局が「暁市攤捐」を取り立てるのに現象的に近似してもいる。巡警局にとっては、そのような無頼の勢力を消滅させるためには、自ら同様な徴収を行ない、物売りを排他的に管理・保護することが必要であろう。しかし、それでは、円滑な道路交通という目標の障害となりかねない。巡警局の政策のゆれと「暁市攤捐」納入許可の限定性とは、以上の文脈の中で理解すべきであろう。

（2） 人力車夫

人力車は日本において発明されたものであるが、光緒八年（一八八二年）頃、上海を経由してはじめて天津にもたらされ、大流行を示すに至った。(39) 漢語で「東洋」と言えば日本を指したので、人力車のことを普通は「東洋車」またはそれを略して「洋車」と呼んだ。

天津の人力車について、日本人の観察は以下のようなものである。

一度ビ天津ノ地ヲ蹈《ふ》マバ、「アナタ帰ロー」ノ呼ビ声囂々《ごうごう》トシテ、幾十ノ車夫身辺ニ蝟集《いしゅう》シ、其ウルサキコトイハン方ナキニ必ズ一驚セン。彼ラノ曳《ひ》ケル人力車ハ、南方ノ車ニ比シ概シテ華美堅固ナリ。大半ハ賃借シ来リ以テ営業スルモノ、朦朧《もうろう》車夫トモイフベキハ少ク、年少ノ曳子《ひきこ》亦多カラズ。砂礫ヲトカス三伏ノ炎天ニモ、朔風膚ヲ劈《さ》ク厳冬ノ旦《あした》ニモ、玉ナス流汗拭《ぬぐ》ヒモヤラズ東奔西走、鉄脚ノ続カン限リ働キ、辛ウジテ得ル所、日ニ僅ニ平均三角少ノ額ナリ。(40)

人力車夫は、二〇世紀前半の都市下層民の代表的な職業として注目され、その労働・生活実態等に関する研究も進んでいる。(41) そこで本節では、人力車夫に対する捐の賦課、およびこれと不可分の関係にある、巡警による管理の局面にしぼって検討することにしたい。

人力車に対する「東洋車捐」は、先述のように、光緒九年（一八八三年）、天津海関道周馥の発議によって設置された「工程総局」が徴収を始めた。具体的には、人力車一台につき毎月千文（後に五百文）を納め、その際に「牌」を受領することになっていた。なぜ人力車に捐が賦課されたのか。地方志の記述では、人力車の交通手段としての安価さ・便利さという要因から、それに応ずるべく人力車ひきで生計をたてる貧民が増加し、街路における混雑および紛争が問題とされるに至ったために、捐を課すことによって制限を行なおうとしたと説明されている。(42) もっとも、工程局の行なう道路整備によって人力車の通行に便益が与えられるからという受益者負担の論理も意識されていたかも知れない。

イギリス租界と天津府城との中間にあって通行の上で重要なフランス租界では、当初、人力車登録と収捐は行なわない取り決めになっていたが[43]、「人力車に関する規則」（一八九四年）が制定されて管理が始まった。これによれば、人力車は租界当局に届け出を行ない、番号の札を受領することと定められていた。その札は車の後ろに付けておき、走っているときでも租界の警官が見やすいようにしなければならなかった。登録更新は一年ごとで、その時に大銭五百文を払うことになっていた。衛生的に問題がある場合、不許可とされた[44]。つまり、登録の実施と鑑札料の徴収は、行政的指導の手段でもあったと言えよう。

義和団戦争の後、人力車に限らず各種の車輛に対する「車捐」は、都統衙門の下で工巡捐局が徴収を行ない、道路の営繕および巡捕の維持にあてられていたことは先に述べた。そして、袁世凱政権もそれを引き継いでいたのである。滞納者に対しては、工巡捐局が巡警局に通知して追求してもらうことも行なわれた[45]。

その額は、人力車一台一月あたり、都統衙門期で三銭、光緒三十二年（一九〇六年）で営業車〇・四元であった。富裕な家庭が所有し車夫をかかえてひかせる自用車では、光緒三十二年で一年あたり三元であった。各外国租界もそれぞれ同様な鑑札料を設定しており、日本租界の場合、一か月あたり、営業車〇・五元、自用車三元であった。それゆえ旧天津城内外の地域を租界も含めて自由に通行するためには、工巡捐局だけでなく、八か国の各租界にも捐を納める必要があった[46]。

巡警側の規定によると、人力車は「捐牌」を車のわきの泥よけ板に打ちつけておくことが要請されていたが、この「捐牌」とは「車捐」を納入済みであることを証するものと考えられる。これがない人力車は取り締まりの対象となるはずなので、「車捐」は実質的に営業許可料であったことになる[47]。

人力車が巡警の統制の対象とされたのは、車夫が治安上問題のある存在とみなされることがあったからである。

例えば、以下の新聞記事が、そのような認識を示している。

老竜頭駅の十大悪と呼ばれるのは有名な悪党であるが、それとは別に人力車夫の悪党がおり、その害悪はいっそう甚だしい。先日、北馬路の広順義の店主である某甲ら三人が北京から汽車に乗って天津に来て駅で人力車に乗り換えて店先に着いた。車を降りるとき店内の人と拱手しあい挨拶の言葉をかわして気をとられ、まだ携えてきた鞄を手にしないでいると、その車夫が鞄をみて悪心を起こし、奪って一目散に逃亡してしまった。あちこち捜索したが杳《よう》として知れなかった。聞けば、鞄の中身は宝石など約五百元余相当だという(48)。

このような事件に対処するため、以下のような規定が設けられた。それは、車ごとにあらかじめ身元証明書を発給しておき、荷物を携えた客が乗るとき車夫はその証明書を客に渡し、客が車から降りて料金の受け渡しが済んだら、証明書の返却がなされるというものである。また捐務局から「号坎」(上衣の上に着る印半纏)を支給し、その背中に漢数字と算用数字で番号を記した布を縫いつけることにもなっていた(49)。

また巡警は街路をその管轄領域とすることから、人力車が道路交通の障害とならないように、目を光らせていた。例えば、市内に百五十か所の停車場を設定し、道の角・橋の上・狭い道で乗降させることを禁じた。また、道端に気ままに停車させておいてはならず、別の人力車を追い越す場合その前の車に対して左によけるよう告げ、右から追い越さなければならなかった(50)。

光緒三十二年(一九〇六年)秋の時点で天津の人力車の総数は、営業用六一二七輌、自用車六一一輌であり、車夫は戸数で二三〇六戸であった。同年の天津総人口(外国人を含む)四二万四五五三人との比率を考えると六十三人に一輌の人力車が存在したことになる。また、当時の総戸数(外国人と租界居住者を除く)六万三四七二戸のうち、車夫は三・六%も占めている(51)。このような多数の車夫の活動により乱されがちな秩序を守るため、巡警による統制が必要とされるに至ったと考えられる。

以上から、「車捐」も「目こぼしの代価」ということができよう。そして、人力車夫に対する捐の設定は、財政的必要にとどまらず、登録による管理そのものが目的とされていたことに注目すべきである。

(3) 娼　妓

光緒はじめ頃の天津の「妓館」の有様は以下のごとくであった。

客が来ると、男の使用人が迎えて、座らせる。彼はすぐ簾をあげて「お客だよ」と大声で呼ばわる。どれもこれも美人ぞろい。身に帯びた玉をチャラチャラさせながらやって来る者たちに、目をきょろきょろさせるばかり。…(中略)… 毎晩、遊客は非常に多く、人の出入りがひっきりなしである。(52)

このような施設は天津城北門外の侯家後一帯に集まっていた。当然ながら右の史料のような立派なものばかりではなく、性病の蔓延しがちな料金が安いところもあった。城の西門の外の西関の地区にも、やや等級の劣るところが集まっていた。租界の外の地域では「土娼」が泥の垣根に囲まれた小さな家にいて客を待っているが、いずれも姥桜だという。(53) 租界のある紫竹林には広東から娼妓がやってきていた。当時の天津では男色もみられたが、このような男女の来源は多く人身売買によっていた。おおむね十両だせば五～六歳以下の子供を買えた。一流の藝妓は三百五十～六百両であった。(54)

天津には「混混児」「混星子」と呼ばれる「無頼」の集団があり、暴力でもって世渡りをしていたが、妓館は多く彼らが経営していた。南市一帯には「落子館」と称される、藝妓に俗曲を歌わせる大衆演藝場が立ち並んでいたが、これひとつにつき妓院数十家が附属していたという。(55)

藝妓・娼妓の悲惨な境遇については、以下の叙述より一端が知られる。

楼主の藝娼妓を待遇するや極めて惨酷にして、若し営業意の如くならざるときは楼主は之を打擲《ちょうちゃく》し又は減食することあり。客より妓に与へたる金銭も楼主之を奪取し……（中略）……。藝妓は唱歌をなし楽を奏すれども娼妓は更に藝なし。而して藝娼妓共に声価墜落して営業不振となれば他に転売せらるること殆んど我邦の藝娼妓の情態と異ならず。斯の如く転売せらるるときは漸次其価額減少し、藝妓は遂に娼妓となり、娼妓は又密淫買と変じ、其最後に至りては乞食に堕落するものありと云ふ。(56)

このような営業に対して、一九世紀の県衙門等の官権力は積極的に統制しようとする姿勢をもっていたように思われない。(57)統制が本格的に始まるのは、列強による天津都統衙門支配下においてである。都統衙門には衛生局が設けられ、ペスト等の伝染病の蔓延を防止すべく道路を清潔にするなどの施策をとっていたが、娼妓の性病問題にも大きな関心がよせられた。すなわち、藝娼妓に対して梅毒検査を行ない、検査済みの証拠として「腰牌」を発給するということを始めたのである。(58)

袁世凱が都統衙門から天津の行政を引き継ぐ際に、衛生局も存続することになった。これを報じる新聞記事は、従来どおりに毎月娼妓の検査を行ない、もし病気があったら留めて医者に診せる措置をとることへの期待を表明している。(59)

引き継ぎ後の衛生総局は、「婦医院」で内科・外科を問わず診察する旨を布告し、その医療関係費用に充当するため、妓館に向かって捐を納めるよう命じた。妓館を四つに等級分けして、例えば最上の等級のものに対しては、窰捐（妓館ごとの捐）毎月洋銀二十五元、および妓捐（娼妓ごとの捐）毎月ひとりあたり洋銀四元を賦課したのであった。(60)しかし、この布告は、「検査については、ゆるめることにする」と述べている。それどころか検査は全く行なわれなかったとの指摘がある。すなわち、検梅を実行しないで「腰牌」を発給したので、その意味が藝娼妓免許証に一変してしまったというのである。「梅毒其他病毒の蔓延甚だしく、実に恐るべき状態にして、殆んど無病健全なる者なき有様なり」とすら指摘されている。(61)

梅毒検査が有名無実ならば、「腰牌」の制度の意味とは何であろうか。まず、財源としての捐の側面がある。妓捐は、後に工巡捐局によって徴収されるようになるが、いずれにせよ、衛生局の財源になっていた。[62] しかし、「其経費を得んが為め新に娼妓税を設けたるも経費尚《な》ほ不足にして十分の設備を為す能《あた》はず[63]」という状況だったのである。

加えて、捐の徴収を契機とした登録が、巡警組織による娼妓管理に有効であった点が重要である。巡警側の服務規定によると、「天津は港町で商人が雲集し租界がひしめいている。それゆえ、娼寮・妓館は現実問題として禁止するのは困難である。衛生局が捐を集め検査する以外に、もし正業につかず誘拐して人身売買し、または来歴不明の婦女を隠匿しているものがいたら、巡警局に拘引して取り調べる[64]」となっていて、衛生局による管理を協同して支える役割を担っていた。「暗娼」と称される未登録の娼妓は、巡警による取り締まりの対象となっていた。[65] つまり、登録し捐を払うことは、営業の許可をとっていることを意味する。

また娼妓のいるところは、博徒・盗賊等の温床となりがちだという理由からも、目をつけられていた。[66] 巡警にとって「娼妓を管理するのは住民・商店を管理するのとは異なり、いかなる時でも取り調べに連れてゆくことができる。ただし、少しでも騒動を起こしてはならない[67]」と規定されている。取り締まりの過程で騒ぎを起こすことが戒められていたのは、「近ごろ警兵は時々、侯家後や西関外などの娼寮に対して暴力沙汰に及ぶことがある[68]」というような実状を背景としているのであろう。以上の理由から、妓捐もやはり「目こぼしの代価」と把握すべきである。

また、これと関連して、巡警総局の監督下にあった「済良所《さいりょうしょ》」をとりあげておきたい。もし、領家（妓館を取りしきる女、やりてばばあ）が娼妓を虐待するならば、巡警局はその領家を重く罰して、その娼妓を済良所に収容することになっていた。「天津済良所章程」によれば、娼妓に限らず各種藝能に携わる女子について、①誘拐されて売られた者、来歴不明の者、②二十五歳になっても領家が拘束して「良」（一般人）にしてやらない、③虐待をうける、のいずれかにあたる者を済良所にいれて「教養択配」（教育扶養して縁談をみつける）「化賤為良」（賤民を良民とする）をめざすのであった。具体的には、裁縫・機織を習わせたり、読み書き・計算を学ばせたりしつつ、幼い場合は十六歳になるのを待って、縁談を見つける。妻にするのでも妾でもよいのだが、身元がはっきりしていて真面目な者に引き渡す。これは再び娼妓に戻ってしまうのを防ぐためである。またその男性から適当な「身価」をとって、これを施設の運営費の一部とするが、運営費の多くは官僚・紳商の寄付に頼る。(69) 以上が、済良所の制度のあらましである。社会福祉施設たる済良所と治安維持機構たる巡警が、密接な関連をもって活動していることも注目される。

しかし、済良所の問題点が、新聞紙上で指摘されることもあった。

済良所を設けているのは、娼妓を助けて窮地から抜け出させることであり、まことに素晴らしい施策である。しかし、聞くところによれば、近ごろ悪賢い者がいて代わりの者に頼んで収容者を安価で買い取ることをたくらむという。かつまた、出所しても元のとおり娼妓をしているとの話もあり、全く開設の趣旨に反している。(70)

つまり「章程」において懸念された事態が起こってしまったらしいのである。このような点から、済良所の運営にとっても、捐の納入と「腰牌」の付与を介した娼妓管理は前提条件なのである。

以上において、公娼制度（licensed prostitution system）の起源について検討したことになる。(71) 公娼制度はジェンダー史学の一環としての研究対象となりうるが、清末にはじまる各様の捐の権力論という文脈で議論することも必要であろう。

4　捐の権力論

次に、これまで見てきたような各種の捐に共通する性格について検討してゆきたい。その手掛かりとして、「戯捐」という、これも工巡捐局が徴収し、巡警および道路営繕の財源となった捐にも触れておきたい。「戯捐」とは劇場（戯園）からの徴収であり、都統衙門支配期に設定された[72]。ではなぜ劇場に捐が賦課されたのであろうか。

劇場と巡警との係わりを考えるべきであろう。劇場の興行内容は様々であったが、当時にあっては代表的な娯楽施設となっていたとは言える。一方で、何らかのきっかけから乱闘事件がおこり、巡警の手を煩わせることも珍しくなかった。

［事例①］河北大街の慶春茶園では、先日、晩の上演でA・Bの二人が出演した。ところが、別の俳優C・Dらと殴り合いの喧嘩となり、河北第二局長の何大令が巡兵を引き連れて取り締まりにやってきて、A ら四名を巡警局に拘引して懲責を加え、茶園の器具を弁償させて、ようやく釈放したという[73]。

［事例②］天楽園は楊某に委託して代わりに徳如龔君を迎えさせ、天津に来て演唱させようとした。ビラは既に貼ったが、上演はまだだった。昨日、園内で暴力沙汰を起こし、客もこれに加わった。そこで警兵に連れて行かれた[74]。

また演目そのものが「風俗」を乱しかねないとして、監視の対象となっていた[75]。当時の戯園において淫らな演目が見られるとして非難する投書が、新聞に寄せられてもいる[76]。

してみると、劇場は巡警組織にとって手間のかかる存在であったが故に、その代償として捐の納入を求められたと想定するのが妥当と思われる。しかも、この納入のための登録を介して、その営業を規制することが期待されており、そうしてはじめて営業が認容されたとみてよかろう。

さきに「暁市攤捐」は、巡警組織が「擺攤」の営業を許可するにあたり「めこぼしの代価」として徴収するのであり、しかもそのような関係の設定そのものが恩恵的であることを指摘したが、「戯捐」も同様の性格をもっていたのであろう。また「車捐」は人力車夫等の運輸交通業者を、衛生局の財源となった「妓捐」は藝娼妓を、それぞれ登録する契機となっており、秩序の攪乱要因となりがちな彼らを統制する機能を負っていたが、これらも捐の支払いによってこそ営みが認容されるという意味において「めこぼしの代価」に他ならない。

さらに、各種営業店舗に対する「鋪捐」、住宅に対する「房捐」にしても、これら「めこぼしの代価」と断絶した性格をもっているわけではない。明らかに「鋪捐」は営業を容認してもらうかわりに納めるものである。また「房捐」にしても、巡警による登録に裏づけられており、もし納付しなければ拘引されてしまう。つまり、それを納めることによってはじめて巡警の保護の下での居住が認容されると言えよう。都市社会の秩序は、居住の自由・営業の自由（住居の不可侵・私的所有権の保証）といった包括的原理に支えられておらず、上記のような官との個別的互酬関係によって組み立てられていたのである。

このような捐の性格づけは、同時代の当局者による記述にもうかがえる。「房・鋪・車・船等の捐は、則ち保護の意を含有す」「戯・妓・擺・渡・暁市攤等の捐は、則ち取締の意を含有す[77]」というのがそれである。しかし「保護」と「取締」とは、いずれも管理・統制の具体化に他ならず、必ずしもそのように明瞭に二分できるものではなかろう。これら諸捐の設定とは、重点の差こそあれ、「保護」と「取締」という、官権力による管理・統制の現象形態なのである。一方で捐を支払う側からすれば、「暁市攤捐」が設定される経緯において検討したように、「めこぼしの代価」を負担することにより、官権力にみずからの営みを認めさせるという、取り引きをしているという見方も成り立つ。かくして捐とは、官権力がその社会的統制を強めつつある状況下で、ある程度は社会の現状を妥協的に容認するという、当時の都市社会を律する論理をよく表現するものであった。

さて、江口久雄は、清末において、旧来の田賦・塩課・関税以外の各種新税が多く設けられる先駆として、広東省の「闈姓《いせい》捐款」について検討している。これは、科挙合格者の姓をあてる賭博（「闈姓」）の業者に賦課するものであり、道光年間の業者による納贖に端を発するものである。しかし、この賭博自体に対する厳禁論・解禁論の対立を経て、光緒年間の解禁に伴いようやく財源として認められたという過程があった。その歴史的意義とは江口によれば、「中国政府は、みずから伝統的な財政原則を放棄した」と言えるが、「それは新たな原則をうちだすというような発展的なものではなく、いたずらに無原則化を深めていった」点にあるとされる(78)。

確かに各種捐の設定とは、新たな財政原則を確立した上で行なわれたわけではない。しかし、江口の考察から知られるように、賭博業者は官の統制下において捐を納めつつ、一方で無許可営業のものは弾圧されるという意味で独占的地位が認められていたのであるから、それは「目こぼしの代価」に他ならない。してみると、そのような事象も、単に無原則というより、当該社会の権力のはたらきとの関連から理解できるのである。

5　小　結

清末の財政史については、幾多の論点が提出されている。そこでは、固定的な正規財政の枠をこえて、官がいかにして財源を確保してゆこうとしたのか、特に商業的富をいかに財政のうちに取り込もうとしたのか、負担者はどのようにこれに対応したのか、ということが大きな主題となってきた(79)。捐の登場を、このような流れの中に位置づけることには充分な理由があろう。しかも、捐が地方財政に占める比重の高さゆえに、地方自治の時代の政治的論議の対象になったことも注目される[80]。

捐のひとつの側面は、都市の商業的な富を官が収取しようとするものであった。都市の居住・営業に基づく捐はもとより、街路の物売り・車夫・娼妓等、都市雑業層への賦課も、結局は都市の金回りのよさに対する徴収なのであった。

しかし、捐の問題は、単に新規財源の確保という見地のみから考察すべきではなく、都市の雑業層を管理する必要という視点も不可欠なのである。「直隷省では娼妓や人力車にまで」負担がのしかかってきたという従来の指摘は、最下層の都市民衆にまで捐を払わせたという含意があるが、本章での理解によれば、むしろ最下層の民衆であるからこそ捐を賦課することを通じた統制の対象となったのである。他方で雑業者にとって捐の納入は、自らの営みを認めてもらうための「目こぼしの代価」であったと言えよう。

してみると捐もより広い視点から解釈できる。本野英一は以下のように述べている。「中国では生産、交換あるいはそれ以外の何であれ、ある地域で何らかの経済活動を行なう権利を権力者から承認して貰うことの方が、利潤や資本の蓄積よりも遥かに重要だったのだ。そこでは近代資本主義社会では所与の前提とされている私有財産権は一部の者にしか認められていない。即ちそれは権力者たる官僚に対して税を払った者だけが享受できる特権なのである[81]」。このような点は、本章で議論した都市雑業者の捐の性格と通底しており、都市的徴収が、保護・統制の権力と表裏のものであったことが理解される。

もっとも、本章で議論したのと類似の論理で説明される事例を別の時代・地域で見出すことは容易である。例えば、宋代の都市にあって、街路の侵占を官が禁止しようとしてもできず、結局は「侵街銭」を徴収して一定程度の容認（そして管理）を行なったという現象[82]は、「目こぼしの代価」の授受として理解するのが適当であろう。

それでは、清末の捐の歴史的意味とは何であろうか。それは、まさに、清末開港都市の人口流動性に対応していたことに求められよう。すなわち、巡警組織を通じて、都市社会を雑業層に至るまで、包括的に管理・統制しようとする志向に裏打ちされていたことに加えて、社会の実情を妥協的に容認するという姿勢にも支えられていたのである。雑業層からの徴収それ事体は、財源として大いに重要であるとは考えにくい。特に、そもそも営業が零細である上に、徴収にかかる人手（すなわち巡警局・衛生局などの人件費）も必要になってくるからである。しかし、都市下層民に対する統制を強めて、都市の秩序を維持すること自体が必要とされていたとみるなら、財源としての意義は副次的になってくる。

このような都市管理の強化に、近代欧米・日本などと共通する趨勢を見てとることは、明らかに正当と思われる。巡警制度を始めとする制度的枠組みを導入する必要が意識され、可能とされたのは、共通の課題に直面してのことであったと考えられるからである。しかし、捐に示されるような論理は、私的所有権の保障といった権利意識を欠如させた社会のものであり、管理の展開を単に外国の影響で説明するのは躊躇される。

本章で議論したような巡警と都市雑業層の関係は、すぐれて都市的な事象と言える。それゆえ、当時、暴動を頻発させた農村における捐の弊害は、別途に議論されるべきである。先行研究が指摘するように、捐は当時の西欧・日本に倣った政治改革たる「新政」の財源となっていたものの、「新政」の恩恵を受けるのは地元有力者層であり、多くの農民は負担のみを課せられていた。この点に矛盾の根本を求めるべきであろう。(83) しかし翻って考えるならば、本来、都市に適合的な捐の収取と巡警の管理という方式、さらには地方自治・新式教育等が、全く状況の異なる農村部にまで、安易に拡大されていった点が注目される。都市と農村では、同質の原理による統治・収取の制度を適用するのに無理があるほど社会状況の乖離が生じていたことが、辛亥革命前夜の歴史的特質であると言えよう。

註

（1）臨時台湾旧慣調査会編『清国行政法』六巻（臨時台湾旧慣調査会、一九一三年）七頁。

（2）賈士毅編『民国財政史』（商務印書館、一九一七年）二編、五二八頁。

（3）Chuzo Ichiko, "Political and Institutional Reform, 1901-11," John K. Fairbank and Kwang-ching Liu (eds.), *The Cambridge History of China*, Vol.11 (Cambridge University Press, 1980), pp. 414-415. 小島晋治・丸山松幸『中国近現代史』（岩波書店、一九八六年）五九頁。

（4）黒田明伸『中華帝国の構造と世界経済』（名古屋大学出版会、一九九四年）一八八〜二二七頁。初出は一九八三年の論文。

（5）姫田光義ほか『中国近現代史』上巻（東京大学出版会、一九八二年）一四四頁。

（6）貴志俊彦「「北洋新政」財政改革について」（『広島大学東洋史研究室報告』九号、一九八七年）。

（7）小島・丸山前掲書五九頁。

（8）郝縉栄「津門実紀確対」（中国史学会主編『第二次鴉片戦争』一冊、上海人民出版社、一九七八年）五八二〜五八三頁。中央研究院近代史研究所編『四国新檔』英国檔（中央研究院近代史研究所、一九六六年）七六四〜七六六頁「津郡勧辦釐捐章程及収捐数目」。

（9）『李文忠公全集』奏稿巻五十一「籌辦団練摺」（光緒十年九月二十一日）。

（10）『時報』光緒十二年十月十三日「比戸蒙庥」。

（11）総理各国事務衙門清檔「天津法碼頭漕船停泊津貼案」（中央研究院近代史研究所所蔵外交檔案〇一〜一八、七〇函七〇宗三冊）李鴻章文（光緒十一年八月十四日）。『周愨慎公全集』年譜巻上、光緒八〜九年の条。光緒『重修天津府志』巻二十四「公廨・工程総局」。天津檔案館・南開大学分校檔案系編『天津租界檔案選編』（天津人民出版社、一九九二年）五六九〜五七二頁。『直隷清理財政局説明書』第四編第一章第二節第二款。

（12）China. Maritime Customs, *Decennial Reports, 1892-1901* (The Statistical Department of the Inspectorate General of Customs, 1906), Vol.2, pp.574-575. さらに、光緒十九年（一八九三年）からは、建物の賃貸料（評価額）に課税する建物税（rental assessment）も導入された。なお租界の行財政全般については、天津市政協文史資料研究委員会編『天津租界』（天津人民出版社、一九八六年）、尚克強・劉海岩主編『天津租界社会研究』（天津人民出版社、一九九六年）参照。

（13）Gouvernement provisoire de Tien-tsin, *Procès-verbaux des séance du conseil du gouvernement provisoire de Tien-tsin* (The China Times, Ltd., n.d.), p.1. 本書は、天津都統衙門の委員会の議事録である（東洋文庫所蔵）。抄訳として、劉海岩・郝克路編「天津都統衙門会議紀要選」（『近代史資料』七九号、一九九一年）がある。

(14) Gouvernement provisoire de Tien-tsin, *op.cit.*, p. 28.
(15) 西村博編「天津都統衙門告諭彙編」(『天津歴史資料』一五期、一九八二年)四四頁。または、奇生編「庚子荓蜂録」(中国社会科学院近代史研究所『義和団史料』中国社会科学出版社、一九八二年)二九〇～二九一頁。
(16) 国立故宮博物院故宮文献編輯委員会編『袁世凱奏摺専輯』(広文書局、一九七〇年)八九〇頁「附陳続辦天津鋪車税捐片」(光緒二十九年四月十二日)。または、天津図書館・天津社会科学院歴史研究所編『袁世凱奏議』(天津古籍出版社、一九八七年)七八四頁。
(17) 清国駐屯軍司令部編『天津誌』(博文館、一九〇九年)二六一頁。
(18)『直隷清理財政局彙編宣統四年全省歳出入予算比較表』(東京大学東洋文化研究所所蔵)は、宣統三年に辛亥革命がおこったため、その通りに執行されたとは考え難いが、およその財政構造を知るのには意味があろう。表に見えるように、地方歳出は地方歳入を大きく超過しているが、これは、民政費・教育費・実業費等に対する国家歳出からの補助によって相当に埋め合わされている(同書第二冊国家歳出簡明冊)。それゆえ、地方財政と国家財政との分割は、まだ形式上のものであったことが知られる。
(19)『直隷清理財政局説明書』第六編第二章第一節第一款。
(20)『大公報』光緒二十八年九月七日「飭査各捐」。
(21)『東方雑誌』光緒三十年正月二十五日、内務四頁「直督袁飭巡警局天津府県収丐防窃保衛居民札」。
(22) 擺攤についての研究としては、北伐前後の時期を対象として、金子肇「上海における「攤販」層と国民党に関する覚書――商民協会の結成とその廃止をめぐって」(『広島大学東洋史研究室報告』一〇号、一九八八年)がある。
(23) 前田政四郎『北清事情大全』(小林又七出張所、一九〇三年)下巻、一六一～一六二頁。
(24)『大公報』光緒三十年七月二十日「巡警規条」。また『北洋公牘類纂』巻八「天津南段巡警総局現行章程・巡警規条」にも同様の規定がみえる。
(25)『大公報』光緒二十八年七月二十八日「駆逐設攤」。
(26)『大公報』光緒二十八年九月二十四日「駆逐設攤」。
(27)『大公報』光緒二十九年二月二十四日「駆逐貨攤」。このような組織的な抑圧策のみならず、個々の警官と路上の物売りとの衝突も、絶えず発生したと考えられる。例えば、以下のような例がある。西頭巡警第三局四隊の警兵二名は、ささいな嫌疑から、柴という「小本営生」を鎗(ここでは銃剣の如きものか)で突き刺し重傷を負わせた。親族は直ちに巡警総局に訴えたので、その二名は厳しい処分を受けることとなった『大公報』光緒二十九年六月九日「警兵釀禍」。
(28) 胡光明「論早期天津商会的性質与作用」(『近代史研究』一九八六年四期)。同「論清末商会対長蘆塩務風潮的平息」(『歴史檔案』一九九四年二期）。この時期の商会の研究は、近年非常に盛んである。朱英『辛亥革命時期新式商人社団研究』（中国人民大学出版社、一九九一年）、虞和平『商会与中国早期現代化』（上海人民出版社、一九九三年）、馬敏『過渡形態——中国早期資産階級構成之謎』（中国社会科学出版社、一九九四年）、小島淑男「二〇世紀初期企業経営者層の結集と経済改革の模索」（『日本大学経済学部経済科学研究所紀要』二二号、一九九六年）等、参照。

（29）天津市檔案館・天津社会科学院歴史研究所・天津市工商業聯合会『天津商会檔案彙編』（天津人民出版社、一九八九年）一四六六～一四六七頁「估衣街商董元隆敦慶隆等七家稟陳估衣街口一帯暁市関於貧民生計自認攤捐請勿令他遷文」（光緒三十三年二月三日）。

（30）『直隷清理財政局説明書』第六編第二章第一節第四款。

（31）『天津商会檔案彙編』八二六～八二八頁「北馬路二十六家攤販自願納捐懇准設攤文」（光緒三十三年八月二十七日～九月八日）。

（32）同前。

（33）同前。ここで触れられる電車運行の問題については、第九章参照。

（34）『天津商会檔案彙編』八二八～八二九頁「北門外馬路衆攤販請原地墻根設攤文及工程局只准占池二尺的批文」（光緒三十三年九月十四日～二十一日）。

（35）同前。

（36）同様な事象について『天津商会檔案彙編』八五二～八五三頁の一覧表参照。

（37）『天津白話報』宣統元年十二月十三日（天津社会科学院所蔵）、竹園「求您給窮人留活路兒罷」。

（38）同前。

（39）『天津誌』一五二頁。

（40）東亜同文会『支那経済全書』第一輯（丸善、一九〇七年）三四七頁。

（41）David Strand, *Rickshaw Beijing : City People and Politics in the 1920s* (University of California Press, 1989), pp. 20–64.

（42）光緒『重修天津府志』巻二十四「公廨・工程総局」。

（43）総理各国事務衙門清檔「天津法租界免徴東洋車費訂立津貼合同案」（中央研究院近代史研究所所蔵外交檔案〇一～一八、七〇函七〇宗四冊）李鴻章文（光緒十四年七月十三日）。

（44）Concession française à T'ien-tsin, *Règlements municipaux, 1894* (Typographie du Pé-t'ang, 1894), pp.36–38. 本書は東洋文庫所蔵。

（45）例えば、『大公報』光緒二十八年九月九日「認真査捐」。

(46) Gouvernement provisoire de Tien-tsin, *op. cit.*, p. 28, p.121.『天津誌』一五三〜一五六頁。
(47)『北洋公牘類纂』巻八「天津南段巡警総局現行章程・管理東洋車」。ただし「車捐」を納めることを義務づけられていたのは、人力車を所有している者であり、それは必ずしも人力車をひく者ではなかった。特に「車廠」と呼ばれる車宿から車夫が車を賃借りしてひいている場合、捐務局との交渉は「車廠」の主人が行なったのである。
(48)『大公報』光緒二十八年五月十六日「見財起意」。
(49)『北洋公牘類纂』巻八「天津南段巡警総局現行章程・管理東洋車」。
(50) 同前。また『天津誌』一五二頁。
(51)『天津誌』二四頁、一五三頁。
(52) 張燾『津門雑記』（光緒十年刻）巻中「妓館」。
(53) 同前。
(54) 曾根俊虎『北支那紀行』前編（海軍省、一九七八年）七〜八頁。のちイギリス租界では売春が禁止されるが、フランス租界は繁華街としての発展をとげ日本人以外の娼妓が集まった。『津門雑記』巻下「租界例禁」。『天津租界』六三〜六五頁。
(55) 朱寿鈞「天津的混混兒瑣聞」（『天津文史資料選輯』三一輯、一九八五年）。この無頼集団については、『津門雑記』巻中「混星子」参照。
(56)『北清事情大全』下巻、一四〇〜一四一頁。
(57) 光緒『大清会典事例』巻八百二十五を見ると、売春をさせることが処罰の対象となったことが知られるが、現代日本の「売春禁止法」（一九五六年制定）にみられる売春に相当するような法的範疇そのものは見出すことができない。また以下が詳細に、この問題を扱う。マシュー・H・ソマー［Matthew H. Sommer］（寺田浩明訳）「晩清帝制中国法における売春——十八世紀における身分パフォーマンスからの離脱」（『中国——社会と文化』一二号、一九九七年）。Matthew H. Sommer, *Sex, Law, and Society in Late Imperial China* (Stanford University Press, 2000).
(58)『天津誌』五二四〜五二九頁。この時期のペストの流行の広がりに関しては、飯島渉『ペストと近代中国』（研文出版、二〇〇〇年）に詳しい。
(59)『大公報』光緒二十八年七月十九日「紀衛生局」。
(60)『大公報』光緒二十八年八月六日「衛生局示」。
(61)『天津誌』五二七頁。朱寿鈞前掲論文も、捐を納めれば営業が公認されるため、妓館は以後ますます繁盛したと回想している。また、上海に関する以下の研究は、衛生への配慮と道徳への懸念の二つの要素とその揺れによって娼妓取り締まり政策を説明している。Christian Henriot, "Prostitution et "police des mœurs" à Shanghai aux XIXe-XXe siècles," Christian Henriot (dir.), *La femme en Asie orientale* (Universite Jean Moulin, Lyon III, Centre rhonalpin de recherche sur l'Extrême-Orient contemporain, 1988).

(62)『直隷清理財政局説明書』第六編第二章第一節第四款。

(63)『天津誌』五二五頁。ただし衛生局の財源のうち「防疫経費」「戒煙総分各局経費」は海関税（洋貨進口正税）から出されていた。『直隷清理財政局説明書』第四編第一章第一節第一款。伝染病と鴉片という害毒が外国貿易の所産であることに対応するという認識によるとも推測され興味ぶかい。

(64)『北洋公牘類纂』巻八「天津南段巡警総局現行章程・管理娼妓」。

(65) 例えば、『大公報』光緒三十三年二月二十三日「駆逐宜厳」。

(66) 例えば、『大公報』光緒二十八年八月七日「天津県示」。

(67)『北洋公牘類纂』巻八「天津南段巡警総局現行章程・管理娼妓」。

(68)『大公報』光緒二十九年閏五月二十四日「警兵滋事」。

(69)『北洋公牘類纂』巻八「天津南段巡警総局現行章程・試辦済良所章程」。

(70)『大公報』光緒三十三年二月八日「流弊宜防」。

(71) 老舎の小説「月牙兒」は民国時代のある売春婦の生涯を描いた作品である（『老舎文集』八巻、人民出版社、一九八五年、所収）。物語の最後で、彼女は無届けであったがゆえに巡警に捕らえられ「感化院」（「済良所」と同様の施設と思われる）に収容される。老舎は、彼女に独白のなかで、捐を納めた娼妓のみ営業を認められることに対して「捐さえ納めれば道徳的ということになるのだ」と述べさせたり、「感化院」で料理・裁縫などを教えられることに対し「そんなことで食べてゆけるのならとうの昔にあんな苦しいことはやめていたさ」と嘆かせたりしている。公娼制度と収容施設に対する老舎の批判を読み取ることもできよう。これに対して、李大釗は彼の都市社会主義プランの一環として「済良所を拡大せよ。入所を希望する娼妓は虐待を受けているか否かを問わず、すべて収容する。済良所は教育機関かつ工場組織であるべきだ」と主張し、楽観的な姿勢を示している。「北京市民応該要求的新生活」（一九一九年）（『李大釗選集』人民出版社、一九五九年、所収）。また、王書奴『中国娼妓史』（生活書店、一九三四年）は当時の廃娼論を意識した著作であり、参考になる。岩間一弘「中国救済婦孺会の活動と論理——民国期上海における民間実業家の社会倫理」（『史学雑誌』一〇九編一〇号、二〇〇〇年）も、娼妓救済に対する観念に注目している。

(72) Gouvernement provisoire de Tien-tsin, *op. cit.*, p. 29.『直隷清理財政局説明書』第六編第二章第一節第四款。劇場については、鄭立水「天津的戯園」（『天津文史資料選輯』五一輯、一九九〇年）参照。また上海のケースであるが、大野美穂子「上海におる戯園の形成と発展」（『お茶の水史学』二六・二七号、一九八三年）がある。

(73)『大公報』光緒二十八年十月十一日「滋事被懲」。

(74)『大公報』光緒二十八年十月十九日「戯館滋事」。

(75)『北洋公牘類纂』巻八「天津南段巡警総局現行章程・管理戯園及各游覧所」。

(76)『大公報』光緒二十九年正月二十五日「禁演淫戯説」。当時の演劇改良運動については、李孝悌『清末的下層社会啓蒙運動』（中央研究院近代史研究所、一九九二年）一四九～二一〇頁に詳しい。

(77)『直隷清理財政局説明書』第六編第二章第二節。

(78)江口久雄「広東闈姓考――清末の中国財政に関する一考察」（『東洋学報』五九巻三・四号、一九七八年）。

(79)Susan Mann, *Local Merchants and the Chinese Bureaucracy, 1750–1950* (Stanford University Press, 1987). 臼井佐知子「太平天国末期における李鴻章の軍事費対策」（『東洋学報』六五巻三・四号、一九八四年）。岩井茂樹「中国専制国家と財政」（『中世史講座［六］中世の政治と戦争』学生社、一九九二年）。山本進「清代後期四川における地方財政の形成――会館と釐金」（『史林』七五巻六号、一九九二年）。山田賢『移住民の秩序――清代四川地域社会史研究』（名古屋大学出版会、一九九五年）一八八～二一五頁。古市大輔「光緒初年盛京行政改革の財政的背景――東三省協餉の不足と盛京将軍の養廉確保の意図」（『東洋学報』七九巻一号、一九九七年）。

(80)貴志俊彦「「北洋新政」体制下における地方自治制の形成――天津県における各級議会の成立とその限界」（横山英・曽田三郎編『中国の近代化と政治的統合』渓水社、一九九二年）。

(81)本野英一「イギリス向け紅茶輸出貿易の衰退と中国商人「団結力」の限界――福州での紛争、論争を中心に」（『東洋学報』七七巻一・二号、一九九五年）。

(82)宮崎市定「漢代の里制と唐代の坊制」（『宮崎市定全集』七巻、岩波書店、一九九二年、初出は一九六二年）。

(83)波多野善大「辛亥革命直前における農民一揆」（『東洋史研究』一三巻一・二号、一九五四年）。狭間直樹「山東萊陽暴動小論――辛亥革命における人民闘争の役割」（『東洋史研究』二二巻二号、一九六三年）。山下米子「辛亥革命の時期の民衆運動――江浙地区の農民運動を中心として」（『東洋文化研究所紀要』三七冊、一九六五年）。湯本国穂「辛亥革命の構造的検討――一九一一年の中国西南地方における政治変動の社会史的意味・昆明の事例」（『東洋文化研究所紀要』八一冊、一九八〇年）。Joseph W. Esherick, *Reform and Revolution in China: The 1911 Revolution in Hunan and Hubei* (University of California Press, 1976).

第七章　善堂と習藝所のあいだ

1　課題の設定

袁世凱による積極的な改革の潮流のなかで、善堂に期待される課題も変わってゆく。その善堂改革を特に理念の変遷に注目して考察するのが、本章の目標である。特に、第三章で検討した広仁堂と、伝統ある育嬰堂を中心に考えてみたい。このような作業を通じて、善堂が、目標とするところを変えつつも、時代に応じて柔軟に社会的要請に応えていった点を明らかにしたい(1)。

また、この時期、刑罰改革の一環として「習藝所《しゅうげいしょ》」という更正施設が新設されたが、これも都市における社会事業に影響を与え、善堂の改革を促してゆくことになった。その点も視野に入れる必要を感じる。実のところ、これら諸施設が、類似した性格をもつようになった点が注目されるのである。

天津市檔案館には、一九四〇年代に至る時期の広仁堂檔案が所蔵されているが、ここでは便宜的に辛亥革命までの時期のみを分析の対象としたい。この清末の時代だけでも、善堂運営理念は大いに変化し、検討すべき問題は相当複雑だからである。二〇世紀初頭の問題については、北京の中国第一歴史檔案館に所蔵される長蘆塩運使司檔案に含まれる材料も扱ってゆくこととする。

2　習藝所の誕生

(1) 教養局の設置

義和団の戦乱の後、天津は連合軍の統治下におかれていたが、光緒二十八年(一九〇二年)には、直隷総督の任にある袁世凱が回収した。この袁世凱の支配下で、様々な改革の試みがなされたことは、よく知られている。

この時期には、実業振興が大いに推進されたが[2]、それと関連して游民対策も立てられることとなった。光緒二十八年九月(一九〇二年一〇月)、長年放置され損壊の甚だしかった元の貢院(科挙の試験場)の建物を修築して「教養局」とすることにした。「教養局」は貧しい子供を収容して才能に応じて分け、能力のある者に対しては外国語と漢文を教え、それに次ぐ者には「工藝」を学ばせることをめざしていた[3]。最初、百人を収容し、織布・地毯(カーペット)・染色の三科を設け、日本人技術者三人を招聘して教育したところ、かなりの成果をあげたという[4]。その状況は以下のようであった。

北清地方一帯に於ける少壮者の、工業に対する特徴は、第一忍耐・第二柔順・第三勤勉・第四熱心に在り。此等の特徴は工業上最も必要なるものにして、且彼等は金銭を以て十分奨励し得べき性格を有すれば之を鞭撻するの必要なく、容易に導きて善良なる工徒となすを得べし。特に其記憶力は実に驚くべき程度にして、一度修得せし所は悉く之を暗記し、一丁字なき工徒と雖ども二年の後には工業上必要なる方法を手録し、西洋文字の如きは単に模様として之を記憶し、染料の名称等は能く英語を用いて誤らず。後進子弟を教ゆるにも相当の文字を使用し算術は洋式を用ふる等、僅々二年の短日月にして斯かる程度に各科目に熟達せる工手を養成し得るは誠に異数と謂ふべし。卒業工徒中、優秀者数名は目下工藝総局の設置する実習工場に於て織布染色両部の技

手たり。其餘は地方の技手となりて織布染色或は地毯製織等に従事す。(5)

教養局が意欲的に貧民に対する職業教育を推進したとはいえ、それが街路でのかっぱらい・物乞いの消滅に直結するわけではない。袁世凱が、乞食を収容し盗みを防ぐことによって、住民を守るよう命じている文面からも、それを知ることができる。すなわち、光緒二十九年（一九〇三年）の冬、天津において窃盗が相次ぎ、道端に乞食が次第に多くなっていることから、防犯のための努力とともに以下のことが指示された。

乞食についても天津には教養局・育黎堂・広仁堂・衛生局の貧民院等があり、いずれも収容に携わるはずのものであるが、それでもなお乞食が目につく。地方官が民を教化・扶養できず困窮した民が流民となって乞食をするという事態を招くのは、民を牧する立場にあるものの責めにあたり、反省せずに済むことではない。(6)

そこで巡警局総辦の趙秉鈞《ちょうへいきん》・天津知府の凌福彭《りょうふくほう》・天津知県の唐則瑀《とうそくう》に命じられたのは、「窮民乞食を随時、教養局等に収容し、少壮のものには工藝を学ばせ自分で生計が立てられるようにして、老弱の者は別に扶養せよ」(7)との点であった。このように乞食対策の受け皿として教養局があったと考えられる。また街路において収容を実行するものとしては、おそらくこの時期に導入された新式の警察組織である巡警が想定されていた。この指令が巡警局の長に発せられていることも、その関係であろう。

以上のように、教養局の設置には、産業振興と治安対策の二つの意図がこめられていた。しかし、当時、産業振興政策立案にあたっていた周学熙《しゅうがくき》は以下のように述べて、教養局の目的を、他の産業振興教育策と区別した。

考えてみますと、教養局は無業の游民を収容するもので、運営方法は軍隊に倣うべきで、管理が厳格であることが肝要です。一方、工藝学堂は人材を養成するもので、運営方法は義塾に倣うべきで、教育・指導が肝要です。さらに、考工廠は市情を鼓舞するもので、運営方法は品評会に倣うべきで、交流・情報交換が肝心です。(8)

こうして教養局は、単に産業振興政策としてだけでなく、職業教育とむすびつけられた刑罰改革の中に位置づけられてゆくことになる。この点を次に見てゆきたい。

（2）刑務改革と習藝所

袁世凱の改革のなかで、重要な項目は司法制度に関するものだが、[9]その一環として監獄の改善の必要性が強く意識されていた。この改革のなかで生まれたのが習藝所である。

まず、簡単にこれ以前の時期の刑罰体系について見ておくべきだろう。唐律は、笞・杖・徒・流・死の五刑の体系を定めていたが、清代においてもその枠組みが維持されていた。清代では、笞と杖は棒で打つ体罰、徒は主として駅逓に配する労役刑であるが一九世紀になると事実上単なる所ばらい、流は遠方への追放、死は絞殺・斬殺などという内容であった。また五刑から外れるものではあるが、「枷号」（拘束して晒す）「充軍」（事実上、徒と同じ）「発遣」（新疆・黒竜江等への流謫）もあった。[10]清末に至り、このような体系の改変を検討する動きがおこった。それは、懲役刑を執行するための施設の設置を最大の課題としていた。

そもそも改革前に存在していた監獄とは、上述の五刑の刑罰体系の下にあっては、基本的に、未決囚および死刑などの執行を待つ既決囚を監禁する施設として必要各衙門に附設されており、それ自体刑罰を課す場ではなかった。[11]天津県衙門の監獄は、「檻内各室は三方に板床を設け、昼間は之に腰掛けしめ、夜間は板床の前なる板間に就寝せしむ」[12]というような状況であったが、もちろん労役を監獄内において課すことはなかった。

義和団を鎮圧するためにやって来た連合軍は、天津において臨時行政機関として都統衙門を設けた。その支配地域は、五つの区に分かたれ、それぞれ区長（Chefs de districts）が任じられた。区級の刑事司法においては、①入牢（emprisonnement）、②強制労働（travaux-forcés）、③枷号（cangue）、④笞・杖（bamboo）の罰を下すことが許されていた。[13]ここで、「強制労働」と日本語訳したのは、漢文史料に見える「苦工」に相当すると考えられる。例えば、都統衙門の判決として「苦工一年の罪」にあたるなどと言う例がある。(14)「苦工」という処罰概念は、都統衙門が撤廃され清朝官憲の統治に戻ったあとも残り、具体的には、県衙門などの役務に従事させられたようである。例えば巡警総局が建てられるときにも、県衙門から二十名の「苦工」の者が動員されている。(15)

さて、懲役に職業教育を加味した新しい刑罰のため登場した施設が習藝所であり、直隷がそのモデル地区となった。(16) 光緒二十八年（一九〇二年）、護理山西巡撫である趙爾巽《ちょうじそん》は、充軍・流・徒という処罰法は、逃亡者が続出し実効をもたないことを指摘し、あらたに「習藝所」という懲役施設を設けることを、朝廷に提案した。(17) 袁世凱はこれをうけて、天津知府凌福彭を日本に派遣して監獄の視察をさせ、その知見に基づきつつ光緒三十年六月十七日（一九〇四年七月三〇日）、天津習藝所の開設にこぎつけた。(18) その総辦は凌福彭であり、例えば巡警学堂から学生を派遣して用に備えた。そして、手始めに県衙門において「苦工」に処せられているもの百名を選んで習藝所に入所させたのであった。(19)

習藝所の建物は天津の西のはずれにあり、広さ一万坪で堅牢な煉瓦塀で囲まれており、その内部には様々な施設が整然と配置され、檻房は扇形に並べられていた。(20) ここに収容されたのは、以下の二様の人々であった。①拘禁監。充軍・徒・流にあたる犯罪者で特別に減刑をうけた者、及び既に刑罰として監禁年限の決まった者。②懲敝監。たちの悪い乞食および無職の游民や父兄の教えに従わない若者で、地方官や巡警局が送ってきたもの。(21)

この習藝所が画期的である点は、単に監禁するだけでなく、内部において職業教育を行なうべく、各種工場が設けられていた点である。例えば絨毯工廠、製靴工廠、織布工廠などが設けられ、囚人に労賃も払われた。また「教誨堂」では教誨師が講話をした。(22) このような習藝所の性格を象徴的に示しているのが、檻房の各棟に付された漢字一字の名称である。習藝所の平面図からその八文字を拾いだしてつなげてみると「知過必改、得能莫忌」（罪を認識し必ず改める、積極的に技能を身につける）となる。このように正しい生き方を精神的・経済的の両面から教育し

図5　習藝所の平面図

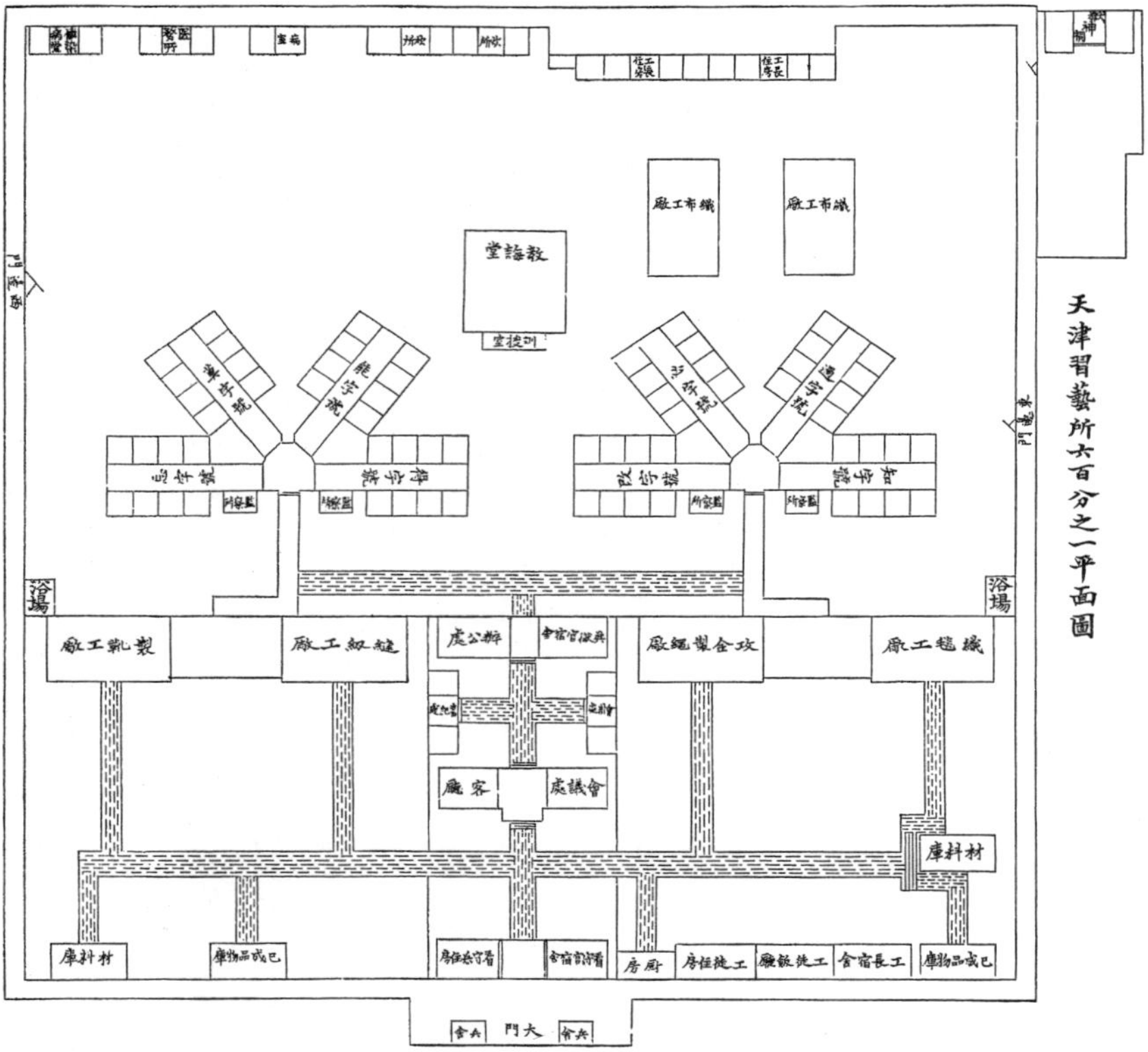

典拠：清国駐屯軍司令部編『天津誌』（博文館，1909）。

ようとしていたのである。西洋人の観察者は、囚人数が七百名、刑期は六か月から十年と報告し、その施設や運営方法を高く評価している[23]。

この施設に教養局が合併されてゆくのである。その游民習藝所の経費は、社会救済事業にあたる賑撫局より出された[24]。游民習藝所の実状は以下のようなものであった。

> 天津に於ける遊民を収容し、簡易の教育を授け、主として工藝を習得せしめ、他日正業を以て生活の途を得せしめんとする賑恤《しんじゅつ》事業にして、元《もと》と在天津官民有志者の義挙に出でたるものなるも到底民力のみにて成功

すべからずとし本所の附属となせり。但し財政関係は依然有志者の手に在り。廓内には倉庫・工藝品陳列室・游民収容室・工場・其他職員室等あり。現在収容せる游民は五百五十余人あり。此外将来職工長となすべき募集工徒五十人あり。游民は天津市内を徘徊せる乞丐《きっかい》其他の惰民を所轄巡警局にて取押へ、将来改善の見込あり且工業に従事し得べきものを選択押送し来るものなり。游民室は二百室あり、一室六人を容る。(25)

西洋人の観察者も、以下のように述べ、比較的好意的に評価している。

監獄とおなじ敷地に、しかし監獄とは全く隔てられて、大きな更正施設（reformatory）、より適切な言いかたをすれば保護施設（refuge）がある。そこには約五百人の青少年がいるが、天津市内の街路の宿無し・浮浪者であり、大半は乞食である。犯罪ではなく放浪のゆえをもって巡警に逮捕されたのである。収容期間は四〜八年で、教育に特別な注意が払われる。彼らも囚人と同じ仕事を教えられ、同様によくやっているように見える。…（中略）…彼らには余暇が十分にあり、毎日体操につれてゆかれる。彼らの大きな楽しみといえば、歌を歌うことであり、それに大ホールがあてられ、管理職員のひとりが弾くオルガンが備えられている。(26)

これは教養局の事業をうけつぎつつ、游民対策と実業振興を組み合わせて推進するという性格を徹底したものといえる。工藝総局が工場設立を広く呼びかけた文章にも「品性が低く、本分に安んじない者は、游民習藝所に編入した(27)」とあるように、やはり産業振興策の一部とみなされている。

ただし、この貧民習藝所の運営にとって、游民を捕捉する役割をになう巡警組織がやはり重要であったことにも留意すべきであろう。巡警側の規則によれば、「およそ窮民・乞食で自分で生計をたてられない者がいたら、巡警局に拘引し習藝所に送って工藝を学習させる」「街をぶらつき生業につかず各処を徘徊する者は、巡警局に拘引し取調べる。はたして本分を守らない游民であるなら、即刻習藝所に送って工藝を学習させる(28)」などとあるが、この後者の規定では単に乞食というより、暴力など反社会的とみなされた行為によって世渡りをしている「無頼」層も含まれそうである。

さらに、在来の貧民救済施設である粥廠の中から、壮健の者を選び出して習藝所に送るということもあった。(29) このように習藝所は犯罪者だけでなく游民をも封じこめて教育・矯正する施設として設けられたのである。

3　善堂の変容

(1) 広仁堂女工廠

習藝所設立の背後にみられるような、実業振興につながる職業教育の重視という発想は、従来の善堂にも影響を与えてゆくことになる。

津河広仁堂は、先に述べたように、当初は人身売買対策として構想されながらも、寡婦を収容し、節婦とするための施設としての色彩を強めてきた。そして特徴として職業教育への志向が含まれていた。義和団戦争の混乱の後、広仁堂に対しては、財務方面の整理が問題とされるとともに、収容者の教育が改めて議論されることになる。そのために総董に任じられたのが、長蘆塩運使の陸嘉穀と天津道の周学熙である。袁世凱は以下のように命じている。

天津河間広仁堂は、光緒四年に創立され、その後、次々と拡大してきたが、江蘇・安徽・浙江三省の義紳の寄付が多かった。従来から決まった章程があり、もと蒙養所・工藝所・力田所などがあって、立派な規模だった。それが戦乱を経て万事が滞ってしまったのは、実に遺憾である。まして、現在の新政では、女子教育を振興し女子労働を提唱することが、どちらも緊要で、放置・延期できない。すぐ従来の建物を修築し収入源を細かく調べ直したうえで、女学堂・工藝廠を設立して、近所の貧しい婦女を入堂・学習させるべきだ。そうしてこそ、仁を広く施すという名前にあうはずだ。実のところ、広仁堂は以前から南方出身の紳士が経理にあたっていた。長蘆塩運使の陸嘉穀と天津道の周学熙は、浙江・安徽の出身であるから、広仁堂の総董に任じる。堂に駐在する管理者に指示して、整理・拡充せよ。[30]

袁世凱の指示に従い、広仁堂の建物は増築され、光緒三十一年十二月十日（一九〇六年一月四日）を期して女工廠が開設された。[31]その規則は、かなり詳細に運営のありかたを定めていた。その一部を抜き出して引用したい。

一、本廠は、もっぱら女子に工業を教えるのを目的とする。ただ毎日、交替で講堂で文字と算数をも一時間学習し、それが終われば工廠で習藝する。

一、女学徒は、年齢・出身地・姓氏・住所・家長の姓名・その職業を書き出して登録し、検査の材料とする。工廠内に入れば、名札・服のマークはいずれも第一・第二などの番号をうち、名前にかえ、識別に容易にする。

一、本廠はまず、七科目、つまり精巧なレース（「西式花辮」）・ミシン・刺繡・麦稈真田《ばっかんさなだ》〔わらを平たくつぶし真田紐のように編んだもの〕（「草帽辮」）・タオル・織布・毛織物の手工業を教え、その他、絵画・〔書画の〕表装・印刷などは、随時、状況をみて加える。

一、女学徒は卒業するまで日々工藝を習うが、その勤惰を女監督がしっかり観察し、五時に仕事が終わったあと、彼女らが受け取った原料が確かに数があり損なわれていないか、ちょろまかされたり浪費されたりしていないかを調べて、毎日、「査工簿」という帳簿に記録する。なべて、八時間の仕事を「一工」とし、報奨金として津銭八十文を与えてよい。毎日、時間数で計算して、半月ごとに清算する。もし原料をちょろまかしたり、仕事が好い加減で、学習の意欲のないものも、毎日「査工簿」に記入し、それに応じて報奨金から差し引く。

…（後略）…

一、本廠の柵門は、終日閉鎖する。鍵は婦女が確認・管理する。柵門から中は、総辦・会辦・坐辦〔いずれも

表4　広仁堂女工廠の工徒（民国二年）

	織布科	繡花科	機器科	毛巾科
工師・工匠	6	3	1	2
敬節所節婦	17(うち工匠1)	3	16	1
節婦女	10	9	1	1
慈幼所恤女	83(うち工匠1)	7	2	6
外招工徒	14	9	1	12

典拠：広仁堂檔案130-1-174。

管理職）以外、すべて男性は一歩も勝手に立ち入るのを許さず、違反者は、すぐ捕らえ取り調べる。…（後略）…[32]

この動きの中では、責任者である周学熙が、自叙年譜の光緒三十一年の条に「広仁堂女工廠を開設し、三百人余りの学徒を入れた。妻が二人の娘とともに自ら提唱し、手工業を教えた。これは女子職業の先駆である」[33]と述べているように、実は、周学熙の妻劉氏が果たした役割があったと考えられる。

民国二年の広仁堂女工廠名簿によれば、既に広仁堂に収容されていた女性の相当数が、この女工廠に参加したと考えられる。なかには、技術を身につけ「工匠」という指導者格になった者もいる[34]（表4を参照）。これに対して寡婦の男子については、学堂への進学や実業の見習のため、適切な年齢で堂を出ることになっていた[35]。

一方で広仁堂は、堂において男性との接触を絶つことが規定の年限に及んだ寡婦の事例を官に報告して、規定の表彰を願うという活動を行なったり[36]、父親に売り飛ばされた少女を巡警局が救出したあと収容したりしているから[37]、従来の機能をもちつづけていたことも事実ではある。また収容された未婚女性については、結婚させて堂から出すこともあった[38]。

しかし、以上でみたように、新政を推進する袁世凱・周学熙らは、実践的な女子労働の技術を教習し、厳格な労働規律を確立しようとしており、その目的に善堂を利用しようとしたのである。しかも、前の時期の寡婦収容の性格として封鎖を重視するという点が既にあったがゆえに、習藝所と性格が容易に近接してゆくとも考えられよう。

（2）助産術と広仁堂

そのほか、やや突飛なようだが、広仁堂に収容されている女性を助産婦にしようとする議論がなされた。補用道の麦信堅という者の提案の論理を見てみよう。

今や新しい学問を提唱し、文明を輸入し、競って政俗を改良するのを旨としているのに、ただ産婦人科・助産についてだけは、重んじていません。その問題点が甚だしくなると、いっそう民族を弱々しくさせ、社会はすべてその影響をこうむるでしょう。なぜなら、助産の優劣・得失は、妊婦の健康と児童の発育にかかわり、強種興国の最初の出発点となるからです。そこで、西洋各国の女医学堂は妊娠の専門科をかならず設けています。

…（中略）…

もし意を用いて〔助産術を〕改良しなければ、人民の体質を強壮にし、国民の資格を備えさせ、尚武の精神を育てようとしても無理なのです。それゆえ、完全な国民を養成しようと思うなら、女医学堂を設立し、助産術を研究するのが、第一歩の要点なのです。ただ、いくつかの問題があります。①開学のはじめだけは、もし未成年の女子を極力集めるならば、数年後ようやく卒業ということになり、今の緊急の必要に間に合いません。②女子生徒が結婚の後、もし夫の家が富裕なら、必ずしも助産婦の仕事を続けないでしょう。よい計画であっても、中途で挫折することになりましょう。③貴顕の家の女子は、奥の居間を一歩も出ないことを主義としており、たとえ豊かな家でなくても、年若い婦人が深夜他人の産褥に付き添うことを許してもらうのは難しいでしょう。④さらに未婚女性と既婚女性は違うのであって、婦人科を未婚女性だけに学習させるのにも、よく知らず理解できない病気があるでしょう。⑤今もし貧しい婦人だけを集めたとすれば、婦人は炊事の義務があり、また子供を養育し家事を処理するので、学堂のことに専心することなどできないでしょう。

そのような問題点をふまえて容易な方法をさぐるとすれば、広仁堂を改変するのが一番で、すみやかに効果を得られるでしょう。考えてみますと、広仁堂は死去した夫に対する節を守る婦人が収容されていますが、まことに立派な人たちばかりです。ただ無意味に生きて一生を終えるよりは、教育を施して収入源を得させるほうが好ましいはずです。かの犯罪人ですら習藝所が設けられていて、新たな人生の収入のみちとなっているのに、夫への貞節を貫く婦人については、かえって養うだけで教育がないのです。現在の政策である教育普及の趣旨にも反することです(39)。

この麦信堅の議論は、(a)助産婦養成の必要性の指摘と、(b)広仁堂における職業教育導入の提案を結びつけたものである。その結びつけかたは、いささか強引にも感じられるが、個別の(a)と(b)の論点については、当時において相当の説得力をもつ主張だったと言えよう。助産婦の必要性は、厳しい国際環境で生き残れる種族の強化、つまり「強種」への志向に基づいて指摘されており、「民族」「国民」「尚武」といった語彙とあいまって、当時の通俗的な身体観・医療観・国際政治観に立脚していたと言えよう。また、「かの犯罪人ですら習藝所が設けられていて、新たな人生の収入のみちとなっている」ので、広仁堂も習藝所と同じように職業教育をなすべきだという発想は、結局のところ善堂と習藝所の間の差異を小さくしようとするものである。亡夫への貞節を守るということは「無意味に生きて一生を終える」として全面否定され、「民族」「国民」に役立つことが重要だという価値観の転換を背後にみることができる(40)。

麦信堅の提案に対しては、袁世凱も関心を示し、広仁堂に検討が指示されたが、陸嘉穀らの答申は、麦の一石二鳥の提案を却下するものだった。広仁堂の「節婦」は五十人あまりだが、老齢・病気の者を除いた残りの者も子女を抱え、文字を知らないので教育は甚だ難しい。その上、彼女らは助産を卑しいものと見て学びたがらないというのである。そこで、女医学堂は、附近の各州県から適当な「節婦」を送ってもらうのがよいとの提案であった(41)。

確かに「節婦」だけを集めて助産婦にするということが、実現された形跡はない。助産婦という職業に対する一般的な偏見ということもあろうから、女工廠開設より困難が大きかったのも当然であろう。しかし、一見突飛に見えるこの計画が、まじめに提起・検討されたという点そのものから、収容施設に対する考え方の変化を読み取ることは可能であろう。

(3) 育嬰堂の改革

広仁堂よりも長い伝統をもつ育嬰堂も、似たような発想に基づいた改革の対象とされた。正定府城で主教ジュール・ブリュギエール (Jules Bruguière. 包儒略) の開設している女工藝廠のことを知った袁世凱は、周学熙に対して人を派遣して見学させるように命じた。見学者はブリュギエールの歓待を受け、運営方法を調査し建物の図面を入手することができた。周学熙は、その報告に基づき、長蘆塩運司から財源の出ている育嬰堂の改革を進めることにしたのである。(42)

周学熙の意見書によれば「正定の教会堂は、布教を本来の目的としていますが、女児を収容し技藝を授けるのは、全く善を行なおうとしてのことです。収容するだけでなく教育も施すのは、すばらしいやり方です。天津には旧来育嬰堂がありますが、養うだけで教えることはせず、足りないところがあると思われます」とのことで、教育に力を入れることが目標とされた。袁世凱も、その方向での改革を塩運使に命じた。(43)

実際の改革の起案に当たった担当者は、習藝所・実習工場の規模に及ばないにせよ、育嬰堂の改良を進めたいとし、以下のように述べている。

王賢賓綱総〔塩商のまとめ役〕が織布を初めて習わせ、また塩運使大人が資金を提供くださり麦稈真田を織りはじめてから、以前に比べれば、収容されていても教育されていない堂内の女子に効果が現われて来ました。もし、さらに工場を拡大し、女子学堂を附設し女教習を招いて、読み書き・家事・手工業・婦人道徳を教えるなら、七歳で入学し十六歳で卒業したのち、嫁入り先を容易に見つけられるだけでなく、本堂にとどまって教習となり模範となりましょうし、中国の女子教育の風気が次第に開けてくるなら、各地に派遣して技師となり教育を広めることもできるでしょう。(44)

ここにも、一端がうかがわれる育嬰堂改革の理念は、女子の知的・道徳的教育の推進と工業への従事ということであるが、この報告に附された改良案には、その点が明確に説明されている。まず、以下のような女子教育の理念が掲げられている。

中国の女子が惰弱であるのは、実に公徳の欠如に基づいている。女子の徳育を講じようとすれば、学校を開くことが肝要である。そもそも、人は赤ん坊のころから子供時代まで、飲食であれ安息であれ、貴賤貧富を問わず、母親の世話になるのである。それゆえ、賢い娘があってこそ賢い母があるのであって、賢い母があってこそ賢い息子がいるのだ。そうしてみると、女子教育の振興は女子の間で精神を奮い起こすだけでなく、まさに〔男性の〕人材と相関関係にあると言える。(45)

工藝の教育についても指摘される。

中国の今日の貧困問題は、消費者が多く生産者が少ないことにあり、女子が消費してしまう部分は少なくない。そこで、男性がその家の生計を支えられず、または自分の食い扶持を稼ぎ出すのに手一杯で、ひとりの妻を娶ることもできないことになってしまうならば、これが人口にも大きな影響を与える。まして、育嬰堂の女子が結婚して堂から出ても、貧しい嫁ぎ先であるからには、結婚後数年で二〜三人の子を産み、堂に戻ってきて助けを求めることがある。かねてから各人が工藝の技術を身につけていれば、つとめて夫を助けて生計をたてることができ、貧苦に至ることはあるまい。(46)

このような発想に基づいて新たに作られた育嬰堂の運営規定には「本堂の目的は、捨て子の生命を救い、家庭の教育を実行し、女子教育を振興し、女子労働を普及させ、女子の人格を養成して、完全な婦人道徳を準備する」[47]と記されている。このようにして、育嬰堂改革も新しい女性像を念頭において進められたことが知られるのである。そして、あるべき女性像を宣伝してゆく機能をも善堂が担うことになったとも見える。

さて、先に触れた女子医療（産婦人科）の問題も、児童医療とあわせて、育嬰堂改革のなかで、改めてとりあげられることになった。周学熙の答申によれば、「中国の婦人・児童の衛生はこれまで重んじられておらず、善堂は多くの人が雑居しているので特に衛生の問題が大きい」。育嬰堂では毎年三百人の児童が死亡し、広仁堂でも病気が少なくない。そこで、外国人の女医である金韻梅に育嬰堂の衛生・診療のことを担当してもらい、あらゆる嬰児には牛乳を与え、また堂内に産科・看護科を教える課程を設ける。広仁堂の衛生についても改革してもらう。「外国の地方の衛生局には必ず地位の高い女医がおり、社会の女子の衛生を監督するのが重要な仕事と考えられている。中国の女子については、医道が重んじられず、婦人・児童の病気は多く処置なしに至る」。そこで、金女医の活躍が期待されるというわけである[48]。

そのような経緯を経て成立したのが、職員五人、教員八人の規模の長蘆女医学堂である[49]。

以上みてきたように、広仁堂・育嬰堂は、いずれも従来の運営の理想に変更が加えられることになった。それは、当時の産業振興をめざす改革の時流に沿うだけでなく、場合によっては習藝所という施設が改革のモデルとして念頭におかれていたと言えよう。

4　小　結

本章では、実業振興が非常に重要な政策課題となった状況における善堂改革を注視した。一方で、法制改革の一環として習藝所が設立されたということを念頭において、社会救済事業の運営理念の変遷について考察してきた。すなわち、二〇世紀に入ると広仁堂に女工廠を附設し、技術を教習させ、厳格な労働規律を確立しようとする動きが起こった。これは当時の実業振興政策や刑務改革と密接な関係がある。この時代には、死去した夫に対する貞節を守る生き方は無意味なものと断じる議論もなされるようになり、女子教育・女子労働の展開こそが緊要と主張されたのである。育嬰堂も、同様の線に沿って改革された。

さて、このような変遷における一九世紀と二〇世紀との断絶の側面を強調することも可能である。育嬰堂など従来の善堂に対して「収容するだけで教育しない」として批判するのは、二〇世紀に入ってからの改革論議での合い言葉となる。職業教育については、広仁堂によって先鞭がつけられたが、より本格的には、袁世凱総督の時期の実業振興の一環として、習藝所が設置されるなどの流れのなかで、善堂も変容を迫られたということになる。

これを社会的管理の強化という文脈で理解するのも可能ではあるが[50]、しかし、それだけ言うのでは一面的であることを免れない。善堂の性格の変化の意義を考えてみるならば、確かに、その目標とする理念の変遷があったのであり、そこに歴史性を見出すべきなのだが、そもそも社会救済事業を通じてあるべき社会理念を実現するという点に構造的連続性があるということもできる。例えば、寡婦の生き方について、亡夫への貞節を守るということが望ましいとして善堂を運営するのと、そのような貞節など無意味であるとして寡婦の社会的活動のため職業教育を行なおうとするのでは、非常に大きな断絶がある。しかし、個々人で大切に思う価値は多様でありうるし、あってよいという発想は、善堂運営をめぐる議論には見出せない。その意味で善堂とは、運営者からみてあるべき人間像を提示し普及してゆくための教化施設でありつづけたと言うべきだろう。広仁堂設立に尽力した李金鏞にしろ、本章でみた周学熙にしろ、理想の人倫の達成のため努力していたことに変わりないのである。

善堂と習藝所のあいだに、当然の差異はあるものの、やはり人間の本来的な善性を信頼し、改良してゆこうという願望を実現する施設としての共通性を見て取ることは容易である。ともに、二〇世紀初頭にあって正業を持たない者を収容し、産業振興に寄与できる技術を教え込み、経済的自立を促そうとする。そこを接点として、善挙と収監は連続してしまう。実際、善堂改革にあたって習藝所の存在が意識されることがあったことも留意すべきである。第三章において指摘したように、善堂は、理想的な社会を作るために正しいと信じる価値観を普及しようとする宣伝の装置という性格をもっていた。改めて是非を問われるべきなのは、管理の強化というより、そのような救済理念そのものであるように思われる。

本章では、夫馬進・梁其姿おのおのの大著とは若干強調点を異にして、善堂が清末の社会情勢に応じて変化をとげつつ新しい課題にとりくんでいった側面にも注目しようとした。このような歴史は、ヨーロッパの類似事業に見られるいくつもの事象、例えばキリスト教の背景をもつ慈善の観念、名望家の温情主義的統治に組み込まれた救貧、産業構造の変化・中間階層の擡頭による貧民救済と教化、乞食取り締まりの強化（そして福祉国家）といった事柄に相当な対応をもっているとも考えられる。(51) その異同の比較には興味ぶかい問題が多く含まれていると予想される。

註

（1）民国期上海の慈善事業の盛行と多彩さに関する以下の研究からも、そのようなことは大いに予想されることである。小浜正子『近代上海の公共性と国家』（研文出版、二〇〇〇年）六五〜一五〇頁。また、朱英「戊戌時期民間慈善公益事業的発展」（王暁秋主編『戊戌維新与近代中国的改革——戊戌維新一百周年国際学術討論会論文集』社会科学文献出版社、二〇〇〇年）は、戊戌維新運動時期の慈善事業の変化に注目している。

（2）渡辺惇「袁世凱政権の経済的基盤——北洋派の企業活動」（東京教育大学アジア史研究会『中国近代化の社会構造——辛亥革命の史的位置』教育書籍、一九六〇年）。林原文子「清末、民間企業の勃興と実業新政について」（『近きに在りて』一四号、一九八八年）。貴志俊彦「清末、直隷省の貿易構造と経済政策」（『島根県立国際短期大学紀要』二号、一九九五年）。胡光明「北洋新政与華北城市近代化」（『城市史研究』六輯、一九九一年）。

（3）『大公報』光緒二十八年九月二十三日「紀教養局」、十月三日「紀教養局」。

（4）清国駐屯軍司令部編『天津誌』（博文館、一九〇九年）三九一頁。

（5）同前。

（6）『東方雑誌』光緒三十年正月二十五日、内務四頁。

（7）同前。

（8）『直隷工藝志初編』（光緒三十三年刊、東京大学東洋文化研究所所蔵）章牘類、周学熙稟袁世凱（光緒二十九年六月初五日）。

（9）西川真子「清末裁判制度の改革」（『東洋史研究』五三巻一号、一九九四年）。

（10）仁井田陞『補訂　中国法制史研究——刑法』（東京大学出版会、一九八〇年）四七〜一五二頁。滋賀秀三「刑罰の歴史——東洋」（荘子邦雄・大塚仁・平松義郎編『刑罰の理論と現実』岩波書店、一九七二年）。

（11）監獄についての通史としては、薛梅卿主編『中国監獄史』（群衆出版社、一九八六年）を参考にした。また明清時代の監獄についての専論として、濱島敦俊「明清時代、中国の地方監獄——初歩的考察」（『法制史研究』三三、一九八三年）、同「明末東南沿海諸省の牢獄」（西嶋定生博士還暦記念論叢編集委員会編『東アジアにおける国家と農民』山川出版社、一九八四年）がある。最近、趙暁華『晩清訟獄制度的社会考察』（中国人民大学出版社、二〇〇一年）が刊行され、清末の監獄の実情についての詳細が示された。

（12）『天津誌』二八七頁。

（13）Gouvernement provisoire de Tien-tsin, *Procès-verbaux des séances du conseil du gouvernement provisoire de Tien-tsin*（The China Times, Ltd., n.d.), p. 115, p. 119. 本書の中文の抄訳にも相当する部分が含まれているが、訳語は必ずしも当時の漢語とは一致しないことに留意が必要である。劉海岩・郝克路選編「天津都統衙門会議紀要選」（『近代史資料』七九号、一九九一年）五一頁、五六頁。

（14）西村博編「天津都統衙門告諭彙編」（『天津歴史資料』一五期、一九八二年）五五頁。

(15)『大公報』光緒二十九年正月十九日「提犯幇工」。

(16)直隷の習藝所についての先行研究としては、島田正郎『清末における近代的法典の編纂』（創文社、一九八〇年）一三三～一六五頁、薛梅卿・従金鵬主編『天津監獄史』（天津人民出版社、一九九九年）一二～四二頁が法制史・刑罰史の立場からの詳しい検討である。そのほかに、彭澤益編『中国近代手工業史資料』（三聯書店、一九五七年）第二巻、五一五～五三三頁、倉橋正直「清末の実業振興」（『講座中国近現代史［三］辛亥革命』東京大学出版会、一九七八年）が、官側からの経済発展の促進要因としてとりあげている。しかしこの二つの視角は没交渉のままであるように思われる。以下も当時の制度改革の一環として習藝所に触れている。Stephen R. MacKinnon, *Power and Politics in Late Imperial China: Yuan Shi-kai in Beijing and Tianjin, 1901–1908* (University of California Press, 1980), pp. 154–155. Douglas R. Reynolds, *China, 1898–1912 : The Xinzheng Revolution and Japan* (Council on East Asian Studies, Harvard University, 1993), pp. 173–174. 簡単な紹介として、劉正文「天津旧習藝所簡介」（『天津文史叢刊』三期、一九八四年）がある。

(17)『光緒朝東華続録』巻百七十七、趙爾巽奏（光緒二十八年十一月二十三日）。また『大清光緒新法令』第九類「司法・変造現行律例・刑部議覆護理晋撫趙奏請各省通設罪犯習藝所摺」は趙の奏摺に対して刑部が行なった検討も収めている。Marinus Johan Meijer, *The Introduction of Modern Criminal Law in China* (De Unie, 1950), pp.137–152.

(18)これを報告する袁世凱の上奏文は、国立故宮博物院故宮文献編輯委員会編『袁世凱奏摺専輯』（広文書局、一九七〇年）一七九二～一七九三頁「奏辦理創設罪犯習藝所摺」（光緒三十一年二月十八日）。または、天津図書館・天津社会科学院歴史研究所編『袁世凱奏議』（天津古籍出版社、一九八七年）一一〇九頁。凌福彭の復命書が『北洋公牘類纂』巻五に収められている（「天津知府凌福彭考査日本監獄情形節畧」）。凌福彭の日本視察については、熊達雲『近代中国官民の日本視察』（成文堂、一九九八年）一五三～一五四頁、三〇七～三〇九頁。また当時の日本における懲役制度については、篠田公穂「明治期における刑務作業の展開」（平松義郎博士追悼論文集編集委員会編『法と刑罰の歴史的考察』名古屋大学出版会、一九八七年）参照。

(19)『大公報』光緒三十年六月十五日「紀習藝所」、十六日「提犯習藝」、十九日「詳記開辦習藝所情形」。

(20)『天津誌』二八八頁。

(21)『北洋公牘類纂』巻五「天津罪犯習藝所章程」。①の犯罪者についてみれば、光緒三十三年二月末（一九〇七年四月初め）時点で収容されていた犯罪者は五八〇人で、その種別は、盗案七二人、窃案二一八人、小偷四六人、詐欺三二人、拐帯六二人、私鋳二九人、賭博五三人、姦案一一人、闘殴三五人、雑案二二人であった。これより軽い犯罪ならば、罰金・体罰・枷号に処せられ、殺人など更に重い犯罪ならば死刑等になったのである。『天津誌』二九〇頁。一方、素行が良くないものをその父が巡警局に訴え出て習藝所で「苦力三年」に処せられた例が、『大公報』光緒三十三年二月一日「忤逆被懲」にみえる。

(22)『天津誌』二九〇頁。

(23) China. Maritime Customs, *Decennial Reports: 1902–1911* (The Statistical Department of the Inspectorate General of Customs, 1913), Vol.1, p.212. The source is said to be an article contributed by E. O. Patey to *The China Times*, 27 July 1910.

(24)『大公報』光緒三十二年正月十四日「開辦游民習藝所」。

(25)『天津誌』二八八～二八九頁。

(26) China. Maritime Customs, *op.cit.*, Vol. 1, p.213.

(27)『直隷工藝志初編』章牘類、工藝総局示諭（光緒三十二年閏四月二十四日）。

(28)『北洋公牘類纂』巻九「天津南段巡警総局詳送改定局庁権限章程」。

(29)『大公報』光緒三十一年四月六日「挑帰藝所」。

(30) 長蘆塩運使司檔案（中国第一歴史檔案館所蔵）二六六包「奉督憲札飭以天河広仁善堂応即督飭駐堂司事整頓拡充迅将応辦各事擬具章程詳候核奪巻」、袁世凱札陸嘉穀（光緒三十一年八月二十八日）。

(31) 天津市檔案館編『袁世凱天津檔案史料選編』（天津古籍出版社、一九九〇年）二〇二頁、陸嘉穀等詳袁世凱（光緒三十一年十二月八日）。

(32)『袁世凱天津檔案史料選編』二〇二～二〇六頁、天津広仁堂女工廠章程。

(33) 周学熙『周止菴先生自叙年譜』（文海出版社、出版年不明）二九頁。また周明泰「天津広仁堂女工廠記」（周叔媜『周止菴先生別伝』自印、一九四八年）二二六～二二八頁参照。以下も同じ史料を収録している。周小鵑編『周学熙伝記彙編』（甘粛文化出版社、一九九七年）二六頁、二八八～二九〇頁。

(34) 広仁堂檔案一三〇-一-一七四「女工廠雑件」中華民国二年広仁堂女工廠工徒分科一覧表。

(35) 広仁堂檔案一三〇-一-一八五「各学生或入学堂或習工藝」に関係書類が見える。

(36)『袁世凱天津檔案史料選編』二〇六～二〇七頁、陸嘉穀等詳袁世凱（光緒三十二年正月十三日）。

(37)『大公報』光緒三十二年三月二十九日「送堂収容」。

(38) 広仁堂檔案一三〇-一-一七八「恤女択配」には、堂内の未婚女性を嫁とすることを希望する民国初年の文書が見える。その希望者たる男性の写真が必ず添付されている。このような収容と婚出という事業は、娼妓に対する「済良所」と連続する（第六章参照）。

(39)『袁世凱天津檔案史料選編』二一三～二一五頁、麦信堅稟袁世凱（日付なし）。これは塩運使咨広仁堂（光緒三十二年二月二十日）に添付されている。また「竟」とあるところを、長蘆塩運使司檔案二六六包の同文書によって「競」と正して解釈した。

(40) いうまでもなく以下が指摘するような優生学への関心と軌を一にするものであろう。Frank Dikötter, *Sex, Culture and Modernity in China: Medical Science and the Construction of Sexual Identities in the Early Republican Period* (Hurst, 1995). Frank Dikötter, *Imperfect Conceptions: Medical Knowledge, Birth Defects, and Eugenics in China* (Hurst, 1998). 坂元ひろ子「恋愛神聖と民族改良の「科学」」(『思想』八九四号、一九九八年)。これ以前の生育観については以下が詳しい。熊秉真『幼幼——伝統中国的襁褓之道』(聯経出版事業公司、一九九五年)。

(41) 『袁世凱天津檔案史料選編』二一五～二一六頁、陸嘉穀等稟袁世凱(日付なし)。

(42) 長蘆塩運使司檔案二六〇包「長蘆育嬰堂改良辦理巻」、周学熙稟袁世凱(日付なし)、袁世凱札塩運使(光緒三十一年六月二十一日到)。

(43) 同前。

(44) 長蘆塩運使司檔案二六〇包、経歴祁仲璋等稟塩運使(光緒三十一年九月二十四日到)。

(45) 長蘆塩運使司檔案二六〇包、前引の祁仲璋等の文書に添付された謹擬育嬰堂拡充工藝及改良旧章条陳六則。ここに触れられる清末の女子教育理念については以下参照。瀬地山角『東アジアの家父長制——ジェンダーの比較社会学』(勁草書房、一九九六年)一三一～一三八頁。周叙琪『一九一〇～一九二〇年代都会新婦女生活風貌——以『婦女雑誌』為分析実例』(国立台湾大学出版委員会、一九九六年)九～二〇頁。

(46) 長蘆塩運使司檔案二六〇包、謹擬育嬰堂拡充工藝及改良旧章条陳六則。ここで指摘される「消費者が多く生産者が少ない」という問題は、梁啓超の議論を踏まえていると思われる(梁啓超「論学校・女学」『時務報』二三冊、光緒二十三年三月十一日)。小野和子「清末の婦人解放思想」(『思想』五二五号、一九六八年)。

(47) 長蘆塩運使司檔案二六〇包、長蘆育嬰堂改良新章(光緒三十三年五月)。

(48) 長蘆塩運使司檔案二六〇包、周学熙稟袁世凱(光緒三十三年五月)。

(49) 王守恂『天津政俗沿革記』巻十「文化・学校」。

(50) 例えば以下が、このような視角を含む研究であろう。李健鴻『慈善与宰制——台北県福利事業史研究』(台北県立文化中心、一九九六年)。

(51) イングランドの社会救済事業については、以下を参照した。大沢真理『イギリス社会政策史——救貧法と福祉国家』(東京大学出版会、一九八六年)。常行敏夫『市民革命前夜のイギリス社会——ピューリタニズムの社会経済史』(岩波書店、一九九〇年)。岩間俊彦「産業革命期リーズの都市エリート、一七八〇—一八二〇——名望家支配からミドルクラス支配へ」(『社会経済史学』六三巻四号、一九九七年)。長谷川貴彦「イギリス産業革命期における都市ミドルクラスの形成——バーミンガム総合病

院　一七六五～一八〇〇」（『史学雑誌』一〇五編一〇号、一九九六年）。坂下史「名誉革命体制下の地方都市エリート——ブリストルにおけるモラル・リフォーム運動から」（『史学雑誌』一〇六編一一号、一九九七年）。Norval Morris and David J. Rothman (eds.), *The Oxford History of the Prison* (Oxford University Press, 1995).

第III部　愛国主義による社会統合

第八章 「抵制美約」運動と「中国」の団結

1 課題の設定

対外ボイコット運動は、中国近代史研究の中でも、相当重視されてきたテーマと言える。それは、ナショナリズムの発現という点から、関心を集めてきた。しかし、中国ナショナリズムを宣揚する立場、ないし、それに自己同一化するように共感する立場からの研究を通じては、そのような運動が起こったことの意義を歴史的に対象化することは難しい。むしろ、ボイコット運動は、そのような中国ナショナリズムを確固とした主張とするのに重要な役割を果たしたのではないか。

このような関心から以下で検討してゆきたいのは、アメリカへの移民制限に由来する光緒三十一年(一九〇五年)の反アメリカ・ボイコット運動である。西洋商人に対する取り引き停止の動きそのものは、二〇世紀になってはじめて登場したものではない。たとえば、道光二十九年(一八四九年)、イギリスの入城問題をめぐる広州の事例(1)、光緒八年(一八八二年)、茶貿易の商業秩序をめぐる漢口の事例(2)、光緒二十四年(一八九八年)、四明公所事件という上海の事例(3)が挙げられる。しかし、光緒三十一年のボイコットは画期的な性格を持っている。なぜなら、それ以前のものとは異なり、発生の原因にしても運動の広がりにおいても、地域的な局限性を越えていたからである。広範な一般の人々を含んだ不買運動として光緒三十一年のボイコットは前例のないものであり、その後しばしば繰り返される運動の型を形成したといえる。

波多野善大は、専論によってではないが、この運動を「あたらしいナショナリズム」の発展の中に位置づけた。波多野によれば、上海総商会は全体としてはこの運動について慎重な態度を示したのであり、ボイコット運動は「中国人自身の製品の市場を開拓するという発想からでたものでなく」「教師・学生・新聞記者が推進力になっていた」という(4)。

また、光緒三十一年の運動は、菊池貴晴の一連のボイコット研究の辟頭に位置づけられている。菊池は波多野の議論を批判し、「民族資本」とボイコットの関係を重視する視角を示した。つまり「ボイコットが中国では、政治的、軍事的事件に端を発しながら、初発的段階から外国商品を排斥し、自国産業を保護育成するという見地に立って展開されてきたことに留意し、中国民族資本の発展、ひいては民族の生産力の解放との関連で、その保護関税の代用的役割を重視して論ずる」という立場である(5)。

このような、関税代替論は、菊池が指摘するように確かに清末から存在した。しかし、多くの人々がそのような議論の存在を知ったうえで運動に共感していたかについては定かではない。さらに、菊池が、ボイコットは発展しつつある「民族資本」の要求を反映したものであったものの「商業資本色濃厚な商会」に事実上指導されており、このような「民族資本」の弱体さこそが運動失敗の原因であるとするのは、余りにも抽象的な形式論理であるように思われる。特に運動の担い手については、より具体的な考察を必要とすると言えよう。しかも、史料から溢れでるような情感の激しさを感じとるとき、むしろ波多野がいうところの「あたらしいナショナリズム」の具体像（表現のされ方）を追究することこそが、この運動の性格を理解するために不可欠であると思わざるをえない(6)。

張存武による研究は、このボイコット運動について最も包括的なものである(7)。しかし、人々に呼び掛けを行なう媒体についての検討は不充分であり、また「帝国主義」といった概念を用いることにより、それに対抗するものとしての「民族」を自明のものとして予め設定してしまっているように思われる。むしろ本章で議論してゆきたいのは、各種媒体による「国民」意識の喚起の過程である。この運動を通じて「中国人」としての自己認識が広く共有されるに至ったのではなかろうか。

また「中国」という語をとりあげてみるならば、その由来は甚だ古い。[8] 清末に至ると清朝外交の職掌を司る人々は、国名として「中国」を使うようになってゆく。[9] しかし、「中国」の語が、強い帰属意識を喚起する効能をもつものとして頻用されるようになるのは、むしろこの二〇世紀の最初の五年ほどのことではないかと考える。

本章では、この運動の具体像をとらえ直すために、天津の動向を中心に検討する。天津は、必ずしもボイコットが最も徹底的に行なわれた地域であるとは言えない。例えば、移民を多く送りだし、送金収入も多い広東の運動は激しいものであった。しかし、この激しさは地域の利害に照らして理解することができる。これに対し天津の人々は、さして差し迫った問題でないにもかかわらず、なぜボイコットに情熱をささげたのであろうか。このように、「中国」という共同性の構築に地域社会はいかに参画したのかという問いの答えを捜すには、天津の事例はかえって好適ともいえるわけである。しかも、上述の研究は、ボイコットの展開に大きな役割を果たした天津の日刊新聞『大公報』を全く用いていないため、天津での運動を軽視する弊に陥っていると思われるのである。[10]

本章では、『大公報』をはじめとする新聞記事に多く依拠することになるが、その際、単に情報を新聞から引き出すというだけでなく、ジャーナリズムがこのボイコット運動において果たした役割そのものに充分な注意を払うことにしたい。

2　移民問題とボイコットの開始

清からアメリカへの移民が本格化したのは、一八四八年のカリフォルニアでの金山発見以降である。主として広東からの移民は香港を経て、ゴールド・ラッシュに沸くアメリカ西海岸へ向かったのである。さらに一八六八年のバーリンゲイム条約は、この人口の流れを促進しようとする内容を含んでいた。アメリカ側は、鉄道建設のための労働力として清からの移民を必要としていたのである。しかし、サンフランシスコなど合衆国諸都市では、アングロサクソン系プロテスタント支配の下で劣位におかれたカトリック系（アイルランド系など）の人々を中心にして、排華の運動が高まっていった。このような世論を背景としつつ、一八八〇年に清と合衆国が結んだ条約においては、合衆国が移民を制限できる条項が盛り込まれ、ついに一八八二年には連邦議会で向こう十年間の華人労働者移民を禁止する法案が可決されるに至った。[11]

その後、一八九四年には、出使美国大臣（駐アメリカ公使に相当）である楊儒がアメリカ国務省と交渉を行なったが、結局向こう十年間の「華工」の渡来の禁止を約することになった。さらに、福建・広東からの移民が多かったフィリピンおよびハワイは一八九八年にアメリカ領とされたが、まもなくこれらの領域にも排華法案が適用された。しかも光緒三十年（一九〇四年）になると、楊儒が結んだ条約が満期となったが、合衆国は延長を希望してゆずらなかった。[12]当時の出使美国大臣であった梁誠はこれを受け入れなかったものの、アメリカは北京の外務部に調印を迫っていた。[13]こうして、本章が議論の対象とする光緒三十一年（一九〇五年）の大規模な反対運動が起こることになったわけである。

光緒三十一年四月七日に上海の紳商は会議を開き、曾鋳《そうちゅう》がアメリカ製品を用いないことで抵抗しようと演説した。上海以外の「各口商務局」にも電報で同調を要請した。[14] 十八日午前に厳筱舫・徐潤・曾鋳らは上海総領事ロジャーズ（James L. Rodgers）と会談を行ない、その模様は午後の商務総会の大会で報告された。[15] 二十二日、商董はロジャーズを招いて宴会をもよおしたが、二か月の猶予期間をおいて改善がみられない場合、ボイコットを開始するということをめぐって応酬がみられた。[16] また、民間の条約反対の動きをふまえて、五月十六日、御史張学華はアメリカとの交渉において徹底した自己主張を行なうべき旨を上奏した。[17] 更に『申報』の報道によれば、西太后も、

内外の人民はみな国家の赤子であり、少しでも虐待を加えられるのは、とても忍びない。今わが同胞が海外におもむき生計をたてようと働いているのは、わが国が養ってやれなかったことによるのであり、しかも外国人による虐待を招いているのは、誠に残念でならない。なんじらは速やかに条約の廃棄を検討し、またアメリカへの出使大臣に対して親身になって移民に保護を与えるように電報で命じよ。朝廷が商民を心配するまごころに背いてはならぬ。[18]

と述べ、移民たちの苦難への同情と条約への反対を表明したという。

アメリカでは、貿易の障害が生まれることを懸念する商人がいた。[19] 連邦政府も、反対運動の広まりを考慮したためか、規定をやや緩める譲歩を示しはじめた。ロイター電はセオドア・ローズヴェルト大統領が「華商及旅客等」を優待すべきことを命じたことを伝え、出使美国大臣梁誠もアメリカ国務省が柔軟な姿勢を示したことを報告してきた。[20] ただし、梁誠はアメリカ政府部内には大統領の態度に不賛成の者もいて展開は予断を許さないともみていた。[21]

結局、上海では六月十七日、滬学会および各界の指導者による集会が開かれ、翌十八日からの対アメリカ・ボイコットを決議した。[22] また翌十八日、上海商務総会および滬南商学会も総会を開いて、同様の決議を行なった。[23] とはいえ実は、天津においては、上海におけるボイコット開始（六月十八日）にさきがけて運動の展開がみられたのである。このことについて、次に検討してみよう。

3　天津における運動の展開過程

四月七日の上海のボイコット提起集会の後、天津にも協力要請がなされることになった。曾鋳が天津商務局にあてた電文は以下のようなものであった（実際に受けとったのは、天津商務総会である）。

さきにアメリカの法律は華人労働者（「華工」）の移民を厳しく禁止し、更に紳士商人のアメリカ訪問にもそれを及ぼそうとしております。いま梁〔誠〕公使は調印に同意せず、アメリカは外務部に対して直接交渉するとのことです。上海商人はすでに外務部に対して調印をしばらく延期するよう一致して請願した上で、互いに戒めてアメリカ商品を用いないことにより、かげで抵抗することを決めました。どうか各商人にお伝えくださいますようお願い致します。

さらに天津商会からの問い合わせに答え、上海商会はアメリカ側が態度を改めなければ二か月後に関係を絶つことを決議した旨を伝えてきた(24)。

しかし、天津商会の対応は当初は鈍いものであった。天津の日刊紙『大公報』は「ただわが天津の商会は、上海商会と連絡をとるばかりで、その他に何の動きもない」と指摘し、商会は商人がつくった独立の組織であるから、官のことを気づかう必要はないと述べている(25)。

このころ、『大公報』は熱心にボイコット推進の論調を示している。まず五月九日から記事のまえに「本報不登美商告白」という欄を設けて、アメリカ商人の広告を掲載しない立場をとった。しかも同じ日に以下のような白話文を掲載している。

もし皆で一丸となれば（「要是大家斉了心」）、今の折にアメリカに対して誤りを正させることができよう。ところが下層の人はこの意味がわからず、それでも彼らに理解させないわけにはゆかない。今三人の「愛国」者がおり、それは山陰の周思毅、会稽の馬廷林、海寧の陳醒民である。彼らは保定で「禁買美貨約」という白話の広告をつくり謄写版でたくさん印刷した。そして端に大きな字で「快看」〔早く見て〕と書いて各胡同〔小さな通り〕の入り口のところに張り付けたので、たくさんの人がぐるりととり囲んでこれを見た。字が読めない者もいたので、別の者が説明してやった。皆は顔に怒りを現した。このようにすれば容易に人の心を動かせることが分かる。

さらに天津でも同様なビラを印刷するものがいて喜ばしいと論じている。保定で人々の心を動かしたビラが続けて掲載されている。

アメリカ人は「中国人」が仕事にゆくのを禁止しようとしており、まるで畜生のように侮辱している。すでにアメリカに行った者が苦汁をなめつくしていることはいうまでもない。…（中略）…人によってはボイコットなどしたら、両国の関係を損ねる恐れがあるというが、そうではない。我々は広範に団結してボイコットを行なうのであり、彼らが売るのを許さないというのではない。人々が品物を買うのに誰が無理強いできようか。これが、我ら「中国人」が心を尽くさなければならないことである。以上のように皆さんにボイコットを行なうことをお勧めする。

アメリカ商品には以下の三種類のローマ字があって目印になる。AMERICA または U.S.A または U.S.[26]『大公報』は、この目印のアルファベットへの注意を毎日掲載して、人々がアメリカ商品を買うのを避けられるようにしたのである。また「抵制美約要聞」という特別なコーナーを設けて、各地のボイコット関係の情報を紹介することに努めていた。さらに『大公報』は、ある商店がアメリカ人に品物を売らなかったことについて、これはよくないとする「友人」のコメントを肯定しつつ掲載している。[27] 事実の報道のみならずボイコットのあるべき姿を示すというのが『大公報』の姿勢であったとみられる。
学界からも、私立敬業中学の教官である張寿春（伯苓）らが各学堂の「修身科」でボイコットを取り上げ、生徒に教えるよう主張した。[28] また京師訳学館の学生は、天津商会への書簡において以下のように述べている。

もし我々商界・学界の者が心を一つにし力をあわせて、この運動を推し進められるならば、「同胞」を困難の中から救い、失った利権を挽回できるかもしれません。ゆえにアメリカ製品を買わないという運動は、まことにアメリカ人が「華工」を虐待するのに抵抗する最善の策です。ただ恐らく一般の人々はこの運動のことをあまりよく知らず、推進にあたって障害になることでしょう。いま我が校の同志は、各種新聞をくまなく捜し〔そこに示される〕世論を集めて、一つの本にしようと考えております。

そこで、商会に対して、不買運動の対象とすべきアメリカ製品の商標の一覧を送ってくれるよう要請するのである。おそらく、そのために作られたと思われる一覧表には、「布匹」（シーティング）、「斜紋粗細布」（ドリル）などの繊維製品や小麦粉の商標が挙げられている。[29] シーティング、ドリル、小麦粉は、アメリカから天津への主要な輸入品であった。[30]

さて、以上のような世論の盛り上がりをうけて、商務総会でも、五月十六日午後二時から六時まで、ボイコットの実施を検討するための大会が開かれた。各同業団体の主だった者たち（「各幇商董」）が皆集まり（福建幇のみ欠席）、総計二百人あまりであった。平素からアメリカ製品を購入している団体は、以後買わないことを署名によって誓った。更に、もし違反するものがいれば、五万元の罰銀を支払うべきことも議決された。[31]

この会議において、商会総理の王賢賓が、寧波幇の王銘槐による趣旨説明を読みあげた。[32] そこで提示された大綱四か条は、この運動の性格をよく物語っている。①平和的な手段を取ること。具体的にはアメリカ人の宣教師や商人をよく遇し強硬な手段に出ないことである。②一致団結すること。上海をはじめ各都市と連携する。天津内部でも商人が団結する。更にものごとを認識する能力はだれでも備えており（「知識人人所同具」）、今回の運動は「華人公共之利益」のためであるから、小さな商人であっても同様の発言権がある。③運動を長続きさせること。弱小商人を保護し、また国産品（「土貨」）の販売を行なう。④「公共」の義務を尽くす。「商戦競争」の世界では優勝劣敗の法則がある。それゆえ「公共之思想」で団結しなければ、わが国は勝てない。ボイコット破りをなくすため監視と説得が必要である。(33)すなわち、団結を固くしその輪を広げていくことが成功の鍵になると考え、しかも過激に走るのを避けることを意識しているのである。

ここで、運動参加の基本単位となっているのは、同業団体であることが、注目される。成立まもない商会にとって、これら諸団体を統轄するのに絶好の機会が、この運動であったことになる。商会そのものの組織的力量は、まだ大したものではなくても、このような運動推進にあたっては、何らかの結集の場は不可欠であり、商会がちょうどその任にあたって、地域の代表たる地位を獲得する一歩となったと考えられる。また、商会の役職を占めていたのは天津籍の商人であったが、寧波幇の王銘槐も明確に協同している。これに先立ち、王銘槐らは新聞広告を出して同郷者に五月十六日の大会への参加を呼びかけていた。(34)このように反アメリカ運動は、出身地を越えて一つの目標のために協力して行動するきっかけを与えたと言える。こうして、アメリカにいる「同胞」を思うことは、地元での利害対立を超えているがゆえに、都市社会を一丸とする契機となりえたのである。

さて、おなじく十六日には、天津府官立中学堂・私立敬業学堂の学生が中心となり、「天津各学堂同志諸君」に呼び掛けて集会を開くことになっていた。その呼び掛けは、ビラで伝えられるだけでなく『大公報』にも掲載された。(35)場所は当初は敬業中学堂であったものの、手狭のため閩津会館に変更された。(36)十六日午後、閩津会館には学生五〇四人、その他の客一一九人、計六二三人が集まった。敬業中学堂の時作新を主座とし、十三歳の養正小学堂の生徒まで含む十七人の演説が行なわれた。その他の演説者としては、考工廠「議紳」宋寿恒（則久）(37)や敬業中学堂の陶履恭[38]がおり、天津の新しい世代の活動家の初期の政治活動として注目される。議決されたことは、①今後はアメリカ製品を買わない、②家族・友人にもアメリカ製品を買わないように勧め、その趣旨を教える、③アメリカ人に出会っても普段と同様に接し、紛争を起こさない、この点を学界以外の人にも教え聞かせる、④実態調査を行なう、⑤各地の調査を行なった結果を集める、⑥まだボイコットを行なっていない所に対しても唱導する方法を考え出す、⑦民族産業（「華産」）でアメリカ製品の代替となるものを調査して振興する、⑧各地の「志士」の快挙を集めて参考にする、⑨各学堂から一人か二人を選んで適当な場所で演説を行ない、一般の人々に不買を周知させる、⑩最後まで運動を続ける、というものであった[39]。

このようにして上海で定めた二か月の期限にこだわらず、ボイコットをまさに開始しようとしたところ、五月十九日、商会のリーダーたちは知府衙門に呼び出された。これはボイコットの中止を求めるためであった。『大公報』は、袁世凱がアメリカとの外交関係の悪化をおそれたからであると説明している[40]。商会は伝達ビラ（「伝単」）を各商人に配布したが、そのビラは、ボイコットがせっかく義和団の戦乱から立ち直った天津経済に打撃を与えることを指摘し、「ひそかに思うに、わが天津商人はこの傷跡〔義和団の戦乱をさす〕の後に、再び混乱に耐えることはできない。このため皆で相談しビラを出して各商店に通知する。すべての天津の商売は通常どおり行ない、いいかげんな言葉に動かされず、市場の安定をはかるべきである」と述べている。巡警総局の趙秉鈞はこのビラを『大公報』にも送るよう命じた[41]。

五月二十五日、商会は袁世凱に対する請願において、

伏して考えますに、条約を議論するのは国家とアメリカの間のことであって、商人はそれに従うべきであり、くちばしをはさむ筋合いのものではございません。ただしアメリカに赴く「華人」が様々な圧迫を加えられている以上、すべての商人は同胞として何とか手助けをしたいという思いが募るのです（「既有同種之呼、応切同

胞之義」)。そこでただお上の恩情を乞い、手段を講じて手をさしのべられることをお願いするのです。そうすれば人々の気持ちも収まるでしょう(「以慰衆望」)。[42]

と述べている。この請願の意味は「このようにしてようやく天津の人に顔向けができ天下に謝罪できるのであり、かつまた名誉を保つことができるのである」[43]と理解できる。一方袁世凱は、商会の対応について「甚だ是《ぜ》なり」[44]とした。

このように、官からの圧力に天津商人は屈してしまったように見える。しかし、この背景には、アメリカ商品を取り扱わないことが天津経済に与える悪影響を、商人自身が憂慮したという事情もあったと考えておくべきであろう。[45]ボイコット放棄の言い訳として市場の安定という議論が用いられたのは、ひとまず商人の間にはそれなりの説得力を持ちうる主張であったからであると思われる。すなわち、商会は、市場の安定も大切ではあり官の圧力も受けていたが、「衆望」も無視できないという難しい立場に立たされたといえる。ともあれ、商人がボイコット運動から退いたことについて、『大公報』は、「民気」がそがれ団結が失われたことを嘆いている。[46]さらに利をはかる商人を牽制する文章も掲載した。

昨日、ある友人が本館をたずねて来た。彼の顔色を見ると、怒っているようであった。誰と口喧嘩して来たのかと問えば、喧嘩などしていないと答えた。しかし、内心おちつかないようなので、その理由をきくと彼は言った。「僕はアメリカ人の友人とたまたま会った。彼が言うには「…(中略)…今天津のある商人は、皆がアメリカ製品を買わないのだから、将来アメリカ製品の在庫がある者は、きっと大もうけできるだろうと考えて、既に十万箱のスタンダード社の石油を注文した。品海（Pin Head）という銘柄の煙草は、密かに買い入れた者がいたため、一箱につき銀五両の値上がりさえ起こった。僕は前から君たち「中国人」を軽蔑していた。今のようにみんな団結しようという時に、商人の中にまだこんなやつがいる。ますます軽蔑するね」。これはアメリカ人が僕にした話だ」。

こうして裏切り者の商人に怒る客に対し、主人は怒る必要はないとなだめる。なぜなら、そのような商人は一握りの者だけであり「愛国」の人から軽蔑をもって遇されると、アメリカ人に答えることができるからである。[47] もっとも、おそらくこれは、ボイコットを徹底することで「中国人」としての誇りを守るべきことを主張するための架空の逸話とみるべきであろう。すなわち、意図されているのは、現に起こった事件をなるべく客観的に報道することではなく、具体的な例話によって読者の「中国人」意識を喚起することであったように思われる。

商界とは対照的に学界の人々はかなりボイコットに熱心であったと考えられる。各学堂には、アメリカ製品がほとんど見られなくなり、学堂ちかくの商店も他の国の製品にきりかえた。[48]

一方で、官による弾圧方針は続き、二十人以上の集会は事前に届け出るべきことが命じられた。[49] また、ボイコットの鼓吹に熱心であった『大公報』が袁世凱の不興を買うことになるのは予想されるところである。七月十六日、袁は巡警総局・天津府県に対し、『大公報』の閲読を禁じるよう命じ、鉄道局・郵政局にその送運の停止を命じた。[50] 七月十七日の『大公報』は、みずからその禁令を掲載しつつ、総理英斂之《えいれんし》と主筆劉孟揚《りゅうもうよう》の名でやむをえず停刊にする旨を一旦は発表した。しかし結局は刊行を続ける決意表明を行なった。つまり、『大公報』は、購読禁止の原因は官府に罪を得たからだとしながら、罪といっても「私罪」ではなく「公罪」であると切り返した上で、

巡警総局と府・県は連名で告示を発し、天津人がわれわれの新聞を読むことを禁止した。こうなっては何といっても始まらない。あきらめて停刊にすることに決めた。しかしその後また考え直した。我々『大公報』が担う責任はとても大きい。「民智」を開き「風俗」を正し「国政」を維持し「国権」を保護するのは、いずれも我々が果たさなければならない天職である。

と述べている。こうして「「国民」のために殉ずるならば、死んでも惜しくない[51]」との覚悟を示すのである。ボイ

コット情報を集めた欄は七月二十一日になくなったが、この日には「言論自由」という論文を載せている。明示的には述べていないものの、袁世凱による圧迫を非難したものとよむべきであろう（ボイコット情報は以後も若干報道されている）。また英斂之の日記には「八月初、劉伯年、節を改め巡局に去る」[52]とあるが、これは主筆である劉孟揚が袁世凱によって南段巡警総局稽査科長に抜擢されたことを指すと考えられる[53]。

九月十四日、天津商会は巡警総局に対して文書を送り、『大公報』が既にボイコット関係の記事を載せなくなっている上に「民智」を開くのに役立つなどの理由で、閲読解禁の希望を袁世凱にとりついでくれるよう要請した。結局、それは認められ、通常の購読を許す告示が出された[54]。

4　ボイコットと啓蒙

ボイコット運動では、できるかぎり広範な人々に対して、アメリカ製品を買わないことを呼び掛けることになる。先に言及した訳学館学生の商会あて書簡の中にも、

アメリカ人が「華工」を虐待するさまざまのありさま及び抵抗の方法を遺漏なく詳しく掲載し、各省に配布して広範に知らせます。これによって、田舎の士人や巷の民衆すべてをして、この事態の憤るべきこと、この運動をしないわけにゆかないことを知らしめるべきです。大声疾呼して我が「同胞」を夢の中から呼び覚ますことについて、我々はもとよりその責任を回避することはできないのです[55]。

とある。このように「郷間之士」「陋巷之民」を夢の中から呼び覚まし、ボイコットに参加させるにあたって、その情報伝達（と同時に啓蒙）の手段が重要となるはずである。以下では媒体についての考察を行なうことにしたい。

まず前述のように、ビラが大いに出回った。天津南門外には一戸一戸に「敬勧同胞不買美貨広告」と題されたビラを配る者があらわれ、東馬路では壁に同様のビラが貼ってあって多くの人がそれをとり囲んで見ていた。(56)

またボイコット宣伝に努めた『大公報』は当時の天津を代表する日刊新聞であった。その発行部数については、やや後の時期になるが、四〇〇〇内外、(57)八四〇〇(58)といった数字が挙げられている。先述の閲読禁止令とともに『大公報』の輸送も禁止されたことから、鉄道・郵便によって他の地にも読者を持っていたことが知られる。光緒三十二年の天津の戸数（外国人を除く）は、七万四三四〇戸であった。(59)天津における『大公報』販売数を仮に三五〇〇部とし、これで戸数を除するならば、ほぼ二十一戸に一戸が購読した計算になる。

もちろん別の新聞を購読する戸もあったと考えられるが、実は購読しない者でも新聞の内容を知る機会を持てたことに注意すべきである。それは天津での啓蒙運動の勃興と関係がある。当時「学堂設置は今や天津官民間の流行となり、余裕あるものは皆之を興さんことを企図せり(60)」と述べられるような新教育のブームがみられる一方で、不特定多数の一般の人々を啓蒙するために「閲報処」「宣講処」が盛んに設置された。「閲報処」とは、各種の新聞雑誌および書籍を備えて一般に公開する施設である。「当地清人千人に対し文字あるものは約一百人に過ぎず。而して新聞を購読する者、百人中僅かに十人の比例なり。斯くては人智を開発するに於いて頗る困難なるを慮《おもんぱか》り、茲に各種の新報書籍を備えて何人にも随意に閲覧せしめ、且つ其文意の明白ならざる処は之れを説明し、更に夜間は文字を教へ文章を説明するの機関を備へたるなり(61)」と説明される。

まだ閲報処が設けられていない頃『大公報』は以下の文章で、設立を呼び掛けた。

ただ問題なのは先達となるものがいないことだけだ。もし誰かがはじめるならば、すぐこれに倣う者がでてくる。天津は現在学務が盛んで、実に別の土地の及ぶところではない。しかし、その発端はたかが半日学堂であったにすぎないが、それがあってこそ数年たって、なんと三千〜四千人の新知識をもった学生が現れたのだ。

もしまた、北京の方法に倣って閲報処を多く立てれば、学堂に入学したものが新知識を得られるだけでなく、それ以外の人も新知識を身に付けられるのだ。(62)

このように閲報処は学堂に入れない者の啓蒙をめざすものであった。この記事の約一か月後には現に益智閲報社が登場した。ここには北京・天津・上海・広東・シンガポールの華字新聞や「新出各種有益書籍」がおかれ、無料で一般公開された。その経費は有志の寄付でまかなった。(63) まもなく啓明閲報処も設けられ、また貧しいものに識字教育を行なうことになる。(64) 光緒三十一年の夏という時期に（まさにボイコット運動の展開と平行して）この動きが起こったことに注意を払っておきたい。(65)

ここで当然問題になるのが、文字がよくわからない者にとって新聞を読みこなすのは難しいということである。『大公報』が啓蒙的な文章をわかりやすいように白話で掲載するとはいえ、ほとんど文字を知らない人にとっては、それを読むすべもない。そこで新聞の内容を説き聞かせるという伝達手段が発案されるのである。私塾である河東育英学館の杜学義は『大公報』に投書して、以下のように述べた。

新聞を読むことの長所は少なくない。しかし新聞を読み聞かせることのよさには結局およばないのである。なぜか。みなさん慌てずに順々に説明するのを聞いてほしい。新聞を読んでも二、三人がわかるだけだが、新聞を読み聞かせれば皆がわかるのだ。私は貧しい教師に過ぎず家には余裕がない。…(中略)…実のところ貧しさは恐るるに足りない。私は急に「講報処」を設立しようと思い立った。その目的は我ら「国民」の心を励まし、我ら「国民」の廉恥を養い、四民の熱心を激発することである。これは「国民」に自強の意思を求めるもので国家の政治に関与するものではない。私は五月十七日晩に一個のガラス灯を買い、弊館の門外で演説を行なった。それは『白話報』〔不詳〕や『敝帚千金』〔『大公報』の白話の論文を集めて出版したもの〕などによった。はじめは新聞を読むのを聞きに来る人は十数名で近所の人だけだったものの、十日を待たずして次第に増えて来て毎晩四十〜五十名になり、近所だけでなくて遠くに住んでいる人も来てくれるようになった。[66]そして、志を同じくする仲間四、五人で、毎晩八時から十一時まで新聞を読み聞かせることを行なったが、資金がなくて設備が整わず、聞く人を立たせたままである現状を説明して、協力を求めているのである。「国民」意識の高揚がその目的である。

このような状況の中からあらわれるのが「宣講処」に他ならない。「宣講」は本来『聖諭広訓』を読み聞かせて人民を教化することを指すが、同じ教化でも今度は『大公報』の論文のような進歩主義的色彩の強い内容を教えこんで啓蒙しようというわけである。杜学義の試みに賛成して従新蒙学館からも投書が寄せられた。これによれば、杜学義を「熱血先生」と評価しつつ、われわれ塾の教師は昼間は生徒を教え、夜は文昌宮に行って聴講するが、聴講は宣講に及ばないという。なぜなら、聴講は自分の学問を進歩させるだけだが、宣講は皆の学問を進歩させるからである。そこで『大公報』『直隷白話報』『青竜報』『京話日報』『啓蒙画報』を準備したので、同業のひとたちの協力を得たいというわけである。[67]

『大公報』は宣講処に対して意見を述べている。まず演説という行為は人に物事を理解させるのに非常に有効な手段であり、耳に入ったものが頭に焼きつけられる。しかし、従来の「書廠」(講談)で聞かせるのは、『三国演義』『封神演義』『西遊記』であり、「民智」の進歩をさまたげてきた。それゆえ先月天津東門外の「天斉廟」に設立された「宣講所」の責任は重い。「講ずることがよければ、「国民」の思想は暗闇から光明に進む」。しかし場合によっては、『聖諭』の具文を講じたり、または「書廠」と同じになってしまう可能性もある。そこで講じるべき内容として、①因果応報説を打破すること、②吉凶禍福説(易うらない・人相見・日えらび・風水)を打破すること、③学堂設立についての誤解を解くこと、④纏足の悪習を攻撃すること、を要望している。[68]ここで批判の対象とされている『三国演義』『封神演義』『西遊記』は、義和拳の使い手たちに憑依する神々が登場する物語である。新しい宣講とは、そのような民衆文化を否定し、「民智」を向上させることで啓蒙された「国民」をつくろうとする活動であるといえる。[69]

日本人の調査によると（光緒三十一年より後の状況かもしれないが）、閲報処・宣講処の運営の実態は以下のようなものであった。閲報処の組織は、総理・書記・庶務員・役夫からなる。経費はすべて有志の出資によった。その設備としては多くの机を設けて閲覧の場とし、新聞・雑誌・書籍などは別処の卓上に陳列する。閲覧希望者は門前で入場券をもらい、管理人につげて新聞などを借り受ける。開場時間は午前八時ないし九時より十二時まで、午後一時より六時ないし七時までで、閲覧者は一日平均五十～六十名内外である。夜になると、文字を知らないもののために重要または有益だと思われる記事を談話の形で説明する。聴講希望者は住所氏名を申し出て鑑札を得る。時間は七時から八時半までで、説明者は新聞の文字を黒板に記してその意味を説明し、聴講者は筆記用具を持参して写し取る。聴講者は「文字を解せざる下層社会の者」が多いという。[70]

宣講処も、その経費を有志の寄付によっており、毎晩七時ないし八時から十時半ないし十一時まで開講する。設備については、正面に演壇を設け、聴講者のためには長い腰掛けをつらねていた。聴講者は通常平均百人内外であるが、特に緊要な問題がある時には数百人にも及ぶ。「総て平易の談話を以て主とせり。又其材料を供給するが為め、当地に於ける一、二の漢字新聞雑誌は白話欄なる者を設け、時事問題其他風紀上に関する事項を掲載し其便を謀れり。参聴者の種類は一ならずと雖も、多く中流以下にして、能《よ》く静粛に謹聴す[71]」。

さて、このような閲報社・宣講処については李孝悌のすぐれた研究がある。李は義和団の戦乱の後に澎湃として起こった啓蒙運動の一環としてこれらの施設をとりあげ、豊富な史料引用によって議論を展開している。また、光緒三十一年（一九〇五年）以降、急速にこれらの施設が設けられたという注目すべき指摘を行なっているものの、なぜこの時期が画期となるかについては説明していない。[72] 李は啓蒙運動の一例である「特殊事件」として光緒三十一年のボイコット運動を扱ったにすぎないが、ボイコット運動は啓蒙思潮のあらわれというより、むしろ啓蒙思潮興隆の甚だ大きな契機となり、啓蒙施設開設の動機を与えたのではなかろうか。

たとえば、前述のように従新蒙学館は宣講を始めようとしていたが、これに先だって『大公報』五月二十九日に掲載された従新蒙学館の投書はボイコットを主張している。つまり「商界の経営者の方々はよく団結し、学堂の諸先生も一丸となっている」状況において、われわれ塾教師も同様にしなければならない。特に学生にボイコットを説けば、その家族・友人にも伝わってますます一致団結（「斉心」）できるというのである。更に、学生に対する演説文も附されている。そこでは「このアメリカ商品ボイコットは、上諭や告示によったのではなく、実に一般の人々の団結（「民人斉心」）によっている。我々も一緒になってこれをやりとげなければならない。これは、我ら「中国」にとって最も緊要で最も面目のかかった（「露臉的」）ことであり、また我ら「国民」の将来の無限の幸福を造りだすことである」と述べられる。してみると、従新蒙学館が宣講を行なおうとする動機の中にボイコットの提唱が含まれていたと考えるのが自然であろう。また、前掲の「熱血先生」杜学義の文章において新聞の読み聞かせは「国家の政治に関与するものではない」とわざわざ述べているのは、明らかに巡警総局による二十人以上の集会禁止を意識したものである。しかし、実は彼が活動を開始した五月十七日とは、学界におけるボイコット決議の翌日であった。これが偶然でないとすれば、杜学義はまさにボイコット鼓吹のために演説を開始したと理解することができよう。また宣講処について「主として旧俗弊風を矯正せんとするにあるも、其実、輿論喚起の為め起《おこ》りたる一種の新機関にして、光緒三十一年夏の頃、米国商品に対抗せし際、統治の有力者も之が鼓吹に勖《つと》め始めて、天津旧東門外天斉廟に宣講処を創設せり(73)」とする説明からも、天津においては、広範な人々にボイコットを呼び掛けることを直接の動機として、啓蒙機関が設立されていった側面を想定できる。

もちろん、この時代においては、官主導の教育改革も進められていたという文脈も無視できない。実は、袁世凱みずから学務総董の林兆翰に対し、小学堂と宣講所兼半日学堂を設立することを命じている。[74] しかし、それを生員などが主体的積極的にうけとめて運営をたちまち軌道に乗せた要因は、愛国の運動だったと考えられる。

ところで、『大公報』や啓蒙施設が持っていた「民智」を高めるという目標は、ボイコットといかなる関係があったのか。啓蒙者はボイコットの展開に対してひとつの懸念をもっていたことを見おとすべきではない。『大公報』の発想では、「労働者や商人の知識の程度は様々である」（「工商賢愚不等」）から、必要なのはアメリカ商品の排斥であり排外（「仇洋」）ではないことを徹底しなければならない。「決して中国にいるアメリカ人を恨むべきではなく、決してアメリカ系の教会を恨むべきではない」ことを「大衆」にわからせてこそ「彼らが誤解してあらぬうわさをたて、ふとしたことで事件を起こす（「因事生風」）ことを免れる」[75] のである。ボイコット運動は全国的にみて「野蛮」の行為がなく「まことにわが中国にかつてなかった文明の運動である」[76] と述べているのも同様の趣旨であろう。明示的には表明されないものの、ここで「野蛮」と断じられているのは、義和団（またはそれに先んじる反キリスト教暴動）の行動様式としか考えられない。『大公報』にとって、ボイコット運動は、民衆的蜂起とは全く異なった形での外国への抵抗手段でなければならなかった。それゆえ、『大公報』がいうところの愚かな民衆の動きを警戒することになる。[77] すなわち、この場合の啓蒙とは、個々人が理性を公共的に使用して討論を行なう市民的自己啓蒙というより、民衆文化を邪教と断じつつ、人々を正しい事実認識・正しい行動に目覚めさせ「人心風俗をして一に正に帰せしむ」[78] という「宣講」の系譜に位置づけるべき実践なのである。

5　小結

ボイコットは、天津以外の各地で展開していった。特に、移民の出身地である広東での動きが目覚ましかった。しかし、天津や長沙など直接の利害関係を持たない地域の人々も熱烈に参加したことが、この運動の性格を考える際に肝要な点である(79)。

運動の展開にとって転機となったのが、八月二日の上諭におけるボイコットの禁止（「不応以禁用美貨、輒思抵制」）である(80)。加えて、商人の動向には取り引き停止による損失の問題が大きく影響しているはずである。かくしてボイコット運動は次第に終息を迎えることになった。

ボイコットが、どれほどの効果をもったのかを数量的に示すのは甚だ難しい。駐天津アメリカ領事の報告では、むしろ以下のように貿易の伸びが指摘されている。

> 本年度〔一九〇五年〕の一〇月までの輸出入についての海関報告によれば、一九〇四年の同時期と比較して天津の輸入貿易には顕著な拡大が認められる。しかし、輸出貿易は逆の状況を示しており、これは疑いもなく為替の急騰に起因している。一九〇四年同時期に比べると、アメリカのドリルやシーティングおよび石油の輸入は全く驚異的である(81)。

しかし、全国について以下のような議論もある。

> 米国ノ一九〇五年度ノ対支輸出額ハ五千三百万弗《ドル》ニシテ、前年度ニ比シ約四千万弗ノ激増ヲ示シ、排米運動ノ影響ヲ受ケザルガ如キモ、要スルニ右ハ日露戦争ニ依リ米国ノ対支輸出ノ躍進アリタルガ為ニシテ、「ボイコット」ナカリセバ更ニ多額ノ輸出アルベカリシモノナリ(82)。

つまり、日本とロシアの戦争の影響で、アメリカ製品の輸入は伸びる傾向にあったことから、ボイコットがなければ、本来さらに大きな伸びを示すはずであったとも想定できる。

さらにボイコット運動が、ある程度、合衆国政府に対する圧力となったことは、ローズヴェルト大統領の譲歩姿勢に示されている(83)。これは外交史のテーマであるので、本章では深入りしない。以下では、地域社会と「中国」の創成にとって、ボイコット運動がどのような歴史的意味をもったのか、という点に議論をしぼりたい。

菊池貴晴は、「民族資本」の発展とボイコットとを結びつけて議論し、「運動の旺盛な地域は、工場の設立されつつある地域と見なしても差支えあるまい」と述べた。しかし、実のところ、ボイコットを熱心に宣伝したのは、民族資本家などではない。まずは、『大公報』などのジャーナリズムであり、『大公報』は全国各地の新聞から関係記事を採録している。学生や塾教師のような「学界」の人々のなかにも「愛国」の立場に立つ者が少なくなかった。商人の中にもその感情を共有する人々は当然いたとみるべきであろう。そこでは「斉心(84)」または「万衆一心(85)」というような言葉で心情の斉一化による「国民」の一致団結が説かれた。天津商会側が「衆望」への配慮を示しているように、商人を含めた天津の人々のあいだに広範に反アメリカの感情がわきおこったことにこそ、運動の動因を求めるべきであろう。すべての商人がその感情を共有したと考える必要はないが、「衆望」を無視することはできなかったのである。とはいえ、国際貿易を担う商人にとって、ボイコットを徹底することも難しいため、市場の安定という議論が説得力をもつことになる。

ここで注目されるのは、天津籍の学生、天津商会の中枢を占める天津籍の商人に加えて、寧波幇もこれと協同して運動を進めようとしたことである。「中国」という団結の輪は、各地からの出身者が集まる都市社会に適合的な共生の論理なのである(86)。

天津では、ボイコットを成功させるための手段として国貨生産の振興という議論もなされた。ボイコット開始にあたっての学生集会で演説を行なった敦慶隆《とんけいりゅう》主人宋寿恒（則久）は、学堂附設の工場に対して、そこで織った布をアメリカ製の布の代わりにしたいと話をもちかけた[87]。清真大寺民立第三半日学堂工藝廠の創設者穆楚帆は、土布によって洋布に抵抗するには、その品質の向上が不可欠であるとして織機の改良に努めた[88]。この時点では、天津における織布工場は微々たるものであったが、その翌年に急増するのである[89]。『大公報』もアメリカ製品を他国製品にかえるだけでなく、この機会に実業振興に努めるべきであると論じていた[90]。このように国貨愛用論の広まりにとって、ボイコット運動が機縁となっていると考えられよう。この後、宋則久は国貨愛用運動の中心人物となり、また一九一〇～一九二〇年代に天津の工場で織られた棉布は、商標において自ら「愛国布」と名乗った[91]。もちろん、棉布の地域内での自給をめざそうとする議論は「教民紡織」などという形での由来は古い[92]。しかし、二〇世紀において新たに夢みられるようになるのは、まさに国民経済大での完結性なのである。

そもそも運動は、菊池貴晴がいうところの「工場」の分布をはるかに越えていった。菊池も指摘しているように、朱徳の郷里である四川省儀隴県内の商業中心地においても「人々は、物を買う時、それがアメリカ製品でないようにと、一々注意深くしらべ[93]」たのである。天津や上海のような大都市から内陸奥ふかくに至るまで、アメリカに向かう同胞に思いを致し、アメリカ製品であるか否か確認する作業を行なったこと自体が、一致団結する「中国」という表象をつくりあげ、「国民」を創成することに一役かっていたと考えられる。『時報』記事によれば、上海四明公所事件はたかだか一省の団結にとどまり、粤漢鉄道の回収問題は三省の団結にとどまったが、今回のボイコットは全く新しい段階である「民族主義」発達の第三期にあたるのであり、また運動において「発起人および共感を示した人々は、おおむねみな商界の人・学界の人であって、いまだかつて自ら海外に渡って虐待を受けたことはなく、移民排斥条約にも直接さしせまった利害はない」にもかかわらず「協力同心」して事にあたったことが指摘されている[94]。

このような団結の広がりを支えたのは各地商会の連携、学堂設立ブームの中での教育関係者・学生の活躍、およびジャーナリズムの宣伝に他ならない。特に新聞は、省会や開港場のような大都市のボイコットの進展を克明に報道しており（記事の相互転載もしばしば見られる）、これによって喚起された関心と共感が運動の同時的広がりを可能にしたのである。(95) もうひとつ、同時的な情報伝達にとって電報が果たした役割も無視できないだろう。(96) また、成立しはじめた商会にとっても、都市の同業団体を結集させたり、各地の商会相互の連絡をとったりする機会となったのが、このボイコットだった。

そして以後、「中国」のために、という議論はさからいがたい力を持ち、政治的な言説において大きな役割を果たすようになる。辛亥革命後の政治的な分裂下でも「中国」という枠組み自体をあからさまに否定する議論が出にくかったことの歴史的前提をここに見ることもできよう。もちろん、たとえば都市部から遠く離れた地域に住む農民は「国民」意識とは無縁であったと見るべきである。むしろ「中国」という表象は、あらたな社会層として生まれつつある都市型エリートの間で共有されていたに過ぎない。とはいえ、「中国」について語ることは、可能な限り多くの人々を団結させ、共同性の輪を広げてゆこうとする志向を不可欠の内容として含んでいた。「中国」の表象をになう都市型エリート層は、厳しい世界情勢における生き残りに役立つ最有力の結集核を形づくったともいえよう。(97)

しかも天津における閲報処・宣講処という啓蒙施設の登場は、広範な人々に協力を呼び掛けることが急務とされるボイコットの展開と密接な関連があったとみることができる。(98) この啓蒙の試みも、進歩をめざす都市型エリートが中心となってあらたな「国民」を作り出そうとする目標の存在を示している。また、啓蒙の潮流の中で起こったボイコット運動は、上述の『時報』記事の主張によれば、「文明」の競争をなし、「文明」の排外をなすのであって、教会を焼かず、宣教師を殺さず、義和団のように「野蛮」の暴動、「野蛮」の排外を行なわないことが必要とされた。[99] ボイコット運動は、義和団の記憶によって代表される民衆的暴力による民心の発露をおさえ、「文明」をもって「野蛮」に代えようとする時代思潮の現れであったともいえるのである。[100]

註

（1）Frederic Wakeman, Jr., *Strangers at the Gate : Social Disorder in South China, 1839–1861* (University of California Press, 1966), pp. 90–105.

（2）William T. Rowe, *Hankow : Commerce and Society in a Chinese City, 1796–1889* (Stanford University Press, 1984), pp. 145–151.

（3）董枢「上海法租界的発展時期」（『上海通志館期刊』一巻三期、一九三三年）。

（4）波多野善大『中国近代工業史の研究』（東洋史研究会、一九六一年）二四四頁、二六九～二七〇頁。

（5）菊池貴晴『中国民族運動の基本構造——対外ボイコットの研究』（大安、一九六六年）一一～五六頁。初出は一九五六年。これとほぼ同時期の研究としては以下がある。和作輯「一九〇五年反美愛国運動」（『近代史資料』一九五六年一期）。Margaret Field, "The Chinese Boycott of 1905," *Papers on China*, Vol. 11 (1957).

（6）最近では、次の論文が一九〇五年の運動の「新しさ」を指摘している。Sin-kiong Wong, "The Genesis of Popular Movements in Modern China : A Study of the Anti-American Boycott of 1905–06," Ph. D. dissertation, Indiana University (1995). 金希教「抵制美貨運動時期中国民衆的〝近代性〟」（『歴史研究』一九九七年四期）。また、土屋洋「清末山西における鉱山利権回収運動と青年知識層」（『名古屋大学東洋史研究報告』二四号、二〇〇〇年）も同時期について分析し、菊池貴晴の議論に対する再検討を進めている。

（7）張存武『光緒卅一年中美工約風潮』（中央研究院近代史研究所、一九六六年）。また、以下は英語史料に基づいてアメリカ政治外交史の観点から同じ問題を扱っている。Delber L. McKee, *Chinese Exclusion Versus the Open Door Policy, 1900–1906* (Wayne State University Press, 1977).

（8）安部健夫「中国人の天下観念——政治思想史的試論」（同『元代史の研究』創文社、一九七二年、初出は一九五六年）。堀敏一『中国と古代東アジア世界——中華的世界と諸民族』（岩波書店、一九九三年）三～三五頁。

（9）川島真「天朝から中国へ——清末外交文書における「天朝」「中国」の使用例」（『中国——社会と文化』一二号、一九九七年）。

（10）ただし、桑兵『晩清学堂学生与社会変遷』（稲禾出版社、一九九一年）二五三〜二六五頁は、ボイコット運動における北京・天津の学生の活躍を指摘している。『大公報』については、何炳然「『大公報』的創辧人英斂之」（『新聞研究資料』三七・三八輯、一九八七年）参照。

（11）可児弘明『近代中国の苦力と「豬花」』（岩波書店、一九七九年）一〜九八頁。油井大三郎「一九世紀後半のサンフランシスコ社会と中国人排斥運動」（油井大三郎ほか『世紀転換期の世界――帝国主義支配の重層構造』未来社、一九八九年）。藤川隆男「オーストラリアとアメリカにおける中国人移民制限」（『シリーズ世界史への問い［九］世界の構造化』岩波書店、一九九一年）。貴堂嘉之「一九世紀後半期の米国における排華運動――広東とサンフランシスコの地方世界」（『地域文化研究』四号、一九九二年）。同「『帰化不能外人』の創造――一八八二年排華移民法制定過程」（『アメリカ研究』二九、一九九五年）。Charles J. McClain, *In Search of Equality : The Chinese Struggle against Discrimination in Nineteenth-Century America* (University of California Press, 1994). Lucy E. Saylen, *Laws Harsh as Tigers : Chinese Immigrants and the Shaping of Modern Immigration Law* (The University of North Carolina Press, 1995).

（12）陳翰笙主編『華工出国史料彙編』一輯（中華書局、一九八五年）一四三三〜一四三八頁。張雲樵『伍廷芳与清末政治改革』（聯経出版事業公司、一九八七年）四六一〜六三三頁。Yen Ching-hwang, *Coolies and Mandarins : China's Protection of Overseas Chinese during the Late Ch'ing Period* (1851-1911) (Singapore University Press, 1985), pp. 204-248, pp. 283-335.

（13）『申報』光緒三十一年四月二日「美禁華工約稿強迫中国畫押」。

（14）『申報』光緒三十一年四月八日「紀滬上紳商公籌抵制美禁華工新約事」。商務局とは、各都市で有力商人を統合するために設けられた産業行政機関である。曽田三郎「清末における「商戦」論の展開と商務局の設置」（『アジア研究』三八巻一号、一九九一年）。Eiichi Motono, *Conflict and Cooperation in Sino-British Business, 1860-1911 : The Impact of the Pro-British Commercial Network in Shanghai* (Macmillan, 2000), pp. 149-153.

（15）中央研究院近代史研究所編『清季華工出国史料』（中央研究院近代史研究所、一九九五年）「外務部収上海商董曾鋳等稟」五五〜六〇頁。『申報』光緒三十一年四月十九日「美員邀集華董会議華工禁約」「商会再議美禁華工事」。

（16）『申報』光緒三十一年四月二十四日「記本埠商董公宴美国官商互議美約事」。

（17）『大清徳宗景皇帝実録』巻五百四十五、張学華奏（光緒三十一年五月十六日）。

（18）『申報』光緒三十一年五月二十七日「皇太后垂旬華工禁約事」。

（19）*The Economist*, 27 May 1905, p. 877.

（20）『順天時報』光緒三十一年五月二十七日「路透電報」。

(21)『順天時報』光緒三十一年六月七日「時事要聞」。

(22)『申報』光緒三十一年六月十八日「公議実行不用美貨之特別大会」。

(23)『申報』光緒三十一年六月十九日「商務総会決定不用美貨之大会議」「商学会実行不用美貨之大会議」。上海商務総会は曾鋳を代表として、営口・沙市・烟台・福州・厦門・蘇州・寧波・青島・広東・汕頭・宜昌・九江・漢口・楊州・嘉興・南京・鎮江・蕪湖・温州・重慶・南昌・紹興・湖州・杭州・安慶・済南・長沙・開封・常州・常熟・淮安・北京に同調を呼び掛けた（『順天時報』六月二十日「時事要聞」）。この中に天津が含まれていないのは、天津商務総会がこれ以前に運動を起こそうとして挫折していたからであろう（後述）。

(24)天津市檔案館・天津社会科学院歴史研究所・天津市工商業聯合会『天津商会檔案彙編（一九〇三―一九一一）』（天津人民出版社、一九八九年）一八七六～一八七七頁。

(25)『大公報』光緒三十一年五月十日「本報記者敬告天津商務総会」。

(26)『大公報』光緒三十一年五月九日「這個辦法極好」。

(27)『大公報』光緒三十一年五月十五日「中国商人請聴」。

(28)『大公報』光緒三十一年五月八日「敬告天津学界中同志諸君」。

(29)『天津商会檔案彙編』一八八三～一八八五頁。

(30)『天津誌』四一八頁。

(31)『大公報』光緒三十一年五月十七日「商界之大会議」。『申報』光緒三十一年五月二十三日にもほぼ同文が転載されている。

(32)『大公報』光緒三十一年五月十八日「商界之大会議続誌」。王賢賓（竹林）を総理とする天津商務総会については、胡光明「論早期天津商会的性質与作用」（『近代史研究』一九八六年四期）、そして近年の大作 Xiaobo Zhang, "Merchant Associational Activism in Early Twentieth-century China: The Tianjin General Chamber of Commerce, 1904-1928," Ph. D. dissertation, Columbia University,1995 参照。王銘槐の原籍は、浙江省寧波府鄞県であり、李鴻章と関係をつくり天津で買辦として財をなした。天津における寧波幇の中心人物である。王芷洲「我家三代買辦紀実」（天津市政協文史資料研究委員会編『天津的洋行与買辦』天津人民出版社、一九八七年）、張章翔「在天津的寧波幇」（『文史資料選輯』一一九輯、一九八九年）参照。

(33)『天津商会檔案彙編』一八七八～一八八三頁。『大公報』光緒三十一年五月十八日、『申報』光緒三十一年五月二十三日、二十四日にも掲載。

(34)『大公報』光緒三十一年五月十四日、十五日「敬請江浙同郷諸君十六日商務総会集議啓」。

(35)『大公報』光緒三十一年五月十四日、十五日「敬告天津各学堂同志諸君小啓」。

(36) 時作新（子周）は、のち南開中学の教師となり、五四運動の際には回教聯合会の指導者の一人であった。片岡一忠『天津五四運動小史』（同朋社、一九八二年）二一頁、二五頁。
(37) 宋寿恒（則久）については、以下参照。林原文子『宋則久と天津の国貨提唱運動』（同朋舎、一九八三年）。宋美雲・黄玉淑「辛亥革命前後宋則久的実業活動」（『天津文史資料選輯』四七輯、一九八九年）。
(38) 陶履恭（孟和）は、一八八九年生れである。父の陶仲明は、厳修（天津出身の進士、のち学部侍郎）に招かれて、その家塾での教育にあたった。このような厳氏の家塾の系譜をひくのが、敬業中学堂（後の南開学校）である。陶孟和はイギリスで社会学をおさめ、北平社会調査所などにおいて社会調査を行ない、解放後は中国科学院副院長となった。陶孟和に対する追憶記は、中国人民政治協商会議全国委員会文史資料研究委員会編『工商経済史料叢刊』一九八三年三輯に収められている。
(39) 『大公報』光緒三十一年五月十七日「学界之大会議」。商人の集会と学生の集会についての『大公報』の記事は、上海の新聞『時報』にも（若干の省略はあるが）転載されている。和作輯前掲論文三四～三五頁。
(40) 『大公報』光緒三十一年五月二十日「袁宮保対於抵制美約問題」。袁世凱のねらいは、日本とロシアの戦争の終結後、アメリカの調停によって東三省を清の治下に回復することにあったとみられる。張存武前掲書六七頁。
(41) 『天津商会檔案彙編』一八八七～一八八八頁。
(42) 『天津商会檔案彙編』一八八九頁。『大公報』光緒三十一年六月一日にも同文。
(43) 『大公報』光緒三十一年五月二十七日「論天津解散団体之可惜」。
(44) 『天津商会檔案彙編』一八八九頁。『大公報』光緒三十一年六月三日にも同文。
(45) 運動は、特に商人に対して経済的損失を与えるものだった。このように運動参加者にとって負担が均等でないことが、挫折の原因であると考えることもできる。王冠華「愛国運動中的〝合理〟私利——一九〇五年抵貨運動夭折的原因」（『歴史研究』一九九九年一期）。
(46) 『大公報』光緒三十一年五月二十七日「論天津解散団体之可惜」。
(47) 『大公報』光緒三十一年五月二十九日「不必生気」。
(48) 『大公報』光緒三十一年五月二十四日「天津学界特色」。
(49) 『大公報』光緒三十一年五月二十二日「天津府県巡警総局会銜示諭」。
(50) 『申報』光緒三十一年七月二十五日「袁督禁閲大公報」。
(51) 『大公報』光緒三十一年七月十九日「一息尚存勉尽天職」。
(52) 方豪編録『英斂之先生日記遺稿』（『近代中国史料叢刊続編』三輯、文海出版社、一九七四年）九八八頁。

(53) 前掲の英斂之の日記や『順天時報』七月四日「直隷新聞」によれば、英斂之は六月三十日に日本訪問から戻ってきたので、それ以前の『大公報』のボイコット推進姿勢は主筆である劉孟揚の立場による可能性が高い。劉孟揚の経歴は、外務省政務局『現代支那人名鑑』([外務省]、一九一六年)二八二～二八三頁にみえる。

(54)『天津商会檔案彙編』一八九三～一八九四頁。

(55)『天津商会檔案彙編』一八八五頁。

(56)『大公報』光緒三十一年五月十九日「敬勧不買美貨」。

(57) 清国駐屯軍司令部編『天津誌』(博文館、一九〇九年)五三九頁。

(58) China. Imperial Maritime Customs, *Decennial Reports, 1902–11* (The Statistical Department of the Inspectorate General of Customs, 1913), p. 220.

(59)『天津誌』二四頁。

(60)『天津誌』二二六頁。

(61)『天津誌』五四六頁。

(62)『大公報』光緒三十一年四月二十七日「天津也当設立閲報処」。

(63)『大公報』光緒三十一年六月三日「閲報社出現」。

(64)『大公報』光緒三十一年六月十三日「又一閲報処」。

(65)『天津誌』五四六～五四七頁の挙げる閲報処とその創立年は以下の通り。啓文閲報処(光緒三十一年六月)、準提菴後看報処(同年七月)、進明閲報社(同年九月)、日進閲報社(同年十一月十日)、小老爺廟看報処(光緒三十二年十月)。

(66)『大公報』光緒三十一年六月十一日「奉告同業諸君」。

(67)『大公報』光緒三十一年六月十九日「奉告我們同業諸君」。

(68)『大公報』光緒三十一年七月十六日、十七日「敬告宣講所主講的諸公」。

(69)『天津誌』五四五頁の挙げる宣講処とその開設年は以下の通り。天斉廟宣講処(光緒三十一年六月一日)、西馬路宣講処(同年十二月五日)、地蔵菴宣講処(同年十二月十日)、甘露寺宣講処(光緒三十二年七月五日)。

(70)『天津誌』五四七～五四八頁。

(71)『天津誌』五四五～五四六頁。

(72) 李孝悌『清末的下層社会啓蒙運動』(中央研究院近代史研究所、一九九二年)。

(73)『天津誌』五四四～五四五頁。

(74) 長蘆塩運使司檔案（中国第一歴史檔案館所蔵）二五七包「拠学務総董林兆翰択定城内旧営務処、河東西方菴、河東過街閣関帝廟、河北隄頭村旧警務学堂、西沽三官廟堪設初等官小学堂又河東地蔵菴、西馬路設立宣講所請先撥銀二万両巻」に収められた光緒三十一年九月の文書。学務総董林兆翰・袁世凱・天津府県・塩運使のやりとりで財源が捻出されている。

(75)『大公報』光緒三十一年五月十六日「敬告今天会議抵制美約的諸君」。

(76)『大公報』光緒三十一年七月十一日「各省抵制略情」。

(77) 日本の天津総領事伊集院彦吉の「排外気運ニ関シ袁総督ト談話ノ件」という報告によれば、袁世凱も「今後ハ尚モ一層ノ注意ヲ以テ、再ビ団匪事変ノ如キ失態ヲ演ゼザル様、常ニ警戒ヲ怠ラザルベキ旨」を述べた。外務省記録『清国ニ於ケル排外説ノ瀰漫並ニ南清地方ニ於ケル暴徒蜂起一件』（外務省外交史料館所蔵、五・三・二・六三）。当時の義和団論については、堀川哲男「義和団運動と中国の知識人」（『岐阜大学研究報告（人文科学）』一五号、一九六七年）、同「辛亥革命前における義和団論」（『岐阜大学研究報告（人文科学）』一六号、一九六七年）、久保田文次「義和団評価と革命運動」（『史艸』一七号、一九七六年）参照。Paul A. Cohen, *History in Three Keys: The Boxers as Event, Experience, and Myth* (Columbia University Press, 1997) が指摘するような義和団の「神話」化はこの時期に既に始まっているのである。

(78) 張燾『津門雑記』巻上「郷甲局」。

(79) 運動の広がりについては、蘇紹柄「一九零五年反美運動各地開会日表」（『近代史資料』一九五四年一期）参照。特に広東・湖南の状況は以下参照。丁又「一九〇五年広東反美運動」（『近代史資料』一九五八年五期）。Edward J. M. Rhoads, "Nationalism and Xenophobia in Kwangtung (1905–1906): The Canton Anti-American Boycott and the Lienchow Anti-Missionary Uprising," *Papers on China*, Vol. 16 (1962). Joseph W. Esherick, *Reform and Revolution in China: The 1911 Revolution in Hunan and Hubei* (University of California Press, 1976), pp. 53–58.

(80)『大清徳宗景皇帝実録』巻五百四十八、上諭（光緒三十一年八月二日）。

(81) U.S. General Record of the Department of the State, Consular Despatches: Tientsin, 7 December 1905, James W. Ragsdale to Secretary of Labor and Commerce (microfilm).

(82) 国際連盟支那調査外務省準備委員会『支那ニ於ケル対外ボイコット』（[外務省]、一九三二年）五六頁。この年の夏に天津を訪れた定留吾郎は、紙巻き煙草について「当時清人ノ排米熱其ノ絶頂ニ達シ、一切ノ米国品ヲ需要セズトノ商人間ノ契約ヨリ、端ナク米人資本ノ下ニ活動セル Peacock ハ憎悪ノ毒矢ニ倒レ」たと述べている。定留吾郎『天津雑貨視察復命書』（神戸高等商業学校、一九〇六年）一四頁。この時期の貿易状況については、小瀬一「中国における二十世紀初頭の「恐慌」について」（『一橋論叢』一〇三巻二号、一九九〇年）参照。

(83) *The Economist*, 16 December 1905, pp. 2018–2019 は、ボイコットは、貿易量を減らすことにならなかったが、アメリカ政府の政策に影響を与えたと指摘する。とはいえ、移民問題の根本的な解決はなされなかったため、宣統二年にはサンフランシスコにおいて「当港ニ於ケル米国移民留置所ガ過般当港内ノ「エンゼル」島ニ移転候《そうろう》以来、移民ノ取調モ総テ同島ニ於テ行フ事ト相成リ、移民ノ上陸ニ種々ノ不便有之」ということから、広東におけるボイコットの再発を招いている。外務省記録『清国人米貨排斥一件』（外務省外交史料館所蔵、三・三・八・二）。

(84)『大公報』光緒三十一年五月九日「這個辦法極好」。

(85)『大公報』光緒三十一年七月十七日「仿造美貨抵制美貨」。

(86) 拙稿「ナショナリズムの誕生――反アメリカ運動（一九〇五年）にみる「中国人」意識と同郷結合」（濱下武志・川北稔編『地域の世界史［一一］支配の地域史』山川出版社、二〇〇〇年）。

(87)『大公報』光緒三十一年五月四日「敦慶隆主人之愛国」。

(88)『大公報』光緒三十一年六月二十二日「改良織機抵制美布」。

(89) 林原文子「清末、民間企業の勃興と実業新政について」（『近きに在りて』一四号、一九八八年）。

(90)『大公報』光緒三十一年七月十七日「仿造美貨抵制美貨」。

(91) 蔣原寰「天津愛国布商標綜覧」（『近代史資料』八一号、一九九二年）。「愛国」がブランドとなるところに、営利によって「中国」が利用されることで、ますます愛国主義が広く浸透する機制を見ることができる。

(92) 山本進「開港以前の中国棉紡織業――日本との技術比較を中心に」（『歴史の理論と教育』六九号、一九八七年）。

(93) Agnes Smedley, *The Great Road: The Life and Times of Chu The* (Monthly Review Press, 1956), p. 64. 訳文は以下による。アグネス・スメドレー（阿部知二訳）『偉大なる道――朱徳の生涯とその時代』（岩波書店、一九七七年）上巻一〇六頁。

(94)『時報』光緒三十一年六月十三日「論中国民気之可用」（『東方雑誌』光緒三十一年九月二十五日、所引）。

(95) 新聞は重要な文書の引用や他紙の転載を盛んに行なっているが、これを可能にしたのは、書き言葉としての漢語の通用性に外ならない。「中国」の団結の条件の一つはここにあるともいえよう。

(96) 電信の発達が、この時代の政治過程に与えた影響の分析としては、以下がある。石川禎浩「一九一〇年長沙大搶米の「鎮圧」と電信」（『史林』七六巻四号、一九九三年）。千葉正史「情報革命と義和団事件――電気通信の出現と清末中国政治の変容」（『史学雑誌』一〇八編一号、一九九九年）。

(97) James H. Cole, *Shaohsing: Competition and Cooperation in Nineteenth-Century China* (The University of Arizona Press, 1986), pp. 130–131 は、厳しい競争のなかで生き残りをはかるため同族・同郷のきずなによる協力が行なわれてきたことを論じた上で

「中国人にとってナショナリズムは協力を通じての生き残りというおなじみの戦略に根ざした概念であった」と述べる。

(98) また、宣伝による動員という方式そのものは、孫文らの革命家集団にも共通しており、この時期には、政治的主張の内容の相違にかかわらず、類似の運動様態がとられたことに注意したい。深町英夫「辛亥革命の中の〈孫文革命〉——その宣伝による動員」(『アジア研究』四〇巻四号、一九九四年)。拙稿「清末政治運動における死とその追悼」(『近きに在りて』三九号、二〇〇一年)。

(99) 桑兵前掲書二六五〜二七二頁も、このときの「文明抵制」について論じている。

(100) ボイコット運動は確かに袁世凱によって弾圧されたものの、実はこの時期の官行政の変容も、同様の時代思潮の中でおこったものと考えられる。

第九章　電車と公憤

——市内交通をめぐる政治——

1　課題の設定

現在の中国で主要な公共市内交通手段といえば、バス（「公共汽車」）やトロリーバス（「無軌電車」）であろう。都市によっては路面電車（「有軌電車」）があるものの、総じて路面電車の果たす役割は大きくない。しかし過去に遡ってみるならば、路面電車こそが公共の市内交通手段としては最初に登場したのである。本章では、清末の天津にこの「有軌電車」（以下では単に電車と称する）が導入される経緯と、それをめぐる地方政治を考察する。天津の電車開業は、清朝支配下の都市にあって最初のものである。(1) しかし電車に対しては天津住民の根強い反感があり、ついに宣統三年（一九一一年）の暴動につながってゆくことになる。

天津の電車公司はベルギーの投資によるものである。光緒末年、列国が鉄道・鉱山などへ先を争うように投資競争を行なっていたが、天津における電車の開通は、そのうちのささやかな一例とみてよい。(2) そもそも研究史をひもとくと、清末における列強投資の問題が、はなはだ論争的なテーマとなってきたことがわかる。すなわち、列強の投資は「帝国主義」の端的なあらわれであるとして非難する論者がいる一方で、このような投資こそが「近代化」の推進力になったと積極的な位置づけを与える論者もいるのである。(3)

しかし本章での関心は、このような「評価」の再定にはない。むしろ、当時の天津の人々が、外国の投資に伴う都市生活の変化をいかに考えていたかを知ることをめざしたいのである。それにより後世の歴史家の価値観に基づく「評価」論の一面性に再考を加えることができるかもしれない。そして、前章で見た反アメリカ運動と較べた場合の異同に注目しつつ、電車に対する反対運動の歴史的意味について考察を及ぼしてゆきたい。

もうひとつの課題は、電車問題の微視的観察を通じて、当時の天津における政治的見解の表明と対立・交渉のありかたを考察することである。近年、辛亥革命前夜の地方政治に対する関心が高まっており、序章で述べたように、その際の議論の焦点は、地域エリートの擡頭と地方自治といえる。(4) 確かに、商務総会の成立・自治制度の導入などの事象は、官治の役割を大きく補うものとして注目されてしかるべきである。しかし、多くの研究が「国家」と「社会」(または「官憲」と「民間」)の二項対立を採用し、「民間」勢力による「官憲」統治の掘り崩しという図式を提示しようとする傾きがあるのは、いささか問題がある。例えばこの時期の地方政治において巡警組織の果たした意義は無視できないと考えられるが、これが(「民間」に凌駕されるべき)「官憲」の部類に入れられることで充分な関心の対象とならず、いまだ適切な位置づけを与えられていないのである。地域エリートが結集する組織の制度的成長の研究は当然有意義であるが、地方政治における諸政治主体の配置と協力・衝突の様を全体として視野に収めようとする試みもまた必要であろう。(5) 後にみるように電車の問題は、商務総会・自治組織・巡警組織のみならず、総督などの地方官から無名の天津住民までが政治主体として一定の役割を果たすような事例研究として好個のものなのである。また、特に諸政治主体の行動を規定する要因として、政治的修辞「公憤」にも関心をむけてみたい。(6)

以下では、まず天津に電車が設けられる歴史的前提としての世界史的文脈を概観し、その後、天津における電車をめぐる政治を可能な限り詳細に追ってみることとする。

2　国際的契機

電力によって車輛を動かすことが本格的な成功を収めた最初の例は、一八七九年ベルリン工業博覧会にジーメンス・ハルスケ（Siemens und Halske）商会が出展した軌道電車である。一八八一年、同社はベルリン近郊のリヒターフェルデ（Lichterfelde）に電車を走らせ、営業を開始した。その後、特にアメリカ合衆国で電車技術の進歩がみられた。日本でも、一八九〇年の第三回内国勧業博覧会が上野公園で開かれた際に電車が運転され、一八九五年四月に京都電気鉄道が開業した。名古屋では一八九八年、東京では一九〇三年に営業がはじまった。(7) 田山花袋『東京の三十年』（一九一七年）は「市区改正は既に完成され、大通の路はひろく拡げられ、電車は到るところに、その唸るような電線の音を漲らせた」「主として、電車の交叉するところ、客の乗降の多いところ、そういう箇所が今までの繁華を奪うようになって、市街の状態が一変した(8)」と述べる。一九世紀末～二〇世紀初頭とは、科学技術の発展が都市の生活様式を大きく変化させつつある時代であった。(9)

一方で一九世紀末は世界分割の時代でもある。ベルギー王レオポルド二世（Leopold II）は、アフリカにベルギーの勢力を植えつけようとしたことで知られる。コンゴ盆地をめぐるベルギーとフランスの角逐は熾烈をきわめたが、ベルリン会議（一八八四～一八八五年）を経て、フランス領コンゴとともに、レオポルド二世の私領コンゴ自由国が成立した。このコンゴ分割がアフリカの全面的な分割の契機となったのである。(10)

レオポルド二世は清に対しても大いに関心をもち、王太子であった頃から清への進出を主唱していた。(11) 一八七七年、ドイツに出使大臣として赴いた劉錫鴻は、折しもベルリンに滞在していたレオポルドに謁見することができた。その際レオポルドは、かつて広東省城に行ったことがあると述べたので、広東出身の劉錫鴻が更に詳しく問うと、宣教師の家にいたとの答えであった。また一八九六年、李鴻章がブリュッセルで謁見した際にも、彼は清へ行ったことがあると言っている[12]。

日清戦争後、清朝は日本への賠償金支払いや自強をめざす鉄道建設のため巨額の借款を必要とするに至り、列強は借款を通じて利権を獲得することをねらって複雑な外交関係を形成する[13]。ベルギーの東アジア進出もこの流れの中で本格化し、一八九七年にはイギリスとの競争に勝って、蘆漢鉄路（蘆溝橋〜漢口）の敷設権を獲得した。ベルギーの背後にはフランス・ロシアがおり、利権獲得競争はますます激しさを加えたのである[14]。

さらに一九〇〇年、ベルギーは独自の東アジア経営をなすべく「東方国際公司」（Compagnie internationale d'Orient）を創立した[15]。その趣意書には以下の文言がみえる。

大部分の国々がますます国境を固めるにつれて、わが国の死活問題が急を告げている。そして庶民の幸福と国家そのものの将来を案じる義務をもつ人々全員は、遠方に新しい販路を見つける必要性を、その緊急性とともに感じるのである。ベルギーも他の商工業国と同じく、今や東洋諸国に関心を向けている。広大な中華帝国は西洋文明の製品や器械に対して開放的であり、無限とも言える事業の場となるだろう[16]。

ところが、この年、義和団戦争を経て八か国連合軍が天津を占領するという事態がおこる。天津は暫定的に都統衙門と称される占領行政機関によって、統治されることになった。しかも、占領下の天津では、列強各国の租界が大々的に拡張された。ベルギーはこのときの侵略軍に加わっていないが租界の獲得には成功し、その契約は光緒二十七年十二月二十八日（一九〇二年二月六日）に締結された[17]。

かくして「コンゴから中国へ[18]」至る世界分割の果てに、天津における都統衙門の統治と租界の拡大を位置づけられる。一方で、天津は、同時代の世界主要都市と共通して、科学技術の発展に由来する都市生活の要素をもつことにもなった。ベルギーの会社による電車営業がそれである。

3　電車の開業

(1) 電車公司の成立

都統衙門が行なった事業のうち、天津の人々に痛切な思いをいだかせたものとしては、地図上において算盤《そろばん》に比喩される長方形の形状をしていた城壁の撤去がある。[19] この決定を知らせた光緒二十六年十二月二日（一九〇一年一月二一日）の告示には、

天津の市街は狭く、商人が品物を運ぶのに甚だ不便である。そこで本都統は共同で議定し、城壁をすべて撤去し、その場所を大通りとすることにした。城壁に隣接している家屋については、その持ち主に通達して速やかに撤退させ、家を壊したときの煉瓦・木材などは、元の持ち主が自分のものにして使うことを許す。[20]

と述べられている。しかし、撤去を行なうについては、軍事上・衛生上の理由があったとする考えもある。つまり「悲しいことに、城壁の上から租界が効果的に銃弾または砲弾によって掃射できるということが〔義和団戦争の際〕わかってしまったのに加え、城壁の下には、くずれかかった小屋が群がり、病原菌の発生源となる池が多々存在したのである」。[21] いずれにせよ、住民からすれば「城壁を撤去するなどということは、いまだかつてなかった奇事である」[22] とされた。劉孟揚《りゅうもうよう》は「このことを深く嘆き惜しまない者はいなかった。四百余年の古蹟が一朝にして撤去される、もし義和団の戦乱がなければ、どうしてこんなことになったろうか、と皆が言った。私もこのこと以来、気持ちが落ち込んでしまい、筆を投げて立ち、もう記録する気がなくなった」[23] として『天津拳匪変乱紀事』の記述を終えている。撤去は「野蛮の行為とみなされて、紳士のリーダーは、城壁のない街に住むなどという不名誉は受け入れられないと上申した」[24] が、もちろん上記の理由で許されなかった。天津の人々は、城の撤去により水害・火

図6　光緒二十九年（1903年）頃の天津外国租界

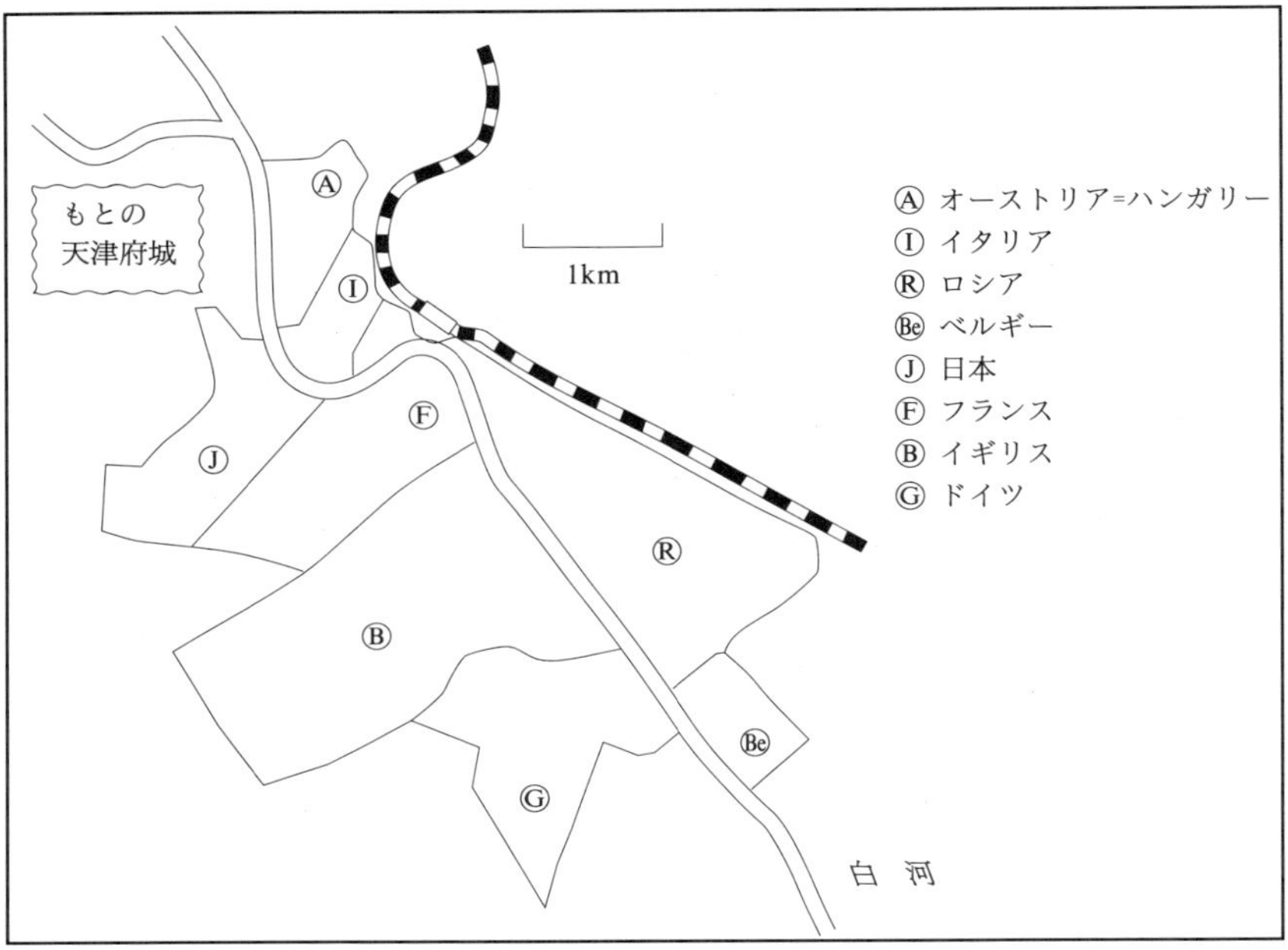

典拠：以下の書物に附された地図による。天津市政協文史資料研究委員会編『天津租界』（天津人民出版社，1986)。天津檔案館・南開大学分校檔案系編『天津租界檔案選編』（天津人民出版社，1992)。

災が起こるに違いないと論じ、さらに噂によれば、城壁の取り壊し箇所から「大蝎」（さそり）が出てきた。[25]『直報』はこれを報じつつ迷妄として退けようとしているが、一方では城壁に対して哀惜の念も表明している。工事は日本の商人が請け負い、華人人夫を募集した。[26]皮肉なことに人夫の中には、かつて義和団に加わったものが非常に多かったという。[27]

こうして天津は、全国の都市に先駆けて城壁が撤去され、[28]その跡地は大通りとなって交通に便宜を与えた（東馬路・南馬路・西馬路・北馬路）。都統衙門は道路整備に力を入れており、他にも多くの道路の修築を行なった。[29]このことは、市内電車を走らせるための前提として注意すべきである。特に城壁の跡地である四馬路には、後に電車が環状に運行することになる。[30]

ここで天津の市内交通手段について概観しておきたい。従来、「中流以上の清人」が外出する際、「轎子」というかごか「轎車」という狭小な馬車に乗る者や乗馬の者が多かった。しかし義和団の戦乱の後、西洋式馬車が流行した（「緒論」図1に見える）。東洋車（人力車）も光緒八年（一八八二年）に上海から導入されてから増加し、有力な交通機関となった。また貨物運送のためには二輪の「地扒車」が用いられた。これを扱う「脚行」という人夫団体は、天津市内を二十余か所に区分して、各々その勢力区域に定めていた。喧嘩を好み、官憲も手をつけられなかったという。[31]このように特に人力車夫と脚行とは、道路通行や利用客について、以下に述べる電車開業の影響を受けることになる存在であった。

さらに、義和団戦争に先だって鉄道馬車敷設の計画も立てられていた。光緒二十四年七月十三日（一八九八年八月二九日）、日本は天津城外の西南方向の地区を租界とした。その附属規定の中で、日本船のための埠頭をドイツ租界の南に設け、そこから天津城の南門まで日中合弁の鉄道馬車をひくことが定められたのである。[32]しかし翌年イギリス人・アメリカ人・ドイツ人のグループがその鉄道の経営に参加したい旨を申し入れてきたので、日本側は線路がドイツ租界・イギリス租界を通過せざるをえないことも考慮し、これをうけいれることにした。[33]しかし、天津の街に鉄道馬車を走らせる計画は結局実現しない。都統衙門時期になると、電気鉄道会社を組織する西洋商人が都統衙門に敷設権付与の請願を盛んに行なった。これに対し、日本人から電車の計画を提出する者がなく、三井物産は、鉄道馬車ならばすぐ着工するとの態度しか示さなかった。日本の天津領事鄭《てい》永昌《ながまさ》は「十年以前既ニ廃棄ニ属スベキ不完全ナル馬車鉄道[34]」では、いくら既得権を主張しても列強諸国の同意を得られまいと嘆く。行政権がいくつもの租界によって分断されながらも、一つの都市としての交通体系を追求するならば、諸国の協力が不可欠となるのである。

ついに都統衙門はデンビー（Charles Denby, Jr.[35]）らの団体（Tientsin Electric Lighting and Traction Syndicate）に対し、天津における電灯および電車の営業権を与えた。ベルギー側は、この権利を手中にしようと画策し、光緒二十七年十二月二十七日（一九〇二年二月五日）、買収契約を結ぶことに成功した。こうして光緒二十八年五月九日（一九〇二年六月一四日）、ブリュッセルにおいて、そのための会社（Compagnie internationale de tramways et d'éclairage de Tientsin）が創立されたのである（資本金六二五万フラン）。(36)

都統衙門の行政権は、光緒二十八年七月十二日（一九〇二年八月一五日）、直隷総督袁世凱に返還されたが、この際のとりきめの中には電車公司の権利を引き続き承認すべき事が含まれていた。(37) しかし、あらためて権利関係を確定するのに時間がかかり、ようやく光緒三十年三月十一日（一九〇四年四月二六日）、津海関道唐紹儀・天津道王仁宝・候補道蔡紹基・天津知府凌福彭とベルギーの天津領事ケテルス（W. Henri Ketels. 嘎徳斯）・世昌洋行ハイル（E. Heyl. 海礼）・工程司《エンジニア》ジャドー（Lambert Jadot. 沙特）との間で契約が結ばれた。(38) このことを報告する袁世凱の上奏文は、都統衙門時代からの引き継ぎ事項であるから、許可しないわけにゆかないが、「地方の利権を碍《さまた》ぐること無く、小民の生計を損なうこと無き」ように交渉に努めたことを強調する。袁は電車・電灯事業の長所について「ヨーロッパ・アメリカ各国の大都市では、電車・自動車が縦横にかけまわっているので、商人が集まり百貨が豊富にもたらされます。電灯は光り輝き夜通しともっています。巡警はみまわりが容易になり盗賊は出没できなくなるので、街々には一層の利益があるのです」と説明している。電車公司は「報効銀」として五万両を納めたので、天津の地方経費に充当したという。(39) これに対し『中外日報』は「かつて天津の紳士である穆雲湘は、資金を集めて大光電灯公司を創立し、自国の利権を守りたい旨、官許を求めた。ようやく計画が端緒についたところで、又しても外国人に利権を奪われるのは何とも嘆かわしいことだ」(40) とコメントしている。

（2）開業と住民の反対

翌光緒三十一年（一九〇五年）、電車の開設計画が実現されてゆくことになる。ベルギー人ジャドー（沙特）の計画は、城廂内外と各租界にレールを敷き、西南城隅に「車站」（電車の整備などを行なう基地）を設けるというものであった。その後『大公報』は、既に南馬路では測量が終わり、レールが路傍にならべられて設置を待つばかりであると報じた。(41)

電車という新しい交通手段の登場を歓迎する天津住民もいたと想像してよかろう。しかし、外国主導の事業であることに対する屈折した感情も無視できない。『大公報』に掲載された「願学子」なる人物の投書には、道路測量をめぐるエピソードがみえる。

南馬路にさしかかると、たまたま一人の西洋人がおり、眼鏡をかけ紫の服を着て、くわえ煙草をしていた。天津某公司の職員であり、わが国の労働者を指揮して道路の測量をしていたのである。しかし私は、もともと目の病気があり遠くが見えないので、何をしているのかわからなかった。人が大勢いるのを見てついに車を降り立って歩いて行った。すると突然、後ろから誰かが手で私の首ねっこをつかまえ無理やり振り向かせた。みると西洋人である。彼は“Don't you know that we are working?”〔我々が仕事をしているのがわからんのか〕と言った。…（中略）…某公司というのは我々天津人に役立つこと最も大きい公司だ。なぜこんな野蛮なやつを雇って我々天津人をいためつけるのか。ああ我が国民にとって外国人の軛を脱する日はないのだろうか。(42)

これが実話であるか否かはともかくとして、「某公司」（電車公司を指す）への反感の一つのありかたを示していることは間違いない。投書者は、電車事業が有益なものであることは認めつつも、外国人が我がもの顔で天津で活動することに我慢できないのである。

海外から『大公報』にあてた書簡は、電車が「文明の利器」であるとして、その利点を強調していたが、『大公報』としては、自国の主権が侵されること、また約九千人の人力車夫、千余人の脚行・車把など運送業者の生計に影響を及ぼすことの重大性を指摘した。(43)

電車に対する反対は、机上の論争の次元にとどまらなかった。ついに天津の各同業団体の商人（「闔郡各行商舗商人」）は、電車の開設には様々な不都合があるとして、商務総会に対して官への取り次ぎを請願した。[44] 三十一の同業団体の董事の連名で電車開設計画の中止ないし、変更を求める請願文（四月二十三日）には、以下のような点が挙げられている。①東洋車・人力車が失業する、②道路通行に支障が出て商売に悪影響を与える、③人身事故が起こる（香港の例では二か月で三百人が死んだ）、④通り沿いの建物を後ろにさげるという話がある、⑤東馬路一帯では溝をまたいでレールが敷設されると聞くが、溝をさらうことができず、つまる可能性がある、⑥学童の安全の問題がある、⑦人力車・馬車が払っていた鑑札料（「捐」）を減少させる、⑧道路を混雑させる。[45]

その後、脚行や東洋車ひき数百名も商務総会に赴き、[46] 官に対する請願の取り次ぎを求めた。すなわち電車計画を中止して生活を守るよう命じてほしいというのである。商務総会では、すでに官に要請したので、皆さんは帰って官命をお待ちくださいと穏便に告げた。[47] 有力商人たちの動きに対して、『大公報』は、「天津で電車を開業しようという議論が現れた当初は一人として抗議する者がいなかったのに、いま測量を行ないレールが運ばれるという段になって、ようやく各紳商らが何とか挽回しようと相談している。目下のところ方法を互いに相談してはいるが、効果があるかどうかはわからない[48]」とやや冷たい評語を寄せている。

結局、商務総会の請願は総督袁世凱によって却下された。[49] その趣旨は、都統衙門からの引き継ぎ事項であるから認めないわけにゆかず、しかも既に天津住民の利益を守るため交渉を尽くしているというものであった（四月二十八日）。[50] そこで商人らは、資金を集めて電車の権利をそっくり買い戻すか、電車に皆で一致して乗らないことにするかといったことを議論した。これについて『大公報』は「もしそうするならば、天津商民団体の団結力はこれによって次第に強まり、わが「中国」の民勢の拡大は、その程度においてますます進み、その範囲においてますます広まるだろう。「中国」の危機的状況はまだ一つの転機をもつかも知れない[51]」と述べる。以上から、商人たちや『大公報』の記事執筆者が電車敷設に反対する理由は、下層民衆の生計の途が失われることの懸念に加えて、電車の経営権が外国人に握られたことへの強い批判意識だったと考えられる。

総督による却下の後、脚夫や人力車・地扒車などの車ひきは、再び多数で商務総会の建物につめかけて請願を行なった。その勢いに対し、商務総会側は「善言」（丁重な言葉）によって帰らせた。同業団体の商人たちは商務総会に場所を借りて、対策をねったが、その結果、何らかの措置を要請する請願を続けることにしたほか、①荷物を載せない、②人が乗らない、③電灯をともさない、の抵抗方針に十余の同業団体が署名した。(52) これに対して『大公報』は、そのような抵抗は長続きしないし、ベルギー会社による電車敷設は既定のことなので、人力車に賦課する捐を安くし、電車への荷物の上げ下ろしを電車経路の脚行にまかせるなどの措置をとるべきだと主張した。(53)

生計を直接に脅かされる者の電車反対は激しく、「肉体労働者たちは暮らしが日に日に苦しくなるとして、少なければ数十名、多ければ数百名が、商務総会の入り口を取り巻き、跪いて官への請願を求める」状況に対し、商務総会は（脚行を束ねる）同業団体のリーダーを集めて説得させる一方で再度の請願を行ったが、知県の私的書簡によって袁世凱の意思に変化がないことが伝えられた。(54) これを知らない同業団体や脚行は商務総会への要請を繰り返した。(55) 結局、六月六日、電車反対運動を禁止する官の告示が出されるに至った。(56)

電車公司に反対する同業団体や『大公報』の主張には、折しも展開していた反アメリカ・ボイコットと重なる点も多い。張寿峰なる人物が商務総会にあてた書簡には「近ごろ新聞を読むとアメリカ移民禁止条約と電車建設に抵抗する二つのことに人心の一致団結を見て取れる」（「感人心之団結、念衆志之成城」）(57) とある。しかし、第八章で議論したように、反アメリカ運動は天津に直接的な利害関係はない「中国」のためのものであって、これを電車問題と同質とみる人々は、生活を守るべく電車に反対する下層民とはいささか同床異夢であった。商務総会の立場について言えば、同業団体に加えて人力車ひきのような下層民衆の意をも代弁することが期待されており、それをあからさまに裏切ることはできなかった。しかし結局は総督の意をくんで電車開業を認容せざるを得なかったのであろう。

以上の過程で、注意すべきことは、商会と個々の同業団体との関係である。この運動において、政治的行動の単位となって大きな役割を果たしているのが、同業団体であった。同業団体こそが、組織としての凝集性をもっていたが、これら団体は商会を通して政見を表明し支持を得ようとしていたのである。成立まもない商会は、組織としての力量は未熟であっても、そのような期待に応えようと努力することで、政治的意義を発揮しはじめたと考えられる。

さて、翌光緒三十二年一月、南門外において電車一輛の試運転が行なわれた。その際、子供が軌道内で駆けていたので、電車公司は事故の発生を恐れ、南段巡警総局に措置を要請した。巡警局は注意書きを一般に示した。[58]この頃『大公報』は以下のように述べている。

天津府城の大通りの通行人は甚だ多く、加えて人力車がゆきかい、しばしば雑踏をきわめる。更に電車の敷設は道路の一半をふさぐことになった。車が十字路に至るとき、通行人は往々にしてよけきれないのである。十八日西城隅で十一歳の子供が電車に轢き殺された。[59]子供のいる人はお気をつけ願いたい。[60]

十九日早朝、北馬路で物売りが道端に並べて売っていた商品は、試運転の電車に轢きつぶされた。[61]

いよいよ一月二十三日（一九〇六年二月一六日）、正式開業のはこびとなった。旧城壁の場所をめぐる路線で、一等客車・二等客車に対してそれぞれ料金が定まっていた。電車の運行回数は密で乗客は多く、見物人はとりまくようにして電車を眺めた。[62]一周には四十五分間を要した。[63]運行距離は五一七二メートルであるから、[64]電車の平均速度は時速六・九キロメートルほどということになる。電車公司では安全や車内秩序を守るため規則を定めていた。[65]安全をおもんぱかった巡警局は、わかりやすく白話文による告示を発し、電車に対する注意を呼びかけた。

子供たちは言ってもわからないにせよ、家の父兄が監督し教えることもできる。まともな人は、子供にけがさせることを恐れないだろうか。これはとても肝要な事であり、他人ごとと思ってはならない。[66]

それでも人身事故は頻発し、大きな問題となったのである（後論参照）。[67]

さて電車路線を租界地区にまで延長しようとすれば、前述のように各国の了解を得ることが必要になる。光緒三十一年十月二十日（一九〇五年一一月一六日）にはオーストリア・イタリア・ロシア租界の、[68]翌三十二年七月五日（一九〇六年八月二四日）には、フランス租界の通過を認める契約が成立した。[69]また天津旧城東門外から白河をわたる橋は従来は船を並べたもの（東浮橋）であったが、光緒三十二年に鉄橋（金湯橋）が架けられ、十一月二十四日オーストリア租界・ロシア租界を経て、鉄道駅に至る電車路線が開通した。[70]

また、旧城域の東南方向にひろがる日本租界も、電車路線拡張にとって重要な地を占めている。すでに光緒二十八年、電車公司は、ブリュッセルを訪れた渋沢栄一に対して日本租界通過の許可を外務大臣に斡旋してくれるよう依頼していた。[71]しかし、この交渉は手間どり、ようやく光緒三十三年四月十三日（一九〇七年五月二四日）、日本の総領事加藤本四郎とベルギー電車公司との協約が成立した。[72]その結果、八月十五日に日本租界・フランス租界を通過して鉄道駅に至る路線が開通することになった。[73]また、翌光緒三十四年八月六日（一九〇八年九月一日）には、フランス租界を通り、紫竹林の波止場近くの海関に至る路線も開通した。[74]こうして以下の四路線が完成した（図7参照）。

（α）旧城をめぐる環状線
（β）北大関→東馬路→日本租界→フランス租界→老車站
（γ）北大関→オーストリア租界→イタリア租界→ロシア租界→老車站
（δ）北大関→東馬路→日本租界→フランス租界→海関

図 7　宣統三年（1911 年）頃の天津の電車網

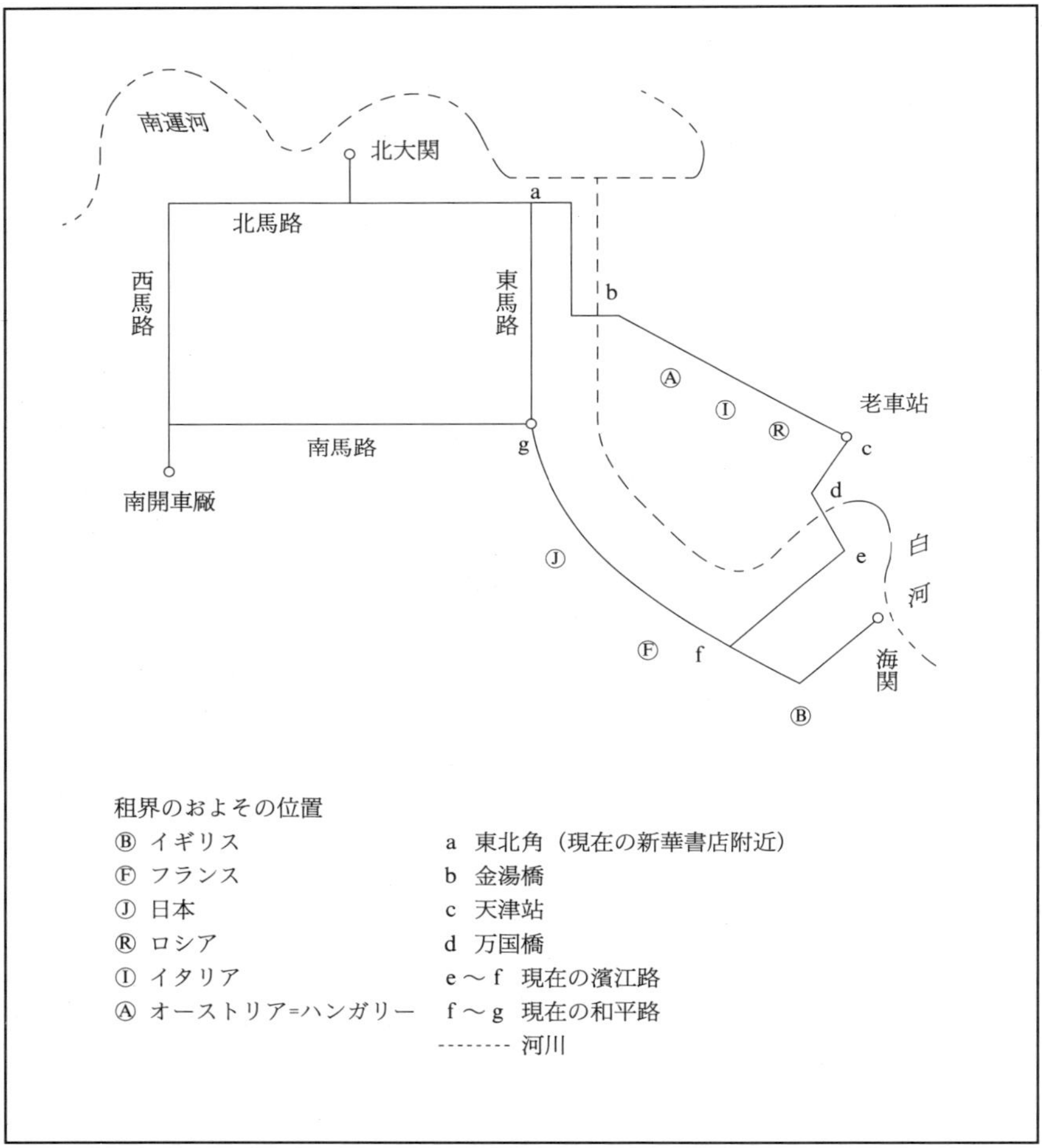

典拠：以下の書物に附された地図による。清国駐屯軍司令部編『天津誌』（博文館，1909）。富成一二編『天津案内』（中東石印局，1913）。鉄道院『朝鮮満州支那案内』（丁未出版社，1919）。呉藹宸編『華北国際五大問題』第四篇（商務印書館，1929）。

旧城地区と白河沿いの租界地区が分立していたのを結合する役割を、電車が果たしたことが知られる（鉄道駅にも結合）。電車は、午前九時半ないし十時から午後六時ごろまで運行していたが、ボイコットへの関心が薄れたあとでは乗客は少なくなかったという[75]。車庫は西南城角（南開）にあり、毎日八十八輛の電車を運転していた。運賃は環状線一周で銅元四枚、半周で二枚、租界を通過する路線はいずれも銅元三枚となっていた[76]。

（3）電車事故と裁き

開業後まもない光緒三十二年（一九〇六年）二月九日、第十号の電車が東南角に至ったとき、六歳の少女を轢いてしまった。彼女はすぐ病院に運ばれた。天津の紳商は、責任者に対する厳しい処罰を官に請願した。海関道から南段巡警総局に送られた咨文には律に照らして処分するとあったとの情報をうけて「このことが本当ならば、政治は公平で裁判は理にかなっているという長所をふたつながら得たといえよう」と『大公報』は述べている[77]。

厳罰を請願した華世鏞らに対し、二十一日、南段巡警総局は、事件を天津県に送って適当な調査処理をゆだねたと回答した。ところが商民趙万松らは、南段巡警総局に示談（「私和」）による決着を願い出たので、華世鏞らは「公憤」に駆られ、知県に上申を行なった。そこでは、電車の最近の横暴のありさまとして、以下の事例が挙げられている。①電車が考工廠前に至ったとき、肩に麻ひもを担いだ者がよけ損なった。電車はすぐ停まったものの、運転手が降りてきて彼をひどく殴った。②北門東で、電車は天津の外からやってきた者にぶつかり気絶させたが、停車せず走り去った。③電車が馬車にぶつかって壊したが、かえって馬車の方が差し押さえになった。④人力車が電車をよけるのに少し遅れたので、イタリア人（乗客であろうか）をそそのかし下車させ、車夫を殴打させた。⑤（道路での運行が思うに任せないので）不満を巡警にぶつけている。この現状ゆえ、華世鏞らは「運転手が西洋人の勢力を後ろ盾にして同胞を害している」と糾弾するのである。そして「ただ恐れるのは趙万松のような者が、実に一人を守ることを知るばかりで、地方の大局を顧みないことだ。いきなり示談を請願することで、地方の主権をむざむざ電車公司の手中に渡してしまうことになる」と指摘する。(78)

三月十五日、事故を起こした運転手の張瑞廷は、病気のためかつがれて裁きの場に出頭した。死んだ子供の家族である呂姓は「わざと停車しなかった」と証言し、見張りの巡警は「停めろと言ったのに聞こえないがごとくで轢き殺してしまった」と証言した。取り調べは続けられることになった。結局、張瑞廷は牢に入れられ、刑の決定を待つことになった。(79)とはいえ、運転手の処罰で問題が根本的に解決されるわけもなかろう。またしても三月二十四日午後五時、十歳ほどの子供が東浮橋より南のところで電車に轢かれ、見張りの巡警によって病院に運ばれるという事故が発生した。(80)

人身事故が起こるのは誰の責任であったのか。もちろん不注意な運転は責めを負うことになろうが、人口密集地において子供が急に飛び出し、いかに注意ぶかく運転していても避けられない事故もあったと思われる。一輌の電車には、運転手（「司機人」）と車掌（「賣票人」「車守」）が一人ずつ（ともに華人）乗っていた。彼らを弁護する西洋人の議論を紹介しておきたい。ある女性教師が人力車から投げ出され、手を負傷した。そのとき電車線路の上にいた車夫は、電車が来たのに気づかず轢かれてしまった。英字紙の通信員は車夫の不注意を指摘した上で述べている。「私はしばらく続けて何輌もの電車に乗り、運行の様子を苦心して観察したことがある。だから運転手と車掌が甚だ注意ぶかいことを断言できる。ところが路上の人々は決まってその正反対である(81)」。

ともあれ、事故が起こった場合の処理について、天津地方官と公司との契約における規定には、公司で働く者は華人・外人ともに地方官が示した規則を遵守すべきで、違反の場合、処罰・罷免するとある。また、もしレール上で対人・対物の損害を与えたなら、公司は賠償を行なわねばならず、被害者はそれに満足しない場合、地方官に訴えることができた。(82)

このような規定の具体的な運用について検討するために、運転手張瑞廷の事例について先に言及した史料を読みかえして、その手続きをたどってみよう。まず身柄は巡警局が拘束する。ここで、海関道が巡警局に対して「律に照らして」処罰することを求めている含みは、巡警局が「案（事件）は人命に関わり、罪は刑律に関わる」と述べた上で、天津県衙門に身柄と書類を送り、処理をゆだねたことと結びつけて理解すべきであろう。すなわち、事件の重大性ゆえに、巡警局が自由裁量で適当な処分を決められず、律の条文を引いた上で刑罰を上申して裁可を受けるという手続きを踏まねばならないと考えられる。県衙門での審理は、そのような作業の出発点にあたる。厳密にいうと、張瑞廷の裁きにあたったのは、県衙門ではなく「讞局」と記されている。これは、おそらく司法と行政の分離をめざす制度改革の下で新設された最下級の裁判機関であり、天津県衙門内に附設されていたものと思われる。

張瑞廷のその後の運命については不明であるが、「律に照らして」処分を決めるとすれば、律における「過失」に該当するか否かが問題となるはずである。[83]劉得勝が呂教習を轢いた別の事件では、劉の家族が県衙門に赴いて寛大な処置を嘆願する文書を提出したが、衙門側は、劉得勝が規則通りきちんと注意深く運転しなかったため事故を起こしたとして嘆願を却下した。[84]ここに言及される規則とは、巡警総局と電車公司の合議で作成し直隷総督の認可を得た「電車公司行車専章」であろう。これは、例えばどこで信号をならすか徐行するかなど運行についての注意事項を記した上で「運行の電車が通行人を殺傷した場合、運転手は規則に則っていたか否か、巡警が明らかにすべきである。もし停止すべきときに停止せず、徐行すべきときに徐行せず、信号を鳴らすべきときに鳴らさなかったということがあれば、うっかりかわざとか（「或大意或故意」）責任の重大さを認定した後、地方官にゆだねて律に則り処罰してもらう[85]」と規定する。つまり安全規則に準拠して運転してさえいれば、運転手の事故責任は問われないことになっていた。

光緒三十三年（一九〇七年）二月十日、更なる制度改革により、専門の裁判所として審判庁が設置された。[86]権限を整理するために出された告示には「巡警は秩序を維持し安寧を保護するのが使命である。およそ治安を乱し、行政を妨げることがあれば、罪情の軽重に関係なく巡警は、取り締まり・逮捕の権限を有する」とあり、また「電車が通行人を傷つけた場合、傷の軽重に関わりなく、〔事故に責任ある者を〕審判庁に送って審理・処分する」とある。[87]つまり、電車の事故が起これば、運転者など事故責任者とおぼしき者は巡警に捕らえられ、審判庁に送られる。ここで取り調べを受け、処分が定められることになる。また、この告示では、「戸婚田債」（家族・財産）に関する一般的な紛争と並べて、中国人・外国人の間の暴力沙汰と、この電車事故に関する規定が記されている。電車事故に対する司法当局の関心の高さ（あるいは当時の天津における電車事故の頻度）を想像することができよう。

処理の実例をみてみよう。六十歳代の老人馬玉寛は、電車がまだ停まらないうちに飛び下りたため、転んでけがをした。運転手張樹森は、審判庁で取り調べを受けたが、彼の責任でないことが明らかになったので、その旨を確認する文書を提出（「具結」）させて一件は落着した。[88]五歳の子供が電車をよけようとして転び、けがをした。巡警は、運転手と家族を巡警局に連れてゆき、薬代として二元出させると、確認書類をとって（「具結」）帰してやった。巡警この巡警は「五局三区崗兵」とあるように、「総局」―「分局」―「区」という組織体系の第五分局管轄下の第三「区」に設置された「崗」（ポリス・ボックス）の担当であった。[89]運転手従馬が、東馬路で楊洛貴を轢き殺し、審判庁に身柄を留め置かれた。しかし、被害者の家族が審判庁に赴き、従馬には年老いた母親がいて他に世話する者がないとして釈放を求め、また従馬の親類・隣人も同様の請願を行なったので、裁きの場において隣人趙興堂の保証（「保結」）を経て釈放された。[90]おそらく（金銭のやり取りを含む）示談による解決がなされたのであろう。このように嘆願の後、加害者が「孤児寡母」（母親ひとり子供ひとり）であることが確認されるというパターンは、運転手宋文耀が張歪毛を轢き殺した事件にも見える。[91]

以上のように、事故を起こした運転手の処罰は、比較的穏当であるように思われる。しかし「運転手が西洋人の勢力を後ろ盾にして同胞を害している」と華世鏞らに指摘されたような反感の存在から、裁きが一般世論に満足を与えたかどうかは疑問である。また、やはり華世鏞らの表現に、電車側が「不満を巡警にぶつけている」とあるように、事故について事実関係を調査する巡警と電車運行者は、必ずしも円満な関係にあったわけではない。しかも被害者側は運転手の非を断固主張するのは当然であろうから、運転手の立場はときに難しいものがあったかもしれない。(92)

（4）議事会の動き

袁世凱総督の時期に全国にさきがけて地方自治の動きが進展していた天津では、光緒三十三年（一九〇七年）、地方選挙の結果、試辦県議事会が成立した。(93) 議事会では議員解沅湜が電車公司に抗議すべきことを提議した。南馬路で複線化をしているが、これは契約違反だというのである。(94) これをうけた議事会は、みずからの権限として地元の土木事業につき協議・監察を行なえる立場にあるとして、(95) 十一月十六日、以下の上申を楊士驤総督に提出した。

土木工事の件は、その措置の当否が、まさに地方の利害の根本となるのであり、民間の生計の消長に関わるだけではありません。そこで日本西洋各国は一切の鉄道・鉱山の権利について甚だ熱心なのです。その理由は鉄道の権利の所在がすなわち主権の所在だからで、この点、国家も地方も違いがありません。近頃、電車公司は規則に違反して南馬路の路線を複線化しようとしております。これは既に官許を経たことで撤回はできません。しかし、もし規則を確認することで予防線をはっておかなければ、他日複線化から路線延長さらに四方への拡大が起こり、規則なるものは反古同然となりましょう。

ここで規則といっているのは、前述の光緒三十年の契約であるが、議事会側はその条文を具体的にあげて電車公司の非を指摘したうえで、「議員はかたじけなくも「全津居民代表」となっており予防の心配をしないわけにゆかない」と表明し、今後は電車公司の増築工事については、あらかじめ議事会との協議を経るようにしてほしいと請願するのである。

これに対して総督は、十一月二十四日、津海関道と洋務局に検討を命じた。津海関道蔡紹基らは、回答の中で「地方の「紳権」は常に官の力が及ばないところを補うことができます。近頃、各省の鉄道・鉱山は外国人がともすれば要求を出し、ごたごたが絶えません。官だけでは甚だ対処しにくいものの、ひとたび「紳民」の抗議を経れば、態勢を立て直して交渉でき、解決に向かいやすいのです」として、天津県議事会が電車公司の計画に対し許可・不許可の議論をするのを肯定した上で、更に総督の認可を必要とすべきだと具申している。「そうすれば外国人の狡猾な企てを防ぎ、「民権」の弊害が起こらず、「地方公事」に有益でありましょう」というのである。総督楊士驤もこれでよしとした。[96] このやりとりでは、議事会も官も全国的な利権回収運動の展開を意識している。[97] 一丸となって外国に対抗すべきであるということは双方とも前提にしながら、議事会は住民の「代表」として協議権を主張し、官は「民権之流弊」を案じて総督の決定権を残そうとするのである。

宣統元年十月二十七日（一九〇九年一二月一〇日）、天津議事会は常会を開いた。提出された議案の一つは、電車公司に運行規則を改良させて負傷死亡事件をなくすよう、総督に請願することであった（劉孟揚・崇一清の提議）。海関道に公司との交渉を請願することが可決された。[98] ところが、議案を提出した劉孟揚議事会副議長はすぐ辞職してしまう。[99]

劉孟揚は先に引用した『天津拳匪変乱紀事』を書いた人物である。辞任してまもなく十二月一日に『天津白話報』を発刊した。[100] この中の署名入り記事から、彼の電車や議事会に対する態度が伺える。これより先十一月九日、電車公司は、新開発の安全装置（轢かれそうな人をすくいあげる）を南開の車庫で紳士・巡警に公開した。[101] 劉孟揚は、議事会議員十数人が会議を一日休み、一斉にこれに参加したことを、「これでは移動する議会ではないか」と皮肉っている[102]。

またこの頃、電車公司は東北城角でレールの工事を行なったが、これは護理総督・布政使の崔永安が許可したことであった。工事が済んでから、ようやく十二月六日、巡警総局が商務総会と議事会を招いて審議した[103]。劉孟揚は電車問題で議員が巡警局に赴くことからして筋違いだとしながら、「もし巡警局において議決したならそれでよい。以前に総督に請願して認可された〔電車工事に関して議事会に事前協議権があるという〕規定は速やかに取り消すがよい。そうすれば決定法が一つになる。そして議事会の会場を撤廃するがよい。そうすれば無意味な名目がなくなる[104]」と辛辣である。劉孟揚や李玉蓀（名は鎮桐、号は剣顥、『天津白話報』主持）の意図は、議事会が電車に関する審議権を断固主張しようとしない弱腰を批判することにあると考えられる[105]。

劉孟揚は、回民（ムスリム）で科挙資格としては生員である。以前『大公報』の主筆であったが光緒三十一年（一九〇五年）の反アメリカ・ボイコット運動を主唱したため、これを不都合とする総督袁世凱にとりこまれて巡警局に登用された（第八章参照）。まもなく下野し『商報』に筆をふるった[106]。宣統元年（一九〇九年）には『民興報』を創刊し、毎日「三千多張」という発行部数を誇った[107]。宣統二年十一月二十日から『大公報』にはしばしば劉孟揚の顔写真が掲載されている。実はこれは日光鉄丸という滋養強壮薬の宣伝広告である。ここには「地方諸事」に従事したため疲弊したが、薬の服用により回復した旨の劉孟揚書簡が掲載されている。劉孟揚は「『民興報』館総理、議事会議長〔実際は副議長〕。天津の報界〔ジャーナリズム〕・学界・商界で最も名誉あり最も公益に熱心な人である」と紹介された上、活躍の一例として「天津の電車がしばしば人を傷つけたので、劉孟揚氏は理にてらして主張した。外国人はこれに心服した」と記されている。商業広告なので、いささか誉めすぎになるのも当然であろうが、それでもなお注目すべきことは、宣伝に利用できるだけの知名度と好感を劉孟揚が身に帯びることになった点である。電車問題で公司側に強硬な姿勢を示すことは「公益」に尽くすこととされた。裏をかえせば、この行動の様態によって劉孟揚は人気取りの政客となったともいえよう。

さて、劉孟揚によって批判された議事会の姿勢であるが、巡警総局に商務総会とともに招かれているところから、この三者の合意が電車問題の解決にとって必要とされたことがわかる。しかし、総督の意思がこの三者に優越して存在することも注意すべきである。劉孟揚のように議事会の権限を強調する議論もあったが、現実の都市政治は巡警局・商務総会・議事会がそれぞれの特性を生かしつつ、折々の交渉を展開することでなされていたと考えるべきであろう。その意味で、住民参加や行政の民営化のみでこの時期を位置づけるのは、巡警を尖兵とする官憲の抑圧的支配を強調するのと同様、一面的なのである。

この後、宣統三年六月二日、県議事会では知県から送られた電車の路線延長問題についての案件を審議したが、周文俊・張炳臣・王文濂という議員たちは、貧しい民の生計に関係があるだけでなく通行人にとって危険であると主張して賛成を得、議事会は路線延長を却下した。[108]

4　電車をめぐる暴動

（1）暴動とその事後処理

宣統三年閏六月二十二日（一九一一年八月一六日）、ついに人々の不満を爆発させる事件が起こった。午後十二時すぎ、旧城壁をめぐる環状線五十五号電車が東南城隅にさしかかったとき、その場所の「崗」（ポリス・ボックス）の巡警を誤って轢いてしまった。右の腿の断裂により血肉がとびだし、目もあてられぬありさまで、すぐに北洋医院に運ばれた。[109]

この事情は、日本の外交官が写しとった別の新聞記事によって、より詳細に知ることができる。東門内の電車軌道内に一人の子供がうろうろしているところに、東から電車がスピードを出しながら走ってきて危うく轢かれそうになったので、見張りの巡警周俊三《ママ》が危険を顧みず辛くも子供を救出した。その瞬間、西からやってきた別の電車が周巡警の右足を轢き切り、頭部および脚部に数か所の傷を追わせたのである。ちょうど来合わせた別の巡警によって彼は北洋医院に運ばれ応急処置を受け、命に別状はないということであった。[110]『順天時報』の記述にも、やや異同がある。事件が発生したのは午後一時で、南一区（南馬路南門西）の担当である巡警周峻山が電車軌道内の子供を救ったのはよいが、西から来た電車に頭がぶつかり昏倒したところ、東から来た電車に右腿を轢かれたとする。[111]

ともあれ、この事故の報が市内に伝わるとたちまち「千余の」群衆が集まってきて、問題の二輛の電車にむかって投石し、棍棒で車室を破壊するなど混乱を極めた。折から、そこを通過しようとした別の二輛も巻き込まれた。群衆はこれに飽き足らず、進んでくる他の電車もことごとく破壊しようとする形勢であり、電車は運転中止を余儀なくされた。[112]

上引に続く『順天時報』の説明によれば、事故の後「一時はその巡警が公務によって難にあったことに同情し、顔をおさえて泣く者が多かった。こうして大いに公憤を引き起こすことになり、人々がどんどん集まってきた」（「一時憐該警因公受難、多有掩泣者、於是大動公憤、民人愈積愈多」）。石を投げて電車のガラスを割る者があり、運転手と車掌は殴られて軽傷を負った。電車は運転を停止してしまったので、署理巡警道である葉崇質が巡回して注意したところ「人心は大いに静まり」、電車は通常の運行を再開した。また葉巡警道が北洋医院に周を見舞うと、彼は涙を流したという。見舞い金として五十元を与え、更に事件終結の後に厚い報奨を請うことで、公務で難にあう者の模範にすることとした。[113]

事故を起こした運転手と車掌は審判庁に送られ、取り調べを受けた。また殴られたその他の運転手と車掌六～七人は警務公所（巡警道の役所）につれてゆかれ、暴徒の行動について証言を行ない、審判庁でも尋問された。電車のガラスを割った者二名も警務公所に送られた。巡警道は事件の波及をおそれ、十四名を派遣して旧城をめぐる電車を取り締まらせた。(114)

ことは補償問題と以後の安全対策を議論する段階に移る。同六月二十二日、電車公司支配人のマーシャルは巡警道葉崇質を訪問し、事件における巡警の側の責任を強硬に主張した。その議論は以下のようなものである。電車は充分に警鈴を鳴らしながら走行を告げ知らせているのに、巡警は軌道内を去らず自ら好んで負傷したのであり、運転手らには何の責任もない。子供がうろうろしていたということは確認されない。巡警が罪のない運転手・車掌をみだりに拘引してほしいままに拷問苛責を加えたのは何の理由によるのか。さらに電車破壊者に対して巡警が取り締まりの手段を講じなかったのは、北洋大臣と本公司とが締結した契約の条項に違反している。それゆえ、電車の直接損害および数時間の運転停止による間接損害あわせて六千両は、清の地方官に賠償の責任がある。

葉巡警道は反論した。巡警の負傷が電車運転手の悪意によることは、現場検証および目撃者証言から明白である。従って負傷巡警への補償の責任は電車公司に、刑律上の責任は運転手らにあることは議論の余地がない。電車運転手を殴打し、電車を破壊した暴動に対し、巡警局はできるだけのことをしたのであって、巡警が治安維持の責務を果たさなかったという事は断じて認めない。電車破壊首唱の容疑者は、既に審判庁に送った。(115)

翌二十三日、マーシャルは、書面で巡警道に対して以下を要求した。①暴徒が電車を破壊しつつあるのを傍観し、何ら取り締まりを行なわなかった責任を負うべき巡警官らを罷免すること、②電車破壊の損害賠償を巡警道が行なうこと、③以後、巡警の無賃乗車を完全になくすこと、④電車を走らせる速度は、電車公司の任意とすること、⑤事故のため運転手などを拘留することは場合によってはやむをえないが、電車の運転を停止するのは、公司の欲するところではない。(116) このように要求は前日ほど強硬ではないものの、平素からの巡警組織による規制や個々の巡警の無賃乗車に対する不満を、この機に表明しようとする意図が伺われる。

この二十三日に、またしても人身事故が発生した。午後一時十五分、電車が北門東で官《ママ》義和（年齢五十余）にぶつかり、彼は倒れて鼻と口にけがをし、右足も轢かれた。その場の「崗」の巡警である陳少卿は運転手を区に連れてゆき、けが人は、区で調べを受けた後に北洋医院に運ばれた。運転手は審判庁に転送され取り調べを受けた。担当の区は、電車のガラスを割るなどの暴行が起こらぬよう警戒態勢をしいた。[117] 別の報道によれば、午後二時すぎ電車が北馬路で地扒の車夫にぶつかり腿を轢いた。「崗」の巡警は電車の運転手と負傷者を巡警局に連行した。[118]

このような事故の連続に直面した巡警道葉崇質は、総巡官の陸格奇を電車公司に派遣して断固たる要求を行なった。その内容は、①旧城をめぐる環状線を一周する時間を電車公司は二十七分間に定めている。これにもっとゆとりを持たせるべきである。②運転手や車掌は品性に劣るものが混じっているので、すぐに選別を行なってふさわしくない者を解雇すべきである、の二点であった。[119] 電車公司は強硬な姿勢をくずさず、巡警道葉も「人々の命を守るため」徹底して主張をつづける覚悟であった。[120]

新聞報道は公司に対する一般の世論の反感を代弁しようとする。

電車が巡警を轢いて負傷させ、また労働者（「苦工人」）宮義和を轢き殺した。巡警道は交渉を行なったが、電車公司は強硬な姿勢をくずさないばかりか、当局に対し八百元余の賠償要求をしてきた。加えて、電灯のための電線で死者がでるのは、しばしばであるが、わが官民はいまだかつて公司にむかって口を出したことはない。今また次々と人が轢かれたのに、公司はかくのごとく道理に反した態度をとる。このため順天府・直隷省の士紳は、今まさに連日会議をもって対策を練っているという。按ずるに〔記者の意見では〕今回の電車事故は、誰の目にも明らかで、一般世論の憤激を招いた（「致激公憤」）。願わくは、電車公司は、こちら側を軽くみてやっつけやすいなどと考えず、強硬姿勢を改めて妥協を行ない早く落着させることで、おもいがけぬ事態の発生を防いで営業を順調ならしめてほしい。[121]

電車公司総理マーシャル（馬夏）は、電車の人身事故が商業関係者の広範な憤激を引き起こしている（「致起商界公憤」）ことから、自ら商務総会に赴き、座辦の職にある李星北に対し、会を開くときには自分も参加したいとして連絡を依頼した。[122]

また劉孟揚は、このとき勤めていた電車公司の董事を辞職することを申し出た。辞表の大意は「私が電車公司董事に推挙されてなったのは、本来、公司と地域の人々の気持を調和するためであった。それなのに公司がこれほどの不法をなすのは、全く賛成できない」であった。[123] 周文俊は、以前電車公司の新規路線増設に反対したことがあったが、七月六日、再び官に請願を行なって、電車公司の路線増設を許可しないだけでなく、既設の路線についても厳重に取り締まるよう求めた。[124] この「衆情激憤」の状況の中で「また電車に乗らず電灯をともさないという議論をなすものがある。一笑に付してよく是非を論じるに足りないものの、仔細に観察すればおよそ辮髪を切った志士の多数が電車に乗らなくなっており、辮髪を切っていなくても以前から開明的であることをもって自認する者も電車に乗らないことで対応している。さらに教育関係の人はこれらの方法をとるものが特に多いという[125]」動きがみられた。

警務公所は事態を収拾するために電車公司に向かって運行のありかたの改善を求めた。その書簡は以下のように事態を総括する。

貴公司の電車は、開業以来しばしば負傷者・死者をだしてきました。ここ数日にも巡警周俊山を轢いて負傷させ、ついで一般人である宮義和を轢き殺してしまい、人々の怒りを買い騒動を引き起こすまでになりました（「甚至激動公憤、釀起風潮」）。もし巡警道が全力で押さえつけなかったら、その日のありさまがどうなったか、はかり知れません。そもそも事件の発端は運転手の不注意によるのはもちろん、実のところ管理規則や諸々の方法の不備によっても作られたのです。天津の市民は貴公司の電車の現状に対して、近ごろ大いに悪感情を抱いており、もしこの傾向が助長されると、またしても事件が起こるでしょう。

そこで以下のような取り締まり規則九か条を提起するのである。①電車公司の営業は契約と安全規則に従う。②電車の前に安全金網をつける。③危険がある場所には電車公司が旗で合図する者を雇う。④運行速度は警務公所の指導に従う。⑤運転手・車掌の交替時間は警務公所の指導に従う。⑥運転手・車掌は乗客に対しておだやかで親切に応対する。⑦人身事故や規則違反の場合、ポリス・ボックスの巡警が運転手・車掌を区に連れてゆく。⑧物損事故で争いが起こった場合も同じ。⑨電車事故の際には、区が直接・迅速に対処する。(126)

しかし、電車公司と巡警道との交渉は不調に終わり、改めて交渉使の手で解決することになった。更に交渉使は商務総会に穏便な仲裁策を講じさせるようにした。(127)七月二十六日、マーシャル（馬灑）は商務総会に赴き、同業団体の商人と会談した。商業研究所長杜小琴(128)は、各商店が「公憤」により「数百家」で商務総会に陳情を行ない、電灯をともさず電車に乗らないことで抵抗しようと商務総会に強く申し入れたことや、電車事故による死者に対する補償金が安すぎることを指摘した。マーシャルは低姿勢で応じた。公司の経費がわずか二百余元と言われるのは誤解で、実は一万二三六〇余元にもなり、官府に納める金額も一万余元にのぼる経営状況を述べ、加えて公司が改良に努める電車事業は二十年後には「中国」が全面的に買い戻すことができ、五十年後には一文も出さずに「中国」のものになるという契約事項を想起させた上で、商務総会の協力を希望した。会が終わった後、茶を飲みながら電車・電線の改良のことを話題にした。(129)

さらに、もうひとつ別の政治主体が電車問題について発言している。地方自治の制度導入によって誕生していた天津城董事会である。(130)七月十二日、城董事会は巡警道にあてた請願において、マーシャルの当初の強硬な要求に反発を示し、「思うにここに完全な権力をもった警察があるのに、もし今回我慢して屈従するならば、警察の権力は電車公司に侵犯・抑制されることになります。そうしたら地域の人々は他に何の頼りがあるでしょうか」と述べている。城董事会は「自治機関であり人民を代表する責任がある」と自らの立場を規定しつつ、電車は「自治範囲」となっているとして、巡警道による善処を願うのである。[131]

更に奉天法政学堂校外生で天津県名士の李鑑波は城董事会に意見書を提出した。その文面は、

電車公司の創業時はもっぱら籠絡の手段を用い、先に各界で反対した者も近頃はみなよしとして融和的になっています。そこで公司は怖いものなしで、遂に道路の広狭・混雑に関係なく一律に複線化したのです。全く規則違反です。巡警周俊三を轢いてけがさせた今回の事件でも、一般の人々の怒りを招いて（「致激衆憤」）、電車のガラスを割られたのに、公司はこれにかこつけてあれこれ無理な要求を行なったのです。

と経緯を回顧した後、今回の事故に鑑みて、以前の安全規則を空文とせず改めて検討するよう巡警道に請願することを城董事会に希望する。これに対し城董事会は、電車事故が毎日のように発生し、巡警周俊三の事故についても公司が「無礼」の要求を出したため、「地域の人々がみな深く憤激しており輿論を代表しなければならない」（「因地方人民同深憤嫉、当即代表輿論」）との立場をとる。既に七月十二日、巡警道に対して、断固とした態度で公司に臨むよう請願したことに触れつつ、李鑑波の意をうけて、以前に定められた安全規則の徹底を巡警道に求めた。[132]

このように安全対策が議論されたが、それによって最終的な解決がつくような性質のことがらでもなかった。安全への配慮が主張されるそばから人身事故は続いた。七月二十七日昼十二時過ぎ、「大鋸匠」（こびき）趙錫三が南馬路の県衙門東安家胡同入り口で電車にぶつかって倒れ、左足にけがをした。八月十三日午前九時、東門外大獅子胡同入り口で電車が地扒車夫の張二の左手中指にぶつかり血をほとばしらせた。[133]

しかし天津の人々の電車問題に対する関心は、この後ひとまず棚上げの形になったように思われる。八月十九日に武昌で発生した新軍の蜂起は、天津の政治にも無関係ではありえなかったからであろう。民国時代に入っても電

車について物議がかもされることは何回かあったが、ベルギーの会社による電車経営は、日中戦争期の日本による接収まで続いた(134)。

(2) 公憤の含意

以上で見てきた電車をめぐる政治過程において注目されるのは、電車破壊事件とその後の交渉過程に関する史料に頻繁に登場した「公憤」の語である。「公憤」の語が含意する論理を分析的に検討してみよう。

まず「公憤」の前提として想定されている共感の広がりである。先に引用した『順天時報』記事には「顔をおさえて泣く者が多かった」(「多有掩泣者」)とある。現実に事故の噂をきいて涙を流した者がどれほどいたのか定かではないが(実は泣いた者などほとんどいなかったかも知れないが)、犠牲になった巡警への深甚なる同情が「公憤」につながることが示唆されている。巡警道によれば、巡警を轢いた電車運転手は「市民」の「公憤」を引き起こし、「一人が十人に伝え、十人が百人に伝え」というようにして「数千人」が集まったという。この表現は情報の伝播がそのまま共感の広がりであることを前提としており、その共感が現実にはありえそうもない多数の暴動参加者をひきよせたとされる。また、杜小琴がマーシャルに告げた言葉の中に、電車事故の連続と公司の強硬姿勢に対して「各商店は公憤により数百家が一丸となって商務総会に陳情した」(「各商号公憤聯合数百家陳情商会」)とあるように、怒りが広範に共有される。その含意は「公憤」をいだく者の無名性・多数性である。その論理的帰結として「公憤」は、個別的利害の自己主張ではなく、全人民的な普遍的感情であることになる。

更に「公憤」は不正に対するやむにやまれぬ怒りを意味する。抑えがたく沸き起こるが故に、無条件的に正義の立場にあるともいえる。そして、巡警道・城董事会・商務総会といった政治主体は「公憤」にそった形で動かねばならないと期待され、そう自ら称しもする。電車公司の主張のように、暴動は秩序攪乱の行為であって巡警道は徹底弾圧すべき立場にあるという議論も立てうるが、実のところ巡警道は申し訳のように二人を捕らえただけであった（処分は不明）。これは、警務公所の書簡すら暴動を「公憤」の発露ととらえ、結局は正当視していたことと符合する。また、暴動の後みずからの責任を認めず、かえって賠償請求を出す公司の態度が「公憤」を引き起こしたという表現には、このことをもって公司の不誠実さが改めて証明できるとする発想が含まれている。

以上のごとく「公憤」の含意を分析できる。しかし、単に特殊な事態における言葉の上での論理を追っただけではないかという疑問は残ろう。しかも、このような「公憤」の諸特徴は系譜として古代以来の政治秩序観につながっているともいえ、目新しいものではない[135]。一方で巡警組織・地方自治組織・商務総会はいずれも「北洋新政」の中で新たに登場した政治主体である。この時期の地方の政治秩序のありかたの画期性を強調する近年の研究動向からも、その歴史的意義の検討も必要となる。

まず注意すべきは、これら新たな政治主体はいずれも単なる個別的利益団体ではないことである。巡警組織は、従来の「父母官」の行政姿勢をうけついで全人民の安寧なる生活を保障することをめざした。自治組織である県議事会は「全津居民代表」を名乗っており、城董事会は「人民を代表する責任」を負うと述べている。しかし、この言葉を選挙民の付託という代議制の原理に類比して理解するのは誤りではないが不充分である。制限選挙の当時にあって彼らが代表しようとしているのは（どちらかといえば上層住民である）選挙民そのものというより、一般的な「全津居民」「人民」の意思であったと考えた方が自然である。商務総会は、商工業者の利益団体という面も有するが、電車敷設に反対する（商務総会の成員とは考えられない）人力車夫の要求に対してもすげなく拒絶することはできず、電車暴動への対処についても天津住民側として公司側との交渉を担うような存在であった。つまり、いずれも天津住民の普遍的感情ないし一般的意思にそった言動を示すことを標榜し、そう期待される立場にあったといえる。こうしてみると、「公憤」の語が内包する論理は当時の政治の実態をかなり規定していたとみてよかろう。

都市の政治において大きな発言力をもっていたこれら政治主体は、新政においてめざされた地方政治・行政機構の再構築の過程で形成されてきたものであり、複雑化する都市社会の問題処理を担当する力量と制度的な保障をもっていた。その歴史的意義は、電車問題で果たした役割から知られるように、政治的意思の表明に多様な回路を提供し、政治的行動の展開に豊富な選択肢を付与したことに求めるべきであろう。しかし、普遍的利益の標榜ゆえに、官憲の意向を排除できる自治権を主張してゆく途は絶たれ、民衆の直接行動に対して露骨に敵対的な態度を示すことも難しくなって、「階級」的・個別的利害団体は成熟しなかった、という議論も可能である。

ところで、人民の一般的感情なるものは、いかにしたら知ることができるのか。電車問題の場合、住民のごく一部にすぎない暴徒の自然発生的（やむにやまれぬ）暴力がその表徴として解されたといえる。代議士だけでなく暴徒も普遍的民意を代表できるのである。一般論としては、このように人民の一般的意思の存在を前提する発想の下で営まれる政争の焦点になるのは、異なる利害を反映する複数の政治路線の対抗というより、悪の権化というレッテルを誰にはるかという論戦である。もっとも論戦が起こりうること自体、「公憤」等の普遍的民意の内実なるものも、結局ある程度はレトリック使用者にとって操作可能であることを示している。すると場合によっては、その操作可能性そのものが柔軟な対応を期待させるので、無理からぬ激情を表明しようとする民衆的暴力を頻発させることもあろう。(136)

さらに注意すべきことは、「公憤」の政治は地域社会に起きる紛争の多様性を意識にのぼりにくくする点である。当時の天津において巡警と住民との紛争は少なくなかった（第五章・第六章）。しかし、子供を助けるため負傷した英雄的巡警を顕彰し、暴動の原因を巡警への共感にあるとみなすことで、巡警組織による社会統合は円滑になり、しかも住民の立場にたって行動した商務総会・自治組織も政治的威信を獲得する可能性がある。「公憤」の向かう対象として電車公司に悪役をわりふることで、地域社会の結集の感覚を生み出せるのである。しかし、その代償として「公憤」のレトリックは巡警道に対し電車公司との対決姿勢を強制することにもなる。

電車公司に反対する態度を、当時の利権回収運動に示される中国ナショナリズムとの関係で解釈することは、適切であろうか。確かに電車公司は「中国」のものではないとして非難する議論が存在していた。一方で、事故対策など、もっと具体的な点を問題として電車公司に不満を抱く者も多かった。「公憤」のレトリックはそのような多様性を考える間もなく一体化させてしまう働きをもつ。住民の素朴な反感は、「公憤」の政治を通じて電車公司という敵の措定と地域社会の心情的団結という図式に嵌め込まれていった。もともとはローカルな対立が、当時の全国的な外国投資批判の動きと整合的なものになる。

このことについて、全国の運動が地方政治を規定したとみるのは一面的である。電車公司との対決姿勢は拍手喝采をあびた。それは公司が電車の安全対策に不誠実なためか、外資系であるためか。この問いの答えは各住民ごとに異なり、実はかなり曖昧であったと考えられる。とにかく公司は敵なのであり、公司との対峙が地域での政治的威信を保証する。このような状況の中で、中国のためにという大義は、威勢がよく格好がつく議論の枠組みを提供した。ナショナリズムは、ローカルな人気とりの政治の中でうまく利用されることで地域政治に内在化していったとも言えるのである。

5　小　結

二〇世紀初頭の天津住民が、外国投資による電車の登場という事態に対し抱いていた意見・感情は複雑なものであった。「天津に電車が敷設されてからというもの、客商で便利さを誉めない者はない」(137)というように、新たな交通機関の登場を肯定的にとらえるむきもあったかもしれないが、電車に対する反感も確かに存在していた。その原因は分析的にまとめれば、①従来の交通を担ってきた業種に電車の開通が打撃をあたえ、生計の途を奪うこと、②電車営業が外資に支配され「中国」のものではないこと、③人身事故（特に幼児）を発生させること、による。もちろん、各人によってその比重を異にしながらこれらの理由が重なり合って、反感を形成していたのである。なかでも③の子供の事故は、罪もない幼児が被害を受けたという印象をもたらし、人々の怒りを劇発させやすい事象であった。

運転手は遵守すべき規則に反して事故を起こした場合、処罰されることになっていた。とはいえ子供の飛び出しのような不可抗力の事故に対する人々の悲嘆のやり場はなかった。しかも事故は連続して起こり続ける。蓄積された天津住民の不満が暴動の背後に伺われる。

暴動の事後処理の過程でしばしば現れた「公憤」の語は、注目に値する政治的レトリックである。全人民的激情を含意するこの語によって、電車公司側を悪とみなし一致団結して対決してゆく姿勢が正当化される。また、この対立図式は、全国的な利権回収運動と整合的に設定された。しかし他方でそのような図式があったからこそ、ナショナリズムの大義はローカルな政治に容易に導き入れられたともいえる。

普遍的民意を前提する政治秩序観の下では個別的利害団体の成長は困難であろう。この時期に新たに登場した巡警組織・地方自治組織・商務総会といった政治主体も「公憤」の政治の中でこそ機能していた。これら新たな政治主体登場の歴史的意義は、複雑化する都市社会の中で、それぞれの特性を生かしつつ折々の行動をみせることで、また政治的課題解決の選択肢を大いに広げたことに求められる。しかし、他方では、問題に対処するための交渉回路は分散し、場当たり的な話し合いが繰り返されることにもなりかねない。政治的活動の場の拡大は、劉孟揚のような、人気取りを重んじる日和見的政客の活躍を可能にし、また必要ともしていた。敏感に人々の思いをとらえて、これが「公憤」だと指摘し、地方政治に反映させようとするなら、劉孟揚のような資質は不可欠だからである。政治的決定についての手続き的・制度的枠組みが不明確な状況において、「公」を標榜する諸政治主体が、相互に自律性をもって積極的な自己主張を強める。これは、清末の政治改革とジャーナリズムの発達がもたらした活発な政治参加の様態である。中華民国初年の潑剌とも混乱とも言える政情は、その所産というべきであろう。

註

(1) 市内交通ではないが、光緒二十四年（一八九八年）、北京の鉄道駅と城門を結ぶ三里余の電車敷設計画（馬家堡～永定門）がドイツ公使によって提起されたことがあり、清朝側もこれを受けた。この路線は、義和団の擡頭時期には運行していた。中央研究院近代史研究所編『海防檔』丁電線（中央研究院近代史研究所、一九五七年）二九七五～二九八〇頁。総理各国事務衙門清檔「匪毀鉄路、交民巷設防」（中央研究院近代史研究所所蔵外交檔案〇一～一四、二函二宗一冊）徳国公使克林徳函（光緒二十六年五月十三日）。

(2) 蕭祝文「天津比商電車電灯公司」（天津市政協文史資料研究委員会編『天津的洋行与買辦』天津人民出版社、一九八七年）。羅澍偉主編『近代天津城市史』（中国社会科学出版社、一九九三年）三四九～三五〇頁。電灯・ガス・水道・バス・電車のような都市生活に関わる公共事業は外国資本が多く担当していた。東亜研究所第一調査委員会『列国対支投資と支那国際収支』（東亜研究所、一九四一年）二一一～二一二頁。

(3) 代表的な研究として以下がある。呉承明編『帝国主義在旧中国的投資』（人民出版社、一九五六年）。Chi-ming Hou, *Foreign Investment and Economic Development in China* (Harvard University Press, 1965).

(4) 村田雄二郎「王朝・国家・社会——近代中国の場合」（『アジアから考える［四］社会と国家』東京大学出版会、一九九四年）が、このような動向を概観し課題を提示している。商人と政権の関係について、古典的なものも含めて代表的な研究を挙げておく。Marie-Claire Bergère, *La bourgeoisie chinoise et la révolution de 1911* (Mouton, 1968). 馬敏・朱英『伝統与近代的二重変奏——晩清蘇州商会個案研究』（巴蜀書社、一九九三年）。特に上海史については、以下がある。小島淑男「辛亥革命における上海独立と商紳層」（東京教育大学アジア史研究会『中国近代化の社会構造——辛亥革命の史的位置』教育書籍、一九六〇年）。Mark Elvin, "The Gentry Democracy in Chinese Shanghai, 1905-14," Jack Grey (ed.), *Modern China's Search for Political Form* (Oxford University Press, 1969). Mark Elvin, "The Revolution of 1911 in Shanghai," *Papers on Far Eastern History*, Vol. 29

(1984). 李達嘉「上海商人的政治意識和政治参与」(『中央研究院近代史研究所集刊』二二期上、一九九三年)。

(5) 近年の試みとして、藤谷浩悦「一九一〇年の長沙米騒動と郷紳──中央と地方の対抗をめぐって」(『社会文化史学』三一号、一九九三年)、田中比呂志「清末民初における地方政治構造とその変化──江蘇省寶山県における地方エリートの活動」(『史学雑誌』一〇四編三号、一九九五年)、深町英夫『近代中国における政党・社会・国家──中国国民党の形成過程』(中央大学出版部、一九九九年)がある。また、R. Bin Wong, "Great Expectations: The "Public Sphere" and the Search for Modern Times in Chinese History" (『中国史学』三巻、一九九三年)が動向紹介として有益である。

(6) 清代の政治構造を理解するために「公」観念に注目する研究は少なくない。Mary Backus Rankin, "The Origins of a Chinese Public Sphere: Local Elites and Community Affairs in Late Imperial Period," *Études chinoises*, Vol. 9, No. 2 (1990). しかし本章では、地域エリートの政治活動に着目して「公」の領域というものを実体的に設定するのではなく、修辞としての「公」の政治的機能を論じてゆきたい。民衆暴動も官憲の統治も「公」と認定される局面があると考えるからである。また「公」の思想史的位置づけについては、溝口雄三『中国の公と私』(研文出版、一九九五年)参照。

(7) 電気学界『電気学界五十年史』(電気学会、一九三八年)四九七~五一〇頁。福崎直治・沢野周一『電車と電気機関車』(岩波書店、一九六四年)二三頁。原田勝正『汽車から電車へ──社会史的観察』(日本経済評論社、一九九五年)。馬場哲「都市化と交通」(『岩波講座世界歴史〔二二〕産業と革新』岩波書店、一九九八年)。

(8) 田山花袋『東京の三十年』(岩波書店、一九八一年)二六一~二六二頁。

(9) その他、ブエノス・アイレスの電車計画は、*The Economist*, 7 November 1903, p. 1892 にみえる。上海への電車導入は天津より遅れ、一九〇八年に公共租界・フランス租界で、一九一三年に華界南市で運行が開始された。これら三地区の電車の経営はそれぞれイギリス系・フランス系・中国系の別個の会社が担当しており、ベルギー系の会社によって華界・租界を通じて統一的に電車交通網が形成された天津とは異なっている。上海市公用事業管理局編『上海公用事業(一八四〇~一九八六)』(上海人民出版社、一九九一年)三三一~三四八頁。

(10) 板垣雄三「世界分割──二〇世紀に向かって」(同『歴史の現在と地域学──現代中東への視角』岩波書店、一九九二年、初出は一九六九年)。

(11) J.-M. Frochisse, *La Belgique et la Chine: relations diplomatiques et économiques (1839-1909)* (L'Édition universelle, 1936), pp. 78-81.

(12) 劉錫鴻『英軺私記』(湖南人民出版社、一九八一年)二〇〇~二〇一頁。蔡爾康・林楽知編訳『李鴻章歴聘欧美記』(湖南人民出版社、一九八二年)七八頁。ただしレオポルドの言が事実であるか否か確認されない。

(13) 胡濱『十九世紀末葉帝国主義争奪中国権益史』（三聯書店、一九五七年）。佐々木揚「一八九五年の対清・露仏借款をめぐる国際政治」（『史学雑誌』八八編七号、一九七九年）。濱下武志『中国近代経済史研究——清末海関財政と開港場市場圏』（汲古書院、一九八九年）六八〜七八頁。

(14) 宓汝成『帝国主義与中国鉄路（一八四七〜一九四九）』（上海人民出版社、一九八〇年）六九〜七五頁。権上康男『フランス帝国主義とアジア——インドシナ銀行史研究』（東京大学出版会、一九八五年）一四五〜一六六頁。

(15) 森山茂徳「朝鮮における日本とベルギー・シンディケート」（『年報・近代日本研究』二号、一九八〇年）。

(16) 外務省記録『清国ニ於ケル鉄道及鉱山ノ特許権獲得ニ関シ白耳義「シンヂケート」投資計画一件』（外務省外交史料館蔵、一・七・三・二五）中に趣意書パンフレット原本（Compagnie d'Orient, Société anonyme d'exploration scientifique, commerciale & industrielle, "Notice"）が綴られている。同ファイルに日本語訳も附されているが、文語体であるうえ、翻訳が不適切な箇所もあるので、改めて訳した。

(17) 天津檔案館・南開大学分校檔案系『天津租界檔案選編』（天津人民出版社、一九九二年）四七二〜四七五頁。

(18) 板垣雄三前掲書六三頁。

(19) 天津府城は永楽二年の創建とされ、その後の重築を経て四九八年の歴史を誇ると考えられていた。劉孟揚『天津拳匪変乱紀事』に附された「天津城垣考」（中国新史学研究会主編『義和団』二冊、神州国光社、一九五一年）参照。ただし、永楽二年とは、天津衛が別の場所に設置された年代なので、厳密には天津城の創建は少し後になる。

(20) 奇生編「庚子荓蜂録」（中国社会科学院近代史研究所編『義和団史料』上、中国社会科学出版社、一九八二年）二三九頁。西村博編「天津都統衙門告諭彙編」（『天津歴史資料』一五期、一九八二年）四八頁。また『直報』十二月四日「都示両則」にも見える。『直報』には天津歴史博物館複印本がある。

(21) China. Imperial Maritime Customs, *Decennial Reports, 1892-1901* (The Statistical Department of the Inspectrate General of Customs, 1906), Vol. 2, p. 584.

(22)「庚子荓蜂録」二三九頁。

(23) 劉孟揚『天津拳匪変乱紀事』六〇頁。

(24) China. Imperial Maritime Customs, *op. cit.*, p. 584.

(25)『直報』光緒二十六年十二月十六日「姑妄聴之」。さらに撤去工事の際、明代のものとも言われる石碑が発掘され文字は明瞭でないものの、人々はあれこれと議論した（『直報』光緒二十六年十二月八日「是否謡言」）。蠍の噂などともあわせ、城壁の撤去に伴い転居を余儀なくされる住民の反感、戦乱の後の不安定な社会心理、風水秩序の破壊をおそれる意識を背後に想像することができる。

(26)『直報』光緒二十六年十二月六日「開築馬路類誌」「以昭核実」。

(27) 劉孟揚『天津拳匪変乱紀事』六〇頁。

(28) 天津の城壁撤去は、都統衙門の統治下という特殊な条件の下で行なわれたが、まもなく他の城でも利便さ等の理由により城壁撤去論が現れることになった。この意味で天津の事例は先駆的といえる。例えば李鐘珏『且頑七十歳自叙』によれば上海について以下のような経緯があった。光緒二十九年、李鐘珏は上海道台袁樹勲に対して、巡警制度を導入するためとフランス租界拡張に対抗するために上海県城撤去を進言した。光緒三十一年、両江総督周馥が上海を訪れた際、上海道台袁樹勲は李平書の議論を伝えた。すると周馥は大いに賛成して「天津では城壁を撤去し、道路を敷き、電車を通したからこそ、現在、商業がますます発展しているのだ。先例となすべきである」と述べたという。しかし、上海では反対意見も根強く、実際に撤去されたのは辛亥革命の後である。『李平書七十自叙』と改題された標点本（上海古籍出版社、一九八九年）五三頁、六一〜六二頁。

(29) 天津市市政工程局『天津公路史』一冊（人民交通出版社、一九八八年）八八〜八九頁。

(30) 王守恂『天津政俗沿革記』巻二「電車」。

(31) 清国駐屯軍司令部編『天津誌』（博文館、一九〇九年）二七頁、一四九〜一五六頁。

(32)『天津租界檔案選編』一九三頁。

(33) 外務省記録『在支帝国専管居留地関係雑件・天津ノ部』四（外務省外交史料館蔵、三・一二・二・三二─八）明治三二年一一月二〇日機密信第一三号天津領事鄭永昌より外務大臣青木周蔵あて。

(34) 同前、明治三三年一一月二三日機密信第四三号鄭より外務大臣加藤高明あて。ただし鉄道馬車の計画は、同前、明治三六年四月七日機密信第一四号天津総領事伊集院彦吉より外務大臣小村寿太郎あて、まで残っている。

(35) デンビーはアメリカ人で都統衙門の秘書局長（Secrétaire général du gouvernement）を勤めていた。中国近代経済史史料叢刊編輯委員会主編『中国海関与義和団運動』（中華書局、一九八三年）八六〜八七頁、一九〇〇年八月二〇日津海関税務司ドルー（Edward B. Drew）より総税務司ハート（Robert Hart）あて。Charles Denby, *China and Her People* (L. C. Page and Co., 1906), Vol. 2, p. 204.

(36) 前註(33)の外務省記録、明治三四年一一月八日公信第一二九号伊集院より小村あて、明治三五年六月二〇日公信第四四号アンウェルス領事諸井六郎より小村あて。Frochisse, *op.cit.*, pp. 428-431. G. Kurgan-van Hentenryk, *Léopold II et les groupes financiers belges en Chine : la politique royale et ses prolongements* (*1895-1914*) (Palais des académies, 1972), pp. 682-684.

(37) 劉海岩・郝克路「天津都統衙門会議紀要選」(『近代史資料』七九号、一九九一年）六九頁。外務省『日本外交文書』三五巻

（日本国際連合協会、一九五七年）事項一五「天津行政清国へ還附一件」五九三頁。袁世凱は天津返還事務に関する徐世昌あて書簡（光緒二十八年六月十日）の中で、デトリング（Gustav von Detring. 徳璀琳）が天津返還にあたり電車電灯の利益をわが物にしようと企んでいるものの唐紹儀が断固拒否していると述べている。北洋軍閥史料編委会『天津市歴史博物館蔵北洋軍閥史料』袁世凱巻一（天津古籍出版社、一九九二年）三四九～三五四頁。確かにデトリングは電車の経営権をめぐって暗躍しているが（Kurgan-van Hentenryk, *op.cit.*, p. 683）．袁世凱はこの時点では電車公司の誕生を知らなかったかと推測される。また唐紹儀の態度を咎めていることから電車の経営権が外国人にわたるのを袁が喜んでいないことは確かであろう。

(38) 天津市図書館・天津社会科学院歴史研究所編『袁世凱奏議』（天津古籍出版社、一九八七年）九五三～九六〇頁。『約章成案匯覧』乙編巻四十一上、郵電門電政類。『北洋公牘類纂』巻十三「創辦天津電車電灯公司章程」。英文原文は前註(33)の外務省記録に綴られている。

(39) 国立故宮博物院故宮文献編輯委員会編『袁世凱奏摺専輯』（広文書局、一九七〇年）一四〇八～一四〇九頁。また『袁世凱奏議』九五三頁に附された硃批により、この上奏文が五月二十三日に裁可されたことが知られる。

(40) 汪敬虞編『中国近代工業史資料』第二輯上（科学出版社、一九五七年）二七七頁所引の『中外日報』一九〇四年七月一八日記事。

(41) 『大公報』光緒三十一年三月十七日「電車近聞」、四月十七日「電車近聞」。

(42) 『大公報』光緒三十一年四月九日に掲載された「願学子」なる人物の投書。

(43) 『大公報』光緒三十一年五月十八日「本報記者与友人某君論天津創辦電車事書」。五月二十～二十一日「論天津興辦電車之利益」。

(44) 『大公報』光緒三十一年四月二十八日「懇求繞路設軌」。

(45) 天津市檔案館・天津社会科学院歴史研究所・天津市工商業聯合会『天津商会檔案彙編（一九〇三－一九一一）』（天津人民出版社、一九八九年）二二四三～二二四四頁。

(46) *North-China Herald*, 16 June 1905, p. 609 は人力車夫が仕事を失うと嘆くのは妥当ではなく、むしろ電車によって人の移動量が増し、街はずれでの呼びが多くなると指摘する。

(47) 『大公報』光緒三十一年五月三日「衆賦苦人懇求停辦電車」。

(48) 『大公報』光緒三十一年五月四日「議阻太晩」。

(49) 『大公報』光緒三十一年五月五日「未蒙批准」。

(50) 『天津商会檔案彙編』二二四五～二二四六頁。

(51)『大公報』光緒三十一年五月六日「衆商団体」。
(52)『大公報』光緒三十一年五月十一日「公議抵制電車続誌」。
(53)『大公報』光緒三十一年五月十二日「給抵制電車的解囲」。この文章では、反アメリカ運動との関わりもあり、団結して利権を回収しようとすること自体は好ましいとされているが、電車問題については、徹底反対方針は現実的でないと指摘されているのである。
(54)『天津商会檔案彙編』二二五三～二二五四頁。
(55)『大公報』光緒三十一年五月二十八日「公懇面求」。
(56)『天津商会檔案彙編』二二六一～二二六二頁。
(57)『天津商会檔案彙編』二二五四頁。
(58)『大公報』光緒三十二年一月十二日「演試電車」、一月十七日「電車宜避」。
(59)原文には「汽車」とある。「汽車」は現代では自動車を意味するが、ここでは電車と解するべきであろう。その根拠は以下の通り。①この記事の記述の流れから「汽車」＝電車とみるのが自然である。②『大公報』光緒三十四年七月十三日「限制乗座汽車人数」という記事は、電車乗客の乗り過ぎを巡警が規制するという内容であることから「汽車」＝電車の例が存在する。天津知県が商務総会にあてた書簡のなかにも同様の例がある。『天津商会檔案彙編』二二五四頁。また「電汽車」なる語で電車を意味する例が、『大公報』光緒三十二年二月十一日「軋傷幼孩」、十一月二十一日「電車停行」にみえる。つまり「電汽車」＝電車でもある。③この時点では天津に自動車はなかったと考えられる。宣統二年ある外国人が有したフォード車が天津最初の自動車だとされる。天津市交通局『天津公路運輸史』一冊（人民交通出版社、一九八八年）八六頁参照。
(60)『大公報』光緒三十二年一月二十日「軋斃人命」。
(61)『大公報』光緒三十二年一月二十一日「電車宜避」。
(62)『大公報』光緒三十二年一月二十四日「電車初次開行」。
(63)『大公報』光緒三十二年二月五日「紀電車之速率」。
(64)運行距離は、『敵偽軍管理電車電灯公司受託運営引継書諸契約訳文綴』（天津市檔案館所蔵、天津市公用局檔案八四－八六六）「軍管理天津電車電灯公司受託運営引継書」昭和一八年六月一一日、による。この綴りは、民国三十二年（一九四三年）軍管理天津電車電灯公司（ベルギー人経営）から華北電業股份有限公司に事業が移管されたとき作成され、戦後、中華民国天津市政府公用局に接収されたものと考えられる。環状線一周にかかる時間は、後には二十七分に定められていた（『順天時報』宣統三年閏六月二十六日「取締電車之要聞」）が、この場合、時速一一・五キロメートルほどになる。

(65)『大公報』光緒三十二年一月二十三日「電車公司行車章程」。
(66)『大公報』光緒三十二年一月二十八日「巡警局白話告示」。
(67) ただし当時の天津での路上人身事故の責めを電車のみが負ったわけではない。『人鏡画報』七冊（光緒三十三年七月二十五日）は、四輪馬車に脚を轢かれて倒れた男と、そ知らぬ顔を決め込み座席に座る紳士の様子（及び駆け寄る巡警の様子）を描き「馬車が街路に横行するのはまさに権勢を頼んでのことで馬車がもっと発達すれば中国人の旅人には無傷の脚がなくなってしまうだろうと殊に心配だ」とコメントしている。『人鏡画報』五冊（光緒三十三年七月十一日）も同様の事件を伝え「按津埠五方雜處、轂撃肩摩。又益之以馬車電車人力車種種車類、則旅行之人異常危險。而御車者時復恃有勢力駛行通衢、視人命如草菅。可謂罪大惡極」と指摘する。『人鏡画報』は天津で発行された革命派の週刊誌であり権勢への批判に重点があるかに推測される。
(68) 英語の原文は前註(33)の外務省記録に綴られている。
(69) 前註(64)の綴り（天津市公用局檔案）に日本語訳が収められている。原文は英語で作成されたと考えられるが、今のところ見出せない。
(70)『大公報』十一月二十六日「新車搭客」。儲仁遜『聞見録』（天津社会科学院所蔵の抄本による）巻十四下、光緒三十一年十二月六日の紀事には「津之東浮橋、擬改修鉄橋。係中國及意奥並電車公司合辦。已訂立合同、於明春開工」とある。金湯橋については、于邦彦「天津橋梁建設的今昔」（『天津文史資料選輯』二二輯、一九八二年）参照。また、ほぼ同じ頃万国橋からフランス租界西開に至る路線が開通した（『大公報』光緒三十二年十一月二十五日「電車推広」）。
(71) 渋沢青淵記念財団竜門社編『渋沢栄一伝記資料』一六巻（渋沢栄一伝記資料刊行会、一九五七年）六八九〜六九九頁。渋沢は東方国際公司の取締役にも名を連ねている。
(72) 英語の原文は前註(33)の外務省記録に綴られている。
(73)『大公報』光緒三十三年八月十三日「電車通行」。天津居留民団『天津民団十週年記念誌』（[天津居留民団]、一九一七年）六五〜六六頁、によれば、開通当初は利権回収熱が盛んであったため中国人の乗客は少なく営業状態はすこぶる不振の観があったという。
(74)『大公報』光緒三十四年八月四日の公司広告。
(75) *North-China Herald*, 11 May 1906, p. 298. この記事は「路線をもっと延長し、さらには中国人の感情と偏見そして外来のやりかたへの全般的無関心にも配慮をもって対処するなら、電車が歓迎すべき現状として受け入れられる日も近かろう。あたかも城壁がなくなったことは今や歓迎すべき現状であり、その跡地が人でごったがえし大きくなりつつある商業街となったことのように」と結論づけている。いずれにせよ、電車が旧城地区と租界を空間的に結びつける役割を果たしたことは疑いない。劉海岩

「租界与天津城市空間的演変」（『城市史研究』一三・一四輯、一九九七年）。
(76) 石小川編『天津指南』（宣統三年十月初版、天津図書館所蔵）巻四交通、十三電車。富成一二編『天津案内』（中東石印局、一九一三年）八一頁。
(77)『大公報』光緒三十二年二月十一日「軋傷幼孩」、二月二十日「按律懲辦」。
(78)『大公報』光緒三十二年二月二十六日「天津紳士華君世鏞等公呈県尊稟稿」。
(79)『大公報』光緒三十二年三月十六日「覆訊軋斃命案」、四月二十六日「収禁候辦」。
(80)『大公報』光緒三十二年三月二十六日「軋傷幼童」。
(81) *North-China Herald*, 28 September 1906, p. 747.
(82)『袁世凱奏議』九五八～九五九頁。
(83) 乾隆『大清律例』巻二十六刑律人命の「車馬殺傷人」条には「若因公務急速而馳驟殺傷人者、以過失論」とあり、同「戯殺誤殺過失殺傷人」条には「若過失殺傷人者、各准闘殺傷罪、依律収贖、給付其家」とある。事故における運転手の罪が「過失」として扱われれば、罰金をとって被害者に渡す規定であったことになる。清律の「過失」概念については、中村茂夫『清代刑法研究』（東京大学出版会、一九七三年）に詳しい。
(84)『大公報』光緒三十二年十二月十一日「不准寛釈」。
(85)『北洋公牘類纂』巻十三「電車公司行車専章」。
(86) 西川真子「清末裁判制度の改革」（『東洋史研究』五三巻一号、一九九四年）。
(87)『大公報』光緒三十四年四月九日「高等審判分庁地方審判庁示」。
(88)『大公報』光緒三十四年四月三日「誤傷訊明結案」。
(89)『大公報』光緒三十四年五月一日「幼孩磕傷」。
(90)『大公報』光緒三十四年三月十八日「呈准援例留養」、五月八日「取保開釈」。
(91)『大公報』宣統元年十二月十八日「命案将定」。
(92) また同乗の車掌も乗客と口論して反感を抱かせたり事件の当事者となったりした。ある車掌は、電車に人が乗り過ぎていたので乱暴な言葉を吐き「車中の人は皆おもしろくなかった」。この車掌は洋服を着て辮髪がなかったが、理由は前科者であるからとみられた（『大公報』光緒三十三年十月九日「怨声載道」）。別の車掌は、切符を買うときの釣り銭の問題で客と喧嘩になり殴って頭をけがさせたので、巡警に拘引された（『大公報』光緒三十四年一月二十一日「車守滋事傷人」）。車掌を勤める学界の寒士呉某はその電車が人を轢き殺し運転手とともに捕らえられた。取り調べにより車掌は事故に関係ないことがわかったものの、「差賑」

（小役人が徴収する手数料）が払えないため釈放されなかった（『大公報』光緒三十二年十月二十一日「差賑累人」）。
(93) 貴志俊彦「「北洋新政」体制下における地方自治制の形成――天津県における各級議会の成立とその限界」（横山英・曽田三郎編『中国の近代化と政治的統合』溪水社、一九九二年）。
(94) 『順天時報』光緒三十三年十一月十日「天津県議事会提議各事」。
(95) ここで言及される権限は、『北洋公牘類纂』巻一「天津府自治局稟遵擬地方自治応辦各事及権限文並批」に記されている。
(96) 『大公報』光緒三十三年十二月十九日「関於地方自治事宜文件」。『北洋公牘類纂続編』巻十四「督憲楊據津海関道等詳覆会議電車公司嗣後接造加寛等項工程経議事会協議准駁仍稟候核示批准方能実行札天津県議事会査照文」。
(97) 全国的な動向については、堀川哲男「辛亥革命前の利権回収運動」（『東洋史研究』二一巻二号、一九六二年）参照。
(98) 『大公報』宣統元年十月二十八日「開会詳情」。
(99) 『大公報』宣統元年十月二十九日「議事会紀事」。辞任の理由は、病気と称しているが、何か別の理由があったようである。『大公報』宣統元年十一月一日「天津県議事会覆劉孟楊書」「劉孟楊覆天津県議事会書」。
(100) 『天津白話報』は、宣統元年十二月分と宣統三年五～六月分が天津社会科学院に所蔵されている。
(101) 『大公報』宣統元年十一月十日「電車防険」。
(102) 『天津白話報』宣統元年十二月八日、劉孟揚「敬告天津県議事会」。
(103) 『天津白話報』宣統元年十二月五日「走了後頭口拉」、十二月七日「商議着辦別抬槓」。
(104) 『天津白話報』宣統元年十二月八日、劉孟揚「敬告天津県議事会」。
(105) 『天津白話報』宣統元年十二月四日、剣顛「留神」。
(106) 劉孟揚については、第八章でも触れた。また、外務省政務局『現代支那人名鑑』（[外務省]、一九一六年）二八二～二八三頁に彼の履歴がみえる。ただし、ここには、巡警局総辦・民生部侍郎趙爾巽の秘書を勤めたとあるが、趙爾巽は趙秉鈞の誤りであろう。
(107) 『天津白話報』宣統元年十二月一日、劉孟揚「哈哈天津白話報出現了」。
(108) 『天津白話報』宣統三年六月四日「電車開路事議駁」。
(109) 『大公報』宣統三年閏六月二十三日「電車軋人」。
(110) 外務省記録『各国事情関係雑纂・支那ノ部・天津』（外務省外交史料館蔵、一・六・一・二六・一―一八）明治四四年九月五日公信第二五二号天津総領事代理高橋新治より外務大臣林董あて。これは当時の総領事館が入手した各種新聞記事の抜き書きであり該当部分は『天津日日新聞』ないし数種の新聞記事の総合によるものと考えられる。

(111)『順天時報』宣統三年閏六月二十五日「電車軋傷巡警之概要」。
(112) 前註(110)の外務省記録。
(113)『申報』宣統三年七月二日「体郵因公受傷巡士」によれば、功の証しとして轢き切られた周の脚を薬水で洗い、ガラスに封入することになったという。巡警道とは省レベルの警察行政の官で、その官署が警務公所である。韓延竜主編『中国近代警察制度』(中国人民公安大学出版社、一九九三年) 一三九～一五一頁。
(114)『順天時報』宣統三年閏六月二十六日「電車軋傷巡警再誌」。
(115) 前註(110)の外務省記録。『申報』宣統三年七月四日「電車公司之片面談」。
(116) 前註(110)の外務省記録。六月二十三日にマーシャルから巡警道にあてた書簡は『大公報』宣統三年七月十一日が掲載する「電車公司致巡警道函」であろう。ただし要求内容に若干の異同がある。これに対して巡警道葉も文書で公司側の事実認識の誤りを指摘している(『大公報』七月八日「巡警道致電車公司函」)。葉は、巡警が子供を救おうとして犠牲になったため「市民」の「公憤」を惹起し、話が広がって大勢が集まった(「一人伝十、十人伝百、愈聚愈多」) ことを指摘し、「数千人」もの群衆を巡警が押さえたから被害が少なくて済んだと主張する。
(117)『順天時報』宣統三年閏六月二十六日「電車又軋一人」。
(118)『大公報』宣統三年閏六月二十四日「電車碰人」。
(119)『順天時報』宣統三年閏六月二十六日「取締電車之要聞」。
(120)『大公報』宣統三年七月一日「交渉認真」。『順天時報』宣統三年七月三日「巡警道保全民命之毅力」。
(121)『順天時報』宣統三年七月四日「士紳会議対待辦法」。
(122)『大公報』宣統三年七月六日「是何理由」。
(123)『大公報』宣統三年七月六日「慷慨辞職」。
(124)『大公報』宣統三年七月七日「為民請命」。
(125)『順天時報』宣統三年七月七日「電車公司注意」。辮髪を剪ることは、必ずしも清朝に反対する意味ではなく、開明的なことの表徴であった。拙稿「清末剪辮論の一考察」(『東洋史研究』五六巻二号、一九九七年)。
(126)『大公報』宣統三年七月六日「要件」。
(127) 前註(110)の外務省記録。交渉使とは外国との交渉にあたる省レベルの官。光緒三十一年奉天・吉林に設けられたのがはじまりで、その後雲南・浙江もならった。宣統二年外務部がこれをより広く設けるべきことを上奏し、直隷省等への設置も決定された(『宣統政紀』二年七月十三日)。電車暴動当時の直隷交渉使は王克敏である。『現代支那人名鑑』三二五頁。

(128) 商業研究所は、商業発展に役立つ研究をするために宣統元年天津商務総会内に附設された。各同業団体が一名ずつ総董を選び、総董の互選によって正副議長を決めた。正議長は杜宝楨（染商総董）、副議長は楊明僧（米商総董）と王柏田（糧商総董）となった。『天津商会檔案彙編』三二五～三二八頁。『現代支那人名鑑』によれば、杜宝楨（小琴）は、天津人、一九一六年段階で年齢四十五（同治十一年生まれと推算される）。『中華報』総理を経て、商務総会顧問・商業研究所議長・体育社副社長などの職についた。

(129) 『大公報』宣統三年七月二十七日「華洋会議」。

(130) 城董事会は県議事会より下のレベルの城議事会に対応して設けられた。貴志前掲論文参照。また城議事会も周俊山の補償問題や今後の安全対策につき巡警道に照会している。『大公報』宣統三年七月七日「要件」。

(131) 『大公報』宣統三年七月十四日「天津県城董事会呈巡警道文」。

(132) 『大公報』宣統三年七月二十一日「条陳辦法」、八月九日「天津県城董事会呈巡警道文」。

(133) 『大公報』宣統三年七月二十九日「電車碰人」、八月十五日「電車肇禍」。

(134) 例えば、乗客の待遇を改善しないうちは運賃値上げを許すべきではないとする徐鏡波の意見書（民国十五年二月）には「吾津電車、不幸爲外人所攬辦。純以多得利益爲宗旨。駛行則愈速愈妙。搭客則愈多愈善。至危險宜如何預防、搭客宜如何待遇、彼皆懵然不顧」とある。『鏡波公牘』巻上（民国十六年印、天津社会科学院所蔵）。国民革命時期には中国側への返還を求める議論がおこる（呉藹宸編『華北国際五大問題』商務印書館、一九二九年、第四篇「天津電車電灯公司問題」）。また朱建斌「城市公共交通的演変」（天津市政協文史資料研究委員会編『天津――一個城市的崛起』天津人民出版社、一九九〇年）参照。北京においても、対立の構図は異なるものの電車導入は都市政治の焦点となった。外務省『支那電気軽便鉄道関係雑件』一（外務省外交史料館蔵、一・七・三・三七）大正三年四月二一日公信第一一九号支那公使山座円次郎より外務大臣加藤高明あて。David Strand, *Rickshaw Beijing : City People and Politics in 1920s China* (University of California Press, 1986), pp. 241–283.

(135) 例えば『春秋左氏伝』にしばしば見られる「衆の怒りは犯し難し」の発想。増淵龍夫「春秋戦国時代の社会と国家」（『岩波講座世界歴史［四］東アジア世界の形成I』岩波書店、一九七〇年）参照。明末の「公憤」など「公」概念については、岸本美緒「比較国制史研究と中国社会像」（『人民の歴史学』一一六号、一九九三年）が論じる。

(136) この時期「新政」に伴う新制度導入・負担増加が全国的な民変の頻発を招いたことはよく知られている。これについては、「乱民」を徹底鎮圧する態度と、民の行動に正義を読み取る姿勢とがせめぎあっている。たとえば、狭間直樹「山東萊陽暴動小論――辛亥革命における人民闘争の役割」（『東洋史研究』二二巻二号、一九六三年）参照。

(137) 『大公報』光緒三十三年十月九日「怨声載道」。

第十章　体育と革命
——辛亥革命時期の尚武理念と治安問題——

1　課題の設定

科挙制度に示されるような文治理念は、長い歴史の中で培われたものである。大清の政治体制は、あからさまな軍事力の行使によって成立したとはいえ、軍人ではなく科挙官僚が統治するという文治の体制は入関後の清代を通じてほぼ一貫して維持されたと言ってもよかろう。もちろん、清朝においては八旗制度が国家体制の根幹とされていたから、八旗の成員に対しては武力の維持が期待されたのは当然であろうが、旗人が高官に登用されるときも、必ずしも軍人としての戦績によるのではなく、皇帝に近い支配集団としての信頼（そして民政の実績）によることが多い。そして八旗は世襲的な集団であるから、それ以外の人々にとっては、立身のための手段は「読書」つまり科挙合格のための学習ということになり、宣武でなく崇文の気風が大勢をなすことになった。武科挙もあったが、これは文科挙より一段低く見られたのである。(1) もちろん、一九世紀中葉の戦乱の時代には、団練の編成などの軍事行動が必要とされたが、これは必ずしも武を尚ぶ観念を強めたわけではない。

これは、同時期の日本とは対照的な点と思われる。徳川政権のもとで平和な世が続いても、やはり武士が統治者であった。武士は日常的な政務において才能を発揮することが求められたものの、常に帯刀し軍事を担うものとしての自覚を失うことはできなかった。明治国家の成立の後に武士身分は消滅させられたが、徴兵制の導入とともに理念的には全男性が国防に責任があることになり、軍国主義的な倫理が形成されていった。忠君愛国の観念を国民に注入しようとする明治軍国主義の有効性は、日清戦争・日露戦争において立証されることになるが、これは清末の人々に多大な脅威を与え深刻な反省を迫るものだった。この文脈に、清末の「尚武」理念と「体育」の提唱を位置づけられる。

本章では、このように軍事的危機意識の一つの現れとして登場した体育社の事例を取り上げる。その背後にある考え方を分析するだけでなく、天津における体育社の活動を可能なかぎり丁寧に観察することにしたい。これを通じて、かつての団練や義和団と異なる身体観に基づいた組織であることを明確にしようと思う。また巡警など他の組織とのかかわりと都市の社会秩序の問題も、前章までの議論に引き続いて注目してゆく。特に、宣統三年（一九一一年）秋の武昌蜂起以後の政情のなかで、体育社に期待される役割に変化が起こる。社会不安の広がりの中で、体育社は天津人による自警団としての役割を果たすようになったのである。他にもいくつか治安団体が形成されるが、それらと体育社との関わりにも注意する必要があろう。

先行研究としては、朱英の清末商人社団についての研究から多くの示唆を得られる。朱英は、「軍国民教育」の理念の普及から、上海・漢口・蘇州における「商団」の成立、そして辛亥革命において「商団」の果たした役割について、詳しく分析している。(2)ただし、本章が扱う天津については、「体育会」の創立時期など基本的なことすら不正確な記述にとどまっている。

また、朱英は「異なる時期、異なる地区における商団の誕生の原因は、なお具体的な考察を要するのであり、簡単に一概に論じるべきではない(3)」と的確な指摘をしている。ただし、そこで想定されている相違とは、ある体育会ないし商団は民族的危機を救うという政治的意義を有していたが、ある地域の場合には商人が自己の経済利益を守るためのもので政治的意義が明確でなく、またあるものは清朝の統治に協力し革命運動を阻害する消極的な役割を果したというものである。このような性格規定は納得しがたい。例えば、商人にとって治安維持が第一なら、最もそれに適する政権を受け入れるであろうと予想されるが、それは政治的選択と言っても構わないだろう。また、革命派に協力した商人集団も、実は革命派による軍事的制圧を受ける前に、自己の経済的利益を守り治安を保持するための戦略であったとも考えられる。また、中国の強国化を願う心情は、政治路線を越えて共有されているかも知れない。これらの問題こそ、改めて考えてみたいのである。

他にもいくつかの地域について具体的な成果があり(4)、それを念頭におくべきだが、実のところ、天津の事例はかなり特徴的である。例えば、①都統衙門撤収時の条件により、天津城近辺への軍の移動は外国側によって制限されており、革命派の軍事力が直接に及ぶことはなかったこと、②整備された巡警組織があり、これと提携する以外に準軍事的な（paramilitary）組織を作ることはできなかったこと、③天津を含む直隷省はついに独立せず袁世凱の中華民国の統治を受け入れたこと、が考えられる。それゆえ、他の地域と比較して、所与の条件が変われば、どのように別の結果が出てくるのかを示す貴重な事例となるだろう。

そこで、まず天津体育社創立の理念的基盤である「尚武」と「体育」について考察したうえで、具体的に体育社の設立過程を追うことにする。次に、辛亥革命の動乱のなかで、体育社がいかなる役割を果したのか（果たせなかったのか）を議論してゆきたい。

2　軍事重視論と体育理念の流行

光緒三十一年（一九〇五年）、天津の南段巡警総局は、以下のような白話文を公布して、住民に呼びかけている。今や武を尚ぶ世界となり、兵力が強くなければ決して国を立ててゆけない。工業・商業を発展させるのが富国の根本であり、国が富めば自然と強くなるとは言っても、もしそれを保護する兵力がなければ、富も保全しきれないのだ。…（中略）…富も有ってほしいものではあるが、われわれ中国は、富だけでは国を保てないことを知るのである。そこで力を入れて練兵を行ない国の力を強めるのだが、ここ何年かの努力は大いに訓練の成果があがっている。(5)

ここで、巡警局が意図しているのは、これに続く文で軍事演習について不適切な流言をたてて はならないとあるように、軍事を推進する政策の必要性について、広範な民衆の理解を求めることであろう。

周知の通り、日本とロシアの戦争は、清朝の版図も主たる戦場に含まれた特異な戦争であり、官憲から学生に至る多くの人々の強い関心を惹起した。従来から指摘されてきたところでは、戦争における日本の優勢は、専制ロシアに対する日本の立憲制度を高く評価する議論につながった。しかし、端的に明治の軍国主義に対する評価がどのようなものだったかという点を閑却することはできない。これより先、梁啓超は、日本の「武士道」「日本魂」に着目した国民形成論を展開しつつあった。(6) また、「軍国民教育会」の運動は、明確に「軍国民」の観念を提示していた。(7) このような文脈から、軍人を国家に不可欠な職業として尊重すべきことが主張されたが、それは明らかに従来の「文」の優越とは異なる発想である。(8)

具体的には、まず、軍人を尊重する社会通念を形成することが、目指された。『大公報』のいくつかの論説で、その意図を確認できる。「軍人は、特別に優待すべきだ」という文章は、「中国は、実は尚武の国民だったのに、教育が衰退し民の勝手に任せたので、次第に尚武の心を失った。私闘には勇敢であるが故に、外敵にあたるという時には国家と如何なる関係にあるかを知らないのだ。そこで、連戦連敗、ついに非常に弱い国勢を形成してしまった」と経緯を概括する。なすべき対策として軍人優待が提示される。例えば従軍する者に対しては、郷里の紳董が日本の例のように壮行会を催すべきだ、残された家族に対しては手厚い援助が加えられるべきだ、もし命を惜しんで軍隊から逃げ帰って来た者がいれば、官につきだして処罰し、家族も郷里にいられないようにするのがよい、といったことである。(9)

また、従来、刑罰の一種として存在した「充軍《じゅうぐん》」という名義も問題視される。軍務にあたることを刑罰とみる発想が、「下においては国民の尚武の発揮を妨げ、上においては国家の自強の機会を失わせているのだ」。そもそも「欧米諸国では、誰もが従軍を栄光とみなし、ひとこと兵士になると言えば喜色が顔に浮かぶ。戦場を楽しい場所と見て、敵の攻撃を受けるのを喜びとする。その尚武の精神は元来が中国とは異なり、国家が尊重し激励するのも自ずから道理がある」。ところが、中国には「充軍」という刑罰があり、あたかも軍が好ましくないもののような表現をするのは大問題で、改革すべきだというのである。(10)

また「願学子」なる者の投書も、兵士を尊重すべきことを主張する。すなわち、中国では兵士を軽蔑する観念があり「まともな男は兵にならない」(「好人不当兵」)という諺もある。ところが、西洋・日本では、「教育を受けたことのある者は皆、国民である以上は国を守る義務のあることを知っており、それゆえ戦争のときには敵と陣をかまえて戦い、いずれも戦場に力を尽くし、戦わずして逃走することはない」。これは、まさに兵士を尊ぶかどうかという違いなのである。(11)

これらの議論の背後にあるのは、国民皆兵の理念であろう。そして、軍人に対して社会的に高い評価を与えることが強国の前提として強く意識されていると言える。

そして、軍事や国民形成と結びついた意味を含む新語が「体育」である。この語は、古典籍に見出すことは難しく、大筋としては、明治日本から導入された概念と見なしてよい(12)。まずは、「体育」がどのように考えられていたかの一例として、『大公報』に載せられた論説「体育を論ず」を見てみたい。

人生の幸福といえば、何が大切か。身体が強健なことである。思うに、身体が強ければ精神は必ず健やかになり、万事がうまくいく。身体が弱ければ精神は必ずちぢこまり、一事すら成功しない。ヨーロッパ・アメリカ各国の人は発想が豊かで創意に巧みである。表面的な見方をする人は、彼等が能力・知性に秀でるのは天賦のもので、我々中国人はその足下にも及ばないと驚嘆するかもしれないが、彼等の心身の立派さや体格の壮健さが全く我々中国人のはるか上をゆくということには気づかないのだ。ああ、彼の地の人々はどのようにして、こうなれたのか。ただ体育を通じてに他ならない。

教育の方法には、智育・徳育・体育の三つがあるが、体育が智育と徳育の基礎なのだ。今、国勢を考察する者が一国の盛衰を判断するのに、版図の大小や人口の多寡で判断せずに、国民の身体の強弱で判断する。昔、フランス皇帝ナポレオンがヨーロッパを蹂躙した時、某国を伐とうとするには、先ずその国の体育がいかなる程度かを調査させてから兵を動かした。これほど国民の体育は国家にとって重大なことであるから、ヨーロッパ各国では体育を智育・徳育以上と言ってよいほど重視しているわけだ。そこで、室内の空気が濁れば換気しようとし、仕事の時間が長すぎれば休息しようとする。それだけではない。国民は、子供の時から、学校に入れば体操で筋骨を鍛えたり遊戯で運動能力を高めたりしている。この他、飲食・立ち居など何ごとによらず気を配ることはいうまでもない。こうして、身体を発達させ骨格を成長させることができ、元気溌剌となる。かくまで体育を重視することから、発想の豊かさと気力の充実がもたらされるのだ。我々中国人はとてもかなわない。

西洋人はともかく日本人についていえば、同じくアジアにいて同じく黄色人種であるのに、日本人の身体は、我々中国人と比べて強壮であるようだ。中国語を話さず中国の服を着なくても、一見して中国人は中国人とわかる。たとえ日本人と一緒にいたり出掛けたりし和服を着て日本語を話していても、じっと観察すれば、やはりすぐ区別がつき疑問の余地がない。なぜか。思うに、街を歩いているとき背をかがめて歩いており、部屋にいるときは寄りかかるように体を傾けて座っているからだ。また、あくびやせきのようなことは、日本人には少ない。そもそも、我々中国はこのような虚弱な民族であるのに、この世界で強健な人種と競争しようとしても、戦わずして勝負はすでに決まっている。ここまでいえば、平気ではいられまい。…（後略）[13]…

ここには、進化と関係させた人種理論の影響が濃厚にみられる[14]。続く部分では体育と軍事の関係を明確に述べている。

軍隊にあって日々軍装を身につけ兵器を手にする者は数十万人に過ぎないが、もしひとたび有事の際には、全国の人が、つまり農民は農具を捨てて、職人は工具を捨てて、前線で戦うようでなくては、世界ににらみをきかせることはできない。

そのための方策は、学堂において柔軟体操だけでなく兵式体操を授けることで、服従の性質を養いつつ壮健の軍人をつくるというものである。「人民は国家の基礎であり、身体は人生の基礎である。身体が強ければ人民は強く、人民が強ければ国家は当然強くなる[15]」。

「運動大会」も、そのような「体育」の理念で称揚された。光緒三十一年（一九〇五年）四月二十四日に、学生を集めて天津運動大会が開かれた。これをめぐって、『大公報』は白話文による所感を掲載した。

国を強くしようと思えば、民気を強くしなければならない。民気を強くしようと思えば、体育を追求する必要がある。今はすべての学堂に体操の授業があるが、これは確かに体育の基礎である、今や北京大学堂と天津大学堂とは、いずれも運動大会を開いており、参加者も積極的であることから、体育の発達を見てとれる。中国人の尚武の精神は、ここから奮起するだろう。(16)

「体育」理念は、初等教育にも適用されていった。すでに「体育会」が活動をはじめた後のことだが、以下のような事例がある。官立・民立の小学堂から選抜された生徒が集まって「槍式歩方」の合同練習をした。軍隊に倣った行進であろう。これは実は「天津小学体育観摩会」という行事の準備であった。この、まさに「体育」をうたった運動会は、河北公園運動場で開かれた。これは、唱歌遊戯や競走などを中心とするが「兵式体操」も含まれていた。(17)

以上から知られるように、この時期には、強国化のために尚武の精神を奮い立たせ、文弱な生活態度を克服することが希求されようとしていた。「体育」は、それと密接に関連する観念であり、国民の身体の強化が軍事的な観点から求められたのである。そこでは、日本の軍国理念が模範とされることもあった。次に、その発想を具現する組織「天津普通体育社」について検討を進めたい。

3　体育社の成立

天津で体育社創設の動きが具体化していったのは、宣統二年（一九一〇年）の末であった。探訪局総辨の楊以徳《よういとく》（敬林）は「東三省の危機がすぐそこまで迫っている。その隣に位置する直隷も次にあぶない。決して手をこまねているわけにはいかない。そこで応急の対処として、天津の紳商各界を連合して民団を組織し治安を保つことにする」と主張して、計画を進め始めた。その団体の名は「普通体育社」とされ、暫定的な規約を作るとともに、発起人で臨時社長を選ぶことにした。こうして十一月二十日午後一時、商務総会の場所を借りて成立会が開かれた。紳・商・工・学・自治の各界から二百名余りが出席した。杜小琴が開会の趣旨を述べた後、李玉蓀が章程（規約）を一条ずつ読みあげ、皆で討論を行なって決定した。そして正社長に楊以徳を、副社長に王竹林・孫仲英・徐僕庵・呉潔南を、審察員に武国棟を選んだ。また会の名称も改めて「天津体育会」とした。[18]

しかし、巡警道に対する趣旨説明は「天津体育社」の名義で行なわれている（以後も「体育社」「普通体育社」の名称が用いられる）。具体的には、王賢賓（竹林）・徐誠・楊以徳・呉連元・李鎮桐（玉蓀）・張国琛・杜宝楨（小琴）・劉孟揚らの連名になっている。この説明は、総督を通じて北京の民政部に報告するためのものであるが、まず中国の過去の経緯をふりかえり、体育の必要性を訴える。

> 武の誉れが次第にすたれ、文風を尊ぶようになったので、国民の尚武の精神は、日ごとに振るわなくなりました。門戸を閉ざして閉じこもっていた時代には、それでも問題なかったものの、今や群雄角逐の場では、ひけをとることになります。時勢からいえば、わが国は国民皆兵制度を施行し、勝利・自存に努めるべきでしょうが、ただ全国の風気はまだ開けておらず、あわてて施行しても、きっとうまくいかないでしょうから漸進的にすべきです。手始めとして、国民の体育を提唱することが急務なのです。

このような認識から、体育社を創立しようと「上海商団章程」を参考にして必要な変更を加えて規定をつくり、「健身衛生」を仕事とし「保家保国」を目標として、身元のきちんとした者をのみ集めると述べている。[19]この件については、まもなく総督・民政部の許可が得られた。[20]『大公報』は、体育社に入ることを希望する者が毎日喜び勇んでやってくるが、その多くは教員であるとし、「これによって国民の程度の進歩が速やかなことが知られる」と評価している。電車公司は、遠くから体操場に通う社員に対しては「公益」の観点から電車運賃を無料にすると決めた。[21]

『大公報』宣統三年二年二日には「体育社社員諸君注意」という広告が掲載されている。その内容は、二月十五日から活動を開始するので、十日午前九時に点呼を行なう、体操服（＝操服）を着、入社の証書をもって指定された場所に集まるように、とのことであった。これより先、既に体操服は青色に紫の線が入ったものと決まっていた。[22]南門外の楊家花園で行なわれた点呼では、社長もふくめ社員が、きちんと制服を着て整然と集まり、「一種の尚武の精神が、はっきりと現れていた」[23]。十五日には予定どおり南門外の練習場で公開演武（＝演礼）が行なわれた。これには、天津の官憲も招待され参観した。[24]

天津体育社の組織の概要は、その「章程」によって知られる。まず第一条は「宗旨」として基本目的を掲げ、「本社は天津の土著または居留している士農工商、およびその子弟を招集し、練習・体操し身体を強健にし、尚武の精神を奮い立たせるのを宗旨とする」という。体育社は、職務（事務・運営）にあたる者を「職員」、体操をする者を「社員」とし、そのほかに発起人のうち「職員」か「社員」でないものは「評議員」とする（第四条）。正社長一名、副社長四名は発起人たちが選ぶ（第五条）。また、「教習」を招いて訓練と武器管理を担当させる（第七条）。社員を募集する方法は、①各団体または職員、評議員の紹介した者、②加入を希望する者で二人以上の紹介者がいる者、の二種であった（第二十一条）。社員となる条件は、二十歳以上四十歳以下で身元に問題がなく品行のよろしい者であり、四十歳以上の場合も練習に耐えられれば加入させうる（第二十四条）。銃については、巡警道を通じて直隷総督に請願し官設の軍械局から支給してもらうか、官許のもと購入する（第二十七条）。社員の体操服は、体育社の規格にあわせて自分で準備する（第二十八条）。正副社長・事務担当者・評議員などは、仕事に来るときは、規定の制服を着て尚武の精神を示す（第三十条）。もし制服または体操服を着て、みだらな遊興に赴く者は除名とする（第三十一条）[25]。また、具体的な規律として「操規」や社中に対する「礼節」も定められた。[26]

体育社の性格・目的について、設立者がどのように考えていたかの一端は、楊以徳が順直諮議局議長閻鳳閣《えんほうかく》に送ったという書簡が示している。閻らが体育社の章程を取り寄せて検討し、天津だけでなく各府州県に広めようとしていることに対して、楊以徳は書簡において賛意を表しつつ留意すべき点を指摘している。「そもそも自強のためには尚武が不可欠で、尚武であってこそ自衛することができます。わが体育社の意義は、まさにここにあります」と述べ、誤解を招いたり「急進党」（革命派を指すのだろう）に口実にされたりしないように、決して「国民軍」「商団」というような名称を使わないのだと説明する。そして、体操服は軍人と区別があるようにしているという。つまり、あくまで軍事組織ではないことを強調し、「体育」のための団体とするのである。(27)

この書簡で提起されている注意点は、四か条ある。①郷村地域まで一律に同じように実施すると問題が起こりかねないので、漸進的に広めるべきだ。②天津は各国の官商が注目する地なので体操服・靴・帽子は、やや立派にしなければならないが、各地では比較的質素であってよい。ただし、それぞれの地域では服装は統一されていなければならない。③除隊になった兵士から教練を受けるようにする。もと兵士だった者に地元で教育に当たってもらえば有効で、しかも除隊しても職がないと非行に走りかねないが、それを防げる。④操練にあたっては、農業・商工など本業に差し支えないようにするのが肝要だ。(28)

そもそも順直諮議局が省内の州県に対して文書と章程の例を送付して、天津体育社に倣って組織づくりをするように命じてほしいと省の官憲に要請したことの意図も、天津での動きと異なるものではなかった。すなわち、「我が国では、文を尊び武を軽んじて、民は軍事を知らず、長い歴史のうちに習慣となって、義務を果たすのを常に面倒なことと考える」「そもそも東西の各国の国民はみな武を尚び、人は誰でも軍事のことを知っており、女性・児童でもみな一丸となって敵にあたることを理解している。有事の際には戦死するのを名誉とし、有り金をはたいて軍費に差し出すのを喜びとしている。このように平時から構えができているのは、一朝一夕の成果ではないのだ(29)」

としている。広く国民に「尚武」の気風を起こし、国家の危機に対処するのに協力する姿勢を作り出すことが、体育社に期待されていたと言える。

さて天津の体育社は、その厳格な規律とまじめな態度が高い評価を受けるようになってゆく。体育社の正副社長と評議長・評議員らは、いくつかの規定を設けたが、たとえば、「品行を重んじる」ため、体操服を着て戯園〔劇場〕・食堂・売春宿などに行ってはならない、社員で帽子・徽章を受け取ったものの、連日操練に参加せず、不参加の届け出もしないで二週間以上になる者は除名とする、職員・社員は制服を着用して撮影した四寸大の写真を事務所に提出しなければならない、といったことを定め、規律を保とうとしていた。[30]その練習ぶりは「体育社の社員たちは、毎日二回の練習を怠けたり遅刻したりすることなく、楊以徳社長も朝な夕な体操場まで自ら赴いて模範を示す[31]」と報道されている。

体育社の事務所は、はじめ城内二道街にあったが、手狭なので南門外南関下の楊家花園に移り、体操場と同じ場所となった。[32]体育社の体操場は、「東操場」「西操場」の二か所があったが、その整備には工程局が助力し、代価は「事は公益に関わる」として敢えて徴収しなかった。[33]この経緯から、体育社は官とは一応区別されたものとして意識されてはいたが、官の後援を受けていたことがわかる。

ただし、その財源は、主に民間の寄付金によっていたと思われる。三合土（石灰・砂・粘土を混ぜたもので、つきかためる）を扱う頭目である許俊邦は、体育社にあてた書簡で、寄付の趣旨を述べる。それによれば、体育社の提唱により我が国民はみな尚武の精神をもつようになるので、自分も国民の一分子として参加したいが、齢五十余りになり私事もあって、それができないという。ところが、自分は新しい体操場に建てる講堂や事務所の基礎工事を担当しているので、その代金は無料として体育社が使ってほしいとの申し出であった。また、開平啓新洋灰公司の劉湯銘は、体育社は「まことに〔戦国時代の〕燕・趙の尚武の精神を回復するものだ」と慶賀しつつも、外地の者でたまたま天津で雇用されている自分は参加できないので、洋元で三元二角を寄付すると言うのである。また、他にも寄付をなした者の姓名と金額が新聞紙上に示されているが、これは、いっそうの寄付を募る意図による報道であろう。ここには、劉湯銘ほどでなくても、十〜二十元の少額の寄付者が多いが、最高の寄付額は社長楊以徳の洋百元であった。(34)また、社員からも毎月一人あたり一元を集めることにした。(35)

天津体育社の社員の中には辮髪を剪った者が多かった。「社員二百人、社長楊敬林〔以徳〕道台を除いて、既に三分の二は辮髪を剪っており、残りの者もみな半分を剪っている。それで、毎日、体操場で練習するとき、とても敏捷で大いに尚武の精神がある」(36)とのことである。これは辮髪を剪ることが尚武の理念と結びつけられていたためであり、必ずしも清朝に反対する意図は込められていなかった。(37)清朝の皇族すら、天津の体育社のことを伝え聞き、「智徳並重」と記した扁額を賜与したのである。体育社はこれを丁重に受け入れた。(38)このことからしても、体育社の政治的性格は、清朝に反対するものと考えられていなかったことは明白と思われる。

実際、体育社は官による監督を受けることになっていた。先に銃の取り扱いの規定に触れたが、武力を保持する集団である以上、その位置づけは当然であろう。そのしばらく後のものと思われる社員規則には、「本社は、巡警道による監督を求めることで、服従を示す」とあって、さらに銃の厳密な管理が規定されている。また、北京の皇室貴族から文武の高官などの参観に対しても丁寧に接待することと定められていた。実際、例えば濤貝勒《ベイレ》が視察旅行の途次に天津を通ったとき、天津体育社は駅で歓迎大会を開いたところ「国民の尚武は強国の基礎だ」などという言葉で激励を受けた。(39)

社長である楊以徳が巡警組織の要人であることからしても、体育社は官との密接な関係のもとに容認された組織であったと考えられるのである。

4　革命の不安と諸団体の形成

（1）人心の動揺

宣統三年八月十九日（一九一一年一〇月一〇日）の武昌での革命派の蜂起と政権樹立は、全国に多大な影響を与えた。天津もその例外ではない。これまで、武昌起義の勃発から袁世凱の大総統就任に到る時期の天津の歴史については、革命派の活動と民国元年（一九一二年）の「壬子兵変」の状況が指摘されるばかりで、天津の多くの住民が、政治的不安定にどのように対処したのかといった基本点なことは、ほとんど論じられて来なかった。胡光明は、その空白をうめるように、商会を中心に、この時期の動向を追いはじめている。[40] そこで、以下では、体育会とそれに類似した組織に着目して、この問題について議論を進めることを試みたい。そうしてこそ、厳しい状況の中で体育会の果たした歴史的役割について理解することができるだろう。

武昌での革命は、天津の市中に流言の類を生んだ。日本の天津総領事小幡酉吉《おばたゆうきち》は本国に打電して、「南清変乱ニ連《つ》レ、当地人心多少動揺ノ兆ナキニアラズ。且坊間ニ於テ革命党秘密侵入ノ噂アル際、特ニ情状内探ノ必要アルヲ以テ、差向キ機密費千弗《ドル》電送アリタシ」[41]と述べている。

天津巡警道の葉崇質は、一等巡警のうちから三十人を選抜して、茶店・酒場・売春宿などに私服で送り込んで、流言の元を内偵させた。[42] どのような流言かというと、陳《ちん》夔竜《きりゅう》総督は家族を南に帰したというものや、何人かの官員が辞任して帰郷したとか、家族を租界に移したというものである。[43] その真偽はともかくとして、そのような流言の背後にあるのは、政治秩序の動揺の予感、そして身の安全に関する不安という社会心理であろう。実際、官僚の避難は、大きな問題となりつつあった。[44] さらに事態が進むと、灤州《らんしゅう》の軍隊が「共和」を主張するという風聞により、北京の官僚・富豪は天津租界に避難してきたと伝えられた(45)。

天津商務総会の協理にあたる呉連元が、日本総領事館の瀬上通訳生に語ったところによれば、呉のところにかねて知り合いの革命党人が来訪し、「弥ゝ《いよいよ》近ク北京及天津ニ於テモ事ヲ挙《あぐ》ル筈《はず》ナルガ、総会現総理ハ既ニ老耄《ろうもう》深ク恃《たの》ムニ足ラズ。之《これ》ニ反シ貴君ハ尚《なお》壮年ノコトニモアリ、且天津ノ外ノ事情ニモ精通シ居ルコトナレバ、其節ハ総会ヲ引率シ、万事革命党ノ為メニ尽力ヲ希望シタキガ、諾否如何《いかん》」と真面目な顔で尋ねてきたので、呉も尽力を約束した。もっとも呉は、この話を日本側に伝えただけでなく、日本租界に避難のための家屋を斡旋するよう依頼したのであった(46)。

体育社社長また探訪局総辦である楊以徳は、人心を安定させるため新聞に意見を載せている。これによれば、革命党が北京で蜂起するというような噂があるものの、絶対に彼らの力が北方に及ばないことを六か条の理由で力説している。それは、①革命党というのは多く南方の出身であるが、北方の民俗は純朴なので「革命」の二字を理解する者すら少ない。北方で煽動しようとしても、言葉は通じず各自で判断できるので断じて仲間になることはないのだ。②革命党は、まず武昌を根拠として固めることをめざすはずだ。③我が国の綱常の大義は人心に浸透しているので、革命の謬説は受け入れられないだろう。北京での蜂起のような上を犯すことは支持されない。④革命党に従っているのは脅された者が多い。⑤革命党にとって武器の補給も容易でないはずだ。⑥外国も借款を与えている対象である政府を支持するだろう(47)。

このような論がどれほど説得力があったかを確言することはできないが、少なくとも、これを述べている楊以徳自身は一定の危機意識をもっており、このような説得そのものを社会的安定に役立てようとする意図があったと言えよう。天津でも革命派の動きが盛んとなっており(48)、まさに楊以徳がその鎮圧にあたっていたことに留意すべきである。

そして、後に述べるように体育社も治安の維持に一役買ってゆくことになるのだが、注目すべきことに、他にも様々な名義で自警的な組織を設立する動きがみられたのである。

(2) 治安対策の展開

まず商団を構想したのが、敦慶隆の主人（号東）の宋則久である。冬になって貧民対策が必要で、しかも政情不安なので土匪の跋扈から自衛するために商団を設けるというのである。そのために商務総会の場で公議し、まずは宋則久が店員二十人の名前を体育社に送り、教練を依頼した(49)。ささやかな自警組織であるが、体育社が培ってきたものが、このような形で利用されていることに注目したい。

これを発展させるような形で、商勇の募集について天津の紳商が議論した。九月七日に議事会の場を借りて会議を開き、「ことは急を要するので、もし改めて章程を適当に定めようとしていては、遅きに失する」として、厳修と李士銘を領袖として千名を召募することにした。経費は、ひとまず六商人が一万五千元を準備した。また、商勇の召募について道台の許可を得ることにした(50)。

この動きは保衛局の設立に帰着する。総督の批准を経て、厳修・李士銘・寧世福ら三十五人が局紳となり、保衛局の運営を担当することになった。召募の対象は信頼のおけるものを選んで採用し、統巡—総巡長—巡長—巡目—商巡という指令系統をつくり、統巡から商巡に至るまで皆制服を身につけることにした。運営資金は、基本的に広く寄付を募ることで確保するようめざしていた。その章程によれば、「本局は、土匪を防ぎ城厢の治安を守り、巡警を補助することを基本目的とする」とされており、治安を乱す者がいた場合でもあくまで巡警とともに対処するものと定められた(51)。

十月二十日午後、保衛局は河北公園において集合演習を行なった。厳修など保衛局の要人も顔をそろえた。商巡

隊は、東西南北中の五つの地区（「段」）に分けられており、それごとに演習した。(52)

さて、これとは別に、「鋪勇」を組織して土匪などに対応することが、商務総会の場で決議された。区域（「段」）ごとに錬成するもので、まず、估衣街が各店舗から資金を集めて、地元の脚夫四十名を雇い、さらに鍋店街は鋪勇三十名を雇った。(53)こうして、主要な街路には鋪民局が、小さな巷には民吏局が設立され、怠りなく見回りすることとされた。(54)

また紳商が治安問題について合議するためのものとして、維持公安会がある。天津城議事会を会場として、三百人の者が集まり、張伯苓を会長とした。劉孟揚が趣旨説明を行ない、「この会は、土匪が略奪をしたり官兵が騒ぎを起こしたりするのを防ぎ、地元の安全を保つためのものだ」と述べた。ここでは活発な議論がなされた。思い切った宣言がなされるべきだという意見もあったが、この会の目的は治安であって政治問題ではないという発言もあった。(55)ここでいう思い切った宣言とは、つまり清朝からの独立ということを含意していたのだろう。また、維持公安会は、天津に駐屯する外国軍が革命軍と交戦し被害が人民に及ぶことを恐れていたが、会の或る者は外国の領事にその懸念を申し入れた。(56)

結局、維持公安会の仕事は商務総会に合併されることになった。内実も、賑済を主とするようになったらしく、王竹林や李星北らは総督にそのための資金提供を求めている。(57)

さて、このように治安維持についての関心が高まる中で、体育会も、当初掲げられた目標とは異なり、自警組織としての性格を強めてゆくことになる。その理由は、規律がとれ軽武装している天津住民の組織として、緊迫する情勢のなかで自衛目的に転用されるよう多くの市民から期待されたということがあるだろう。例えば、商人たちが体育社の姿が見えないと不安になって商会に質問してきたので、商会は体育社による巡視の継続を要請したということがあった。(58)加えて、体育社は、まさにその指導者である楊以徳の政治的意図（革命党の鎮圧）に利用できるという点を見逃すことはできない。

体育社による警備活動とは、市内を東西南北中の五路に分け、体育社員が巡察するというものだった。巡視は、昼と晩の二回となっており、軍隊式の規律が要求された。事件があれば、巡警とともに対応することになっており、火事があれば駆けつけて治安維持にあたる。また馬隊も構想された。これら体育会の活動は、やはり探訪局総辦楊以徳の管理下におかれていたが、五つの区画で協力することになっていた者は、李玉蓀・杜小琴・劉孟揚などである。(59)このことから、体育会は、楊以徳という個人によって巡警組織と一定のつながりを有していたが、実務では、地元名士の運営するものだったと考えるべきだろう。体育社は、新たに社員を募集し、多少の教育を受けており身体強壮な商民を選抜・訓練し、商団の訓練にあたらせるようとした。こうして警備が継続されることが期待された。(60)体育社の財源は、依然として寄付によっていたと考えられるが、有力な寄付者として商務総会があった。(61)

さらに旧来の水会も再編される。水団の成立である。闔津水局董事たちが商会を通じて総督に出した文書には、咸豊三年（一八五三年）の太平天国軍の北上の時以来、義和団の戦乱まで、水団が地域防衛・治安維持に果たしてきた歴史が回顧され、財源も塩運司庫から出されてきた由来が指摘されている。それに基づき今回の危機にも対応したいというものだった。陳総督も、これを認めた。(62)すなわち、七十九ある水会（うち租界にあるのは十九）を再編して五十人ずつの水団をつくるのである。華界だけであわせて三千人にもなる。給与は、塩運司と商会が負担した。水団は「尚武の精神を練成すること」を目的とし、体育社の教練を受けることになった。水団の者は規律を保って訓練に励むように求められたのである。(63)武器については、商会としては銃の支給を求めたが、警務公所は武器の不足を告げて棍棒百五十だけを与えた。(64)

さて、以上見てきた諸団体の性格は、かなりの共通性を持っている。それゆえ、例えば保衛局の商勇と体育社社員あわせて二千人が、大通りで演武・行進などを行ない威勢を示すというような協働も見られた。(65)また、体育会・

保衛局が五つの「段」に分けられているのは、おそらく巡警局による天津華界地区の五分割に対応しているのであり、巡警と体育社員そして保衛局の商巡などが協力して治安維持にあたることが期待されていたのであろう。とはいえ、設立経緯、指導的人物、構成員の内実、理念、財源などの違いから、組織としては別個のものとして存続していったと考えられる。このような組織化そのものも、不穏分子を抱え込んで統制する意図のもとに進められたと理解することができよう。

(3) 天津紅十字会の成立

もうひとつ、注目すべき団体がつくられた。天津紅十字会である。いうまでもなく、国際赤十字運動につらなる組織である。国際赤十字社は戦地での傷病者の保護をはかるため、一八六四年のジュネーヴ条約で発足した組織であるが、一九〇六年に改めて会議を開いて規定を整備していた。(66) 中国における紅十字会の起源は、光緒三十年(一九〇四年)のロシアと日本の戦争の折のことで、上海の紳商と中立国たる英国・フランス・ドイツ・アメリカ合衆国によって「上海万国紅十字会」が設立された。一九〇七年には「大清紅十字会」が作られ、上海の組織が吸収された。(67)

しかし、紅十字会という組織が注目を集め次々と各地に作られたのは、実に辛亥の年における革命と内戦という特殊な状況のもとだったことに注目する必要がある。北京では、「今回革命動乱ニ際シテ、早晩北京ニモ騒擾ヲ惹起スベキヲ慮《おもんぱか》リ、其際ニ於ケル傷病者保護目的ヲ以テ、去ル十月下旬、当市ノ清人有志家相謀リ慈善会ヲ組織シ、之《これ》ガ事業遂行ニ資スル為メ、右慈善家ノ名ヲ以テ、外交団ノ尽力ヲ求メ来リ…(後略)…」ということがあり、外交団からは一九〇六年の新ジュネーヴ条約に全面依拠すべきことを要請し、受け入れられた。(68) そもそも国際赤十字運動は、人道的見地に基づいて、戦地での負傷兵の救護にあたるものであるから、この北京での構想に示されるように地元での戦闘を予期して準備をするというのは、本来的な趣旨に合致しないのかもしれない。とはいえ、国際的な認知を容易に受けられる組織形態をとって、中立の立場の外国人の協力をあおぎ、緊急の必要に応じようとする発想自体は自然なことだろう。

天津でも、南方での内戦の継続を知って紅十字会の必要が議論されるようになる。天津紅十字会は、まず九月十四日、蒙養院で発起会を開いたが、賛同する者は三百人を超えた。そこで九月二十日、フランス租界の新学書院の宮保堂を借りて設立大会を開いた。運営方針としては二派があり、①資金の限界から戦地での救護はひとまずおき、天津で準備にあたるという案、②急いで武漢など戦場に赴いて救済活動にあたるべきだとする案、があった[69]。この紅十字会の特徴は、中国人と西洋人の董事が選任されていることであり、中董長は寧星普（世福）、西董長は赫牧師であった。また関係者として、厳修・張伯苓・英斂之・劉孟揚など天津の著名人を含んでいる。そして広く寄付を募り、資金が集まりしだい、救護に出発するとした[70]。このように、天津の有力者・市民は、決して地元の治安のみに関心があったのではなく、一般的な人命救助という理念にも共感していたと言ってよい。寄付を募る文言にも、天津のみの組織ではないことが肯定的に記されている[71]。

その博愛理念は紅十字会の募集に応えて、看護生への志願者が次々と男女あわせて百名以上も現れたことにも示されている。看護生は、二十〜四十歳までの者で、四週間の修業を病院などで経ることとされた[72]。

この間、上海の紅十字会の中心人物である沈敦和《しんとんわ》は、天津商会に電報を送って、資金援助を願っている。電文の中でいくつかの分会が挙げられているが、天津の紅十字会については全く言及がない[73]。このことからして、全国的に赤十字活動を展開しようとしていた沈敦和は、天津紅十字会と緊密な連携をとっていたかどうか疑問である。すなわち、天津紅十字会は、（後にみるように北京の紅十字会と連絡をとっていたが）相当な自律性のある地域的な組織であったと考えられる[74]。実際、「天津紅十字会会章」を見ても「本会の宗旨は、万国紅十字会会章に従う」とある

のみで、他所の組織との関係は全く規定されていない。(75)
十月二十四日、天津紅十字会と体育社とは、天津郊外のほうにある西沽大学堂の前の演習地で、合同演習を行なった。体育社員は三百人が集まり、南北軍に分かれ、三華里を隔てて対峙した。司令官の合図とともに両軍は接近してゆき、至近に到ると大声で呼ばわって威勢を示したうえで、兵をひく。「軍事知識ある者によれば、盛んなること新軍と違わないと言う。わが国民の尚武の精神を見ることができる」と評価されている。そして、この場で紅十字会は救護の訓練をした。

もし戦闘中に重傷・軽傷をうけた軍人がいれば、紅十字会の中国人・西洋人の医師と救護生らが前に出て救急にあたる。それが済むと、担架で西沽公理会臨時病院に運んで治療する。負傷の部位と軽重を、〔演習前に〕あらかじめ決めておいて、医師がそれに従って治療を施すようにした。そして担がれて病院に行くと、調剤部・治療部・重傷部・軽傷部がある。病院に備えられているベッド、シーツ、治療器具、各種の薬剤、包帯、脱脂綿は、いずれも完全にそろっていた。

男性の救護生は十二人で青い羅紗の軍衣を来ており、革靴に軍帽、そして紅十字の肩章をつけていた。十五人の女性の救護生は、いずれも薄い月色（はなだいろ）の棉の長衫（ワンピース）と白い棉の長い背心（チョッキ）を着て、帽子も薄い月色（はなだいろ）だが、白い輪がついており、紅十字がその上にある。医師は中国人・西洋人あわせて三名、来賓は、神父・牧師ほか、厳修や李星北などの紳士であった。(76)

この演習の様子から、紅十字会は、戦闘の場に入り込んで看護活動をするという趣旨を忠実に練習していることが知られる。そもそも体育会と合同演習するということ自体が興味ぶかい事例であるが、この背後には、社会不安の中で秩序を確保し生命を尊重するという理念に奉仕するという意識をみてとることもできよう。さらにいえば、軍事と医療という活動を通じて、体を鍛えて尚武の精神を発揮し、また負傷をしたら西洋医学による治療を受けるというような、新たな身体観が明確に示されていることになる（義和団運動における神助の武の観念や不死身の信仰と比べれば、相違は明らかだろう）。第二回の合同演習では、体育社を東軍、水団を西軍として野戦の練習を行ない、負傷者とみなされた者を紅十字会が救護した(77)。

さて、紅十字会は、着々と寄付を集めていった(78)。紅十字会が実戦の場に赴く機会もすぐ来た。徐州で戦闘にあたっていた張勲《ちょうくん》統領のところで医務の人員が不足しているので、北京と天津の紅十字会の助力が求められたのである。天津紅十字会は会議を開き、負傷兵士の救護にあたるというなら、ただちに出発すべきだが、もしも張勲の医務人員が必要だということなら紅十字会の趣旨として行くことはできないとの議論を行なった。結局、北京紅十字会が天津にやって来て、天津紅十字会も、ともに鉄道で徐州に向かったのである。「本隊の全部の人員は、万国紅十字会章程に確実に従い、北軍であろうと南軍であろうと将士が負傷したら一律に救護・医療を行なう」といった姿勢が示されている。心がまえとしては「この事業は純粋に道徳を尊んでのことであるから、個人的なことはいずれも状況に従い忍耐すべきである。それでこそ初心にそむかないのだ」と説かれた(79)。このように、中立的な立場から人命救助にあたるという理念が明確に意識されていることが知られる。徐州に到着すると大歓迎を受けたが、徐州は南北の軍隊が衝突する可能性の高い土地なので、準備を怠りなく進めることが必要だった(80)。

財源としては、民間の寄付を募るとともに、音楽会を催して金を集めることも試みられた。天津フランス租界の新学書院では西洋人の音楽家を呼んで、ヘンデル（George Frederic Handel）のメシア（弥賽雅）という曲を演奏した。また、城内でも鼓楼南の広東会館で十番（笛・太鼓・弦などの合奏）などの音楽が供され、劉孟揚も出し物（「寓意小技」）を披露した(81)。『大公報』も、妓女が「私は賤しい職業についているとはいえ、人間らしい心はあるのです」と言って紅十字会に寄付したなどという報道を行なうことによって、集金を推進しようとしていた(82)。

しかし、考えてみれば、これは構造的に財源の困難を伴う事業であった。戦乱の拡大・継続とともに、紅十字会を要請する声は急速に高まるものの、それに対応できるような財源を一挙に確保する方途は存在しないからである。折しも不況と金融危機が重なっていた。万が一、南北の和議が破れて戦闘が天津の近くで起これば、資金はすぐ枯渇する。こうして、正副会長の徐華清と孫子文、そして董事の王伯辰が、総督のところに赴いて資金援助を願いでることになった(83)。

ここに矛盾を見て取ることはできるだろう。政府軍と革命軍との戦闘で両陣営を分かたず施療するための資金を、その一方に要請するのである。さらに、寄付を募る土地が、まもなく戦地に変わりうる可能性がある。この点、必ずしも国際的な紅十字運動に還元されつくさない独自性を認めるべきだろう。すなわち、天津紅十字会は、具体的な戦闘状況に対処するために、かなり対症療法的に作られたものであり、国際的な視野も含まれてはいたが、まずは内戦での救護が念頭におかれていた。そして、それは地元での人命救済と容易に連続するものだったと言えよう。規律ある集団行動を要請するという点で、紅十字会は体育会とも共通していた。しかも、いずれも内戦の悲惨を最小限にくい止めることが期待され、それゆえ一定の支持を得られたことになる。

5　兵変から袁世凱政権へ

(1)　独立をめぐる激論

天津をめぐる政治情勢で無視できなかったのが、灤州の動向である。灤州にいた二十鎮統制の張紹曾が、清朝に立憲改革を要求しただけでなく、呉禄貞らと結んで軍事行動を起こす可能性があった。こうして、他の省と同様に順直諮議局も政治的判断を迫られることになる。清朝から独立するか、独立しないかである。張紹曾が天津に来た際にも諮議局と独立のことを相談したという流言が生じた[84]。

呉禄貞が暗殺されたあとで二十鎮が蜂起を試みたことも、北京・天津に兵火が及ぶ懸念を引き起こした。小幡酉吉の観測によれば、「灤州駐屯中ノ第二十鎮兵、先頃叛乱疑アリ。当地諮議局議員ノ如キ、愈《いよいよ》同軍ノ入津アルモ兵火ノ惨禍ナキヲ期スルタメ、先ヅ以テ直隷省独立ヲ宣言シ総督ニ説ク所アリ。他ノ一方ニ於テハ、当地方革命党員等、該軍ノ入津ヲ期シ、之《これ》ト相結ビ大事ヲ為サントスル形跡モアリ[85]」との状況にあった。「独立」は兵火を避ける方便という側面もあったことが示唆されている。

そもそも、都統衙門撤廃時の条件として、天津城から二十里の範囲における清軍の進駐が認められていなかった。これは、治安維持について不安を増す状態に違いない。そこで、総督から領事団に対する要求として、一時的にその条件を停止して軍隊の駐留を認めるよう願い、認められていた。これに対して張紹曾は、天津に兵を入れることを領事団から拒否された[86]。これで天津防衛の軍事力が強化され、しかも灤州からの侵攻も避けられることになったが、実は、このことが後にみるような大惨禍を引き起こす伏線となる。

このころ、「直隷保安会」なる組織が作られた。小幡酉吉の報告によれば、これは、一省の治安を保持するためのものであるが、実は独立を視野に入れていたと見られる。九月二十七日（西暦一一月一七日）、諮議局正副議長および当地選出の資政院議員が発起人となり集会を開き、三百人以上の参加を得た。議長には閻鳳閣諮議局議長を、副議長には王邵廉諮議局副議長と李舫漁法政学堂監督の二人を選出した。「或ハ同会ノ目的ハ、奉天及山東ノ両地ニ於ケル保安会ノ顰《ひそみ》ニ倣ヒ、結局本省ノ独立ヲ遂行スルニアラズヤトモ疑ハル」という[87]。

翌日午後二時から開かれた直隷保安会は、大いに混乱した。

諮議局議員及有志者五百余名出席シ、閻会長開会ヲ宣スルヤ、副会長王ヨリ本会ヲ保安会ト称スルハ奉天同保安会ト同名ニテ独立ノ意味ヲ有シ穏カナラザル嫌《きらい》アルニ付、会名ヲ維持保安会ト改称センコトヲ提議シタルニ、反対論トシテ、各省孰レモ既ニ殆ンド独立ヲ宣言シ、若クハ革命党ノ手ニ帰セル今日、特ニ革命軍ハ将《まさ》ニ北上襲来セントシ、天津モ近キ将来ニ於テ其占領ニ帰スベキ運命ヲ有スル切迫ノ際、名称抔《など》ノ末節ノ論ニ拘泥スルノ腑甲斐《ふがい》ナキヲ極論シテ、諮議正副議長ノ手温ルキ態度ヲ攻撃シ、最後ニ本会ハ此際独立ヲ宣言スルヲ至当ト認ムル旨ヲ痛快ニ演説スルモノアルヤ、会衆ノ大多数ハ之ニ賛成ノ意ヲ表シ、会場ノ光景漸ク色メキ渡ルヤ、閻会長ハ是等過激ノ論ニ反対ノ意見ヲ述べ会長辞任ノ意ヲ漏スニ至リ、議論更ニ沸騰シ会場騒擾ヲ極ムルニ至レルヲ以テ、閻会長ハ会衆中ヨリ四十名ノ代表ヲ公撰シ、今夜中ニ再ビ諮議局ニ会合シ更ニ密議ヲ為ス事ヲ発案シ、会衆ノ同意ヲ得、午后五時半散会セリ。(88)

この代表のみの密議では、結局は穏健派が勝ち、独立は否定され、会名は「維持保安会」とすることとした。また、袁世凱に対して湖北の革命軍と妥協するように請願することも決められたという。(89)

ここから、一部の者は、直隷独立という主張を明確にしていたことが知られる。その意図は、革命の大義に対する支持というよりは、独立宣言という方便をとることで革命軍による占領を避け、革命勢力が及んで来ないようにすることに重きがあると理解される。そうであるからこそ、袁世凱が革命勢力と交渉して戦火が止むのを期待するということが、すぐ選択肢となるのである。

山東省の独立の動きも、緊張を与えたが、独立に反対する論陣を張ったのが、楊以徳である。楊以徳は、「私が思うに、独立とは当面の一時しのぎを図り不穏な社会情勢を落ち着かせようとするのに他ならない」と喝破し、いくつもの理由を挙げて独立の不可なることを主張しようとしている。(90)

ついに、直隷省は、独立を宣言しないまま、年が改まることになった。しかし、その間に政治的な大局は変化していた。宣統帝が退位すると、おそらくそれを前提として天津でも中華民国の政権を受け入れることになった。もちろん端的に言えばこれは袁世凱の政権に他ならない。

そこで問題となるのが首都であるが、天津にいた南の省の紳商は「臨時政府地点争議会」を作り、北京を首都とするよう求めることにした。浙江会館で大会を開いたところ、六〇六人の参加があった。南京が派遣してきた使節（唐紹怡・伍廷芳・蔡元培）に対しても請願することにした。蔡元培も「我が輩は南方人だが、全国の大局を前提とするなら、臨時政府の地点は、どうしても北京を捨て南京にするのは困難だ」と述べたと伝えられた(91)。

巡警道の楊以徳は、諮議局・天津城議事会・天津城董事会・保衛局などと協議のうえ、十二月二十九日（農暦）に提灯行列を行なう旨、通知した。提灯には「中華民国共和万歳」と赤い字で記す、西馬路宣講所から出発し軍楽隊の先導のもと城を一周する、というのである。旗は、白い方形にやはり「中華民国共和万歳」と赤い字で記すべし、とされていて、まだ国旗についてははっきりしていなかったらしい(92)。提灯行列に間に合わなかったかもしれないが、まもなく袁世凱から直隷総督張鎮芳への指示として、上から下へ紅・黄・藍・白・黒の五色を並べる国旗の様式が通知された(93)。

年が明けても、類似の提灯行列が行なわれた。初七（民国元年二月二十四日）、「女子提灯会」は東馬路宣講所から四馬路をまわった。先頭には、五色国旗と「中華民国女子慶祝共和会」の大旗、そして、各女子学校の旗があり、後に続く者も小旗または五色国旗または「慶祝共和万歳」の旗を持っていた。参加者は二百人あまりで、口には愛国歌を口ずさみ、途上では爆竹が鳴らされた。記念撮影もなされた(94)。

ここには、新年の喜びと新しい時代への期待が表現されているとも見られる。さらに、容易に想像できるのは、天津では軍事的動乱を経ないで危機的な時期を乗り切れたという安堵感と言えよう。しかし、その喜びもつかのま、天津の人々は上元節（元宵節）すら無事に迎えることはできなかったのである。

（2）壬子兵乱

民国元年三月二日（農暦正月十四日）の晩、天津の華界は、大混乱に陥った。既に北京で始まっていた暴動が、天津にも発生したのである。天津に店をかまえていた三井物産の社員は、本社にあてた三通の電報で以下のように急を告げている。

「今夜十時、当地支那町暴動起リ、総督衙門、新停〔車〕場、其他五カ所ニ大火起リ、今尚《いまなお》盛ニ炎焼中ナリ」「昨夜来引続キ、今尚火災略奪盛ナリ。支那町目抜《めぬ》キ場所、殆《ほとんど》全部焼失。当方分店、正金《しょうきん》分店、其他日本商店モ焼ケタ。支那町トノ交通出来ヌ。暴徒ハ兵士ト巡査ナルガ如シ。各居留地ハ危険ナシ。商売途絶、暫ク恢復ノ見込ナシ」「前電ニテ当店分店及正金分店焼失トセシハ誤リ。双方共、今ハ無事ナルモ、其附近一帯、皆焼失、惨状ヲ極ム。火災ハ漸ク収マリタルモ、市中ノ混乱未ダ止マズ。巡査等尚《なお》発砲シ掠奪ヲ極メツツアリ」[95]。

また、横浜正金銀行の天津支店行員は、本社に以下の電報を送っている。

昨夜9 p.m.頃ヨリ相始メ、支那兵、支那人街諸方ニ於テ火災ヲ起シ掠奪 恣《ほしいまま》ニセシモ、官憲保護ノ任、少シモ行《ゆき》届《とどき》不申《もうさず》。今尚《いまなお》掠奪止マズ、損害 尠《すくな》カラズ。分店僅カニ火災ヲ免ガレ、駐屯軍及警察官保護ニヨリ、無事。書類帳簿現金、当店へ引揚中。分店当分ノ内、閉鎖。各租界並ニ附近、平穏[96]。

このような暴乱の中で、保衛局や体育社、水団や紅十字会は、人命・財産を守れたのだろうか。ほとんど、なすすべは無かったかと思われる。英国領事の冷徹な報告によれば、暴動をまず引き起こしたのは、その前日から当日にかけて北京から鉄道でやって来た兵士であるが、天津の地元からも火会（fire brigades）の者や団練の者（local militia guards）、そして下層大衆が掠奪に加わったという。巡警組織すら対処する方策がなく、しかも多くの巡警が放火・掠奪を助けたとまで指摘されている[97]。外交団は袁世凱に対し、改めて天津城から二十里以内の中国軍の進駐を認めないと通達した[98]。

財産を略奪され、家屋・店舗が灰燼に帰した天津住民の慨嘆の心情は、その被害を商会に訴える文章で激しく主張されている。ある商人の集団は、期待が裏切られた驚愕と無念を、以下のように表現している。

私どもは、いずれも北門内大街で商売をしております。おもいがけず陽暦三月二日、つまり壬子年正月十四日晩十時に、突然連発銃の音を聞き、とても驚きました。たちまち、街路は軍人で満たされ、ある者は銃を手にし、ある者は大砲を持ってきていました。初めは土匪を弾圧し治安を保護するために来たものと思い、各商店では頼もしく感じていたのです。その後、その軍人たちは、軍服を着て武器を持ち、火を放って大声で叫びつつ、家に押し入ってきました。わたくしどもは、とっさのことで防ぎようもなく、あらゆる貨物・有り金全部、家具一切、そして店員の衣服など、全部掠奪され、しかも放火されました。庚子の年に〔義和団鎮圧のため〕八か国連合軍がやってきたときも、これほどひどいことはしませんでした。そもそも、国が兵を養うのは、商民を保護し秩序を維持するためなのに、何とその軍人が無法にも軍火を放ち、昼夜強奪を行なったのです。(99)

別の商人は、保衛局などが自衛の役割を果たさなかったとして厳しく批判する。

兵とは、火のようなものです。兵を収めないでいると、自然に火のように燃え出すのです。兵を放任して人民を苦しめた責任は兵を率いる者にありますが、あらかじめ防備をしなかったのは誰の責任でしょうか。ことが起きてしまってからでは、どうしようもないではありませんか。まして、天津の商民は、月に若干の房鋪捐を納めて警察の費用とし、武昌蜂起以降は若干の月捐を納めていくつもの保衛局などを設けて、秩序維持をしていました。思いがけない事件で軍隊のねらいは金銭にあったのですが、警察なり保衛局なり商巡なり水団なりというのは、乱兵が武器すぐれ力が強いことから、全く兵を止めようとする勇気がありませんでした。私どもが納得できないのは、軍隊についてきた土匪が放火・掠奪をはたらいているのに、保衛局・商団・水団などは厳正中立を守り、叱責もせず、勝手にやらせておいたことです。結局、繁華な商業区を瓦礫の山に一変させ、至るところ家産を無くした者ばかりです。もし保衛局・商団・水団が実力をもって保護を行なっていれば、これほどの被害はなかったでしょう。私どもは平素から若干の銭を出してきましたが、その結果がこの有様とは、のどが涙につまって言葉になりません。[100]

この文で批判されている対象には、もちろん体育会も含まれているだろう。

結局、問題の解決に必要なのは、実効統治のできる中央政府であった。この壬子兵乱が袁世凱の謀略であったかどうかはともかく、結果として期待されて登場したのは、袁世凱の政権だった。袁世凱は、南京から来ていた蔡元培らと協議し、早く北京に政権を作ることとなった。[101]

そして中国軍の進駐が認められない以上、天津の治安を引き受けたのはやはり巡警組織である。こうして天津の巡警組織を率いる楊以徳が重きをなすことになる。楊以徳は、口北道台に異動になるはずのところ、暴動発生のため天津に居残ることができたのである。[102] 楊以徳の事績と人格は、日本の外務省の編纂した人名事典に簡潔に記されている。

其出身卑賤、辛ジテ文字ヲ認メ得ルニ過ギザルモ、彼ガ今日ノ位置ヲ得タルハ、畢竟事ニ処スルニ極メテ敏快且ツ胆力アルニ因ルモノニシテ、袁世凱ハ能ク其技能ヲ知リ、其長所ヲ利用シ且ツ屡々《しばしば》保挙ヲナシ、遂ニ今日ノ官職ヲ得セシムルニ至レリ。革命事変発生ノ当時、彼ハ探訪局総辦トシテ、革命党員ノ動作ヲ探知シテ総督ニ報告シ、事ヲ未然ニ防ギ、巡警道ニ陞任後、又依然トシテ革命党ニ圧迫ヲ加ヘ、彼等ノ計画ニ屡々妨害ヲ与ヘ、遂ニ其実現ヲ見セシメザリシ等、天津ノ治安維持ニ取リ、少ナカラザル効果ヲ奏シタルモノト云フベシ。[103]

このあと、袁世凱の死後まで、楊以徳は天津警察庁長の任にとどまった。

体育会の背後にある国民皆兵の思想は、袁世凱の死後も続く戦乱の時代には生かされることはなかった。しかも軍人が力を持つ時代になっても、強国の夢は実現されなかった。とはいえ、「体育」の理念と実践は、従前の身体観を変え、また国家観を変えることで、新しい歴史段階を切り開いたと考えられるのである。

6　小　結

体育会は、「尚武」の精神を発揮し国を強くするため有志によって設立された。これは、官の賛助も得つつ、天津の人々を社員に参加させていった。その運営の要となったのが、巡警組織の要人でもあった楊以徳である。その関係によって、天津体育社は順調に運営され、銃も獲得することができた。体育社は、一般市民が体操服を来て日々練習に集まるという様式を提示した。

武昌での革命の成功とそれに続く流動的な政治情勢は、天津の人心を動揺させた。そのなかで、体育会は自警のための組織に転用されるようになり、また同時期に成立した各種の自衛団体と協力して錬成に励んだ。こうして、昂揚する危機感と警備の必要性から、体育会の軍事的様式・集団行動は、ますます社会の中に浸透してゆくことになったのである。これは、紅十字会と体育社が合同演習しているように、かつての団練や義和団とは異質な身体観に基づいていたことに留意すべきである。

しかし、兵変という惨禍は、体育会・保衛局などの自衛組織の無力さを痛感させることになった。上海など独立した地域でも、紳商主導の武装団体や革命派の軍事力が十分に安定した政権を作り出すことはできなかった。結局のところ、内戦が市民に多大な危険をもたらすことは避けがたく、自衛的な武装団体に楽観的に依頼することはできない。そこで、租界に移動して外国人の庇護のもとで安全を得ようとする者が続出する。これは、愛国主義の観点からも、また日常生活の防衛という治安維持の観点からも、改善されるべき社会状況であった。

このなかで袁世凱が大総統に就任する。かつて直隷総督時代の袁世凱の治績は、天津の人々にとって記憶に新しいものであり、新しい大総統政権も、治安の安定と強国の実現という目標にかなうと期待させるものであった。主に南方出身者の革命集団よりも袁世凱のほうに天津の人々が好印象をもったのは自然であろう。

袁世凱の死後も、やはり治安の確保と中国の強国化という課題は残った。そもそも宣統三年（一九一一年）に楊以徳が率いていた体育会は、地元の安定と国家の将来にともに服務するという理想をひとまず反映できたと言えるかもしれない。しかし民国八年（一九一九年）の五四運動のときに天津の警察権力を掌握していた楊以徳が直面したのは、治安維持の必要と愛国主義の願望が厳しく衝突する局面に他ならなかったのである。[104] 中華民国北京政府時期の都市が抱えていた課題の一端が、ここに示されていると言えよう。

註

（1）ただし、文科挙の合格が期待しにくい状況にあっては、武科挙が目標とされることもあり得た。馮玉祥がその父から聞いた話によれば、ある地主は武藝者を招いて息子の武科挙受験に備えていたという（安徽省北部の事例）。馮玉祥『我的生活』（上海教育書店、一九四七年）四〜五頁。

（2）朱英『辛亥革命時期新式商人社団研究』（中国人民大学出版社、一九九一年）一一四〜一六六頁。

（3）同前、一二五頁。

（4）Marie-Claire Bergère, *La bourgeoisie chinoise et la révolution de 1911* (Mouton, 1968), pp. 57-67. 上海史については、「商団」のような紳商主導の武装組織が、辛亥革命における上海独立に果たした役割が注目されてきた。小島淑男「辛亥革命における上海独立と商紳層」（東京教育大学アジア史研究会『中国近代化の社会構造——辛亥革命の史的位置』教育書籍、一九六〇年）。Mark Elvin, "The Gentry Democracy in Chinese Shanghai, 1905-1914," Jack Grey (ed.), *Modern China's Search for a Political Form* (Oxford University Press, 1969) ; reprinted in Mark Elvin, *Another History : Essays on China from a European Perspective* (Wild Peony, 1996). 李達嘉「上海商人的政治意識和政治参与（一九〇五—一九一一）」（『中央研究院近代史研究所集刊』二二期上、一九九三年）。また、小野信爾「ある謡言——辛亥革命前夜の民族的危機感」（『花園大学研究紀要』二五号、一九九三年）

は、福建に着目しつつ、辛亥の年の春に中国を瓜分するという謡言が広まったことを指摘し、それに対応するなかで「体育会」などの組織ができていることに触れている。

(5)『順天時報』光緒三十一年九月二十日「勧諭浅説照録（天津南段巡警局発刊）」。

(6)狭間直樹「『新民説』略論」（狭間直樹編『共同研究梁啓超——西洋近代思想受容と明治日本』みすず書房、一九九九年）。

(7)中村哲夫『同盟の時代——中国同盟会の成立過程の研究』（人文書院、一九九二年）六一～九五頁。桑兵『清末新知識界的社団与活動』（三聯書店、一九九五年）二三八～二七二頁。

(8)熊志勇『従辺縁走向中心——晩清社会変遷中的軍人集団』（天津人民出版社、一九九八年）三五～八六頁。Edmund S. K. Fung, *The Military Dimension of the Chinese Revolution: The New Army and Its Role in the Revolution of 1911* (Australian National University Press, 1980), pp. 87-113.

(9)『大公報』光緒三十一年正月十九日「軍人宜特別優待論」。

(10)『大公報』光緒三十一年五月五日「論中国亟宜銷除充軍之罪名」。

(11)『大公報』光緒三十一年六月二十八日「中国当敬重当兵的」。

(12)王其慧・李寧『中外体育史』（湖北人民出版社、一九八八年）一五四～一五五頁。国家体委体育文史工作委員会・中国体育史学会編『中国近代体育史』（北京体育学院出版社、一九八九年）五〇～一〇一頁。許義雄等著『中国近代体育思想』（啓英文化事業有限公司、一九九六年）一～一二一頁。Andrew D. Morris, "Cultivating the National Body: A History of Physical Culture in Republican China," Ph. D. dissertation, University of California, San Diego (1998), pp. 46-109. 周知の通り、二〇世紀初頭にあっては、日本の漢字語が大量に中国語に導入されたが、「体育」もそのひとつであろう。Lydia H. Liu, *Translingual Practice: Literature, National Culture, and Translated Modernity—China, 1900-1937* (Stanford University Press, 1995), p. 295.

(13)『大公報』光緒三十年十一月二十二日「論体育」。

(14)この時代の人種観については、以下に詳しい。Frank Dikötter, *The Discource of Race in Modern China* (Hurst, 1992).

(15)『大公報』光緒三十年十一月二十四日「論体育」。

(16)『大公報』光緒三十一年四月二十九日・三十日「説運動大会」。

(17)『大公報』宣統三年八月二十一日「預備会操」、八月二十二日「体育開会」。

(18)『大公報』宣統二年十月二十三日「組織民団」、十一月九日「体育社将成」、十一月二十二日「会員挙定」。

(19)『大公報』宣統二年十二月二十五日「来件」。

(20)『順天時報』宣統三年正月十三日「巡警道照会天津体育社公文」、二月九日「巡警道照会体育社文」。

(21)『大公報』宣統二年十二月二十四日「報名踴躍」。『順天時報』宣統三年正月十七日「体育社社員之幸福」。

(22)『大公報』宣統三年正月二十三日「会長換人」。『順天時報』宣統三年正月三十日「体育社異常忙碌」。

(23)『順天時報』宣統三年二月十四日「体育社分班点呼紀盛」。

(24)『大公報』宣統三年二月十六日「体育社開操」。

(25)『大公報』宣統三年正月二十日・二十一日「天津体育社章程」。

(26)『大公報』宣統三年二月十六日「操規擬定」「天津体育社礼節簡略」。

(27)『大公報』宣統三年二月十八日「体育社社長楊以徳致諮議局閻議長書」。

(28)同前。

(29)『大公報』宣統三年二月十九日「順直諮議局公布文件」。また「州県体育社章程」は『大公報』宣統三年二月十九日・二十日に掲載されている。

(30)『大公報』宣統三年二月十九日「体育社紀事」。

(31)『大公報』宣統三年二月二十四日「体育発達」。

(32)『大公報』宣統三年二月十九日「体育社紀事」、二十三日「事務所将遷」。

(33)『大公報』宣統三年二月二十四日「熱心可佩」。

(34)『大公報』宣統三年三月二十九日「熱心公益」。

(35)『大公報』宣統三年四月三日「体育社紀事」。

(36)『大公報』宣統三年三月二日「社員剪髪」。

(37)拙稿「清末剪辮論の一考察」（『東洋史研究』五六巻二号、一九九七年）。

(38)『大公報』宣統三年四月二十七日「体育社紀事」。

(39)天津市檔案館・天津社会科学院歴史研究所・天津市工商業聯合会『天津商会檔案彙編（一九〇三―一九一一）』（天津人民出版社、一九八九年）二三九四〜二三九六頁。『大公報』宣統三年八月二十一日「歓迎会紀盛」。

(40)胡光明「辛亥革命大潮中津京商会与資産階級的基本動向」（陳振江主編『辛亥思潮与国情』天津教育出版社、一九九二年）。また、宋美雲「北洋時期天津商会的組織系統」（『城市史研究』一五・一六輯、一九九八年）も、この時期の状況にふれている。

(41)外務省『日本外交文書』第四四巻第四五巻別冊清国事変（辛亥革命）（日本国際連合協会、一九六一年）四頁、明治四四年一〇月一六日小幡西吉より林外務大臣あて電報（三九号）。

(42)『大公報』宣統三年九月三日「保衛治安」。

(43)『大公報』宣統三年九月九日「謡伝勿信」「官場之恐慌」。
(44)『大公報』宣統三年九月十一日「是宜懲辦」。
(45)『大公報』宣統三年十一月十八日（民国元年一月六日）「聞風白擾」。
(46)外務省記録『清国革命動乱ニ関スル情報（北京、直隷省、山東省）』（外務省外交史料館所蔵、一・六・一・四六―一一）、明治四四年一〇月二七日小幡酉吉より内田康哉外務大臣あて電報（第四七号）。
(47)『大公報』宣統三年九月七日「来函」。
(48)波多野善大「辛亥革命期の汪兆銘」（同『近代中国の人物群像――パーソナリティ研究』汲古書院、一九九九年、論文初出は一九八三年）。楊以徳が弾圧した人物として、天津で演劇運動を通じて革命宣伝をしていた王鐘声がいる。梅蘭芳「戯劇界参加辛亥革命幾件事」（中国人民政治協商会議全国委員会文史資料研究委員会編『辛亥革命回憶録』一集、中華書局、一九六一年）。
(49)『大公報』宣統三年九月九日「提唱商団」。
(50)『大公報』宣統三年九月十一日「商勇局組成」。
(51)『大公報』宣統三年九月十三日「保衛局立案」「募団辦法」、九月十六日「保衛局募款」「来函」「天津紳商保衛局章程」。
(52)『大公報』宣統三年十月二十二日「商団会操」。『順天時報』宣統三年十月二十五日「商巡合操之盛況」。
(53)『大公報』宣統三年九月十三日「編勇鋪勇」。
(54)『天津商会檔案彙編』二四三九～二四四二頁に関連史料が示されている。
(55)『大公報』宣統三年九月二十日「維持会紀略」。
(56)『大公報』宣統三年九月二十日「領事対於駐兵之意見」。このような外国に対する態度は誠に「国体」を傷つけるという批判があり、保衛局もその批判を支持した。『大公報』宣統三年九月二十五日「天津紳商保衛局公布函件」。
(57)『大公報』宣統三年十一月九日「請款賑済」。『順天時報』宣統三年十月十二日「紀公安会開会選挙議董認充股員之詳情」。
(58)『天津商会檔案彙編』二三九八頁、宣統三年九月十七日商会致体育社函。
(59)『大公報』宣統三年九月十二日「警察隊之布置」、九月十四日「査街規則」。
(60)『大公報』宣統三年九月二十九日「続募社員」、十月三日「始終将事」。新たに体育社に加わる者は体操着と体操帽を整える必要があるが、それは估衣街の敦慶隆（宋則久の店）で買うことができた。『大公報』宣統三年十月四日の広告「新報名体育社諸君注意」。
(61)『大公報』宣統三年十一月十一日「捐助社費」。
(62)『天津商会檔案彙編』二四三二～二四三三頁、宣統三年十月六日直隷総督陳札。

(63) 同前。『大公報』宣統三年十月十四日「水団成立」、十一月五日「一挙両得」、十一月十二日「天津普通体育社教練水団暫行章程」、十一月二十二日「商会助款」、十一月二十五日「水団増費」。
(64)『天津商会檔案彙編』二四三四頁、宣統三年十一月十三日天津商会致警務公所函、十一月十七日警務公所致天津商会函。
(65)『大公報』宣統三年十一月五日「商勇遊街」。
(66)『万国赤十字社条約改正会議参列委員復命書』(陸軍省、一九〇七年、東京大学総合図書館所蔵)。日本赤十字は、西南戦争時の博愛社に起源し、一八八七年に国際赤十字に加盟した。日本赤十字社編『日本赤十字社五十年小史』(内閣印刷局、一九二六年)。
(67)『中国紅十字会二十年紀念冊』(中国紅十字会、一九二四年)「中国紅十字会二十年大事綱目」「本会開創時之奏摺」。『中国紅十字会』(行政院新聞局、一九四七年)一〜二頁。中国第一歴史檔案館「中国紅十字会的成立」(『歴史檔案』一九八四年二期)。広い文脈の説明としては、以下が要領を得ている。Caroline Reeves, "The Changing Nature of Philanthropy in Late Imperial and Republican China," *Papers on Chinese History, Vol. 5* (1996).
(68) 外務省記録『清国革命動乱ノ際ニ於ケル同国赤十字社関係雑纂』(外務省外交史料館所蔵、五・三・二・七八)、明治四四年一二月二九日在清国公使伊集院彦吉より内田康哉あて書簡。
(69)『大公報』宣統三年九月二十日「紅十字会要函」。
(70)『大公報』宣統三年九月二十三日「紅十字会紀事」、九月二十六日「紅十字会紀事」。史料では、「寗世浦」とあるところ、「浦」は同音の「普」の誤植として解釈した。
(71)『大公報』宣統三年十一月二十八日「天津紅十字会勧捐浅説」。
(72)『大公報』宣統三年九月二十八日「紅十字会紀事」、九月三十日「定期入学」。
(73)『天津商会檔案彙編』二四〇七頁、宣統三年九月二十二日沈敦和致天津商会電。
(74) 先行研究では紅十字会が全国組織としての性格を有したと強調されているが(Reeves, *op. cit.*)、実は(共通の理念と範型のもとに)各地で個別につくられた側面があると考えたい。
(75)『大公報』宣統三年九月二十九日・三十日「天津紅十字会会章」。
(76)『大公報』宣統三年十月二十六日「演操誌盛」。
(77)『大公報』宣統三年十一月三十日「紅十字会紀事」。
(78)『大公報』宣統三年十一月十四日(民国元年一月二日)「紅十字会紀事」「天津紅十字会捐款実収数目単」に見えるような、ひとり二元のような少額寄付の事例もあれば、紅十字会董事長たる寗星普の五百元寄付というような例もある。
(79)『大公報』宣統三年十一月十四日「紅十字会紀事」、十一月十五日「紅十字会出発」、十一月十七日「紅十字会紀事」。

(80)『大公報』宣統三年十一月二十五日「紅十字会紀事」。

(81)『大公報』宣統三年十一月十八日「音楽会紀盛」、十一月三十日「熱心籌款」。

(82)『大公報』宣統三年十一月二十四日「妓界善挙」、十一月二十五日「再紀妓界善挙」。

(83)『大公報』宣統三年十一月二十三日「紅十字会紀事」、十一月二十四日「紅十字会紀事」。

(84)『大公報』宣統三年九月二十六日「謡言可笑」。

(85)外務省記録『清国革命動乱ニ関スル情報』（外務省外交史料館所蔵、一・六・一・四六—一一）、明治四四年一一月一三日小幡酉吉より内田康哉あて電報（第六九号）。

(86)Senior Consul (Harry E. Fulford) to Viceroy, 4 November 1911, enclosed in John Jordan to Edward Grey, 10 November 1911, Great Britain, *Parliamentary Papers, China. No. 1 (1912). Correspondence Respecting the Affairs of China* (His Majesty's Stationery Office, 1912), p. 69. Jordan to Grey, 9 November 1911, *ibid.*, pp. 31-32.

(87)外務省記録『清国革命叛乱ノ際同国各地ニ設立セラレタル保安会関係雑件』（外務省外交史料館所蔵、五・三・二・一〇七）明治四四年一一月一八日小幡酉吉より内田康哉あて電報（第七五号）。奉天の保安会については、西村成雄「東三省における辛亥革命」（同『中国近代東北地域史研究』法律文化社、一九八四年、論文の初出は一九七〇年）、江夏由樹「奉天地方官僚集団の形成——辛亥革命期を中心に」（『一橋大学研究年報経済学研究』三一号、一九九〇年）参照。

(88)同前、明治四四年一一月一八日小幡酉吉より内田康哉あて電報（第七六号）。

(89)同前、明治四四年一一月二〇日小幡酉吉より内田康哉あて電報（第七八号）。

(90)『大公報』宣統三年九月三十日・十月一日、楊以徳「天津新志士有慕山東独立而欲昌言直隷独立者爰作是説以破之」。

(91)『大公報』民国元年二月二十六日「開会力争地点」、二月二十七日「歓迎使到津」、二月二十八日「宴会専使」、二月二十九日「補録専使談論」。

(92)『天津商会檔案彙編』二三九〇〜二三九一頁、宣統三年十二月二十七日直隷警務公所致天津商会函。

(93)『天津商会檔案彙編』二三九一〜二三九二頁、宣統三年十二月二十八日直隷宣統三年十二月二十七日直隷警務公所致天津商会函。五色旗については、以下参照。Henrietta Harrison, *The Making of the Republican Citizen: Political Ceremonies and Symbols in China, 1911-1929* (Oxford University Press, 2000), pp. 98-111. 小野寺史郎「国旗と革命——近代中国におけるナショナリティと政治的シンボル」（小島毅編『東洋的人文学を架橋する』東京大学人文社会系研究科、二〇〇一年）。

(94)『大公報』民国元年二月二十六日「提灯会誌盛」。

(95)外務省記録『清国革命動乱後ノ状況ニ関スル地方雑報』（外務省外交史料館所蔵、一・六・一・六〇）。三井物産の便箋に書かれている。天津支店から本社にあてた電報が外務省に提出されたものと推測される。

(96) 同前、天津支店から本社にあてた電報。明治四五年三月四日横浜正金銀行副頭取井上準之助より内田康哉あて書簡に添付されている。

(97) Fulford to Jordan, 5 March 1912, enclosed in Jordan to Grey, 11 March 1912, Great Britain, *Parliamentary Papers. China. No. 3 (1912). Further Correspondence Respecting the Affairs of China* (His Majesty's Stationery Office, 1912), pp. 216-217.

(98) Collective Note to Yuan Shih-kai, enclosed in Jordan to Grey, 11 March 1912, *ibid.*, p. 217.

(99)『天津商会檔案彙編』二四七六～二四七七頁、民国元年三月九日到、北門内大街衆鋪商致商会文。

(100)『天津商会檔案彙編』二四七五～二四七六頁、民国元年三月六日煤油洋広貨商信泰生号等致商会文。同文が『大公報』民国元年三月十日「来件」に見える。

(101)『大公報』民国元年三月六日「南京電允在京組織統一政府」。このころ黄興が南京を首都とすべきだと述べたことに対して、章炳麟も批判を加え、北京とすべきことを主張していた。『大公報』民国元年三月五日・三月六日「章太炎駁黄総長主張南都電」。

(102)『大公報』民国元年三月一日「督轅牌示」、三月二日「警道留任」。

(103) 外務省政務局『現代支那人名鑑』（［外務省］、一九一六年）三九四～三九五頁。

(104) 片岡一忠『天津五四運動小史』（同朋舎出版、一九八二年）。

補論　風俗の変遷

1　課題の設定

この補論では、これまでの各章で議論してきたことを、やや異なった角度から再検討しつつ、整理してみたい。以下で試みたいのは、既に第五章でも論じることのあった、「風俗」という観念に着目して、改めて清末天津の歴史をとらえる一視角を示すことである。

「風俗」とは、当時の文献にあらわれる秩序像である。当時のものだから即ち「正しい」と考えるわけではない。むしろ、風俗の言説は我々にとってただちには納得しがたい因果関係の説明を含むことすらある。しかし、その異和感自体が、我々が当時の秩序観を理解しようとするとき、貴重な手掛かりを提供するとも言えよう。

風俗とは、明清時代の人々にとって、社会秩序のありかたに関係する人々の行動の様態を概括的に指す語であったように思われる。(1) その観念の由来は『詩経』に見えるように非常に古いが、特に明清時代に府・県など行政単位ごとに編纂された地方志に「風俗」という項目が立てられることで、研究者に知られている。地方志ごとに風俗の記述の内容はさまざまであるが、独自の習慣などの記述に加え、理想とみなされた醇風美俗を念頭におきつつ現状を評価していることが多い。たとえば、康熙『天津衛志』は以下のように述べている。「〔当地では〕徳を貴び争いを恥じ、民は純朴で訴訟は少なかった。ところが最近は、各地から人が集まり、商業に従事する者も多く、裁判ざたは頻繁で、贅沢になってきている」。

常套的な風俗の言説は、社会の存立に関するひとつの説明方式を示している。それは文字を使える人々など当時の人にとって社会の見方の型となっていたと考えられる。注意すべきことは、漢語でいう風俗は、よき統治者が人民を善導するという観念と結びついていることである。それゆえ、「国家権力」から切り離されたという意味での「民間」のものというわけではない（念のため言えば、日本で「風俗営業等の規制及び業務の適正化等に関する法律」に示されるような意味とは、無関係とは言えないが、大いに異なる）。

先に引いた『天津衛志』が「各地から人が集まり、商業に従事する者も多く、裁判ざたは頻繁で、贅沢になってきている」と指摘するような現象は、現代では都市化と言えるようなことと重なるところが多い。それゆえ、清末天津の風俗を問うことで、都市社会の実状を、それに対応しようとしていた人々の理念も含めて理解する示唆を得られるだろう。加えて、二〇世紀に入ると風俗の改良が声だかく叫ばれるということの歴史的意義を考えてみる必要がある。義和団戦争によって大きな打撃をうけた天津社会において、積極的に風俗を改良しようとする動きが生まれてくることに注目したい。

2　風俗の内実

(1) 風俗の基本的イメージ

以下は同治『続天津県志』巻八「風俗」の項の序言にあたるものである。

以前の地方志〔乾隆『天津県志』〕では「風俗」と「物産」を並び記している。これは『漢書』地理志に基づく。ただ地域の名産品は今も昔も変わらないのであり、風俗が変化しうるのとは異なっている。わが県は以前より各地から集まって来た人々の寄せ集めであり、商業に従事する者が多かった。その傾向に拍車をかけて次第に浮わついて贅沢な状況になってきた。民の気風はあらあらしく戦いを好むものの、法を恐れ官に反抗しようとするものはいなかった。〔天津衛から〕県に改められて以来、文風が盛んになってきて、家々では音楽を奏し詩を誦詠するのが聞かれた。そして気節は高く、貧しい者でも富裕な者でも、義とみれば必ずこれを行なったのであり、いにしえの遺風に富んでいた。それゆえ以下では、物産について言を費やすことなく、義挙について附《つけたり》として述べることにする。

当然ながら常套的な表現ではあるが、風俗という語でどのようなことが頭に浮かぶのかがよくわかる。風俗は変化しやすいものである。天津は商業の中心であり奢侈の傾向が甚だしくなってきた。暴力的な状況が存在する一方で、文化が盛んであり、「義挙」と総称される活動も活発化したというのである。本節では、ここで概観された風俗のいくつかの側面について、一九世紀を中心に検討してゆく。この時期の天津の地方志としては、ここに引用した同治『続天津県志』、そして光緒『重修天津府志』がある。また、天津に永く暮らしていた張燾《ちょうとう》が個人的に著した『津門雑記《しんもんざっき》』も興味ぶかい材料を提供してくれるだろう。

(2) 文　教

科挙は、いうまでもなく、社会的上昇の経路として最有力なものである。まず官設の学校の学生となる必要がある。その受験生は童生と呼ばれ、合格すると生員である。次に郷試に合格すると挙人、会試など最終段階の試験に合格すると進士の資格を得て、その成績などによって任官されるのである。また、生員のなかから選ばれた貢生や中央の国立学校の学生としての監生も、意味のある資格だった。

科挙と密接に関わるのは、教育機関としての「書院」である。天津にも問津書院・三取書院・輔仁書院があったが、これらは生員・童生のための教育を行なっていた。そこで同治十三年（一八七四年）、ある貢生が、もっぱら挙人を対象とする教育機関を設けてほしいと官に上申してきた。その結果として新設されたのが、会文書院である（光緒『重修天津府志』巻三十五）。

しかし科挙とは無関係な庶民、さらには字を読めない人々すら、教育重視の風俗の形成に参加してゆくことになった。それは文字の記された紙を尊んで丁重に処理するという文士の活動によるのである。「惜字社《せきじしゃ》」と総称される団体（広文・崇文・興文・郁文などの社）は、いずれも資金を寄付して人夫を雇い、字の書かれた紙を探しわけて燃やし、その灰を河に捨てる活動を行なった。生員らが、その設立を唱えて寄付を募ったほか、字の書かれた紙を（包み紙などとして使うため）買わないように勧めたところ、商店は感動したという（同治『続天津県志』巻八）。各社は、区域を分けて各家に竹かご一個を配給して、字の書かれた紙くずを集めるようにし、また別に重量単位で買い取った（『津門雑記』巻中）。

このような活動は、科挙の文運をつかさどる文昌帝君《ぶんしょうていくん》を信仰することと関係がある。毎年三月三日に文士は文昌帝君を廟で祭る。およそ貧民で何かの補修に使うために紙くずを拾う者は、字の書いた紙を集めておき、廟に持ってくるので、この日、酒食でこれに報いる。また、集めた紙を、この日に焼く（同治『続天津県志』巻八、『津門雑記』巻上）。惜字の活動は、自らの科挙での及第を祈る気持ちと密接に関係していたものの、その目標は可能なかぎり広く文字の書かれた紙を回収することであるから、商店や貧民に有償・無償で協力を求めることになる。その行為の意義を説明することで、結果として文字文化への崇敬という観念を普及させていったと考えることができよう。

庶民に対する教化という点では「宣講」が注目される。宣講とは、皇帝が人民に対し道徳的な行ないを教え諭す言葉を編集した『聖諭広訓《せいゆこうくん》』（雍正帝が康熙帝の『十六条聖諭』を解説したもの）を、官民が寺廟などにおいて民衆に対し公開の場で講義する活動のことである。光緒四年（一八七八年）、天津知県の王炳燮《おうへいしょう》は、宣講を盛んにし「人心風俗」をことごとく「正」に帰着させるように努力したという。また、光緒九年（一八八三年）、天津を管轄する署理直隷総督の張樹声が発した告示は、「天津は各地から人々が集まってくる土地であり、良い者も悪い者も入り混じっている。民は騒がしく乱暴で、とかく喧嘩になりやすい。俗は浮わついた派手なものを好み、節約などは知らぬとばかりである。特に教化が必要なのである」として宣講の必要性を強調する。そして、王炳燮の施策にもかかわらず、「近頃、講じる者に懇切に諭す気持ちがあまりなく、聴く者もなかなか信じて従う気持ちが起こらない」という報告があるので、改めて寺院や広い建物など四十五か所で定期的に宣講を行なうよう命じている（『津門雑記』巻上）。

一九世紀後半に注目される現象は、貧しい者の教育をはかる「義学」の設置である。義学は、はじめ官僚が自らの俸給から出す寄付金で設けられたので、各官署に対応していた。天津城内ないしその近傍に三十か所あまりが設けられており、一か所につき十六人を教育したというから、全部で四百八十人以上が学んでいたと推算できる。その日常運営経費については、書物・紙・筆・墨・茶水や教師の手当てなど、一切が官署の予算から支出されていた。さらに民間の有志も義学を設けた。また「清真寺《せいしんじ》義学」二か所があり、清真寺（モスク）に集う回民（ムスリム）が自弁で自らの子弟を教育していたのである（光緒『重修天津府志』巻三十五、『津門雑記』巻上）。

これは何をめざしたものだろうか。天津道の官職にあった額勒精額《エルチンゲ》は、義学の開設にあたってその意義を説くなかで「風俗の美悪は人心に基づく。人心の正邪は教化に基づく」とし、貧しい者の子弟にも教育を施すことで風俗を善導すると述べている。(2) また『津門雑記』巻上は「貧家の子弟は、菓子などを売ることを生業としており一日のかせぎは数十文にすぎない。また道をゆきつつ草や柴を集めて炊事の燃料にしている〔生活の窮迫〕ゆえに、勉学を急務と考える者はなかった。近頃、郷約が盛んになり、謹んで『聖諭広訓』の宣講を行なったため、天津の人々は、はじめて文字を知らないことを恥と考えるようになった」と指摘する。

この説明は宣講の効果を過大に評価していると思われるが、貧しい者に教育の機会を与えようとする姿勢は、額勒精額の計画した義学でも確認できる。教育内容を見ると、最初は『三字経』のような文字の入門書を学び、段階に応じて四書五経に進むことになっていた。それしか教育というものを想定できなかったにせよ、これは科挙のための勉学に他ならない。規定に、家庭教師を雇えない貧しい家の子弟を義学に入れるとあることから、要するに、義学の設置は、なるべく貧家の子弟にも科挙受験の機会を与えることをめざしていたのである。「文字を知らないことを恥と考え」、官になるための受験の準備をする者が増えるならば、官ひいては王朝の威信は増幅される。義学の設置は、なるほど社会秩序安定化の試みだったと考えてよかろう。

なお回民の中からも科挙受験者がいたことから、先の「清真寺義学」の教育内容もおおむね科挙むけだったと思われる(3)。これを運営する意味は、ムスリム住民の中から科挙合格者を出し、その社会集団に利益をもたらしてもらうことにあっただろう。それと同様の論理で、天津に義学を設けて潜在的な才能を発掘し、地域から多くの合格者を出すことが、天津の地元にとって好ましいことだったはずである。

さて、以上に述べてきたような文士や官僚による教化だけが、庶民の修養の機会だったわけではない。天津を含む直隷省一帯に存在した「在理教《ざいりきょう》」集団について見てみよう。これは酒と鴉片《アヘン》とを絶つことをめざす宗教結社である。「白衣道教」ともいい、集会の場所を設け、そこに「大爺」と呼ばれる指導者がいた（『津門雑記』巻中）。湖南出身のユニークな思想家である譚嗣同《たんしどう》が天津・北京で得た見聞によれば、教理は仏教、イスラーム、キリスト教のごく一部をとってきて作ったもので、師弟相伝の呪文がある。その流行の理由は、輪廻・応報などの話が無知の民

を引きつけ、また鴉片と酒を厳禁しているのが貧民の無駄づかいを防いでいるためだと彼は評価している。(4)

これは禁じられた「白蓮教」ではないかとの告発を受けて、直隷総督である李鴻章は「邪教」ではないと報告している。李は、天津において「民間でその教えに従う者は十人のうち六〜七人である」とごく普通のものであることをことさら強調し、また鴉片や酒を絶つのは人に善を勧めることで好ましいと評価する。鴉片を吸わないのは風俗に益するなどとして在理教を擁護しているが、一方では、もし捕らえようとすればかえって騒動を起こしかねないとも指摘している。(5)この上奏文の論理は、在理教が「邪」でないことを主張するために組み立てられている。「邪」であるか否かを教派の信仰・実践そのものに即して判定するというよりは、うかつに抑圧すれば、それをきっかけに反乱に及ぶかもしれないという政治的判断が先立っているように思われる。

実際のところ、教えを説いて人を集める者が次々に現れるとすれば、とても摘発しきれるものではなかろう。天津には女性の巫（シャーマン）が何人もいて、神を呼びおろして病気治療を行なっていた（『津門雑記』巻中）。光緒二十四年（一八九八年）、天津城内で、ある者が神の力で病気を直すとして信者を集め、また別の者は女性ばかりを集め崇拝を受けていたが、これを報道する記事は「論者は言う、風俗を傷つけること、これほどひどいものはないと。しかし、その禍は風俗を傷つけるだけにとどまるだろうか」と批評し、官の取り締まりを求めている。(6)しかし、どの教えが「風俗を傷つける」にとどまらず大乱をもたらす危険性をもつかは、容易に判断できないことだったように思われる。

(3) 暴　力

天津に暴力的な気風があることは、常套的に指摘されることであった。特に「混混」または「鍋夥」と呼ばれる無頼集団は悪名たかく、彼らの起こした暴力事件を厳しく罰する特別規定すら作られたほどである。(7)

しかし、『津門雑記』巻上「歳時風俗」の項目に「富裕な者が善・義の行ないを提唱するので、貧しいものは死をも恐れず勇んで困難におもむき屈しない、そういう習いなのである」と述べられる側面もあった。このように、勇猛な気風を社会の安寧に活用する枠組みとして注目されるのが、消防組織である。これは「救火会」または「火会」「水火会」などと呼ばれる。天津では康熙年間にはじめて設けられ、次第に多数の会が活動するようになった。その実動要員は、街で品物を広げて売っているような零細商人が多い。火災の合図の銅鑼の音を聞くと勇んで駆けつけ、荷物は街の人が代わりにみていてくれる。毎年、春・秋に各局のかしらは一席もうけて、資金を寄付してくれる紳士・商店と救火を行なう要員とを招くのである。このときには演劇を上演し、赤帝真君（火をつかさどる神）を祭る。財源は有志の寄付による他、長蘆塩運司庫という官庫からもでている（嘉慶『長蘆塩法志』巻十九、同治『続天津県志』巻八、『津門雑記』巻上）。

さきに述べた惜字社と比較すると、有志の寄付による財政的うらづけ、下層都市民の実働、そして定期的な宴会というような共通点がある。いずれも、社会的理想を推進する事業を通じて、広範な都市民を動員し社会統合をはかっていることが知られる（もっとも、火会の成員相互の喧嘩という問題が生じることにはなった）。

興味ぶかいことに、消防組織は鴉片戦争以降、しばしば地域防衛の補助的軍事力として期待されるようになる。より本格的には団練という組織がある。団練の性格は複雑ではあるが、外国軍や反乱軍による危機が迫った際に、官の依頼または許可のもと、地元の有力者が、都市下層民などを徴募・組織したものである。もちろん団練には防衛のための武力編成という意味もあるのだが、むしろ敵に対して一丸となることそのものが目標であると考えられる。王朝への忠義を強調しつつ、可能なかぎり広範な団結の輪を形成し、もしかすると混乱に乗じて略奪などをはたらいたり敵に通じたりする者がないようにするのである。

しかし、それでは排外主義を社会統合の理念とすることになる。実際、同治九年（一八七〇年）には、カトリック教会による児童誘拐という流言（デマ）にもとづいて、教会などが焼きうちされ、外国人多数が殺害されるという事件が起こっているが、それは火会に無頼の徒が加わった群集による暴動であった。これより先、咸豊十年（一八六〇年）の北京条約による天津開港以来、外国人が天津に居住し活動しはじめると、統治者にとっては外国人の保護という責任も生じていたのだが、排外主義をあからさまに抑圧することも難しかった。同治九年暴動の処理にあたった曾国藩はそのような窮地に立たされ失脚していったと言える。

曾国藩にかわって直隷総督の任についた李鴻章も、この問題の所在をよく理解していた。光緒十年（一八八四年）、清朝はヴェトナム問題でフランスと戦端を交じえており、団練についての検討を李鴻章に命じた。しかし李鴻章の答えは「咸豊年間に〔太平天国などの〕戦乱が起こってから各省で団練をつくっていますが、実際の成果はあまりあがっておらず、時には弊害を募らせることさえあります」と否定的だった。大勢が集まって集団で喧嘩したり、官に反抗し事件を起こすかも知れず、または何かにかこつけ怒りにまかせて、西洋風の建築物や教会を焼きうちするかも知れない。加えて、民の資力がおちている現在、その費用を取りたてると反対を招くこともありうる。この年の春、天津の挙人・監生らが団練の設立許可を求めてきたが、問題があるとみて、まだ戦闘が行なわれていないことも考えて、先のばしとした。しかし、防備の必要を痛感すると、水火会から八千四百人をえりぬき、郷甲局（宣講活動と表裏一体のものとして作られた隣保組織）からは二千人を選ぶなどして団練を編成した、と報告している(8)。反キリスト教暴動の危険性などを考慮して、なるべく団練の登場を避けようとする姿勢が伺われる。

光緒二十年（一八九四年）、日本との戦争が起こると、天津県の紳士らは、団練の編成を指示するよう官に申し入れた。その請願文は、太平天国の戦乱以来、天津の団練がしばしば成果をあげてきたことを強調している。しかし、李鴻章はやはり慎重な態度を示した。李鴻章は「団練の法は、やりかたが悪いと弊害が大きい」と述べ、今回編成する天津の団練にしても、きちんとした訓練を施すべきことを主張している(9)。

すなわち、李鴻章がかかえた困難とは、天津の防備のためには団練編成を必要としたものの、それは李の配下の淮軍のように制御しやすい存在ではなく、同治九年のような反キリスト教暴動が発生することなど、軍事力の暴発を警戒しなければならなかったことである。しかも、朝廷における「清議《せいぎ》」と呼ばれる観念的な対外強硬論は、「衆志成城」（人民が一致団結すれば、それが何よりの防備である）というように団練を賞賛する傾向があったということも注意すべきだろう。

しかし、そのような危険は回避しきれなかった。光緒二十六年、農村部から打倒外国人をめざす義和拳を伝える人々が天津にやってくると、都市の下層民も次々とその集団に参加して、ついに天津を暴力的に支配するまでになったのである。北京の朝廷も、おおむねこの動きを容認したので、地方官はなすすべがなかった。こうして、外国人だけでなく、クリスチャンになった者、または南方出身で外国人の経済活動に協力していた者が、多く殺害され、これに対抗するため外国軍が天津を占領するに至るのである。

(4) 祭　礼

同治『天津県志』巻八「風俗」の叙述は、過去になされた風俗の評価の引用につづいて「歳事」として年中行事の説明に移る。たとえば、「元日から五日までは、米を炊かない。これを破五を忌むと言う。上元節〔正月十五日〕には街々で灯を点《とも》し華やかな布で装飾し爆竹を鳴らす。諸寺院・道観では天官会を行なう」。天官とは道家でいう三官（天官・地官・水官）の一つで、上元節は天官が降りて来るという祭りの日である。三月二日は、前述のように文昌帝君を祭る日である。夏の土用には麺を食べるが、この日に雨がふれば旱魃の予兆である。

「歳事」においては、一年のサイクルが行事や祭りや占いによって節目をつけられていることが知られる。このうち天后と城隍の祭りについて、見ておこう。

天后とは、福建に起源する媽祖《まそ》神のことである。三月二十三日が天后の生誕日とされていた。十五日から廟会がはじまり、多くの人がはるか遠方から香をささげるために船で参詣してくる。劇の上演も盛んである。二十・二十二の両日には神像が巡行する。この間、街々は人で溢れ、朝まで熱狂的な雰囲気に包まれる（同治『続天津県志』、『津門雑記』巻中）。また、これより先、立春の前日は「迎春」と呼ばれ、知府・知県などの地方官は正式の服装でかごに乗り、儀杖（行列の際の旗・傘など）を整え、鼓楽に先導されて、城の東門の外の天后宮に参詣する。そして「春牛」という牛の像を祭り、それを府の衙門に連れてくる。その翌日、多くの人々が見守るなか、その牛を鞭うつのである。（『津門雑記』巻上）。おそらく、豊年祈願であろう。この儀礼がどれほど天后の性格に直接関係したものかわからないが、官も参加する見せものの中に天后宮もとりこまれていたとは言えよう。

一方、城隍は城の守護神であるが、衙門に対応する形で天津には府城隍廟と県城隍廟が並んで設けられており、いずれも朝廷から額を賜与されていた(10)。四月六日と八日が廟会の日にあたるが、一日から十日まで参詣が絶えない。どちらの廟にも舞台が設けられていて、県城隍の方では、旧家の読書人によって音楽が催される。また府城隍廟の舞台では廟会の日の翌日、演劇が行なわれる。こちらの舞台には天津の著名な文人である梅宝璐《ばいほうろ》が記した額があり「善い報い、悪い報い、果報はめぐる、報いに早い遅いはあっても必ず報いはある」などと書かれていた。城隍神は、そのように善行・悪行を裁くと考えられていたのである。祭りが最高潮に達するのはやはり廟会の当日の午後、城隍神の像が巡行するときである。さまざまな幽鬼に扮装したものがこれに随うが、はなばなしい儀杖と音楽も欠かせない（『津門雑記』巻中）。他にも、胥吏・衙役（いずれも衙門の実務を担当する）に扮するものが現れ、儀杖が整えられるように、これは地方官の行列を模したものである。地方官が陽間（この世）を統治するように、城隍神は陰間（冥界）を支配するというわけだろう。

廟の祭りは、人々に娯楽と慰安を与えただけでなく、官の統治という観念を再確認する役割を果たしていたと考えることができる。逆に、人々の信仰が奔放な方向を取る可能性は警戒されていただろう。光緒二十六年、『西遊記』『封神演義』などの語り物や劇に出てくる英雄が憑依し無敵になったとする義和拳の使い手たちが、地方官の権威を否定して天津を支配できたのは、そのような可能性が実現したことを意味していたのである。

(5) 義　挙

同治『続天津県志』巻八の「風俗」の項目には「義挙」の項目が附されている。その実、「義挙」の方がはるかに多くの紙数を占めているのである。これまでに検討した惜字社・救火会の説明もここに含まれる。また『津門雑記』巻中「各善挙」には「天津はもとから善の盛んな地との評判で、人情は公にまっしぐらで義を好む。官僚・紳士が設立した善堂は数えきれないほどであり、困った人々を広く救うことについては、完全に行き届いている。こうして、皇帝陛下の仁徳をおしひろめ、またこの上ない功徳を積むのだ」とある。

これら記事によれば義挙・善挙として具体的には多様な事業が営まれていた。たとえば、よるべない幼児を養育するのを目的とする「育嬰堂」、夫に先立たれた女性に援助を与えて「節」を守らせようとする「恤嫠会《じゅつりかい》」があった。また『陰隲文《いんしつぶん》』『感応篇』『覚世経』といった善書（善挙を勧める書物）を印刷して無料で配布すること自体も善挙であった。

天津の冬は厳しい。シベリア高気圧による寒風が吹きすさび、雪もそれに混じることがある。そこで冬季の貧民救済が重視された。天津城の西門の外には「小店」（木賃宿）があり、貧民・乞食が多く住んでいたが、冬になると宿の主人は彼らが飢え死にするのを（そして自分に何かの嫌疑が降りかかるのを）恐れ、追い出してしまうので、行き倒れになるものが数知れなかった。そこで、有志の者が「餑餑《ぼっぽっ》会」を結成した。すなわちモチ質の高粱を蒸して「餑餑《ボボ》」（華南の「点心」に相当）を作り、雪の舞う宵に「会」の人が宿に赴いて、一人二個ずつ配り、病人・産婦には若干の銭も与えたのである。この会は一時すたれてしまったが「延生社」二か所に任務は引き継がれた。「延生社」は「施饝廠《せましょう》」で饅頭《マントウ》（饝饝《モモ》、つまり蒸しパン）を分け与えた。また棉衣を支給する活動も見られた。

行き倒れの問題とも関係するが、死体を適切に埋葬することも善挙の主な項目である。天津はしばしば洪水に襲われ一度に多数の死者が出ることがあった。棺や葬儀の費用を与える事業や野ざらしの遺骸・遺骨を丁重に葬ることを目的とする団体が現れた。天津城のそばを流れる白河は華北平原の多くの河川が流れ込み、死体がときに発見されたので、それを引き上げる活動も行なわれた。さらに埋葬のための土地は「義地」として設定された。

善挙はおおむね「〜会」「〜社」などと称する自発的な参加者の団体が担当することが多い。資金面での裏づけは、官・民の寄付によるほか、発足の経緯により何らかの官署の予算が設定されたこともある。これらの活動に励む人の動機は、まず「義」「善」とみなされている行為をすることで栄誉を得ようとし、またそのような団体形成そのものがもつ人的ネットワーク拡大をねらったものと考えられる。

加えて、善書のひとつ『陰隲文』が述べるように、悪を避け善を行なえば「近い報いは自分に対して、遠い報いは子孫に対してやってくる」という功徳の蓄積、すなわち「福田《ふくでん》」の観念に注目すべきである。[11] もちろん天津には地域独自の課題があったものの、やはり『陰隲文』などで推奨された善行の範囲がかなり忠実に試みられていると言ってよい。『陰隲文』は、先に惜字の活動との関係でふれた文昌帝君のことばという形をとっている。因果応報に対して懐疑的な議論は、早くも文昌廟を改修するときに登場していたとはいえ、[12] 善書の価値観は、やはり大きな影響力を持っていたと思われる。開港都市として欧米の文物が多く流入しており、また欧米の技術を導入し富強をはかる政策がとられている時代にあっても、因果応報の観念を含む義挙の実践は、なお盛んであった。

3　風俗を改良する

(1) ジャーナリズムの使命

二〇世紀に入るとすぐ、従来の風俗のありかたに不満をもち、積極的に善導しようとする運動が顕著になる。その目標は、従来の廟の信仰や因果応報の観念などを迷信として批判してゆくこと、また民衆的暴力を封じ込めようとすること、そして「中国人」意識を覚醒（実は創造）しようとすること、などである。

風俗を改良することをめざしたものとして、まず日刊新聞が挙げられる。天津を代表する新聞となった『大公報』の発刊の辞は、「報道の本来の目的とは、風気を開き民智を導くことにある」と述べ、「風移俗易」「国富民強」などが願いであると宣言する。(13)

『大公報』が自ら主張するところの新聞の意義は、適切な情報を提供し人々の見識を高めることである。これまで中国の問題は愚昧さにあり、それは中国の書物は難しすぎて大多数の人々には消化できないゆえだという。そして一般に流布しているのは語り物であるが、これも以下のように悪影響が甚だしいと指摘する。

忠孝の節義を説き聞かせるものもあるにはあるが、結局その中には悪党や魔法つかいがたくさん登場し、子供のときから聴いていると、記憶に残るのは、才子佳人でなければ、山に上って術を学んだ話ばかり。雨や風を呼び寄せて豆をまいては兵となす〔白蓮教と結びつけられることがある一種の魔術〕。何かの盗賊豪傑が、山に座しては王となる。かくも理屈にあわないことが一代一代と伝えられ、風俗はますます悪くなる。まことに真偽是非をわきまえない。前年騒ぎをおこした義和拳の笑い話も、国を騒がし滅ぼすのと同じだ。それで何の反省もないのは、全く嘆かわしい。今でも人によっては次のように信じている。義和団はまだ出てこないだけで、もし出てくれれば、きっと鉄砲大砲をおそれず、外国人を滅ぼせるのだと。こんな人々の愚かさは実にあわれむべし。すべて教化指導する者がいないがためである。そこで外国人の富強の根源を知らなければならない。それは火器の性能にあるのではなく、国中が心をあわせていることにある。男女を問わず子供のときからそれぞれすべて学堂に入り、士農工商だれでも字を識らない者はない。更に新聞社が多いため、人々は喜んで新聞を読んでいる。(14)

このあと、いくつかの論点を確認した上で、あまり字を識らない人でも容易に読めるように「白話」で記したことを説明している。白話とは、古典にみられる「文言」よりは華北の口頭語に近い比較的平易な文体である。『大公報』は紙面の一部を使ってしばしば白話文を掲載しているが、引用した文章はその最初のものである。この文章の論点はやや錯綜しているが、注目されるのは、『水滸伝』のような世界に親しんできた不識字の人々の精神のありかたが義和拳の流行の背景にあることを否定的にとらえる視角と言える。そして識字についても、儒教の価値に従って科挙に応じるためではなく、「国じゅうが心をあわせる」という国民の創生の前提として位置づけられるのである。

「民智を開く」という課題の強調は、その後の『大公報』の論説によくみられる。また、ある論説は「民智」の低さを義和拳の流行の原因とする一方で、新聞が風俗を動かす力は、朝廷の教令にも勝ると誇っている。(15)

これと関係して『大公報』は、迷信批判に熱心であった。もちろん儒学の正統教学の立場からの批判は以前から存在していた。その系譜を引きつつ、この時代にあっては通俗科学などを背景として徹底的に行なわれたものと考えられる。風水の理論への批判はその代表である。さらに善書などの因果応報的価値観を否定する議論がある。たとえば、ある晩、天津で周六なる者が雷に打たれて死んだが、世間の人々は皆でうわさをし、周六は平素から不孝者で、母親の世話をしないだけではなく、しばしばやたらと罵っていたので、この応報があったのだと言った。これに対して、新聞記事は、「世間では子供が父母をぶって罵ることはよくあることで、周六ひとりではない。どうしてこの雷は周六だけをこらしめるのか」と議論を進めるほか、人々を迷わせる元凶をもとめて「現在『封神演義』などの小説や『幼学須知』の天文篇、そして各種の善書はすべて、このような説明法をとっているが、人をたぶらかすものである。これらの書物はすべて焼くべきだ[16]」と主張する。さらに翌日、翌々日に掲載された続編は、電気にはプラスとマイナスがあるというようなところから雷の原理を説明し、金属を所持していると雷が落ちやすいなどと教える科学読み物になっている。

迷信批判が反義和拳の議論につながるのは、ほとんど必然的であろう。以下では「邪」という言葉で迷信を表現している。

官たるものが邪を信じたのは、あの義和拳をことさら信じたからであり、彼らを天から降りてきた神仙とみて敬い奉った。少しも彼らの命令にさからわず、本当に天があまたの神仙を派遣したと考えていた。大清国を助けて外国人を滅ぼそうとしたにしても、あにはからんや、かえって自分の国をもう少しで滅ぼすところだった。これぞ邪を信じることの悪いところではないか[17]。

城隍廟信仰に対しても、四月の廟会に香を焚く人々を「無知の愚民」と断じ、その装束が義和拳民のそれと同様のものであったため、西洋人が見て義和団の再来と恐れたという事件を紹介している[18]。廟信仰と義和拳とのつながりを指摘し、これを揶揄する意図がみえる。

新聞は、従来の善書の価値観を真っ向から否定し、「民智を開く」ことで新たな「中国」の富強をめざそうとしていた。「勧善茶社」なるところで善書と新聞が並べておかれ、客に随意に閲覧させたという例は[19]、移行と代替の関係をよく示していると言えよう。

（2）学堂と巡警

天津が「北洋新政」と呼ばれる政治改革の中心となったのは、総督袁世凱の統治下でのことだった。その基調は、義和団戦争の結果、混乱した社会状況を収拾し、富強をめざす政策にあった。これに対応して、官ではない者も改革に独自の情熱を示したと言える。

袁世凱は科挙制度に批判的であり、欧米ないし日本に倣った学校教育を推進することに関心をもっていた。この新しい教育施設を「学堂」と言った。これをうけて天津では、光緒二十八〜三十年（一九〇二〜一九〇四年）ごろ、盛んに官立・民立の学堂が作られた（中等教育も含む）。

民立の学堂設立の口火をきったのは、厳修という天津出身の進士である。その民立第一小学堂の具体的な教育内容としては、読み書き珠算のほか、英語・フランス語・修身・衛生・理科・歴史・地理・体操などを含み、その他の小学堂や半日学堂でもおおむね同様であった[20]。

一方で、学堂に入る余裕がないような人も含めた不特定多数を啓蒙することも必要とされた。先にあげた「勧善茶社」と同様に、新聞を自由に閲覧させるための組織として「閲報処」が有志によっていくつも設けられた。また、民立第一小学堂では土曜日の晩ごとに地理・数学などの講演を行ない、あるときには百六十人以上もの聴衆を集めたという[21]。このような実践を専ら目的として多くの「宣講処」が成立し、文字が読めない人々のために新聞記事などを読み聞かせたり、初歩的な識字教育を施したりした。さきに述べたように宣講とは本来『聖諭広訓』を読み聞かせて人民を教化することを指すが、この宣講処では『大公報』に載せられた白話文のような迷信打破、国民意識の創成をめざす内容が語られた。

「閲報処」「宣講処」は民間人が設けたものだが、官による「北洋新政」の眼目としては、教育のほかに、日本にならった警察制度の導入がある。「巡警」創設である。さまざまな紛争が生起する都市社会における行政的統制力の強化をめざしたものと言える。特に、義和団時期の混乱を意識して、民衆的暴力を効果的に弾圧するという意図も、巡警の導入に込められていたと思われる。

『大公報』は、人力車夫に対する巡警の統制を提言している。法外に高い料金をとることを規制しなければ、天津の名誉にかかわる。また「中国は適当な教育がなされず教育の普及も遅れているので、風俗は殊に劣り人格は甚だ低い」「天津の下層の者の風俗は、そもそも野蛮であるが、人力車夫は特にひどい」とし、特にその言葉づかいの下品さを指摘する。このような風俗を改良するために、巡警局は白話で告示を出して、汚い言葉づかいをしないように命じ、それでもきかなければ厳しく取り締まることを期待するのである。その他、誰でも道で大声で歌ったり淫らな語をとなえたり、また通りかかった女性にいやらしいことを言ったりするのも、巡警がやめさせるべきなのである。(22) 巡警は人民を善導し風俗を改良する役割を期待されていたと言えよう。

また、統制機構の強化にともない、これまで善挙の対象だった乞食など下層都市民への管理が容易になった。場合によっては巡警によってとらえ「習藝所《しゅうげいしょ》」という監獄に入れて職業教育ないし労働規律への順応を行なわせることとしたのである。

学堂と巡警局は、かつての廟の場所に置かれることが、しばしばだった。廟を宣講や義学の用地にあてるのは一九世紀にも見られたことである。いまや廟を信仰する人々を「無知の愚民」として批判し、積極的に風俗を改良しようとするのが学堂と巡警の任務だとすれば、これは当然のなりゆきだったと考えられる。

4　小結

「風俗」は、イングランド史で注目される英語の custom という語と若干の共通点を見出せる。それは、ある種、人々の生活のありようとその文化に関わる概念である。しかし、まったく異なる性格も持っている。custom は、（実は必要に応じて選択的に強調されるにせよ）その不変性を正当化のため含意することがあり、それゆえ革新の潮流に抵抗する民衆運動の根拠となりえた[23]。これに対して風俗は、変わりやすさが前提とされ、しかも見識あるものが民を教え諭し智恵を開いてやるという観念を本来的に含んでいたので、風俗改良運動を容易にしたと考えられる。この過程で、さまざまな事物が陋習として批判されるようになったが、そのような実践として進歩観念が翻訳されたとも考えられよう。すなわち、欧米・日本モデルの伝播は、風俗を改良するという観念を経由することで速やかに行なわれ得たと言え、しかもそれは（決して欧米・日本と同一でなく）この時期に独自に想定された近代化像ないし「文明」観に基づいていたのである。

実は、風俗改良の動きも、その形式的性格は従来の善挙との同型性を指摘することが可能である。たとえば、女性の纏足に反対する「天足社」、男性の服は易《か》えないが辮髪を剪《き》るべしとする「剪辮不易服会《せんべんふえきふくかい》」など、結社によって新たな社会的理想を宣布しようとする動きが起こったが、これも善挙の「会」「社」組織と構造的に類似するとも考えられる。

しかし、新たな社会的理想の多くは「中国」の将来にかかわるものと位置づけられていた。この点で、従来の善挙の価値観と異なっている。例えば、辮髪を剪るべきなのは、具体的には動作の不自由さや不衛生さの原因となるからだが、大きな観点から言えば「尚武」の理念に照らして男性の身体的活動性を高め、ひいては精神的能動性を発揮させ、国家的危機を克服するものとして主張されたのである。[24] 光緒三十一年（一九〇五年）の反アメリカ運動では、「中国」の団結が、ことさらに主張され、外国人やクリスチャンへの暴力行使は厳しく戒められながらも、可能な限り多くの人々をこの大義に動員しようとした。ここに、新たな都市社会統合の理念が提示されたと考えられる。

以上までで述べたような変化が急速に起こった理由は、科挙の廃止など知をめぐる制度の改変が考えられる。しかし、他の都市に比べて特に天津で急速であったように思われる要因は、義和団時期の教訓に求めるべきだろう。義和拳を使う人々の行動は、都市社会の秩序を転倒させ、官や紳商等にとって許容しがたいものであった。それゆえ、その背景にある風俗を改良することが殊に切実な政治課題とみなされたと言ってよい。もちろん、袁世凱による意欲的な政治改革の試みの刺激も大きかったことも忘れてはならない。

このような風俗の改良によって、王朝の統治を支える文化統合にかかわる観念が変化させられていったのである。もちろん変化といっても、当時「中国人」という言葉で表現され、しばしば四億人の集合体とみなされたうちの、ごくわずかな部分の意識に過ぎない。圧倒的な数の農民が受け入れられる政治と文化の秩序をどう構築するのか、その試行錯誤が民国時期の歴史の大きな要素となってゆくのである。

註

（1）明末の「風俗」観念について分析した研究として次がある。森正夫「明末における秩序変動再考」（『中国――社会と文化』一〇号、一九九五年）。岸本美緒「風俗と時代観」（『古代文化』四八巻二号、一九九七年）。

（2）額勒精額『証学編』巻二。

（3）同時代のイギリス人による観察も、天津のムスリムが科挙受験のため経書の学習をすることを指摘しつつ、そのこととイスラームとの矛盾の有無を問題にしている。Henry Noel Shore, *The Flight of the Lapwing: A Naval Officer's Jottings in China,*

Formosa and Japan (Longman, Green, and Co., 1881), p. 371.

（4）譚嗣同「上欧陽中鵠」、蔡尚思・方行編『譚嗣同全集（増訂本）』（中華書局、一九八一年）四六七頁。ただし譚嗣同の『仁学』第四十章において、上の三教に「孔教」を加えている版本がある。

（5）『李文忠公全集』奏稿巻四十七「在理教請免査辦摺」（光緒九年七月十三日）。

（6）『国聞報』光緒二十四年二月五日「左道惑衆」。

（7）光緒『大清会典事例』巻八百七。

（8）『李文忠公全集』奏稿巻五十一「籌辦団練摺」（光緒十年九月二十一日）。

（9）『李文忠公全集』奏稿巻七十八「津紳集捐辦団片」（光緒二十年七月二十二日）。

（10）『大清穆宗毅皇帝実録』巻二百四十八、同治七年十二月十二日。

（11）酒井忠夫『中国善書の研究』（弘文堂、一九六〇年）。游子安『勧化金箴——清代善書研究』（天津人民出版社、一九九九年）。

（12）『津門古文所見録』巻一、董懐新「重修天津文昌廟碑記」。

（13）『大公報』光緒二十八年五月十二日、英斂之「大公報序」。

（14）『大公報』光緒二十八年五月十七日「講看報的好処」。

（15）『大公報』光緒二十九年七月二十一日「論新聞紙与民智通塞有密切之関係」。

（16）『大公報』光緒三十一年五月一日「説雷電撃人」。

（17）『大公報』光緒二十八年七月十日「説中国人信邪壊処」。

（18）『大公報』光緒三十一年四月九日「錯認拝香的為拳匪」。

（19）『大公報』光緒三十年五月九日「勧善茶社」。

（20）『大公報』光緒三十一年正月八日「天津学堂調査表」。また、以下参照。阿部洋『中国近代学校史研究——清末における近代学校制度の成立過程』（福村出版、一九九三年）一三〇〜一五八頁。朱鵬「天津的近代初等学堂与紳商」（『城市史研究』一九・二〇輯、二〇〇〇年）。

（21）『大公報』光緒二十九年三月三日「演説紀盛」。

（22）『大公報』光緒三十一年七月一〜二日「敬告巡警局天津人力車急当整頓」。

（23）E. P. Thompson, *Customs in Common* (Merlin Press, 1991). もうひとつ、対比されるべきヨーロッパの概念として、英語の moral、フランス語の mœurs が挙げられよう。これらと「風俗」の異同をどう考えるかも検討に値する問題である。坂下史「国家・中間層・モラル——名誉革命体制成立期のモラル・リフォーム運動から」（『思想』八七九号、一九九七年）。松浦義弘『フランス革命の社会史』（山川出版社、一九九七年）。

(24) 拙稿「清末剪辮論の一考察」（『東洋史研究』五六巻二号、一九九七年）。

結　語

補論でみたように、本書では、現代日本語なら政治秩序・社会秩序と呼ぶような事象である「風俗」に大きな関心を寄せてきた。「一切の政治風俗は、勢いすべて一新し、時機に従い必要に応じることを余儀なくされた」（王守恂『天津政俗沿革記』序）ということから起こった社会の変化を、あらためて緒論で設定したところの、近代性の四つの項目に即して簡潔に要約してみたい。

（1）政治参加と公共性の展開

都市社会の維持に不可欠な用務において官ならぬ人々が協力して業務を遂行するという現象は、天津においても顕著に見られた。しかし、それは、普遍的な人倫や王朝の防衛といった目標を掲げる以上は、一方で官の介入、他方で実力行動による民意表出を原理的に無視しえないものだった。

清末新政時期に目立つ、地方自治制度の導入、商会の成立は、確かに、地元の有力者による業務分担、つまり行政的管理能力、協力態勢の成熟を歴史的前提としている。しかし、それが全体の利益を標榜する以上、個別的な利害を反映する回路となりえず、官の要請と民の暴動に対して徹底した自己主張ができないことになる。このような自治組織に加え、ジャーナリズムの成立は、多様な政見を議論・交渉の場にあふれさせた。その状況は、制度的な政治秩序の安定化や効率的な民意反映機構をもたらさなかったが、民国初年の活力あふれる政治的言説と実践のありかたを可能にしたとは言える。それは、自ら公的な正当性をもって任じる諸々の団体・組織の活動の競合状態を作り出してゆくのである。

(2) 社会管理の進展

鴉片戦争以来、天津で団練がしばしば編成された目的は、敵に対して人民が一丸となることで、ありうべき内部矛盾を克服することにあった。これは、具体的には都市下層民の統制が意図されていた。消防組織である火会も、消防そのものだけでなく、全体の利益のための活動を通じて下層民を含めた連帯感を醸成することに意義があった。この手法は、連帯の絆に排外的心情が動員されたため、外国人との接触の機会が多い開港場としては非常に危険なものであった。

排外心情が極端に達した義和団の戦乱を経たのち、新たに巡警制度が導入され、組織的に民衆統制が行なわれた。「捐」の徴収も営業許可の意味がこめられており、新たな都市管理態勢の一角を占めた。

従来、游民に対する対策は、さまざまな自発的結社による善挙が担ってきたが、游民習藝所が設けられたので、巡警が游民を捕捉し、習藝所に送って職業教育させることになった。これに応じるように、既存の善堂でも技術の伝習と労働規律の確立がめざされるようになった。

武昌蜂起の後の政治的動揺のなかで、体育社などいくつかの組織が作られ、巡警と協力して治安維持にあたったが、軍隊の掠奪に抵抗することは難しいという課題が残された。

(3) 国民意識の深化と帰属意識の再編

鴉片戦争(一次・二次)の時の団練では、団結のため、排外的主張がなされたが、その後の開港ののちは、外国人の渡来とともにキリスト教への反感などが強まってゆく。同治九年（一八七〇年）の教案はそのような反感に根ざすとともに、その後も反復して想起されることで、対立感情を固定化することになった。これらのことは、確かに地元の事情によって生起した側面が強いが、北京などでの議論と共振している面がある点にも注意すべきであろう。

天津には、開港後、江南や広東出身の買辦などがやってきて、外国人や李鴻章との関係を利用して、威勢を誇るようになった。南方出身者への反感は、汽船にのせて北方人が南に売られてゆくことにも由来していた。このような反感は、義和団支配下において、南方人が外国人と結託しているとして厳しい排斥の対象となる原因であった。光緒三十一年（一九〇五年）の反アメリカ運動は、天津とはほぼ無関係な原因によるものであったが、ここで「中国」としての団結が強調されたことは、可能な限り広く「中国人」同胞に国民意識の覚醒を呼びかけることになった。ここに、出身地を越えて都市社会の共生の論理を打ち出したという意義も見出すべきだろう。この動きは、それまでの排外主義を強く意識しつつ、それを乗り越えようとする意識の表れでもあった。「中国」のためにという主張は、安易に応用できる手近な論理であるため、わがものとして頻繁に利用されて、ますます都市民の国民意識を強めていった。「体育」という新しい身体観も、強国化のために「尚武の精神」を発揮するものとして強調された。このように、愛国主義が（場合によっては国際赤十字運動のような国際的理念も）、地域社会に引き込まれていったのである。

(4) 啓蒙と民衆文化

義挙などと総称された社会福祉事業は、科挙合格を祈願する生員などが推進していたが、その背後に因果応報を説く善書の価値観があった。これは、広く庶民の日常倫理とも接点があったと思われる。また、祈雨・廟会などの機会は、官の統治が、神的な存在との交渉によって支持されていた側面を示していた。しかし、民衆の宗教的感情を統御することの困難さは、義和団の擡頭によって明白となった。

義和団への反感は、民衆文化のある部分を迷信として攻撃する心態をもたらした。廟への信仰や因果応報説が、やり玉にあげられた。

さらに新政時期の新式学堂の重視、科挙の廃止による教育制度の改変は、文化状況に大きな影響を与えた。折しも反アメリカ運動が起こったが、そこでは、義和団の再来が強く懸念されており、迷信批判とあわせて、民衆を教化・動員するため、宣講処・閲報処など宣伝機関が、塾の講師などによって急速に設置された。

宣講処などで演説の題材ともされた『大公報』などの新聞は、まさに迷信批判と「中国」覚醒の主張を力をこめて行なっていた。そもそも宣講とは皇帝が定めた倫理を宣布するものだったが、新たな同胞意識を広めるものに転生したのであり、善書による善挙の提示は、新聞による愛国的行動の例示にとってかわられた。こうして「正しい」価値観を宣揚する姿勢そのものは連続していた。

統治権力の正当化の原理も変わらざるを得ない。巡警創設も、城隍廟信仰などとは無関係な裁きの確立という意義をもっていた。そして、古めかしい儀礼にみちた王朝の存在そのものも、政治体制にとって不可欠なものとみなされなくなると見通してもよかろう。

以上が「天津の近代」である。これが、どれほど同時代の他の社会の変化と似ているかということを議論することとは、天津の歴史の個性を再検討するのに必要な作業であろう。本書は、そのような検討に着実な基礎を提供するという目的も果たし得たと考える。

これに付け加えて考えておくべきことがある。まずは、「天津の近代」における近代性と植民地主義との関係の問題である。言うまでもなく、近代性の世界大の拡大は、アジア・アフリカの植民地化を大きな動因としていた。天津史においても、義和団戦争後の都統衙門時期の意義が大きいことを本書では強調してきた。特に軍事占領という極めて暴力的な契機が、多大な影響を残したと考えられる。

辛亥革命ののち、引き続く政治的動乱を前にして中国情勢を分析しようとした内藤湖南（虎次郎）は、以下のように述べている。

北清事変の際に、一時天津に都統衙門といふ者が出来て、列国の聯合政治を行ったことがある。第二の大なる都統政治が出現すべき時機は、あまり遠いとは思われぬ。支那人は大なる民族である、此の民族は民族として統一されて居る。又列国の支那に於ける利権も随分錯綜して居る。故に支那が急速に分割さるべき者とは、自分も思はない。但し一種の都統政治は何時でも行はれ得るのである。又此の都統政治の方が、国民の独立といふ体面さへ抛棄《ほうき》すれば、支那の人民に取て、最も幸福なるべき境界である。我等が本論に述べた国防の必要が、ここに絶対に消滅する。支那の官吏よりは、廉潔に且つ幹能ある外国の官吏によって支配されるから、負担の増さぬ割合に善政の恩沢を受ける。袁世凱を大総統にさへ仰ぐ国民が、都統政治に不満足を訴へるなどといふことは、有り得べき道理がない。(1)

袁世凱政権に対する不信を基調とするとはいえ、これがあまりに植民地主義的な議論であることは明白であろう。事実、戦後の日本の学者は、中国革命に共感する立場から、この内藤湖南の言葉を批判してきたのである。(2) もちろん「国民の独立といふ体面」を第一義とする愛国主義を奉じる中国人からも指弾されるに違いない。

ただし、それらの論評が本書の視角と異なる点がある。内藤湖南の立場にしろ、それを批判する議論にしろ、中国全体の問題として議論しているが、本書はあくまで天津史に即して問題を立てようとした。このことの意味を改めて確認しておくべきだろう。

そもそも、近代性を都市に見出し、その具体的なありかたを明確にとらえようとするにあたって天津史を注視したのが、本書の意図と方法である。その場合、植民地主義や愛国主義は、単に外在的な要因ではない。つまり、「世界システム」や「中国」が「外から」天津を包摂する歴史を想定しているわけではない。

緒論で指摘したように、近世という世界大の時代は、すでに「商業の時代」を前提として成立していたが、具体的な社会変容の方向性は、各地で異なっていた。しかし、ますます密接化する交渉のなかで、類似した制度・方式を採用する方向に歴史は動いてゆく。このような意味での近代性が、模倣や植民地主義的強制や利潤追求によって、ますます共有化される時代が近代に他ならない。

しかし、この過程は、世界の全き均質化に向かうとは限らない。むしろ、各地域と各個人が世界に対する関係性を変容させ、新たな自己認識を形成してゆくのである。(3) 中国ナショナリズムの形成も、その一環である。(4) 天津史の中にも、そのような機制が内蔵されていると言うべきだろう。先に述べた植民地主義と愛国主義のいずれも、全世界的な現象であると同時に、天津史の内部の問題として分析すべきだと考えるのは、それゆえである。

もちろん本書が注目した近代性というのは、まさに著者の関心の方向性によって整理された、事象の理解の仕方である。それは、近代学問としての本書の存在そのものに規定された視角とも言えよう。

その規定性は引き受けるとしても、もうひとつ意識すべきことは、天津という極小の空間の七十年ほどの歴史を扱った、かなり微視的な研究であるということである。ふたたび、内藤湖南を引くと、中国の国情は、たいへん転変しているようだが、実は着実な方向性があるという。

此の惰力、自然発動力の潜運黙移は、目下の如く眩《めまぐる》しいまでに急転変化して居る際に在っても、其の表面の激しい順逆混雑の流水の底には、必ず一定の方向に向かって緩く、重く、鈍く、強く、推し流れて居るのである。(5)

このような水流の比喩は湖南の現状分析にふさわしいものかも知れないが、これに対し、ミシェル・フーコーは歴史学を地層の分析に喩えている。

これらの道具〔数量経済史、歴史人口学、気象の歴史など〕のおかげで、彼ら〔歴史家〕は歴史の領野において、さまざまに異なる堆積の成層を見分けることができるようになった。それまで線的な継起が探究の対象であったが、縦の喰い違いが、それにとってかわった。政治の変わりやすさから「物質文明」固有の緩慢な動きまで、分析の層位は多様化した。それぞれの層位に特有な断絶があり、またそれぞれの層位が、異質のものの入り込んでいる部分を含んでいる。そして、より深い基層へと下降していくにしたがって、時代区分の節目節目の間隔はいっそう大きくなる。政権、戦争、飢饉などのあわただしい歴史の背後に、ほとんど不動の歴史が眼下に姿をあらわす[6]。

本書は、これら比喩における表層に近い部分を観察したものと言えるかもしれない。時間・空間の尺度を変えたり、みずから内藤湖南のいう「流水の底」に潜ったりすれば、たちまち別の光景が見えてくるということもあるに違いない。今後、そのような視座の転換も試みたいと考えている。

註

（1）内藤虎次郎『支那論』（文会堂書店、一九一四年）自叙九～一〇頁。

（2）J・A・フォーゲル（井上裕正訳）『内藤湖南――ポリティックスとシノロジー』（平凡社、一九八九年）二〇〇～二〇二頁。Joshua A. Fogel, *Politics and Sinology: The Case of Naitō Konan* (Council on East Asian Studies, Harvard University, 1984), pp. 190-193. 最近の「ポスト・コロニアル（後殖民）批評」をまたずとも厳しい批判がなされてきたことを強調しておきたい。

（3）この点は、社会学者ギデンズ［Anthony Giddens］の論より示唆を受けた。アンソニー・ギデンズ（松尾精文・小幡正敏訳）『近代とはいかなる時代か？――モダニティの帰結』（而立書房、一九九三年）。

（4）ここから、中国を単位とした歴史叙述が動機を与えられる。本書は、意図的にそれとは一線を画そうとした。しかし、中国史という形で最も適切に叙述できる歴史的事象も当然存在すると私は考えている。

（5）内藤前掲書緒言四頁。
（6）ミシェル・フーコー（中村雄二郎訳）『知の考古学』（河出書房新社、一九八一年）九〜一〇頁。かなり訳語を変更した。Michel Foucault, *Archéologie du savoir* (Gallimard, 1969), pp. 9-10.

あとがき

本書は、東京大学に提出した博士学位の申請論文をもとに、加筆・増補を行なったものである。その博士論文の題名は「清末天津における政治文化と社会統合――中国近代都市形成史論」で、一九九九年一二月に提出し、二〇〇〇年五月に博士（文学）の学位を授与された。

博士論文の審査にあたってくださったのは、濱下武志（主査）、岸本美緒、吉田伸之、黒田明伸、園田茂人の諸先生であった。審査の過程でいただいた助言を、本書において生かすように努めた。もちろん、今の自分には解決できていない点もあり、それは今後の課題としてゆきたい。

以上の審査委員のうち、濱下武志先生と岸本美緒先生からは、私が本書のようなテーマで勉強をはじめてから、一貫して有意義な御指摘と激励をいただいてきた。本書刊行によって、わずかながら学恩に報いることができるとすれば、何よりうれしいことである。お二人の先生は、具体的な場面での示教の方向性が相当異なることがあり、学問における思考の多様性（学問の奥深さ）を実感するとともに、結局は自分の好きなようにさせていただく口実を得てきた。わがままな学生と思われたに違いないが、それを許してくださった優しさを感じる。

本書が成るにあたっては、私が六年間勤務させていただいたＡＡ研（正式名称は、東京外国語大学アジア・アフリカ言語文化研究所）の皆様の援助と刺激が不可欠だった。ＡＡ研をはじめとする研究所が、今後も研究所固有の役割を発展させ、個々の大学の枠をこえて世界の学術界に貢献してゆけることを願ってやまない。そして、共同研究の楽しさを教えてくださったのは、天津地域史研究会の方々である。辛亥革命研究会の場も、真摯な学術討論の意義を認識させてくれた。

また勉学の過程では、海外での研究生活が大きな意味を持っている。単に史料調査というだけでなく、本書の構想・論点そのものにも、海外での見聞、研究者との交流が影響を与えている。その意味で、このような留学や長期海外出張を可能としてくれた、すべての方々に心より感謝したい。特に、天津の南開大学で指導教官となってくださった陳振江教授と張洪祥教授、台湾の中央研究院近代史研究所に受け入れてくださった黄福慶教授、The University of Oxford に受け入れてくださった Dr. David Faure に感謝したい。また、大きな励みとなったこととして、張利民先生(天津社会科学院歴史研究所所長)が私の最初の雑誌刊行論文を中国語訳して、天津の専門学術雑誌に載せてくださったことを是非挙げておきたい(『城市史研究』一〇輯、一九九五年)。

なお、本書のもととなる調査の一部は、以下によって行なった。平成七年度日本学術振興会海外COEへの派遣研究者「中国近代都市開発の研究」。平成九～一〇年度アジア・アフリカ言語文化研究所　長期研究者派遣。平成一一～一三年度科学研究費補助金「二〇世紀前半華北地域の都市近代化にたいする日本の影響」(代表　駒澤大学文学部渡辺惇教授)。平成一一～一二年度科学研究費補助金「アジアの文字と出版・印刷文化及びその歴史に関する調査・研究」(代表　東京外国語大学アジア・アフリカ言語文化研究所町田和彦教授)。また、本書刊行にあたっては、日本学術振興会平成一三年度科学研究費補助金(研究成果公開促進費)を受けた。関係各位に感謝したい。

本書の相当部分は、既に公表し大方の批評を仰いだことがある。特に、口頭報告の場で貴重な御指摘をくださったり、雑誌などの審査にあたってくださった方々に、お礼を申し上げたい。本書の各部分の原型をなす論文を発表順に並べると以下のようになる。

①「光緒末、天津における巡警創設と行政の変容」(『史学雑誌』一〇一編一二号、一九九二年)――→第五章

②「天津における「抵制美約」運動と「中国」の表象」（『中国――社会と文化』九号、一九九四年）→第八章
③「電車と公憤――辛亥革命前夜天津の市内交通をめぐる政治」（『史学雑誌』一〇五編二号、一九九六年）→第九章
④「天津団練考」（『東洋学報』七八巻一号、一九九六年）→第一章
⑤「火会と天津教案（一八七〇年）」（『歴史学研究』六九八号、一九九七年）→第二章
⑥「清末天津における「捐」と都市管理」（『社会経済史学』六三巻四号、一九九七年）→第六章
⑦「清末の都市と風俗――天津史のばあい」（『岩波講座世界歴史［二〇］アジアの〈近代〉』岩波書店、一九九九年）→補論
⑧「天津の義和団支配と団練神話」（『東洋学報』八一巻四号、二〇〇〇年）→第四章
⑨「善堂と習藝所のあいだ――清末天津における社会救済事業の変遷」（『アジア・アフリカ言語文化研究』五九号、二〇〇〇年）→第三章・第七章
⑩「体育と革命――辛亥革命時期の尚武理念と治安問題」中国華北城市近代化学術討論会（天津、二〇〇一年八月九〜一二日）提出論文→第十章

本書の題名の「天津の近代」という表現は、実は名古屋大学出版会の橘宗吾氏の創案によるものである。近代というものを、理論を通じて語るのではなく、徹底して具体的で微細な事象に見える歴史的変遷として考えてみたいというのが、本書に至る関心の根幹にあったことで、その表現の端的さも含めて、この題名にまさるものは無いだろう。また、編集の実務は、同編集部の長畑節子氏に担当いただいた。両氏の細心のお仕事のおかげで、博士論文の時点よりも、はるかに読み易いものに仕上がったことに感謝したい。

本書をまとめつつあった頃、私は東京大学に異動となり、歴史学の教育を職務とすることになった。歴史学という学問は、さまざまな次元の異なる存在意義をもっているのだが、それを学生の皆さんとともに全面的に展開させてゆきたいと念願している。

二〇〇一年一〇月

吉澤誠一郎

《著者略歴》

吉澤《よしざわ》 誠一郎《せいいちろう》（YOSHIZAWA Seiichiro）

1968年　群馬県沼田市生まれ
1991年　東京大学文学部卒業
　　　　同大学院，東京外国語大学アジア・アフリカ言語文化研究所助手を経て
現　在　東京大学大学院人文社会系研究科准教授，博士（文学）
著　書　『愛国主義の創成――ナショナリズムから近代中国をみる』（岩波書店，2003）

天津の近代

2002年2月20日　初版第1刷発行
2009年5月20日　初版第2刷発行

定価はカバーに
表示しています

著　者　吉澤誠一郎
発行者　石井三記

発行所　財団法人　名古屋大学出版会
〒464-0814　名古屋市千種区不老町名古屋大学構内
電話(052)781-5027/FAX(052)781-0697

印刷・製本　㈱太洋社　　ISBN978-4-8158-0423-7
乱丁・落丁はお取替えいたします。

索　引

ア 行

カ 行

サ 行

タ　行

ナ　行

ハ　行

マ　行

ヤ　行

ラ　行

参照文献一覧

未刊行史料

中国第一歴史檔案館（北京）

長蘆塩運使司檔案

宮中檔案

天津市檔案館（天津）

広仁堂檔案

公用局檔案

国立故宮博物院（台北）

宮中檔案（『宮中檔道光朝奏摺』『宮中檔咸豊朝奏摺』）

軍機処檔案

中央研究院近代史研究所（台北）

外交檔案（総理各国事務衙門檔案）

外務省外交史料館（東京）

外務省記録

防衛庁防衛研究所（東京）

陸軍省清国事変書類編冊

Public Record Office (Kew)

Foreign Office Archives

School of Oriental and African Studies, University of London (London)

London Mission Society Archives

定期刊行物

『時報』（天津）

『国聞報』（天津）

『直報』（天津）

『大公報』（天津）

『天津白話報』（天津）

『人鏡画報』（天津）

『順天時報』（北京）

『申報』（上海）

『点石斎画報』（上海）

『東方雑誌』（上海）
Pekin and Tientsin Times（天津）
North-China Herald（上海）
The Economist（London）

漢　籍

康熙刊（民国鉛印）『新校天津衛志』
同治刊『続天津県志』
民国刊『天津県新志』
光緒刊『重修天津府志』
嘉慶刊『長蘆塩法志』
乾隆刊『鄚城県志』
同治刊『上海県志』

『津門雑記』張燾撰
『天津政俗沿革記』王守恂撰
『志餘随筆』高凌雯撰
『張公襄理軍務紀略』丁運枢・陳世勲・葛毓琦編
『津門聞見録』郝縉栄撰［抄本］
『津門保甲図説』
『天津文鈔』
『津門古文所見録』
『広仁堂案牘』『広仁堂章程』＊天津社会科学院所蔵本は合冊
『津河広仁堂徴信録』
『厳宇香厳仁波両先生事略』厳修撰
『蟫香館別記』陳中嶽撰
『張公建祠誌』
『証学篇』額勒精額撰
『聞見録』儲仁遜撰［抄本］
『京津拳匪紀略』僑析生等撰
『直隷清理財政局彙編宣統四年全省歳出入予算比較表』
『北洋公牘類纂』
『北洋公牘類纂続編』
『直隷工藝志初編』
『鏡波公牘』徐鏡波撰
『天津指南』石小川編

『大清穆宗毅皇帝実録』
『大清徳宗景皇帝実録』
『宣統政紀』
『清代起居注冊』（台北：聯合報文化基金会国学文献館，1987）
『籌辦夷務始末』
『光緒朝東華続録』
『清史列伝』
『清史稿』
『碑伝集補』
乾隆刊『大清律例』
光緒刊『大清会典事例』
『大清光緒新法令』
『李文忠公全集』李鴻章撰
『周愨慎公全集』周馥撰
『越縵堂日記』李慈銘撰
『翁文恭公日記』翁同龢撰
『桐城呉先生日記』呉汝倫撰
『求闕斎弟子記』王定安撰
『西洋雑志』黎庶昌撰
『陔餘叢考』趙翼撰
『福恵全書』黄六鴻撰
『得一録』余治編
『国朝柔遠記』王之春撰
『約章成案匯覧』
『小方壺斎輿地叢鈔』
『庸盦筆記』薛福成撰
『酔茶誌怪』李慶辰撰

日文資料（50 音順）

会田勉『川島浪速翁』（東京：文粋閣，1936）。

足立啓二『専制国家史論――中国史から世界史へ』（東京：柏書房，1998）。

安部健夫「中国人の天下観念――政治思想史的試論」（同『元代史の研究』東京：創文社，1972）。

阿部洋『中国近代学校史研究――清末における近代学校制度の成立過程』（東京：福村出版，1993）。

飯島渉『ペストと近代中国』（東京：研文出版，2000）。

石川禎浩「1910 年長沙大搶米の「鎮圧」と電信」（『史林』76 巻 4 号，1993）。

板垣雄三『歴史の現在と地域学——現代中東への視角』（東京：岩波書店，1992）。

市古宙三『近代中国の政治と社会』（東京：東京大学出版会，1971）。

稲田清一「清末，江南における「地方公事」と鎮董」（『甲南大学紀要』文学編 109, 1999）。

今堀誠二『北平市民の自治構成』（東京：文求堂，1947）。

——『中国の社会構造——アンシャンレジームにおける「共同体」』（東京：有斐閣, 1953）。

岩井茂樹「中国専制国家と財政」（『中世史講座［6］中世の政治と戦争』東京：学生社, 1992）。

岩間一弘「中国救済婦孺会の活動と論理——民国期上海における民間実業家の社会倫理」（『史学雑誌』109 編 10 号，2000）。

——「民国期上海の女性誘拐と救済——近代慈善事業の公共性をめぐって」（『社会経済史学』66 巻 5 号，2001）。

岩間俊彦「産業革命期リーズの都市エリート，1780-1820——名望家支配からミドルクラス支配へ」（『社会経済史学』63 巻 4 号，1997）。

ヴィル，ピエール＝エティエンヌ［Pierre-Étienne Will］（美枝子・マセ訳）「近代中国と中国学」（『思想』865 号，1995）。

ウェーバー，マックス［Max Weber］（木全徳雄訳）『儒教と道教』（東京：創文社, 1971）。

臼井佐知子「太平天国末期における李鴻章の軍事費対策」（『東洋学報』65 巻 3•4 号, 1984）。

江口久雄「広東闈姓考——清末の中国財政に関する一考察」（『東洋学報』59 巻 3•4 号, 1978）。

江夏由樹「奉天地方官僚集団の形成——辛亥革命期を中心に」（『一橋大学研究年報経済学研究』31 号，1990）。

大木康「庶民文化」（森正夫ほか編『明清時代史の基本問題』東京：汲古書院，1997）。

大沢真理『イギリス社会政策史——救貧法と福祉国家』（東京：東京大学出版会, 1986）。

太田出「清代緑営の管轄区域とその機能——江南デルタの汛を中心に」（『史学雑誌』107 編 10 号，1998）。

大野美穂子「上海における戯園の形成と発展」（『お茶の水史学』26•27 号，1983）。

小野和子「清末の婦人解放思想」（『思想』525 号，1968）。

小野信爾「ある謡言——辛亥革命前夜の民族的危機感」（『花園大学研究紀要』25 号, 1993）。

小野寺史郎「国旗と革命——近代中国におけるナショナリティと政治的シンボル」（小島毅編『東洋的人文学を架橋する』東京：東京大学人文社会系研究科，2001）。

大日方純夫「日本近代警察の確立過程とその思想」（由井正臣・大日方純夫校注『日本近

代思想体系［3］官僚制・警察』東京：岩波書店，1990)。

外務省『日本外交文書』33 巻別冊 1「北清事変」上（東京：日本国際連合協会，1959)。

――『日本外交文書』35 巻（東京：日本国際連合協会，1957)。

――『日本外交文書』44 巻 45 巻別冊「清国事変（辛亥革命)」(東京：日本国際連合協会，1961)。

外務省政務局『現代支那人名鑑』(東京：［外務省］，1916)。

片岡一忠『天津五四運動小史』(京都：同朋舎出版，1982)。

――「中国都市の発展の諸段階――天津の形成と発展」(『イスラムの都市性・研究報告』研究報告編 99 号，1991)。

［加藤恒忠ほか］『万国赤十字社条約改正会議参列委員復命書』(東京：［陸軍省］，1907)。

可児弘明『近代中国の苦力と「豬花」』(東京：岩波書店，1979)。

金子肇「上海における「攤販」層と国民党に関する覚書――商民協会の結成とその廃止をめぐって」(『広島大学東洋史研究室報告』10 号，1988)。

川勝守『明清江南市鎮社会史研究――空間と社会形成の歴史学』(東京：汲古書院，1999)。

川越泰博『明代建文朝史の研究』(東京：汲古書院，1997)。

川島真「天朝から中国へ――清末外交文書における「天朝」「中国」の使用例」(『中国――社会と文化』12 号，1997)。

川尻文彦「戊戌以前の変革論――鄭観応の「議院」論を手がかりに」(帝塚山学院大学『中国文化論叢』7 号，1998)。

菊池貴晴『中国民族運動の基本構造――対外ボイコットの研究』(東京：大安，1966)。

貴志俊彦「「北洋新政」財政改革について」(『広島大学東洋史研究室報告』9 号，1987)。

――「清末の都市行政についての一考察――天津県の事例を中心として」(『MONSOON』創刊号，1989)。

――「「北洋新政」体制下における地方自治制の形成――天津県における各級議会の成立とその限界」(横山英・曽田三郎編『中国の近代化と政治的統合』広島：渓水社，1992)。

――「清末，直隷省の貿易構造と経済政策」(『島根県立国際短期大学紀要』2 号，1995)。

岸本美緒「比較国制史研究と中国社会像」(『人民の歴史学』116 号，1993)。

――「風俗と時代観」(『古代文化』48 巻 2 号，1997)。

――「妻を売ってはいけないか？――明清時代の売妻・典妻慣行」(『中国史学』8 巻，1998)。

――『東アジアの「近世」』(東京：山川出版社，1998)。

――「時代区分論」(『岩波講座世界歴史［1］世界史へのアプローチ』東京：岩波書店，1998)。

――「現代歴史学と「伝統社会」形成論」(『歴史学研究』742 号，2000)。

ギデンズ，アンソニー［Anthony Giddens］(松尾精文・小幡正敏訳)『近代とはいかなる

時代か？——モダニティの帰結』（東京：而立書房，1993）。

貴堂嘉之「19 世紀後半期の米国における排華運動——広東とサンフランシスコの地方世界」（東京大学『地域文化研究』4 号，1992）。

——「「帰化不能外人」の創造——1882 年排華移民法制定過程」（『アメリカ研究』29，1995）。

久保田文次「義和団評価と革命運動」（『史艸』17 号，1976）。

倉橋正直「清末の実業振興」（『講座中国近現代史［3］辛亥革命』東京：東京大学出版会，1978）。

黒田明伸『中華帝国の構造と世界経済』（名古屋：名古屋大学出版会，1994）。

グローブ，リンダ［Linda Grove］（貴志俊彦・神田さやこ訳）「華北における対外貿易と国内市場ネットワークの形成」（杉山伸也・リンダ・グローブ編『近代アジアの流通ネットワーク』東京：創文社，1999）。

黄東蘭「清末地方自治制度の導入と地域社会の対応——江蘇省川沙県の自治風潮を中心に」（『史学雑誌』107 編 11 号，1998）。

香坂昌紀「清代前期の沿岸貿易に関する一考察——特に雍正年間・福建—天津間に行われていたものについて」（東北大学『文化』35 巻 1•2 号，1971）。

国際連盟支那調査外務省準備委員会『支那ニ於ケル対外ボイコット』（東京：［外務省］，1932）。

黒竜会『東亜先覚志士記伝』中巻（東京：黒竜会出版部，1935）。

小島晋治・丸山松幸『中国近現代史』（東京：岩波書店，1986）。

小島毅「宋代天譴論の政治理念」（『東洋文化研究所紀要』107 冊，1988）。

——「城隍廟制度の確立」（『思想』792 号，1990）。

——「牧民官の祈り——真徳秀の場合」（『史学雑誌』100 編 11 号，1991）。

——「中国近世の公議」（『思想』889 号，1998）。

小島淑男「辛亥革命における上海独立と商紳層」（東京教育大学アジア史研究会『中国近代化の社会構造——辛亥革命の史的位置』東京：教育書籍，1960）。

——「20 世紀初期企業経営者層の結集と経済改革の模索」（『日本大学経済学部経済科学研究所紀要』21 号，1996）。

小瀬一「中国における 20 世紀初頭の「恐慌」について」（『一橋論叢』103 巻 2 号，1990）。

小浜正子「最近の中国善堂史研究について」（『歴史学研究』721 号，1999）。

——『近代上海の公共性と国家』（東京：研文出版，2000）。

小林一美『義和団戦争と明治国家』（東京：汲古書院，1986）。

権上康男『フランス帝国主義とアジア——インドシナ銀行史研究』（東京：東京大学出版会，1985）。

近藤和彦「宗派抗争の時代——1720，30 年代のマンチェスタにおける対抗の構図」（『史学雑誌』97 巻 3 号，1988）。

酒井忠夫『中国善書の研究』（東京：弘文堂，1960）。

阪上孝『近代的統治の誕生——人口・世論・家族』（東京：岩波書店，1999）。

坂下史「国家・中間層・モラル——名誉革命体制成立期のモラル・リフォーム運動から」（『思想』879号，1997）。

——「名誉革命体制下の地方都市エリート——ブリストルにおけるモラル・リフォーム運動から」（『史学雑誌』106編12号，1997）。

坂元ひろ子「恋愛神聖と民族改良の「科学」」（『思想』894号，1998）。

佐久間東山（石橋秀雄校注）『袁世凱伝』（東京：現代思潮社，1985）。

佐々木揚「1895年の対清・露仏借款をめぐる国際政治」（『史学雑誌』88編7号，1979）。

定留吾郎『天津雑貨視察復命書』（神戸：神戸高等商業学校，1906）。

佐藤公彦『義和団の起源とその運動——中国民衆ナショナリズムの誕生』（東京：研文出版，1999）。

佐藤慎一「鄭観応について」（東北大学『法学』47巻4号，48巻4号，49巻2号，1983～1985）。

佐藤仁史「清末・民国初期における一在地有力者と地方政治——上海県の〈郷土史料〉に即して」（『東洋学報』80巻2号，1998）。

——「清末民初における徴税機構改革と政治対立——江蘇省嘉定県の夫束問題を事例に」（『近きに在りて』39号，2001）。

澤田瑞穂『中国の民間信仰』（東京：工作社，1982）。

参謀本部『明治三十二年清国事変戦史』（東京：川流堂，1904）。

滋賀秀三「刑罰の歴史——東洋」（荘子邦雄・大塚仁・平松義郎編『刑罰の理論と現実』東京：岩波書店，1972）。

——『清代中国の法と裁判』（東京：創文社，1984）。

——「清代州県衙門における訴訟をめぐる若干の所見——淡新檔案を史料として」（『法制史研究』37，1987）。

篠田公穂「明治期における刑務作業の展開」（平松義郎博士追悼論文集編集委員会編『法と刑罰の歴史的考察』名古屋：名古屋大学出版会，1987）。

斯波義信「中国都市をめぐる研究概況——法制史を中心に」（『法制史研究』23，1973）。

——「宋代の都市にみる中国の都市の特性」（『歴史学研究』614号，1990）。

渋沢青淵記念財団竜門社編『渋沢栄一伝記資料』第16巻（東京：渋沢栄一伝記資料刊行会，1957）。

島田正郎『清末における近代的法典の編纂』（東京：創文社，1980）。

清国駐屯軍司令部編『天津誌』（東京：博文館，1909）。

スメドレー，アグネス［Agnes Smedley］（阿部知二訳）『偉大なる道』（東京：岩波書店，1977）。

瀬地山角『東アジアの家父長制——ジェンダーの比較社会学』（東京：勁草書房，1996）。

曽田三郎「清末における「商戦」論の展開と商務局の設置」(『アジア研究』38 巻 1 号, 1991)。

曾根俊虎『北支那紀行』(東京：海軍省, 1879)。

ソマー，マシュー・H.［Matthew H. Sommer］(寺田浩明訳)「晩清帝制中国法における売春——十八世紀における身分パフォーマンスからの離脱」(『中国——社会と文化』12 号, 1997)。

高嶋航「水竜会の誕生」(『東洋史研究』56 巻 2 号, 1997)。

高田幸男「清末地域社会と近代教育の導入——無錫における「教育界」の形成」(『神田信夫先生古稀記念論集　清朝と東アジア』東京：山川出版社, 1992)。

——「清末地域社会における教育行政機構の形成——蘇・浙・皖三省各庁州県の状況」(『東洋学報』75 巻 1•2 号, 1993)。

高橋孝助「善堂研究に関する一視点——上海の普育堂を手がかりとして」(『中国近代史研究会通信』17 号, 1984)。

——「光緒初年の華北大旱災救済活動における上海」(『宮城教育大学紀要』21 巻, 1986)。

——「「公益善挙」と経元善——人的な集積とネットワーク」(日本上海史研究会編『上海——重層するネットワーク』東京：汲古書院, 2000)。

高見澤磨「罪観念と制裁——中国におけるもめごとと裁きとから」(『シリーズ世界史への問い［5］規範と統合』東京：岩波書店, 1990)。

田口宏二朗「明末畿輔地域における水利開発事業について——徐貞明と滹沱河河工」(『史学雑誌』106 編 6 号, 1997)。

田中比呂志「清末民初における地方政治構造とその変化——江蘇省寶山県における地方エリートの活動」(『史学雑誌』104 巻 3 号, 1995)。

谷井俊仁「清代外省の警察機能について——割辮案を例に」(『東洋史研究』46 巻 4 号, 1988)。

谷川稔『十字架と三色旗——もうひとつの近代フランス』(東京：山川出版社, 1997)。

田山花袋『東京の三十年』(東京：岩波書店, 1981)。

千葉正史「情報革命と義和団事件——電気通信の出現と清末中国政治の変容」(『史学雑誌』108 編 1 号, 1999)。

趙軍『大アジア主義と中国』(東京：亜紀書房, 1997)。

土屋洋「清末山西における鉱山利権回収運動と青年知識層」(『名古屋大学東洋史研究報告』24 号, 2000)。

常行敏夫『市民革命前夜のイギリス社会——ピューリタニズムの社会経済史』(東京：岩波書店, 1990)。

鉄道院『朝鮮満州支那案内』(東京：丁未出版社, 1919)。

寺田浩明「清代土地法秩序における「慣行」の構造」(『東洋史研究』48 巻 2 号, 1989)。

——「明清法秩序における「約」の性格」(『アジアから考える［4］社会と国家』東京：

東京大学出版会，1994）。

電気学界『電気学界五十年史』（東京：電気学会，1938）。

土肥原賢二刊行会編『日中友好の捨石・秘録土肥原賢二』（東京：芙蓉書房，1972）。

黨武彦「明清期畿輔水利論の位相」（『東洋文化研究所紀要』125 冊，1994）。

東亜研究所第一調査委員会『列国対支投資と支那国際収支』（東京：［東亜研究所］，1941）。

東亜同文会『支那経済全書』（東京：丸善，1907）。

床呂郁哉『越境――スールー海域世界から』（東京：岩波書店，1999）。

富成一二編『天津案内』（天津：中東石印局，1913）。

内藤虎次郎『支那論』（東京：文会堂書店，1914）。

中見立夫「川島浪速と北京警務学堂・高等巡警学堂」（『近きに在りて』39 号，2001）。

中村茂夫『清代刑法研究』（東京：東京大学出版会，1973）。

中村達雄「天津県の社会空間――聚落・廟・戸口を手がかりとして」（『名古屋大学東洋史研究報告』25 号，2001）。

中村哲夫『同盟の時代――中国同盟会の成立過程の研究』（京都：人文書院，1992）。

並木頼寿「捻軍の反乱と圩寨」（『東洋学報』62 巻 3•4 号，1981）。

仁井田陞『中国の社会とギルド』（東京：岩波書店，1951）。

――『補訂　中国法制史研究――刑法』（東京：東京大学出版会，1980）。

西川喜久子「順徳団練総局の成立」（『東洋文化研究所紀要』105 冊，1988）。

西川真子「清末裁判制度の改革」（『東洋史研究』53 巻 1 号，1994）。

西村成雄「東三省における辛亥革命」（同『中国近代東北地域史研究』京都：法律文化社，1984）。

日本赤十字社編『日本赤十字社五十年小史』（東京：日本赤十字社，1926）。

野村政光「天津教案に就いて」（『史林』20 巻 1 号，1935）。

狭間直樹「山東莱陽暴動小論――辛亥革命における人民闘争の役割」（『東洋史研究』22 巻 2 号，1963）。

――「「新民説」略論」（狭間直樹編『共同研究梁啓超――西洋近代思想受容と明治日本』東京：みすず書房，1999）。

長谷川貴彦「イギリス産業革命期における都市ミドルクラスの形成――バーミンガム総合病院 1765～1800」（『史学雑誌』105 編 10 号，1996）。

波多野善大「辛亥革命直前における農民一揆」（『東洋史研究』13 巻 1•2 号，1954）。

――『中国近代工業史の研究』（京都：東洋史研究会，1961）。

――「辛亥革命期の汪兆銘」（同『近代中国の人物群像――パーソナリティ研究』東京：汲古書院，1999）。

馬場哲「都市化と交通」（『岩波講座世界歴史［22］産業と革新』東京：岩波書店，1998）。

浜口允子「清末直隷における諮議局と県議会」（辛亥革命研究会編『菊池貴晴先生追悼論集・中国近現代史論集』東京：汲古書院，1985）。

濱下武志『中国近代経済史研究——清末海関財政と開港場市場圏』(東京：汲古書院, 1989)。

——『近代中国の国際的契機——朝貢貿易システムと近代アジア』(東京：東京大学出版会, 1990)。

——「歴史研究と地域研究——歴史にあらわれた地域空間」(濱下武志・辛島昇編『地域の世界史［1］地域史とは何か』東京：山川出版社, 1997)。

——「アジアの〈近代〉」(『岩波講座世界歴史［20］アジアの〈近代〉』東京：岩波書店, 1999)。

濱島敦俊「明清時代, 中国の地方監獄——初歩的考察」(『法制史研究』33, 1983)。

——「明末東南沿海諸省の牢獄」(西嶋定生博士還暦記念論叢編集委員会編『東アジアにおける国家と農民』東京：山川出版社, 1984)。

——「明清江南城隍考」(唐代史研究会編『中国都市の歴史的研究』東京：刀水書房, 1988)。

——『総管信仰——近世江南農村社会と民間信仰』(東京：研文出版, 2001)。

原田勝正『汽車から電車へ——社会史的観察』(東京：日本経済評論社, 1995)。

坂野正高「張公襄理軍務紀略」(『アジア歴史事典』第6巻, 東京：平凡社, 1960)。

——『近代中国政治外交史——ヴァスコ・ダ・ガマから五四運動まで』(東京：東京大学出版会, 1973)。

姫田光義ほか『中国近現代史』(東京：東京大学出版会, 1982)。

フォーゲル, J. A. [Joshua A. Fogel] (井上裕正訳)『内藤湖南——ポリティックスとシノロジー』(東京：平凡社, 1989)。

深町英夫「辛亥革命の中の〈孫文革命〉——その宣伝による動員」(『アジア研究』40巻4号, 1994)。

——『近代中国における政党・社会・国家——中国国民党の形成過程』(八王子：中央大学出版部, 1999)。

福崎直治・沢野周一『電車と電気機関車』(東京：岩波書店, 1964)。

フーコー, ミシェル [Michel Foucault] (中村雄二郎訳)『知の考古学』(東京：河出書房新社, 1981)。

藤川隆男「オーストラリアとアメリカにおける中国人移民制限」(『シリーズ世界史への問い［9］世界の構造化』東京：岩波書店, 1991)。

藤谷浩悦「湖南変法運動の性格について——保衛局を中心に」(辛亥革命研究会編『菊池貴晴先生追悼論集・中国近現代史論集』東京：汲古書院, 1985)。

——「1910年の長沙米騒動と郷紳——中央と地方の対抗をめぐって」(『社会文化史学』31号, 1993)。

夫馬進「中国明清時代における寡婦の地位と強制再婚の風習」(前川和也編著『家族・世帯・家門——工業化以前の世界から』京都：ミネルヴァ書房, 1993)。

——『中国善会善堂史研究』(京都：同朋舎出版, 1997)。

古市大輔「清代乾隆年間の採買政策と奉天——華北への奉天米移出」（鈴木将久ほか『小冷賢一君記念論集』東京：[東京大学文学部中国語中国文学研究室], 1993）。

——「光緒初年盛京行政改革の財政的背景——東三省協餉の不足と盛京将軍の養廉確保の意図」（『東洋学報』79巻1号, 1997）。

帆刈浩之「清末上海四明公所の「運棺ネットワーク」の形成——近代中国社会における同郷結合について」（『社会経済史学』59巻6号, 1994）。

——「近代上海における遺体処理問題と四明公所——同郷ギルドと中国の都市化」（『史学雑誌』103編2号, 1994）。

——「香港東華医院と広東人ネットワーク——20世紀初頭における救済活動を中心に」（『東洋史研究』55巻1号, 1996）。

堀敏一『中国と古代東アジア世界——中華的世界と諸民族』（東京：岩波書店, 1993）。

堀川哲男「辛亥革命前の利権回収運動」（『東洋史研究』21巻2号, 1962）。

——「義和団運動と中国の知識人」（『岐阜大学研究報告（人文科学）』15号, 1967）。

——「辛亥革命前における義和団論」（『岐阜大学研究報告（人文科学）』16号, 1968）。

堀地明「明末福建諸都市の火災と防火行政」（『東洋学報』77巻1•2号, 1995）。

前田政四郎『北清事情大全』（東京：小林又七出張所, 1903）。

増田四郎『都市』（東京：筑摩書房, 1968）。

——『西欧市民意識の形成』（東京：春秋社, 1969）。

増淵龍夫「春秋戦国時代の社会と国家」（『岩波講座世界歴史［4］東アジア世界の形成I』東京：岩波書店, 1970）。

松浦章「清代における沿岸貿易について——帆船と商品流通」（小野和子編『明清時代の政治と社会』京都：京都大学人文科学研究所, 1983）。

松浦義弘『フランス革命の社会史』（東京：山川出版社, 1997）。

松田素二『抵抗する都市——ナイロビ 移民の世界から』（東京：岩波書店, 1999）。

溝口雄三『中国の公と私』（東京：研文出版, 1995）。

三谷孝「南京政権と「迷信打破運動」（1928〜1929）」（『歴史学研究』455号, 1978）。

三石善吉『中国の千年王国』（東京：東京大学出版会, 1991）。

宮崎市定「漢代の里制と唐代の坊制」（『宮崎市定全集』7巻, 東京：岩波書店, 1992）。

村田雄二郎「王朝・国家・社会——近代中国の場合」（『アジアから考える［4］社会と国家』東京：東京大学出版会, 1994）。

目黒克彦「湖南変法運動における保衛局の歴史的位置」（『東北大学東洋史論集』2輯, 1986）。

本野英一「イギリス向け紅茶輸出貿易の衰退と中国商人「団結力」の限界——福州での紛争, 論争を中心に」（『東洋学報』77巻1•2号, 1995）。

百瀬弘「「津門保甲図説」に就いて——清代天津県の農工商戸に関する一統計資料」（同『明清社会経済史研究』東京：研文出版, 1980）。

森悦子「天津都統衙門について——義和団戦争後の天津行政権返還交渉を中心に」（『東

洋史研究』47 巻 2 号，1988)。

森正夫「明末における秩序変動再考」(『中国——社会と文化』10 号，1995)。

——「清代江南デルタの郷鎮志と地域社会」(『東洋史研究』58 巻 2 号，1999)。

森山茂徳「朝鮮における日本とベルギー・シンディケート」(『年報・近代日本研究』2 号，1980)。

山下米子「辛亥革命の時期の民衆運動——江浙地区の農民運動を中心として」(『東洋文化研究所紀要』37 冊，1965)。

山田賢『移住民の秩序——清代四川地域社会史研究』(名古屋：名古屋大学出版会，1995)。

山之内靖『マックス・ヴェーバー入門』(東京：岩波書店，1997)。

山本進「開港以前の中国棉紡織業——日本との技術比較を中心に」(『歴史の理論と教育』69 号，1987)。

——「清代後期四川における地方財政の形成——会館と釐金」(『史林』75 巻 6 号，1992)。

——「清代後期江浙の財政改革と善堂」(『史学雑誌』104 編 12 号，1995)。

——「清代直隷の地域経済と李鴻章の直隷統治」(『名古屋大学東洋史研究報告』24 号，2000)。

油井大三郎「19 世紀後半のサンフランシスコ社会と中国人排斥運動」(油井大三郎ほか『世紀転換期の世界——帝国主義支配の重層構造』東京：未来社，1989)。

熊達雲『近代中国官民の日本視察』(東京：成文堂，1998)。

湯本国穂「辛亥革命の構造的検討——1911 年の中国西南地方における政治変動の社会史的意味・昆明の事例」(『東洋文化研究所紀要』81 冊，1980)。

吉澤誠一郎「清末剪辮論の一考察」(『東洋史研究』56 巻 2 号，1997)。

——「書評　夫馬進著『中国善会善堂史研究』」(『社会経済史学』64 巻 2 号，1998)。

——「トムソンの撮った清末都市」(『アジア・アフリカ言語文化研究所通信』97 号，1999)。

——「ナショナリズムの誕生——反アメリカ運動（1905 年）にみる「中国人」意識と同郷結合」(濱下武志・川北稔編『地域の世界史［11］支配の地域史』東京：山川出版社，2000)。

——「清末政治運動における死とその追悼」(『近きに在りて』39 号，2001)。

——「批評・紹介　小浜正子著『近代上海の公共性と国家』」(『東洋史研究』60 巻 2 号，2001)。

李若文「教案にみる清末司法改革の社会的背景——西洋宣教師の訴訟介入により引き起こされた事象を中心に」(『東洋学報』74 巻 3・4 号，1993)。

臨時台湾旧慣調査会編『清国行政法』第 2 巻（[神戸]：臨時台湾旧慣調査会，1910)。

——『清国行政法』第 6 巻（[東京]：臨時台湾旧慣調査会，1913)。

林原文子『宋則久と天津の国貨提唱運動』(京都：同朋舎出版，1983)。

――「清末，民間企業の勃興と実業新政について」(『近きに在りて』14 号，1988)。

和田清編『支那地方自治発達史』(東京：中華民国法制研究会，1939)。

渡辺惇「袁世凱政権の経済的基盤――北洋派の企業活動」(東京教育大学アジア史研究会『中国近代化の社会構造――辛亥革命の史的位置』東京：教育書籍，1960)。

――「近代天津の幇会」(『駒沢史学』52 号，1998)。

渡辺修「清代の歩軍統領衙門について」(『史苑』41 巻 1 号，1981)。

渡辺祐子「清末揚州教案」(『史学雑誌』103 巻 11 号，1994)。

中文資料（姓名の拼音 abc 順）

巴斯蒂［Marianne Bastid-Bruguière］「義和団運動期間直隷省的天主教教民」(『歴史研究』2001 年 1 期)。

北洋軍閥史料編委会『天津市歴史博物館館蔵北洋軍閥史料』袁世凱巻 1（天津：天津古籍出版社，1992)。

蔡爾康・林楽知編訳『李鴻章歴聘欧美記』(長沙：湖南人民出版社，1982)。

蔡尚思・方行編『譚嗣同全集（増訂本)』(中華書局，1981)。

常長儒「中国近代警察制度的形成」(中国社会科学院法学研究所法制史研究室『中国警察制度簡論』北京：群衆出版社，1985)。

陳鋒『清代軍費研究』(武漢：武漢大学出版社，1992)。

陳貴宗『義和団的組織和宗旨』(長春：吉林大学出版社，1987)。

陳翰笙主編『華工出国史料彙編』第 1 輯（北京：中華書局，1985)。

陳克「十九世紀末天津民間組織与城市控制管理系統」(『中国社会科学』1989 年 6 期)。

――「近代天津商業腹地的変遷」(『城市史研究』2 輯，1990)。

陳連生「天津早年的水会」(『天津文史叢刊』2 期，1984)。

陳瑞芳「略論天津“都統衙門”的軍事殖民統治」(『南開史学』1987 年 2 期)。

陳永明「「公共空間」及「公民社会」」(『近代中国史研究通訊』20 期，1995)。

陳振江・程歗『義和団文献輯注与研究』(天津：天津人民出版社，1985)。

戴玄之『義和団研究』(台北：中国学術著作奨助委員会，1963)。

戴愚庵『沽水旧聞』(天津：天津古籍出版社，1986)。

丁又「一九〇五年広東反美運動」(『近代史資料』1958 年 5 期)。

董叢林『竜与上帝――基督教与中国伝統文化』(北京：三聯書店，1992)。

董枢「上海法租界的発展時期」(『上海通志館期刊』1 巻 3 期，1933)。

董振修「天津都統衙門的軍事植民統治」(『天津文史資料選輯』30 輯，1985)。

范文瀾『中国近代史』上編第 1 分冊（北京：人民出版社，1953)。

飯島渉「清朝末期軍事財政的変遷――以義和団戦争前後為中心」(中国義和団研究会編『義和団運動与近代中国社会国際学術討論会論文集』済南：斉魯書社，1992)。

方豪編録『英斂之先生日記遺稿』(『近代中国史料叢刊続編』第 3 輯，台北永和：文海出版社，1974)。

馮玉祥『我的生活』(上海：上海教育書店，1947)。
顧衛民「曾国藩与天津教案」(『江海学刊』1988 年 3 期)。
関文斌（張栄明主訳）『文明初曙——近代天津塩商与社会』(天津：天津人民出版社，1999)。
国家檔案局明清檔案館編『義和団檔案史料』(北京：中華書局，1959)。
国家体委体育文史工作委員会・中国体育史学会編『中国近代体育史』(北京：北京体育学院出版社，1989)。
国立故宮博物院故宮文献編輯委員会編『袁世凱奏摺専輯』(台北：広文書局，1970)。
郭蘊静主編『天津古代城市発展史』(天津：天津古籍出版社，1989)。
郭蘊静「清代天津商業城市的形成初探」(『天津社会科学』1987 年 4 期)。
韓根東主編『天津方言』(北京：北京燕山出版社，1993)。
韓延竜・蘇亦工等『中国近代警察史』(北京：社会科学文献出版社，2000)。
韓延竜主編『中国近代警察制度』(北京：中国人民公安大学出版社，1993)。
何炳然「『大公報』的創辦人英斂之」(『新聞研究資料』37〜38 輯，1987)。
何漢威『光緒初年（1876〜1879 年）華北的大旱災』(香港：中文大学出版社，1980)。
何一民『転型時期的社会新群体——近代知識分子与晩清四川社会研究』(成都：四川大学出版社，1992)
和作輯「一九〇五年反美愛国運動」(『近代史資料』1956 年 1 期)。
侯傑「経元善与晩清社会」(南開大学歴史研究所編『南開大学歴史研究所建所二十周年紀念文集』天津：南開大学出版社，1999)。
胡濱『十九世紀末葉帝国主義争奪中国権益史』(北京：三聯書店，1957)。
胡光明「論早期天津商会的性質与作用」(『近代史研究』1986 年 4 期)。
——「開埠前天津城市化過程及内貿型商業市場的形成」(『天津社会科学』1987 年 2 期)。
——「論李鴻章与天津城市近代化」(『城市史研究』3 輯，1990)。
——「北洋新政与華北城市近代化」(『城市史研究』6 輯，1991)。
——「辛亥革命大潮中津京商会与資産階級的基本動向」(陳振江主編『辛亥思潮与国情』天津：天津教育出版社，1992)。
——「論清末商会対長蘆塩務風潮的平息」(『歴史檔案』1994 年 2 期)。
賈士毅編『民国財政史』(上海：商務印書館，1917)。
蔣原寰「天津愛国布商標綜覧」(『近代史資料』81 号，1992)。
金大揚・劉旭東「天津“海張五”発家始末」(『天津文史資料選輯』20 輯，1982)。
金大揚「天津“李善人”」(『天津文史資料選輯』7 輯，1980)。
金希教「抵制美貨運動時期中国民衆的“近代性”」(『歴史研究』1997 年 4 期)。
柯文［Paul A. Cohen］「義和团，基督教徒和神——従宗教戦争角度看 1900 年的義和団闘争」(『歴史研究』2001 年 1 期)。
孔復礼［Philip A. Kuhn］「公民社会与体制的発展」(『近代中国史研究通訊』13 期，1992)。

来新夏主編『天津近代史』（天津：南開大学出版社，1987）。
老舎「月牙兒」（『老舎文集』8巻，北京：人民文学出版社，1985年）。
李大釗『李大釗選集』（北京：人民出版社，1959）。
李達嘉「上海商人的政治意識和政治参与（1905～1911）」（『中央研究院近代史研究所集刊』22期上，1993）。
李恩涵「同治年間反基督教的言論」（同『近代中国史事研究論集』台北：台湾商務印書館，1982）。
李健鴻『慈善与宰制——台北県福利事業史研究』（台北板橋：台北県立文化中心，1996）。
李平書等『李平書七十自叙・藕初五十自述・王曉籟述録』（上海：上海古籍出版社，1989）。
李然犀「旧天津的混混児」（『文史資料選輯』47輯，1964）。
——「庚子淪陥後的天津」（『天津文史資料選輯』8輯，1980）。
李森「天津開埠前城市規劃初探」（『城市史研究』1輯，1989）。
李時岳・胡濱『従閉関到開放——晩清"洋務"熱透視』（北京：人民出版社，1988）。
李文海・程歗・劉仰東・夏明方『中国近代十大災荒』（上海：上海人民出版社，1994）。
李文海「晩清義賑的興起与発展」（同『世紀之交的晩清社会』北京：中国人民大学出版社，1995）。
李文治・江太新『清代漕運』（北京：中華書局，1995）。
李孝悌『清末的下層社会啓蒙運動』（台北：中央研究院近代史研究所，1992）。
梁其姿「清代慈善機構与官僚層的関係」（『中央研究院民族学研究所集刊』66期，1988）。
——『施善与教化——明清的慈善組織』（台北：聯経出版事業公司，1997）。
梁啓超「論学校・女学」（『時務報』23冊，1897）。
梁元生「清末的天津道与津海関道」（『中央研究院近代史研究所集刊』25期，1996）。
林敦奎「社会災荒与義和団運動」（中国義和団研究会編『義和団運動与近代中国社会国際学術討論会論文集』済南：斉魯書社，1992）。
林開明「論太平軍在天津的幾個問題」（河北・北京・天津歴史学会編『太平天国北伐史論文集』石家荘：河北人民出版社，1986）。
劉鳳翰『武衛軍』（台北：中央研究院近代史研究所，1978）。
劉海岩・郝克路選編「天津都統衙門会議紀要選」（『近代史資料』79号，1991）。
劉海岩「天津教案述論」（『南開史学』1986年2期）。
——「有関天津教案的幾個問題」（四川省近代教案史研究会・四川省哲学社会学学界聯合会合編『近代中国教案研究』成都：四川省社会科学院出版社，1987）。
——「租界与天津城市空間的演変」（『城市史研究』13・14輯，1997）。
——「天津租界和老城区——近代化進程中的文化互動」（『城市史研究』15・16輯，1998）。
劉民山「張光藻与『北戍草』」（『天津史研究』1986年2期）。

劉素芬「近代北洋中外航運勢力的競争（1858～1919）」（張彬村・劉石吉主編『中国海洋発展史論文集』5 輯，台北：中央研究院中山人文社会科学研究所，1993）。
劉錫鴻『英軺私記』（長沙：湖南人民出版社，1981）。
劉玉山・許桂芹・古薩羅夫［В. Н.Гусаров］編『蘇聯蔵中国民間年画珍品集』［*Редкие китайские народные картины из советских собраний*］（北京：人民美術出版社/Ленинград：Аврора，1991）。
劉正文「天津習藝所簡介」（『天津文史叢刊』3 期，1984）。
——「広仁堂」（『天津文史叢刊』7 期，1987）。
路遥・程歗『義和団運動史研究』（済南：斉魯書社，1988）。
呂実強『中国官紳反教的原因』（台北：中央研究院近代史研究所，1966）。
——「揚州教案与天津教案」（林治平主編『基督教入華百七十年紀念集』台北：宇宙光出版社，1977）。
羅澍偉主編『近代天津城市史』（北京：中国社会科学出版社，1993）。
羅澍偉「『越縵堂日記』中所見之近代天津史料」（『城市史研究』13・14 輯，1997）。
羅玉東『中国釐金史』（上海：商務印書館，1936）。
馬敏・朱英『伝統与近代的二重変奏——晩清蘇州商会個案研究』（成都：巴蜀書社，1993）。
馬敏『過渡形態——中国早期資産階級構成之謎』（北京：中国社会科学出版社，1994）。
——『官商之間——社会劇変中的近代紳商』（天津：天津人民出版社，1995）。
茅海建『天朝的崩潰——鴉片戦争再研究』（北京：三聯書店，1995）。
梅蘭芳「戯劇界参加辛亥革命幾件事」（中国人民政治協商会議全国委員会文史資料研究委員会編『辛亥革命回憶録』1 集，北京：中華書局，1961）。
宓汝成『帝国主義与中国鉄路（1847～1949）』（上海：上海人民出版社，1980）。
莫振良「清代城市的消防組織」（『城市史研究』19・20 輯，2000）。
南開大学歴史系編『天津義和団調査』（天津：天津古籍出版社，1990）。
南開大学歴史系中国近現代史教研組「義和団是以農民為主体的反帝愛国組織——天津地区義和団運動調査報告中的一章」（中国科学院山東分院歴史研究所編『義和団運動六十周年紀念論文集』北京：中華書局，1961）。
彭沢益編『中国近代手工業史資料』（北京：三聯書店，1957）。
彭沢益「清代咸同年間軍需奏銷統計」（『中国社会科学院経済研究所集刊』3 集，1981）。
桑兵「論清末民初伝播業的民間化」（胡偉希編『辛亥革命与中国近代思想文化』北京：中国人民大学出版社，1991）。
——『晩清学堂学生与社会変遷』（台北新荘：稲禾出版社，1991）。
——『清末新知識界的社団与活動』（北京：三聯書店，1995）。
上海市公用事業管理局編『上海公用事業（1840～1986）』（上海：上海人民出版社，1991）。
尚克強・劉海岩『天津租界社会研究』（天津：天津人民出版社，1996）。
史習芳「解放前天津行政区劃沿革」（『天津社会科学』1982 年 2 期）。

宋楽山「仁愛会修女的事業——『聖嬰会首批殉道者』節訳」(『天津宗教資料選輯』1 輯，1986)。
宋美雲・黄玉淑「辛亥革命前後宋則久的実業活動」(『天津文史資料選輯』47 輯，1989)。
宋美雲「北洋時期天津商会的組織系統」(『城市史研究』15･16 輯，1998)。
孫江・黄東蘭「論近代教会権威結構与宗法一体化結構的沖突」(『南京大学学報（哲学・人文・社会科学)』1989 年 2 期)。
孫江『十字架与竜』(杭州：浙江人民出版社，1990)。
唐瑞裕『清季天津教案研究』(台北：文史哲出版社，1993)。
天津檔案館・南開大学分校檔案系編『天津租界檔案選編』(天津：天津人民出版社，1992)。
天津社会科学院歴史研究所編著『天津簡史』(天津：天津人民出版社，1987)。
天津市檔案館・天津社会科学院歴史研究所・天津市工商業聯合会『天津商会檔案彙編(1903〜1911)』(天津：天津人民出版社，1989)。
天津市檔案館編『袁世凱天津檔案史料選編』(天津：天津古籍出版社，1990)。
——『三口通商大臣致津海関税務司札文選編』(天津：天津人民出版社，1992)。
天津市交通局『天津公路運輸史』1 冊（北京：人民交通出版社，1988)。
天津市政協文史資料研究委員会編『天津租界』(天津：天津人民出版社，1986)。
天津図書館・天津社会科学院歴史研究所編『袁世凱奏議』(天津：天津古籍出版社，1987)。
王笛『跨出封閉的世界——長江上游区域社会研究（1644〜1911)』(北京：中華書局，1993)。
——「晩清警政与社会改造——辛亥革命前地方秩序的一個変化」(中華書局編輯部編『辛亥革命与近代中国——紀念辛亥革命八十周年国際学術討論会文集』北京：中華書局，1994)。
——「晩清長江上游地区公共領域的発展」(『歴史研究』1996 年 1 期)。
王斗瞻「1870 年天津教案」(『近代史資料』1956 年 4 期)。
王爾敏『淮軍志』(台北：中央研究院近代史研究所，1967)。
——『清季軍事史論集』(台北：聯経出版事業公司，1980)。
王冠華「愛国運動中的“合理”私利——1905 年抵貨運動夭折的原因」(『歴史研究』1999 年 1 期)。
王家倹「清末民初我国警察制度現代化的歴程」(台湾師範大学『歴史学報』10 期，1982)。
王書奴『中国娼妓史』(上海：生活書店，1934)。
王其慧・李寧『中外体育史』(武漢：湖北人民出版社，1988)。
王芷洲「我家三代買辦紀実」(天津市政協文史資料研究委員会編『天津的洋行与買辦』天津：天津人民出版社，1987)。
汪敬虞編『中国近代工業史資料』第 2 輯（北京：科学出版社，1957)。

魏光奇「直隷地方自治中的県財政」(『近代史研究』1998 年 1 期)。
——「地方自治与直隷“四局”」(『歴史研究』1998 年 2 期)。
呉藹宸編『華北国際五大問題』(上海：商務印書館，1929)。
呉承明編『帝国主義在旧中国的投資』(北京：人民出版社，1956)。
呉磊主編『中国司法制度』(北京：中国人民大学出版社，1988)。
西村博編「天津都統衙門告論彙編」(『天津歴史資料』15 期，1982)。
戚其章主編『中日戦争』第 1 冊 (北京：中華書局，1989)。
夏東元編『鄭観応集』(上海：上海人民出版社，1982～1988)。
夏東元『鄭観応』(広州：広東人民出版社，1995)。
夏克勤「徳意志与啓蒙運動 (*Aufklärung*)——一個初歩的反思」(『新史学』12 巻 3 期，2001)。
蕭祝文「天津比商電車電灯公司」(天津市政協文史資料研究委員会編『天津的洋行与買辦』天津：天津人民出版社，1987)。
熊秉真『幼幼——伝統中国的襁褓之道』(台北：聯経出版事業公司，1995)。
熊志勇『従辺縁走向中心——晩清社会変遷中的軍人集团』(天津：天津人民出版社，1998)。
[行政院新聞局]『中国紅十字会』(南京：行政院新聞局，1947)。
徐鼎新・銭小明『上海総商会史 (1902～1929)』(上海：上海社会科学院出版社，1991)。
徐華鑫等編著『天津市地理』(天津：天津人民出版社，1993)。
許大齢『清代捐納制度』(北京：哈佛燕京学社，1950)。
許檀「清代前期的沿海貿易与天津城市的崛起」(『城市史研究』13・14 輯，1997)。
許義雄等著『中国近代体育思想』(台北永和：啓英文化事業有限公司，1996)。
薛梅卿主編『中国監獄史』(北京：群衆出版社，1986)。
薛梅卿・従金鵬主編『天津監獄史』(天津：天津人民出版社，1999)。
閻潤芝・李維竜「天津脚行的始末」(『天津文史叢刊』4 期，1985)。
楊念群「東西方思想交匯下的中国社会史研究——一個“問題史”的追溯」(楊念群主編『空間・記憶・社会転型——“新社会史”研究論文精選集』上海：上海人民出版社，2001)。
——「民国初年北京的生死控制与空間転換」(同上書所収)。
姚洪卓主編『近代天津対外貿易 1861～1948』(天津：天津社会科学院出版社，1993)。
游子安『勧化金箴——清代善書研究』(天津：天津人民出版社，1999)。
于邦彦「天津橋梁建設的今昔」(『天津文史資料選輯』21 輯，1982)。
虞和平編『経元善集』(武漢：華中師範大学出版社，1988)。
虞和平『商会与中国早期現代化』(上海：上海人民出版社，1993)。
——「清末以後城市同郷組織形態的現代化——以寧波旅滬同郷組織為中心」(『中国経済史研究』1998 年 3 期)。
曾国藩『曾国藩全集』家書 (長沙：岳麓書社，1985)。

張存武『光緒卅一年中美工約風潮』(台北：中央研究院近代史研究所，1966)。
張格・張守謙点校『天津皇会考・天津皇会考紀・津門紀略』(天津：天津古籍出版社，1988)。
張洪祥『近代中国通商口岸与租界』(天津：天津人民出版社，1993)。
張后銓主編『招商局史（近代部分)』(北京：人民交通出版社，1988)。
張利民「論近代天津城市人口的発展」(『城市史研究』4輯，1991)。
——「近代環渤海地区間商人対流与影響」(『社会科学戦線』1999年3期)。
張守常「太平軍北伐之進攻天津問題」(『天津社会科学』1982年4期)。
張思「十九世紀末直魯農村手工紡織業的曲折経歴」(南開大学明清史研究室編『清王朝的建立，階層及其他』天津：天津人民出版社，1994)。
張雲樵『伍廷芳与清末政治改革』(台北：聯経出版事業公司，1987)。
張章翔「在天津的寧波幇」(『文史資料選輯』119輯，1989)。
趙春晨「晩清洋務派与教案」(『歴史研究』1988年4期)。
趙曉華『晩清訟獄制度的社会考察』(北京：中国人民大学出版社，2001)。
趙永生・謝紀恩「天主教伝入天津始末」(『天津文史資料選輯』2輯，1979)。
趙永生「天主教伝入天津」(天津市政協文史資料研究委員会編『天津租界』天津：天津人民出版社，1986)。
——「天主教伝行天津概述」(『天津宗教資料選輯』1輯，1986)。
趙中孚『清季中俄東三省界務交渉』(台北：中央研究院近代史研究所，1970)。
鄭立水「天津的戯園」(『天津文史資料選輯』51輯，1990)。
中村達雄「清末天津県的郷鎮結構与義和団組織」(中国義和団研究会編『義和団運動与近代中国社会国際学術討論会論文集』済南：斉魯書社，1992)。
中国第一歴史檔案館編『鴉片戦争檔案史料』(天津：天津古籍出版社，1992)。
中国第一歴史檔案館編『清政府鎮圧太平天国檔案史料』第8〜11冊（北京：社会科学文献出版社，1993〜1994)。
中国第一歴史檔案館「中国紅十字会的成立」(『歴史檔案』1984年2期)。
中国第一歴史檔案館編輯部編『義和団檔案史料続編』(北京：中華書局，1990)。
[中国紅十字会]『中国紅十字会二十年紀念冊』([上海]：[中国紅十字会]，1924)。
中国近代経済史史料叢刊編輯委員会主編『中国海関与義和団運動』(北京：中華書局，1983)。
中国人民政治協商会議全国委員会文史資料研究委員会編『工商経済史料叢刊』1983年3輯.
中国社会科学院近代史研究所近代史資料編輯室編『太平軍北伐資料選編』(済南：斉魯書社，1984)。
中国社会科学院近代史研究所近代史資料編輯組編『義和団史料』(北京：中国社会科学出版社，1982)。
中国史学会主編『第二次鴉片戦争』(上海：上海人民出版社，1978〜1979)。

中国新史学研究会主編『義和団』(上海：神州国光社，1951)。
中央研究院近代史研究所編『四国新檔』(台北：中央研究院近代史研究所，1966)。
中央研究院近代史研究所編『教務教案檔』(台北：中央研究院近代史研究所，1974～1980)。
中央研究院近代史研究所編『清季華工出国史料』(台北：中央研究院近代史研究所，1995)。
周静山「我所知道的天津広仁堂」(『天津文史資料選輯』53 輯，1991)。
周叔媜『周止菴先生別伝』(出版地不詳，自印，1948)。
周叙琪『1910～1920 年代都会新婦女生活風貌——以『婦女雑誌』為分析実例』(台北：国立台湾大学出版委員会，1996)。
周錫瑞［Joseph W. Esherick］(張俊義・王棟訳)『義和団運動的起源』(南京：江蘇人民出版社，1994)。
周小鵑編『周学熙伝記彙編』(蘭州：甘粛文化出版社，1997)。
周学熙『周止菴先生自叙年譜』(台北永和：文海出版社，出版年不詳)。
周俊旗「清末華北城市文化的転型与城市成長」(『城市史研究』13・14 輯，1997)。
朱建斌「城市公共交通的演変」(天津市政協文史資料研究委員会編『天津——一個城市的崛起』天津：天津人民出版社，1990)。
朱鵬「天津的近代初等学堂与紳商」(『城市史研究』19・20 輯，2000)。
朱寿鈞「天津的混混児瑣聞」(『天津文史資料選輯』31 輯，1985)。
朱英『辛亥革命時期新式商人社団研究』(北京：中国人民大学出版社，1991)。
——「関於晩清市民社会研究的思考」(『歴史研究』1996 年 4 期)。
——「戊戌時期民間慈善公益事業的発展」(王暁秋主編『戊戌維新与近代中国的改革——戊戌維新一百周年国際学術討論会論文集』北京：社会科学文献出版社，2000)。
荘吉発編『先正曾国藩文献彙編』(台北：国立故宮博物院，1993)。
荘吉発『故宮檔案述要』(台北：国立故宮博物院，1983)。

欧文資料

Balazs, Étienne. *La bureaucratie céleste : recherches sur l'économie et la société de la Chine traditionnelle* (Paris : Gallimard, 1968).
Banno, Masataka. *China and the West, 1858-1861 : The Origins of the Tsungli Yamen* (Cambridge, Mass. : Harvard University Press, 1964).
Bays, Daniel H. "Christianity and the Chinese Sectarian Tradition," *Ch'ing-shih Wen-t'i*, Vol. 4, No. 7 (1982).
Belsky, Richard D. "The Articulation of Regional Interests in Beijing : The Role of *Huiguan* during the Late Qing," *Papers on Chinese History*, Vol. 6 (1997).
Bergère, Marie-Claire. *La bourgeoisie chinoise et la révolution de 1911* (Paris : Mouton, 1968).

——"Civil Society and Urban Change in Republican China," *The China Quarterly*, No. 150 (1997).

Biggerstaff, Knight. *Some Early Chinese Steps toward Modernization* (San Francisco : Chinese Materials Center, Inc., 1975).

Bohr, Paul Richard. *Famine in China and the Missionary : Timothy Richard as Relief Administrator and Advocate of National Reform, 1876-1884* (Cambridge, Mass. : East Asian Research Center, Harvard University, 1972).

Candlin, G. T. *John Innocent : A Story of Mission Work in North China* (London : The United Methodist Publishing House, 1909).

[Capy, J.]. *Notices et documents sur les prêtres de la mission et les filles de la charité de S. Vincent de Paul, ou les premiers martyrs de l'œuvre de la Sainte-enfance* (Pêking : Typographie du Pé-t'ang, 1893).

China. Maritime Customs. *Medical Reports, for the Half Year Ended 31st March, 1879* (Shanghai : The Statistical Department of the Inspectorate General of Customs, 1879).

——*Decennial Reports, 1892-1901* (Shanghai : The Statistical Department of the Inspectorate General of Customs, 1906).

——*Decennial Reports, 1902-1911* (Shanghai : The Statistical Department of the Inspectorate General of Customs, 1913).

Cohen, Paul A. *China and Christianity : The Missionary Movement and the Growth of Chinese Antiforeignism, 1860-1870* (Cambridge, Mass. : Harvard University Press, 1963).

——*History in Three Keys : The Boxers as Event, Experience, and Myth* (New York : Columbia University Press, 1997).

[Coish, Wh.]. *Tientsin Besieged and After the Siege* (Shanghai : North-China Herald Office, 1900).

Cole, James H. *Shaohsing : Competition and Cooperation in Nineteenth-Century China* (Tucson : The University of Arizona Press, 1986).

Concession française à T'ien-tsin. *Règlements municipaux, 1894* (Pêking : Typographie du Pé-t'ang, 1894).

Cordier, Henri. *Histoire des relations de la Chine avec les puissances occidentales, 1860-1900* (Paris : Félix Alcan, 1901-1902).

Denby, Charles. *China and Her People* (Boston : L. C. Page and Co., 1906).

Dikötter, Frank. *The Discourse of Race in Modern China* (London : Hurst, 1992).

——*Sex, Culture and Modernity in China : Medical Science and the Construction of Sexual Identities in the Early Republican Period* (London : Hurst, 1995).

——*Imperfect Conceptions : Medical Knowledge, Birth Defects, and Eugenics in China* (London : Hurst, 1998).

Eastman, Lloyd E. "Ch'ing-i and Chinese Policy Formation during the Nineteenth Century," *Journal of Asian Studies*, Vol. 24, No. 4 (1965).

Elvin, Mark. "The Gentry Democracy in Chinese Shanghai, 1905–14," Jack Grey (ed.), *Modern China's Search for Political Form* (London : Oxford University Press, 1969).

——"Mandarins and Millenarians : Reflections on the Boxer Uprising of 1899–1900," *Journal of the Anthropological Society of Oxford,* Vol. 10, No. 3 (1979).

——"The Revolution of 1911 in Shanghai," *Papers on Far Eastern History*, Vol. 29 (1984).

——*Another History : Essays on China from a European Perspective* (Sydney : Wild Peony, 1996).

Esherick, Joseph W. *Reform and Revolution in China : The 1911 Revolution in Hunan and Hubei* (Berkeley : University of California Press, 1976).

——*The Origins of the Boxer Uprising* (Berkeley : University of California Press, 1987).

Fairbank, John K. "Patterns behind the Tientsin Massacre," *Harvard Journal of Asiatic Studies*, Vol. 20, No. 3–4 (1957).

Field, Margaret. "The Chinese Boycott of 1905," *Papers on China*, Vol. 11 (1957).

Fogel, Joshua A. *Politics and Sinology : The Case of Naitō Konan* (Cambridge, Mass. : Council on East Asian Studies, Harvard University, 1984),

Foucault, Michel. *Archéologie du savoir* (Paris : Gallimard, 1969).

Frochisse, J. -M. *La Belgique et la Chine : relations diplomatiques et économiques (1839–1909)* (Bruxelles : L'Édition universelle, 1936).

Fung, Edmund S. K. *The Military Dimension of the Chinese Revolution : The New Army and Its Role in the Revolution of 1911* (Canberra : Australian National University Press, 1980).

Goodman, Bryna. *Native Place, City and Nation : Regional Networks, and Identities in Shanghai, 1853–1937* (Berkeley : University of California Press, 1995).

——"Shanghai and the Hybrid of Chinese Modernity," *Wall and Market : Chinese Urban History News*, Vol. 3, No. 2 (1998).

Goossaert, Vincent. "Matériaux et recherches nouvelles sur les corporations chinoises urbaines traditionnelles," *Revue bibliographique de sinologie*, nouvelle série, Vol. 17 (1999).

Gordon, Charles Alexander. *China from a Medical Point of View* (London : John Churchill, 1863).

Gouvernement provisoire de Tien-tsin. *Procès-verbaux des séances du conseil du gouvernement provisoire de Tien-tsin* (Tientsin : The China Times, Ltd., n. d.).

Great Britain. *Parliamentary Papers. China. No. 1 (1871). Papers Relating to the Massacre of Europeans at Tien-tsin on the 21st June, 1870* (London : Harrison and

Sons, 1871).
——*Parliamentary Papers. China. No. 1 (1912). Correspondence Respecting the Affairs of China* (London : His Majesty's Stationery Office, 1912).
——*Parliamentary Papers. China. No. 3 (1912). Further Correspondence Respecting the Affairs of China* (London : His Majesty's Stationery Office, 1912).
Harrison, Henrietta. *The Making of the Republican Citizen : Political Ceremonies and Symbols in China, 1911–1929* (Oxford : Oxford University Press, 2000).
Henriot, Christian. "Cities and Urban Society in China in the Nineteenth and Twentieth Centuries : A Review Essay in Western Literature" (『近代中国史研究通訊』21期, 1996).
——"Prostitution et "police des mœurs" à Shanghai aux XIXe–XXe siècles," Christian Henriot (dir.), *La femme en Asie orientale* (Lyon : Université Jean Moulin, Lyon III, Centre rhonalpin de recherche sur l'Extrême-Orient contemporain, 1988).
——*Belles de Shanghai : prostitution et sexualité en Chine aux XIXe–XXe siècles* (Paris : CNRS, 1997).
Hershatter, Gail. *The Workers of Tianjin, 1900–1949* (Stanford : Stanford University Press, 1986).
Honig, Emily. *Creating Chinese Ethnicity : Subei People in Shanghai, 1850–1980* (New Haven : Yale University Press, 1992).
Hou, Chi-ming. *Foreign Investment and Economic Development in China* (Cambridge, Mass. : Harvard University Press, 1965).
Hsü, Immanuel C. Y. *China's Entrance into the Family of Nations : The Diplomatic Phase, 1858–1880* (Cambridge, Mass. : Harvard University Press, 1960).
Ichiko, Chuzo. "Political and Institutional Reform, 1901–11," John K. Fairbank and Kwang-ching Liu (eds.), *The Cambridge History of China*, Vol. 11 (Cambridge : Cambridge University Press, 1980).
Johnson, David, Andrew J. Nathan and Evelyn S. Rawski (eds.). *Popular Culture in Late Imperial China* (Berkeley : University of California Press, 1985).
Judge, Joan. *Print and Politics : 'Shibao' and the Culture of Reform in Late Imperial China* (Stanford : Stanford University Press, 1996).
Kuhn, Philip A. *Rebellion and Its Enemies in Late Imperial China : Militarization and Social Structure, 1796–1864* (Cambridge, Mass. : Harvard University Press, 1970).
——*Les origines de l'État chinois moderne* (Paris : EHESS, 1999).
Kurgan-van Hentenryk, G. *Léopold II et les groupes financiers belges en Chine : la politique royale et ses prolongements (1895–1914)* (Bruxelles : Palais des académies, 1972).
Kwan Man Bun. *The Salt Merchants of Tianjin : State-Making and Civil Society in Late

Imperial China (Honolulu : University of Hawai'i Press, 2001).

Leung, Angela Ki Che. "L'accueil des enfants abandonnés dans la Chine du bas-Yangtze aux XVIIe et XVIIIe siècle," *Études chinoises*, Vol. 4, No. 1 (1985).

——"To Chasten Society : The Development of Widow Homes in the Qing, 1773–1911," *Late Imperial China*, Vol. 14, No. 2 (1993).

Liu, Kwang-ching. "British-Chinese Steamship Rivalry in China, 1873–85," C. D. Cowan (ed.), *The Economic Development of China and Japan : Studies in Economic History and Political Economy* (London : George Allen and Unwin, 1964).

Liu, Lydia H. *Translingual Practice : Literature, National Culture, and Translated Modernity——China, 1900–1937* (Stanford : Stanford University Press, 1995).

Lizinger, Charles Albert. "Temple Community and Village Cultural Integration in North China : Evidence from "Sectarian Cases" (*Chiao-an*) in Chihli," Ph. D. dissertation, University of California, Davis (1983).

Lu, Hanchao. "Becoming Urban : Mendicancy and Vagrants in Modern Shanghai," *Journal of Social History*, Vol. 31, No. 1 (1999).

McClain, Charles J. *In Search of Equality : The Chinese Struggle against Discrimination in Nineteenth-Century America* (Berkeley : University of California Press, 1994).

McKee, Delber L. *Chinese Exclusion Versus the Open Door Policy, 1900–1906* (Detroit : Wayne State University Press, 1977).

MacKinnon, Stephen R. *Power and Politics in Late Imperial China : Yuan Shi-kai in Beijing and Tianjin, 1901–1908* (Berkeley : University of California Press, 1980).

Mann, Susan. *Local Merchants and the Chinese Bureaucracy, 1750–1950* (Stanford : Stanford University Press, 1987).

——"Widows in the Kinship, Class, and Community Structures of Qing Dynasty China," *Journal of Asian Studies*, Vol. 46, No. 1 (1987).

Meijer, Marinus Johan. *The Introduction of Modern Criminal Law in China* (Batavia : De Unie, 1950).

Morris, Andrew D. "Cultivating the National Body : A History of Physical Culture in Republican China," Ph. D. dissertation, University of California, San Diego (1998).

Morris, Norval and David J. Rothman (eds.). *The Oxford History of the Prison* (New York : Oxford University Press, 1995).

Motono, Eiichi. *Conflict and Cooperation in Sino-British Business, 1860–1911 : The Impact of the Pro-British Commercial Network in Shanghai* (London : Macmillan, 2000).

Oliphant, Laurence. *Narrative of the Earl Elgin's Mission to China and Japan in the Years 1857,'58,'59* (Edinburgh : William Blackwood and Sons, 1859).

Pao Tao, Chia-lin. "Chaste Widows and Institutions to Support them in Late-Ch'ing

China," *Asia Major*, Vol. 4, Part1 (1991).

Polachek, James M. *The Inner Opium War* (Cambridge, Mass.: The Council on East Asian Studies, Harvard University, 1992).

Prazniak, Roxann. *Of Camel Kings and Other Things : Rural Rebels against Modernity in Late Imperial China* (Lanham: Rowman and Little Field, 1999).

Rankin, Mary Backus. *Elite Activism and Political Transformation in China : Zhejiang Province, 1865-1911* (Stanford: Stanford University Press, 1986).

——"The Origins of a Chinese Public Sphere: Local Elites and Community Affairs in Late Imperial Period," *Études chinoises*, Vol. 9, No. 2 (1990).

Rasmussen, O. D. *Tientsin: An Illustrated Outline History* (Tientsin: The Tientsin Press, 1925).

Reeves, Caroline. "The Changing Nature of Philanthropy in Late Imperial and Republican China," *Papers on Chinese History*, Vol. 5 (1996).

Reynolds, Douglas R. *China, 1898-1912 : The Xinzheng Revolution and Japan* (Cambridge, Mass.: Council on East Asian Studies, Harvard University, 1993).

Rhoads, Edward J. M. "Nationalism and Xenophobia in Kwangtung (1905-1906): The Canton Anti-American Boycott and the Lienchow Anti-Missionary Uprising," *Papers on China*, Vol. 16(1962).

Rogaski, Ruth. "From Protecting Life to Defending Nation: The Emergence of Public Health in Tianjin, 1859-1953," Ph. D. dissertation, Yale University (1996).

——"Beyond Benevolence: A Confucian Women's Shelter in Treaty-Port China," *Journal of Women's History*, Vol. 8, No. 4 (1997).

——"Hygienic Modernity in Tianjin," Joseph W. Esherick (ed.), *Remaking the Chinese City : Modernity and National Identity, 1900-1950* (Honolulu: University of Hawai'i Press, 2000).

Rowe, William T. *Hankow : Commerce and Society in a Chinese City, 1796-1889* (Stanford: Stanford University Press, 1984).

——*Hankow : Conflict and Community in a Chinese City, 1796-1895* (Stanford: Stanford University Press, 1989).

——"The Public Sphere in Modern China," *Modern China*, Vol. 16, No. 3 (1990).

Salyer, Lucy E. *Laws Harsh as Tigers : Chinese Immigrants and the Shaping of Modern Immigration Law* (Chapel Hill: The University of North Carolina Press, 1995).

Shore, Henry Noel. *The Flight of the Lapwing : A Naval Officer's Jottings in China, Formosa and Japan* (London: Longman, Green, and Co., 1881).

Smedley, Agnes. *The Great Road : The Life and Times of Chu The* (New York: Monthly Review Press, 1956).

Sommer, Matthew H. *Sex, Law, and Society in Late Imperial China* (Stanford: Stanford

University Press, 2000).

Stanley, C. A. "The Tientsin Massacre," *The Chinese Recorder and Missionary Journal*, Vol.3, No. 8 (1871).

Stapleton, Kristin E. "County Administration in Late-Qing Sichuan : Conflicting Models of Rural Policing," *Late Imperial China*, Vol. 18, No. 1 (1997).

——*Civilizing Chengdu : Chinese Urban Reform, 1895-1937* (Cambridge, Mass. : Harvard University Asia Center, 2000).

Strand, David. *Rickshaw Beijing : City People and Politics in 1920s China* (Berkeley : University of California Press, 1986).

Thompson, E. P. *Customs in Common* (London : Merlin Press, 1991).

United States. General Record of the Department of the State. Consular Despatches, Tientsin (microfilm).

——*Papers Relating to the Foreign Relations of the United States, 1870* (Washington, D. C. : Government Printing Office, 1870).

——*Papers Relating to the Foreign Relations of the United States, 1871* (Washington, D. C. : Government Printing Office, 1871).

——*Papers Relating to the Foreign Relations of the United States, 1878* (Washington, D. C. : Government Printing Office, 1878).

——*Papers Relating to the Foreign Relations of the United States, 1900* (Washington, D. C. : Government Printing Office, 1902).

Wagner, Rudolf G. "The Role of the Foreign Community in the Chinese Public Sphere," *The China Quarterly*, No. 142 (1995).

Wakeman, Frederic, Jr. *Strangers at the Gate : Social Disorder in South China, 1839-1861* (Berkeley : University of California Press, 1966).

——"Models of Historical Change : The Chinese State and Society, 1839-1989," Kenneth Lieberthal et al. (eds.), *Perspectives on Modern China : Four Anniversaries* (Armonk : M. E. Sharpe, 1991).

——"The Civil Society and Public Sphere Debate : Western Reflections on Chinese Political Culture," *Modern China*, Vol. 19, No. 2 (1993).

——*Policing Shanghai, 1927-1937* (Berkeley : University of California Press, 1995).

Will, Pierre-Étienne. "Chine moderne et sinologie," *Annales : Histoire, Sciences sociales*, Vol. 49, No. 1 (1994).

——"La paperasse au secours de l'homme : communication et militantisme, 1600-1850," *Études chinoises*, Vol. 8, No. 1-2 (1994).

Wong, R. Bin. "Great Expectations : The "Public Sphere" and the Search for Modern Times in Chinese History," (『中国史学』3巻, 1993).

——"Benevolent and Charitable Activities in the Ming and Qing Dynasties : Perspectives

on State and Society in Late Imperial and Modern Times," *Revue bibliographique de sinologie*, nouvelle série, Vol. 18 (2000).

Wong, Sin-kiong. "The Genesis of Popular Movements in Modern China : A Study of the Anti-American Boycott of 1905–06," Ph. D. dissertation, Indiana University (1995).

Wright, Mary Clabaugh. *The Last Stand of Chinese Conservatism : The T'ung-Chih Restoration, 1862–1874* (Stanford : Stanford University Press, 1957).

Yen Ching-hwang. *Coolies and Mandarins : China's Protection of Overseas Chinese during the Late Ch'ing Period (1851–1911)* (Singapore : Singapore University Press, 1985).

Zhang, Xiaobo. "Merchant Associational Activism in Early Twentieth-century China : The Tianjin General Chamber of Commerce, 1904–1928," Ph. D. dissertation, Columbia University, 1995.

Zürcher, Erik. "Middle-Class Ambivalence : Religious Attitudes in the *Dianshizhai Huabao*," *Études chinoises*, Vol. 13, No. 1–2 (1994).